城市人民公社研究资料选编
学术顾问委员会

主 任：梁　柱

委　员（以姓氏笔划为序）

刘建武　刘德顺

朱川曲　李伯超

李　琳　郭若平

雷国珍

湖南科技大学学术著作出版基金资助项目
湖南科技大学马克思主义学院学术著作资助项目

Chengshi Renmin Gongshe Yanjiu
Ziliao Xuanbian

城市人民公社研究资料选编

第 7 卷

李端祥 编著

人民出版社

编著说明

即将出版的《城市人民公社研究资料选编》(8卷本,下称《选编》)是2012年度国家社会科学基金重点项目《城市人民公社文献的收集、整理与研究》两项结题成果《城市人民公社文献选编》(12卷本,主结题成果)与《城市人民公社运动再研究》(专题论文集,副结题成果)的精选部分。它是集"编"与"著"为一体,融"史"和"论"于一身的大型学术著作。编入本《选编》的文献共572篇(其中专题研究论文15篇,档案资料264篇,报刊资料293篇)。其卷本构建如下:

《城市人民公社研究资料选编》

第一卷:《城市人民公社运动再研究》

第二卷:《城市人民公社档案资料》(甲)

第三卷:《城市人民公社档案资料》(乙)

第四卷:《城市人民公社档案资料》(丙)

第五卷:《城市人民公社档案资料》(丁)

第六卷:《城市人民公社报刊资料》(甲)

第七卷:《城市人民公社报刊资料》(乙)

第八卷:《城市人民公社报刊资料》(丙)

本《选编》第一卷《城市人民公社运动再研究》,之所以如此命名,自然包含着与本人第一本拙著《城市人民公社运动研究》(国家社科基金一般项目《乌托邦思想与城市人民公社研究》的最终成果,下称《研究》)的联系与区别。就研究主题而言,是《研究》的延伸与拓展。就研究内容而言,是《研究》中未曾涉及与深入的问题。此卷中的15篇专题论文,自著11篇,本人指导的硕、博士研究生论文4篇(编入本书时作了压缩与修改)。按各自论文发表或刊载先后为序,编入本卷。

第二、三、四、五卷为档案文献资料,共收录此类资料264篇。第二卷收录的是中央部委级(包括协作区)文献资料,以文献制作时间为序,将其依次编排。第三、四、五收录的是地方文献资料,从社至省各级都有。以文献制作者为分层标准,将其分成省市(地)级、区(县)社级两个层次,各个层次的文献按时间顺序编排。需要说明的是,由于第三、四、五卷内的文献源自多个省市,而有些文献在标题中并未标明文件的适用范围,所以在编入本书时,编者在文献标题前加注了文献的产地,放在括号内以示区别,如《(上海市)关于积极准备条件,建立城市人民公社的工作规划(草稿)》。这样,能使读者一目了然,便于查阅。

第六、七、八卷为报刊文献资料,共收录1958年至1962年间几十家官方报刊上的城市人民公社文献293篇,以报刊名称为单位,按每种报刊文献刊出的时间为序编排。值此,有两种情况需要说明,一是"(十八)《人民公社好》",不是报纸,也不是期刊,而是书名。当年由中共哈尔滨市委办公厅编辑出版的一本小册子,收集于旧书摊,因为就一本,只能将其编入报刊类。二是有多种报刊的文献篇数较少,将其统一编排在"其他报刊"条目内。

还需说明的是,整理编辑中为保持文献内容原貌,哪怕是读者明显感觉到的疑惑之处,也未作更改。比如文献原件中的数字一般有汉字和阿拉伯数字两种表达方式,在本书中均保持原样,未按统一要求予以处理。在尽量保持文献内容原意的同时,也作了一些必要的修改和添加:(1)对档案文献中一些涉及个人名誉、隐私的人名,本书只标姓,名字用××代替;(2)政治敏感性内容作了技术处理,用□□代替被删除的文字;(3)原文中没有文件名的,编入本书时加了标题,并作题注;(4)对一些文献作者(地厅级及以上人员)作了注解;(5)档案文献来源,应档案馆要求,仅注"原件现存于×××档案馆";(6)每篇文献题目下行居中有一个用汉字表达的日期(文献制作时间)为编者所加;(7)制作日期仅标明月、旬的部分文献,一般放在该月、旬的最后面;(8)文献中涉及的方言,在其后的圆括号内加了注释。

另外,原件中的错字、别字,或不规范的字,本书中分别在〈〉内校正;缺字和不能辨认的字加□号;原文中的通假字、旧式引号,本书都未校改。

城市人民公社研究资料（包括档案资料与报刊资料）是反映城市人民公社历史事件的文字史料，是城市人民公社历史研究的基础。由于城市人民公社是"左"的错误的一种表现，历史已证明，建立城市人民公社为最初探索社会主义建设道路的一次不成功尝试。所以，本书所收录的史料，适宜研究参考使用。正因为如此，对资料的整理编辑提出了更高要求。在工作中始终坚持严谨作风，一丝不苟，力求电子稿与纸质原件高度一致；体例力求清晰，为的是便于读者查阅利用，更准确地了解把握城市人民公社历史原貌。即便这样，疏漏与错误依然在所难免，敬请读者批评指正。

值此《选编》付梓之际，本人深感本书关于资料收集、整理研究、编辑出版任务之艰难。一路走来，离不开单位、师长、同事、学生以及家人的帮助与关心。一桩桩，历历在目；一件件，感恩不尽。

师恩浩荡，大爱无疆。把本套书比作一艘在学海中从此岸到彼岸的航船，启航者是我的研究生指导老师湖南省委党校雷国珍教授，而导航者当属北京大学原副校长梁柱教授、湖南省社科院院长刘建武教授、湖南科技大学党委书记刘德顺教授、湖南科技大学校长朱川曲教授、湘潭大学校长李伯超教授、湖南科技大学副校长李琳教授、中共福建省委党校郭若平教授、湘潭大学谢起章教授，护航者则是国家社会规划办、中央党史研究室、人民出版社、湖南科技大学。

新史料是史学研究创新的根本动力，也是成就本套书稿最基础、最关键、最根本的要素。感谢中央档案馆及北京、上海、天津、黑龙江、吉林、辽宁、河北、河南、湖北、湖南、江西、广东、广西、福建、江苏、浙江、四川、云南、贵州、山西、陕西、甘肃、青海、内蒙古、宁夏、新疆等省会城市档案馆的领导和工作人员，在资料收集时所提供的大力支持与无私帮助。特别要感谢上海市、湖南省、福建省、陕西省、宁夏回族自治区、广西壮族自治区、河南省、沈阳市、南京市、合肥市、哈尔滨市、南昌市、福州市、南宁市、银川市、长沙市、湘潭市、株洲市、长沙市岳麓区、湘潭市雨湖区等档案局（馆）的领导与工作人员，因其受崇尚学术、敬畏历史、共享宝贵资源等崇高精神的驱动，还将已查阅的馆藏城市人民公社资料予以授权出版。倘若没有他们的博大胸怀，本套书远没有现在这样丰富。

　　常言道:"一个篱笆三个桩,一个好汉三个帮"。感谢《城市人民公社文献的收集、整理与研究》课题组成员吴怀友教授、许彬博士、邹华斌博士、米晓娟老师为课题研究所作的努力与贡献;感谢马克思主义学院徐德刚教授、吴怀友教授、廖和平教授、廖加林教授、吴毅君教授、米华教授、赵惜群教授、刘大禹教授、毛小平教授、李连根教授、朱春晖教授、罗建文教授、尹杰钦教授、宋劲松教授、黄利新教授、杨松菊博士、刘敏军博士、戴开尧副教授、谢忠教授、刘正妙博士、黄爱英博士、韩平博士等对课题研究与本书出版的大力支持。感谢马克思主义学院中共党史硕士点、中国近现代史纲要教研部的专家学者们对课题研究与本书出版的鞭策鼓励及人文关怀。其中李秀亚老师整理本书稿时反映出的扎实的专业功底、精益求精的职业操守、一丝不苟的治学精神、任劳任怨的劳动态度,令人敬佩。另外,由衷感谢湖南科技大学党校副校长彭雪贵先生,在本书整理、出版最需要时候的竭诚相助,有些甚至是雪中送炭。愿好人一生平安。

　　感谢湖南科技大学马克思主义学院中共党史专业与中国近现代史基本问题方向的硕士研究生为资料整理所付出的艰辛劳动。与此同时,特别感怀我指导的研究生刘洋(博士)、姚二涛(博士)、张家勇、汪前珍、付彩霞、米晓娟、钟俊、盘林、肖楚楚、阳文书、万建军、钟原、李鑫、刘璐、姜陆同学,因其怀有对稀缺历史资源的好奇与敬畏,不惜为本套书各个环节的工作挥洒甘露般的汗水。

　　本套书能在人民出版社成功出版面世,离不开该社崔继新先生、刘江波先生的独具慧眼、运筹帷幄,离不开高华梓博士为本套书编辑所付出的艰辛劳动。在此,深表谢意。

　　感谢我的妻子肖金玉,完成本职工作外,包揽了所有家务,让家庭环境井然有序、生活温馨和谐,为的是让我有舒畅的心情、旺盛的精力、充足的时间从事城市人民公社资料的收集、整理与研究工作。常言道,一个成功男人的背后,必定有一个贤慧女人。我算不上成功男人,但背后妻子的贤慧却是不折不扣、名符其实。还有我的儿子李博,虽然学的是金融专业,从事金融工作,但对历史问题,尤其对中国历史感兴趣并有感悟。对我的研究工作很是支持,提出的意见诚恳而宝贵,有些甚至是建设性的。

所有这些,都使我深深感到,本套书能够以现在的面貌出版,其中蕴含了多少人的聪明才智,也凝聚了很多人的辛勤劳动。在此,再次对已提及和未提及的单位和个人,表示诚挚的谢意。

李端祥

2018 年 6 月 20 日

目　录

城市人民公社报刊资料（乙）

（三）《大公报》

（四）《文汇报》

（五）《北京日报》

（六）《天津日报》

（七）《新华半月刊》

（八）《财经科学》

（九）《中国经济问题》

（十）《教学与研究》

城市人民公社报刊资料（乙）

（三）《大公报》

旅大群策群力因陋就简

大办福利事业　大办公共食堂

大批家庭妇女摆脱家务劳动参加生产建设

（一九六〇年四月三日）

本报讯　一个大办公共福利事业、大办公共食堂的群众运动正在旅大市迅速展开。

各区街道居民在党的领导下，本着"土法上马、因陋就简、从土到洋、由小到大"的方针，采取大中小并举的办法，群策群力，自力更生地大办简易食堂和托儿组织。据统计，全市居民食堂今年年初仅有三十九处，现在已发展到五千四百七十多处，就餐人数达七万三千三百多人；民办托儿所、组、队，年初仅有三百一十三处，现已发展到三千三百多处，入托儿童达五万六千二百多名。为了满足人民生活上的多方面需要，在全市四个直属区的二十二条街道、五百五十四个居民委员会中，建立起各种类型的服务站、组三千四百多个，实现了街有服务站，段有服务组，院有服务员。据两个月来不完全统计，全市服务站为群众生活服务达十一万人次。群众热情地称呼服务人员为"好管家"。

旅大市广泛组织人民经济生活以后，大批家庭妇女摆脱家务劳动，参加了生产建设。据沙河口和中山两个区的初步统计，除二万多名已参加社会服务事业的妇女以外，还有一万一千二百多名家庭妇女相继走上了生产劳动岗位。由于大办公共福利，大办公共食堂，促进了街道工业生产的发展。沙河口区兴工街第二十四居民委员会建立起公共食堂后，五十多名妇女两天内就办起了一个纸袋工厂。街道居民组织起来以后，集体劳动，互相服务，广大群众的社会主义思想和共产主义思想觉悟大大提高,他们的精神面貌发生了深刻的变化,在群众中出现了团结互助、劳动光荣、勤俭节约、热爱集体的新风尚,不少地方出现了尊老爱幼、扶病救伤的动人事迹。

城市人民公社显示无比优越性和强大生命力

郑州红旗公社生产大发展、
生活大改观、思想大提高

百分之九十七的闲散劳动力参加生产和工作,社办工业
总产值猛增五千〇八十倍,农业提前八年实现农业发展
纲要指标,百分之九十五以上人口在公共食堂吃饭,
大办福利事业全面组织经济文化生活,家家户户乐融融,
一片团结和睦的新气象

（一九六〇年四月六日）

新华社郑州6日电 河南省最早建立的一个城市人民公社——郑州市管
城区红旗人民公社,从一九五八年八月建社以来,在党的正确领导下,贯彻
"以生产为中心,生产生活一齐抓"的方针,大力发展生产,全面组织了人民经
济生活,现在,这个解放前穷困的棚户区里,已经建立了四十多个工厂,五十多
个食堂,还办了许多集体福利事业、服务事业和文化事业,出现了一片蓬蓬勃
勃的新景象。

街街巷巷办工厂　家家户户无闲人

红旗人民公社是一九五八年八月十五日成立的。这个公社位于郑州市旧
城区,居民大部分是市民和职工家属,历来比较穷困,解放后,政府每年要拨款
五万多元救济这里的居民,其中有一百八十户、五百四十多人常年依靠政府救
济为生。一九五七年整风和反右派运动以后,广大群众的思想觉悟空前提高,

迫切要求组织起来参加社会主义建设。一九五八年，中共党组织根据群众的要求，积极领导这里的群众掀起了一个"街街巷巷办工厂，家家户户无闲人"的全民办工业的高潮。为了解决大批家庭妇女参加生产后没有时间从事家务劳动的矛盾，又出现了第一个由二十一户居民办起来的公共食堂和托儿所，他们推倒三个院的界墙，组成了一个"社会主义大院"。一九五八年人民公社化高潮中，红旗人民公社就在广大群众的迫切要求下应运而生。

红旗人民公社是以城市街道居民为主组织起来的，共有六个分社，社员一万八千七百二十九人，目前在街道社员中，参加公社工业生产的有二千四百二十一人，参加农业生产的有八百七十五人，参加各项福利、商业、服务事业的有六百四十八人，支援国营工厂的有四百三十人。其中有三千四百〇三人（妇女有二千六百四十八人）是建社后参加生产和工作的，占全社闲散劳动力的百分之九十七。公社共兴办了四十七个工厂和一个农业大队，还办了七所小学，有学生三千五百五十多人。全社还成立了一个民兵师。

红旗人民公社建立的一年多里，在各项事业中都显示了无比的优越性和强大的生命力。

千年万年　不如公社一年

公社兴办的工厂中，有化工厂、电机制造厂、味精厂、印刷装订厂、打字蜡纸厂、缝纫厂、制鞋厂等，这些社办工厂建立以后，在短短的一年多中就发挥了巨大的力量。建社以前的一九五八年七月，那里的民办工业总产值只有七百元，产品只有七种，而从八月份成立公社后到十二月止，全社工业总产值即达十九万元，产品达到二十三种，一九五九年社办工业总产值又猛增到六百五十五万多元，产品达到二百四十二种，今年二月份，产值更猛增到三百五十六万元，比公社成立前一九五八年七月产值的七百元增加五千〇八十倍。群众高兴地说："千年万年，不如公社一年"。社办工业对国家工业建设、发展农业生产和改善人民生活都起了积极作用。

一年多来，全社四十七个工厂生产了大批"三酸、两碱"、火硝、焦炭、电焊条、纱包线、耐火材料等工业用品。在支援农业生产方面,他们修配了各种动力机械五百多部,生产了蓖麻饼二百多吨。由于社办工业的壮大和直接为国营工厂服务,就自然而然地成了国营工厂的卫星厂,例如社办的印刷装订厂现在每月就为地方国营工厂印刷各种表格四十万份,装订信封、卷宗二十七万多个,供应纸盒十四万五千多个,成为国营工厂的有力助手。去年秋天,郑州市西郊公社急于要把一个二十八千瓦的电动机改装成发电机,大修配厂无暇改装,公社办的电机厂就连夜把它改装成功。公社办的缝纫厂和制鞋工厂,一年多来生产了大批服装、布鞋,源源供应了市场。挂上钩的国营工厂也积极帮助公社发展工业,一年多来,国营工厂为红旗人民公社培养训练了四百七十多名技术人员,还供应了大批下脚料,解决了社办工业原料不足的困难。

在大力发展工业生产的同时,公社的农业生产也取得了巨大成绩,全社农业比重不大,只有耕地一千五百九十二亩,但是为了促进农业生产,建社以后,就增添大型动力机械和排灌机械八十九部,加速了农业技术的改造,一九五九年全社小麦比一九五八年增产百分之七十八以上,秋季作物在百日大旱的情况下,依然增产百分之十,蔬菜也增产百分之一百〇三,提前八年实现了全国农业发展纲要规定的指标。

人民公社化　万户是一家
生活搞得好　生产干劲大

在发展生产的同时,公社还兴办了以公共食堂为中心的集体生活福利事业,全社共建立社办食堂五十八个,全公社百分之九十五以上的人口都在食堂就餐。食堂从成立以来,处处为方便群众着想,尽可能满足各种人的不同要求,群众称赞说:"人民公社化,万户是一家,生活搞得好,生产干劲大"。全社还建立托儿所十五个,入托儿童一千七百七十五人。公社还办了一个敬老院。根据社员生产、生活的需要,公社还建立了一个服务总站、六个医务站、一百七十一个服务点,这些服务性行业的业务包括服装拆洗、缝补、改旧翻新,临时托儿,照顾病人产妇,办理婚、丧事等,另外还建立了地区性的综合商店,大大方便了群众。生活集体化不仅把妇女从繁琐的家务劳动中解放出来,而且为国家节约了大量物资,仅炊事用煤每年就能节约二千吨以上。

随着生产的发展,社员的生活也相应地得到提高。这个地区的大部分居民过去一家只有一个或两个人参加工作,有固定的收入,公社成立以后,大批消费人口成了劳动者,每月都有一定的工资,百分之九十七的社员都增加了收入,过去国家每年支出的五万多元救济费中,现在可以节约四万五千多元,社员的生活有了显著改善。建国初期社员的平均工资是九点八四元,一九五九年六月份就上升到十七元,现在除补助工资外,平均每月工资已达到二十二元。社员马代见全家三口人,公社成立前只有一个女儿参加工作,每月收入十八元,常年依靠政府救济;公社成立后,马代见和她的婆婆因参加了生产,全家三口人每月收入七十多元,比过去提高三倍多。法院东街六十多岁的马大娘参加生产后领到了工资,给孙子买了一套新衣服,她自豪地说:"奶奶一辈子双手朝天向人要钱,现在可有了自己的钱了,奶奶感谢共产党,感谢毛主席,感谢好公社!"

在组织社员经济生活的同时,公社还组织了群众的文化生活,成立了文化宫、阅览室、图书室、电影放映队、广播站,群众文娱生活空前活跃。公社成立后社员自编自写的诗歌有三万多篇,剧本有五十多个,已经基本上扫除了文盲。

随着公社的巩固和发展,旧城市街道的面貌也在逐渐改观。公社建立后,新建与修理房屋三千七百多间,整修街道十五条,新建与改良了厕所三百五十个,种树三十万株,目前还正在建筑工厂厂房、社员住宅、集体生活福利和商业服务设施、学校等。

人民公社一枝花　花开一朵香万家
千年疙瘩一朝解　团结生产笑哈哈

人民公社建立以后,人们的精神面貌发生了深刻的变化,过去那种各自一家、互不关心、常为琐事争吵的现象已经一去不复返了。现在,公社里到处是一片和睦团结、互敬互助的新气象。公社成立前,清真寺街八十五户居民中,家庭不和、邻里不睦的有二十八户,街道办事处每天要调解民事纠纷十多起,现在家家户户乐融融。胡玉凤和她的婆婆过去经常争吵,公社成立后,胡玉凤参加了生产,觉悟提高了,生活也有了改善,婆媳两人都成了尊婆爱媳的好榜样。马世江和巴世仁隔墙居住,七年不说话,现在一起工作和生活,解开了多年的老疙瘩。群众歌颂说:"人民公社一枝花,花开一朵香万家,千年疙瘩一朝解,团结生产笑哈哈"。由于群众觉悟提高,发扬了敢想、敢干的共产主义风格,迅速掀起了大搞技术革新和技术革命的高潮。一年多来,涌现出各种先进人物六百三十七名,实现技术革新一千三百多项。许多过去围着锅台转的家庭妇女,成了各个生产战线上的先进人物,打字蜡纸厂的女社员制成了技术比较复杂的打字蜡纸和修正液;工厂买不到生产打字蜡纸需要的油酸,她们就刻苦钻研,到处求师请教,结果只花五十元就用土法试制成功。

红旗人民公社的社员今年树起了更大的雄心壮志,当前全社生产一片红火。全社今年计划工业总产值要达到三千五百万元,将比去年增长四点四倍,并且根据城市需要的特点,大量发展副食品生产,做到"月月有售,四季常青",文教卫生和集体福利事业也要进一步巩固和发展。

促进了生产大发展　解放了妇女劳动力

哈尔滨香坊人民公社大踏步前进

形成生产协作网、经济生活网、文化教育网、科学技术网

（一九六〇年四月七日）

新华社哈尔滨7日电　以哈尔滨市香坊区的国营大企业哈尔滨轴承厂为中心组织起来的城市人民公社——哈尔滨市香坊人民公社，从1958年9月举办以来，已经把全区的大厂和中小厂、工厂和街道、职工和居民、工业和农业等各个方面，从生产到生活，全部组织起来，促进了生产的大跃进，解放了妇女劳动力。

香坊人民公社是在1958年8月生产大跃进的高潮中诞生的。在当时的工农业生产大跃进中，哈尔滨轴承厂的生产任务连续增加六次，由年初订的年生产计划六四〇万套增加到一五〇〇万套，到这一年8月底，还有52%的任务没有完成。时间短、任务重，最大的矛盾是劳动力不足，同时，因生产发展太快，原来与外地工厂的协作配套关系也远远不能满足生产的需要，这些问题都必须迅速解决，而自己工厂中一时又找不到这样多的劳动力，生产大量配件也有许多困难；另一方面，随着整风运动和反右派斗争的胜利，广大家庭妇女的社会主义觉悟普遍提高，她们迫切要求摆脱繁琐的家务劳动，参加社会生产。在这种情况下，哈尔滨轴承厂就组织职工家属成立了"家属生产服务社"，为工厂作辅助性的生产；又成立"艺工学校"，吸收当地一部分居民参加半工半读，但仍不能完全解决问题。接着，中共轴承厂党委和中共香坊区就酝酿试办一条"轴承大街"，把轴承厂周围几条街的居民都组织起来为这个厂服务，恰好那时毛主席提出了"还是人民公社好"的伟大号召，这个区的人民群众十分高兴，认为既然在农村可以办人民公社，也就可以根据城市的特点办城市人民

公社。中共香坊区委根据大跃进的需要和群众的要求,就从 8 月下旬开始筹备试办香坊人民公社,这个消息象春雷一样传遍了香坊区的大街小巷,人们欢欣鼓舞,奔走相告,纷纷要求入社。街道居民自动串连,大办工厂,大办公共食堂、托儿所等集体福利事业,用实际行动迎接人民公社的建立。就这样,黑龙江省第一个城市人民公社——哈尔滨市香坊人民公社就在 1958 年 9 月 27 日正式成立。

毛主席搭了幸福台　劳动人民走上来
山在水在石头在　穷苦一去不再来

香坊人民公社成立一年多来,不仅在群众的心中扎下了根,而且已走上了健全发展的道路。广大社员——不管是职工、农民还是街道居民,对公社都表现了无限的热爱,他们把自己同公社的关系说成是:"打成帮,连成片,永远分不散"。人民歌颂这个公社说:"毛主席搭了幸福台,劳动人民走上来,山在水在石头在,劳苦一去不再来。"香坊人民公社一经建立,便在促进生产大跃进、大发展、解放妇女劳动力、提高人民的文化科学技术水平和物质生活等方面,显示出了巨大的优越性,并且随着公社的发展,逐步在全社范围内形成了四网:生产协作网、人民经济生活网、文化教育网和科学技术网。

香坊是哈尔滨新兴的工业区,这里的十八个国营工厂和地方国营工厂之间原来就有一般的协作关系。但在成立公社前,厂与厂之间协作是分散的、不经常的。随着生产大跃进,各工厂企业所需要的协作产品,无论数量和品种都越来越多,原来一般的协作关系已不能满足形势发展的需要,公社一成立,过去厂与厂之间那种分散的外部协作变成了公社内部有组织、有领导、经常性的大协作。大批兴办起来的社办工厂,都组织起来为大厂加工辅助性生产配件,和利用大厂的边材余料,生产人民生活需要的各种日用品,弥补大工业的不足;各大工厂也热情地扶植社办工厂,并逐步形成了大中小企业密切结合的生产协作网,解决了各大厂的辅助性生产的协作问题,使许多原来需要到千里迢迢的外地去加工的配件在当地就能加工。公社为了保证重点工厂的大跃进,采取大中小企业密切结合的办法，把兴办起来的几百个小工厂加以整顿合并成为翻砂、机械、金属、铆焊等二十九个工厂，分别同大厂挂钩，为大厂加工各种配件。

建社以来大小工厂月月季季超额完成计划，去年工业总产值提高62%，今年第一季度提前二十三天实现满堂红

公社组织社内生产大协作和全党全民保重点的结果，使公社内出现了一片热气腾腾、生产全面大跃进的局面。哈尔滨轴承厂1958年生产比1957年翻了一倍半，1959年又提前六十二天超额完成国家计划。今年第一季度轴承厂又提前十天超额完成了生产计划。公社的新办工业生产也扶摇直上，质量产量成倍增长。全社大大小小的工厂，从建社以来月月季季超额完成计划，1959年工业总产值比1958年提高62%，今年第一季度又提前二十三天实现了满堂红。

在生产全面大跃进中，香坊人民公社大批在一年以前还是家庭妇女的女职工，由于勤学苦钻，迅速提高了业务技术水平，已经成为各个生产战线上的一支重要力量。象轴承厂的电修、翻砂、磨光等工种中的新技术工人，原来都是家庭妇女，现在基本上能独立操作了。女职工们在技术复杂的劳动中，显示了智慧和力量，白手起家建立小五金厂的十名家庭妇女，开始时一点技术也不懂，在老工人的热情指导下，她们凭着顽强的意志，在一年多的时间里，就掌握了钳工、冷压、烘炉、截断等生产技术。北京地质学院用的活动房子上的零件、哈尔滨最大民用建筑北方大厦上的异形窗钩，都是她们生产的。随着生产的发展和广大家庭妇女就业，社员的生活水平有了显著提高，据安埠街八千三百三十户，一万九千二百〇一人的调查，1959年社员收入比建社前提高28.6%。由于生活水平的提高，人们的文化生活也更加丰富多彩了。

由于生产大发展，成千上万的职工家属和街道妇女喜笑颜开地参加了社会生产。集体生产和分散个体生活的矛盾使她们迫切要求从生活上也组织起

来,要求大办公共食堂、托儿所和生活服务站。根据群众的要求,公社在职工家属宿舍和居民大院兴办起了公共食堂三百四十六个,托儿所、幼儿园二百六十六个,生活服务站和服务组三百多个。有三千一百多名服务员代替了一万多名家庭妇女的家务劳动。这样就在全社范围内形成了一个纵横交错的组织——人民经济生活网。这个人民经济生活网以国营商业和服务行业为骨干,把公社的公共食堂、托儿所、幼儿园、生活服务站都组织了起来。

成千上万的职工家属和街道妇女走上生产岗位,参加社会劳动以后,迫切要求学习文化,同时,以机械化、半机械化、自动化、半自动化为中心的技术革新、技术革命运动的蓬勃开展,也使广大职工要求迅速提高文化技术水平,而公共食堂、托儿所、幼儿园、生活服务站等集体福利事业的大量兴办,就使女职工们每天下班以后可以没有牵挂地到业余学校去学习文化和科学技术。根据职工们的要求,香坊人民公社发动群众办起了各级各类业余学校五十一所,使86%的职工都参加了学习。公社的社员不仅参加文化学习,而且组织了各种科学研究小组和学会,进行科学研究活动。现在,全社从各个大中工厂到街道居民委员会,已经成立了二十一个科学研究所,几十个科学研究协会,拥有三千多名科学研究协会会员,去年一年,这个公社共完成了一百零九项科学研究项目。现在这个公社的科学技术网正在迅速形成中。

人人劳动,互相关心,热爱集体,邻里和睦,人与人之间形成了共产主义式的同志关系

香坊人民公社的广大社员,从生产到生活全部组织起来以后,社会主义思想觉悟空前提高。在一年多前还是家庭妇女的女职工们,现在不仅加入了工会,很多人还参加了共青团,有些人还提出了入党的申请。广大社员迫切要求提高自己的政治理论水平,最近全社又轰轰烈烈地掀起了学习以毛主席著作为中心的马列主义理论学习的高潮。社员们在集体生产、集体生活中得到锻炼,精神面貌有了显著变化。全社出现了人人劳动、互相关心、热爱集体、邻里和睦的社会新风尚。职工们上班了,生活服务站的服务员们,就为他们缝补拆

洗衣服,照看病人,美化家庭。职工们把全部家务都委托给生活服务站,而服务员也竭尽全力为职工服务。在人与人之间形成了共产主义式的同志关系。

香坊人民公社在工业生产大跃进的同时,在农业生产方面贯彻了以菜肉为纲、为城市服务的方针。由于开展了经常性的工农大协作,使郊区农业生产面貌发生了很大变化。现在,这个社的农业大队在工业支援下已基本上实现了机耕和非田间作业机械化。工业帮助农业建立了五万平方米的温室,等于哈尔滨市过去六十年来所建温室总面积的一点三倍。最近这个公社的农村在工业支援下,已经制成了一条养猪自动线,从饲料粉碎直到粪便的清除,全部过程实现了机械化作业,这样,一个饲养员可养猪三千头,使这个公社发展六个万猪场有了保证。现在,这个公社已经建立了万米蘑菇场,还准备兴建万鸡场、万鸭湾、万米冷库、万米菜窖、十万米温室和三百万个盆菜,这些被人们称为十个"十万"运动,正在工业支援下,在农村里轰轰烈烈开展起来。

现在,香坊人民公社正在以它那"一大二公"的优越性,使这个公社生产集体化向着更高的程度发展。目前,香坊人民公社把过去由各个大大小小的工厂和街道各自一套用电系统变成了合作化用电,使这个地区的大小工厂、街道和居民大院,形成了一个用电系统,使公社在不需要国家投资的情况下,实际上等于增加了四千瓦的电力,并腾出大批的电气设备,用来支援了农村的电气化。公社还以哈尔滨轴承厂为中心,包括周围的轧钢厂、化工厂等十几个工厂企业,和一些机关、商店及上千户居民的范围内实现了合作化用水。目前,这个公社正向着全社实现合作化供水的方向发展。像这样大规模的城市用电、用水合作化,在公社成立以前没有把生产和生活统一组织起来的时候,是办不到的。

形成以大工业为中心的生产体系和生活服务事业体系

石景山中苏友好人民公社成长壮大

（一九六〇年四月八日）

有劳动能力的职工家属和闲散居民 77% 参加了生产和工作；四十一个社办工厂成为大工业的有力助手和农业技术改造的重要力量，去年社办工业总产值增长 179%；农业生产以菜、肉为纲，基本保证了公社工业人口的蔬菜供应；人民经济生活委员会统一领导集体福利事业和商业部门，增加和调整商业服务业网点，供应服务工作大大改观；工农协作互助，工农联盟更加巩固。

新华社 8 日讯 首都的第一个城市人民公社——石景山中苏友好人民公社 1958 年 8 月成立以来，在党的正确领导下，经过发展、巩固和提高，现在已经基本上形成了一个以大工业为中心的生产体系和生活服务事业体系，显示了无比的优越性和生命力。

石景山是北京市的重工业基地。经过十年的建设和发展，这里已经具备了一个中等城市的规模，成为首都的卫星城。

在 1958 年的生产大跃进中，石景山地区的工矿企业扩建和新建的任务很重，需要补充大批的劳动力，并且要求全面地安排建筑材料的生产、工厂用地和运输力量，同时由于工业人口日益增加，副食品的供应问题也需要加以解决；农业方面，为了进一步提高农作物的单位面积产量和建立副食品商品基地也需要大工业的技术支援。随着工农业生产的发展，人民的物质文化生活水平日益提高，商业和文化教育事业也要求统一领导，全面安排。与此同时，职工家属经过总路线的学习，提高了政治觉悟，纷纷要求参加社会主义建设事业。在这种新的形势下，中共石景山钢铁公司党委会就在 1958 年 7 月开始组织职工家属参加生产劳动。同年 8 月,在全国农村人民公社运动高潮的前夕,以国营大工厂为中心的城市人民公社——石景山中苏友好人民公社,就在党组织的领导下正式成立。

石景山中苏友好人民公社包括石景山钢铁公司、石景山发电厂、特殊钢厂等十多个国营、地方国营大工厂和八宝山、古城、五里坨、西黄村四个农业生产大队,总人口中农民占 14% 左右,职工和职工家属以及少数商业、服务业、手工业、文教卫生事业的从业人员占 86% 左右。公社建立以后,工农业生产连续大跃进,人民经济生活基本上全面地组织起来,人们的精神面貌已经发生了深刻的变化。

公社成立以后,这里的八千八百名有劳动能力的职工家属和闲散居民中,有六千八百人参加了生产和工作。其中有四千五百多人到大工厂参加生产,不但解决了这些工厂当时劳动力不足的问题,而且比从社会上招收新工人还大大节省了宿舍、食堂、医院等公共福利设施的投资。这些职工家属参加生产一年来,有不少人已经成为熟练工人,达到了二、三级工的水平。在石景山钢铁公司焦化厂工作的郭月敏,原来是有六个孩子的职工家属,目前已经是一个具有四级工水平并且带着两个徒工的工人。现在,这支由职工家属组成的劳动大军,在石景山钢铁公司和石景山发电厂已经成为一支不可缺少的力量。

公社办的工业在为大工业服务的方针指导下,自力更生,发挥了苦干、实干、巧干的精神,一年来也有飞速的发展。公社的包括二十多个行业的四十一个中小工厂,成为石景山地区大工业的有力助手和改造农业技术的重要力量。1959 年社办工业的总产值,也由 1958 年的五百七十万元增长到一千五百九十三万元,增长了 179%。各大工厂对社办工业都给予了有力的支援,并且在促进农业技术改造方面也做了许多工作。但是,社办工业主要还是自力更生、白手起家办起来的。大多数社办工厂开始时都是一无资金、二无设备,工人也不懂技术,社员们就自己凑集资金,并且用"请进来,派出去"的办法到处去学习技术;没有原料,他们就因地制宜,广泛开辟原料来源;没有设备,他们就先用土法生产,公社大力组织街道妇女利用大工厂的废旧物资,专门生产大工厂所需要的产品,并且积极整顿扩大原有农业社举办的小型工业。经过了一段艰苦的创业过程以后,社办工业就逐步由小到大地巩固和发展起来。

公社成立以后，农业生产贯彻了以菜、肉为纲的方针，也有了飞跃的发展。商品蔬菜的产量由1958年的二千五百万斤猛增到1959年的五千七百万斤，基本上保证了公社范围内工业人口的蔬菜供应。猪、鸡、奶牛也显著增加，还举办了养鱼、养鸭等新的生产部门。

广大职工家属参加生产以后，迫切要求组织集体生活福利事业，同时，由于参加生产的人增多，市场购买力增加，也要求有计划地组织供应。原有的国营商业、服务业和工厂生活福利部门已经远不能满足群众的需要。公社党委根据这一情况，就把原来分属十六个系统的国营商业、服务业、居民集体福利事业、财贸部门和工厂生活福利部门统一组成一个人民经济生活委员会，统一领导各种集体福利事业和商业部门，并且增加和合理地调整了商业、服务业的网点，使这个地区的服务、供应工作大大改观。从公社成立到1959年底，全公社共建立了食堂一百四十三个，其中农村一百一十四个，入伙户数占农村总户数的93%；街道食堂二十九个，入伙居民占参加生产人数的46%。公社建立了托儿组织一百○九个，其中农村九十个，入托儿童占应托儿童的74%；街道托儿所十九个，入托儿童占应托儿童的31%，为二千八百多户职工家属解除了家务劳动的牵累。公社还举办了敬老院四所，入院老人四十九人；十一个医务所，有医护人员七十六人。所有这些，对于减轻社员的家务负担，改善商品供应情况起了极大的作用。

服务站是公社集体福利事业的新发展。人民经济生活委员会在家属集中居住区先后建立了综合性服务站、代销点、缝纫部、理发部、书店、儿童活动站、修车修鞋点、电视队及其他修理服务点共七十五个单位，服务项目有三十八类一百五十多种，包括代购、代销、代办、代收、代做、扶老携幼、照顾病人、清洁卫生、拆洗缝补，直到为工厂代收房租、配煤等等。依靠服务站解决困难的户数已达集中居住区总户数的38.3%。"有了服务站，样样都方便，诸事不操心，全力为生产"，这就是群众对它的赞歌。

公社成立以后，工农联盟更加巩固和发展了。为了支援大工业和发展公社生产，他们展开了大规模的协作和互助。社员们把支援石钢和其它大工厂的生产建设，当作最光荣的任务。在运输任务最紧张的时刻，公社的汽车、大车、拖拉机主动地去支援大工厂运输。当高炉生产急需砂子的时候，公社就连夜组织大车去抢运;石钢缺白泥,社员们就去挖白泥,大工厂的职工、街道居民、机关干部以及这里的学生,已经成为经常参加农业劳动的一支突击力量。工厂又主动为农业生产大队修复了大量农业机械、车辆,还派了技术力量去向社员传授技术。

　　公社成立后变化最大的是妇女群众。她们摆脱了家务劳动参加生产以后,培养了爱集体、爱劳动的风气,妇女的社会经济和政治地位大大提高了。一般职工家属和居民参加生产以后,家庭收入都有了显著的提高。据对参加生产的七十一个职工家属的调查,职工家属每月工资的收入等于家庭中工厂职工收入的47.9%。有的家庭收入增加了一倍。夫妻之间、婆媳之间互敬互爱,出现了很多新型的和睦家庭。她们还参加了技术革新和技术革命运动,并且普遍参加业余文化学习。

妈妈们的好助手

（一九六〇年四月十二日）

在石家庄市桥东人民公社大兴分社的一条街道上，有一个宽敞、清净的大院，院里有小滑梯、木马……宿舍里陈设着一排排小木床，床上铺着干净、整齐的床单和小花被。这里就是被当地居民称为"一朵花"的正义南街幼儿园。

正义南街幼儿园是随着广大居民参加社会劳动建立起来的。幼儿园的工作人员，啥事都能干。她们经常亲自动手给孩子理发、洗澡和拆洗缝补衣服，有时还制作玩具。去年秋末，小朋友陈淑池、陈淑芳的妈妈胳膊摔伤了，孩子的棉衣做不上。幼儿园的阿姨们就找上门去，要来旧衣裳，拆洗缝补，给每个孩子做了两套棉衣。1959年除夕那天，钢铁工厂工人梁书信，拿着布到幼儿园来，着急地说："孩子还没有新衣穿，买上了布，成衣店都不收活啦！"阿姨们二话没说，就把布接了过来，马上剪裁缝好。当天下午孩子就穿上了新衣。仅去年冬天一个月的不完全统计，幼儿园就给小朋友们做了六十多件棉衣，缝洗了五百多件衣服，拆洗了一百五十多条被褥。因此，幼儿园在家长中慢慢地有了威信。许多家长相信阿姨们能把孩子带好。有的人把自己小孩一年内所用布票、钱交给幼儿园，由阿姨们按着季节的变化，安排孩子的衣着。

阿姨们对孩子体贴入微真赛过妈妈。就说吃饭吧，在孩子们吃饭的时候，阿姨们总是一个个仔细观察。有一次，保育员刘玉芝发现刚入园的小宝宝陈磊不爱吃菜，吃了就吐，面色又黄又瘦。刘玉芝就每天细心地照料他。自己作出样子，教给孩子细咬细咽，多吃菜，一两个月的功夫，孩子长得又白又胖，红通通的小脸，活像个大苹果。阿姨们为使孩子们增加食欲，经常精巧地制作了"花三角""小寿桃""麻花"等二十多种主食。阿姨们还经常通过讲故事、教唱歌、跳舞、做泥工，领孩子到野外活动……培养孩子们爱祖国、爱领袖、爱劳动、爱集体、爱公物的"五爱"思想品德。

辛勤的园丁培育出了美丽的花朵,慈母般阿姨们对孩子的关心、爱护、教育,使一百多个孩子都活泼可爱,又健康,又懂事。

这里的街道居民赞颂这个幼儿园时说道:

幼儿园,真是好,阿姨心红手又巧。

个个都是慈母心,日夜辛勤来照料。

宝宝长得白又胖,懂得事情有礼貌。

妈妈安心去生产,为了建设立功劳!

（刘明魁）

以街道居民为主把生产生活全面组织起来

天津鸿顺里人民公社本固枝荣前程似锦

一年多来,社办工业产值和加工收益由最初的每月三百元左右增长到今年三月份的七十万元,今年全年要达到一千四百万元,比去年增加将近三倍,社办工厂今年基本上要实现机械化、电动化,产品质量争取达到国营大工厂的水平

(一九六〇年四月十三日)

新华社天津 11 日电 天津市以街道居民为主组织起来的第一个人民公社——鸿顺里人民公社,1958 年 9 月成立以来,不断巩固壮大、显示了城市人民公社的无比优越性。

由一个加工小组发展起来
万户人家形成一个大集体

鸿顺里人民公社,现在共有五个分社,包括原天纬路街道办事处所辖的三十六条马路、五百四十三条胡同的一万多户居民。这个公社是从一个街道妇女组成的加工生产小组发展起来的。1958 年夏天,住在鸿顺里的四十二户居民(一个居民小组)中的家庭妇女、在大跃进形势的鼓舞下,迫切要求走出家庭小圈子,参加社会主义建设,她们的愿望得到了中共天纬路街委员会的大力支持。在街党委的帮助下,十七名家庭妇女在胡同口搭起一个简陋的草帘棚,安起手摇纺车,成立了全市第一个由街道家庭妇女组成的加工生产组,为附近

的恒大电线厂加工缠铜丝。这十七名家庭妇女参加生产后，很自然地就要求组织食堂、托儿所。工人家属贾大娘和另外两个家庭妇女就用一个煤球炉子办起了天津市第一个街道公共食堂，每天给全胡同的一百○一个人做饭。这些家庭妇女兴奋地把她们的生产小组、食堂和托儿所叫做"社会主义大家庭"。

鸿顺里生产小组成立后一个多月，刘少奇同志来这里视察，使这些家庭妇女们受到了巨大的鼓舞，也更加坚定了她们走集体化道路的信心。附近街道的居民们络绎不绝地来参观她们的生产小组和集体福利事业，于是一个"学鸿顺里，赶鸿顺里"的活动很快就在附近的街道中广泛地开展起来。许多街道妇女纷纷组织起来，成立了生产组和举办了集体福利事业。为了使这些分散的生产小组和集体福利事业能得到更快的发展，中共天纬路街委员会根据群众的要求，把所有这些单位进一步组织起来，成立了鸿顺里生产服务合作社，社员发展到二百五十二名。不久，鸿顺里第一批组织起来参加生产的贾大娘、宗炳珍等十多位家庭妇女，又联名向党组织要求成立城市人民公社，以便更迅速地发展生产和大办集体福利事业。在党组织的领导下，以鸿顺里命名的天津市第一个城市人民公社就在 1958 年 9 月 19 日正式成立。

鸿顺里人民公社成立一年多来，经过整顿巩固，公社的生产和集体福利事业得到了飞速的发展。

三间房子一台机器起家
产品行销各地很受欢迎

现在，全社已有八个社办工厂和一百○五个生产组，参加生产的居民有四千六百多人，其中绝大部分是家庭妇女。这些生产组织每月的产值和加工收益，由最初的三百元左右增长到 1960 年 3 月份的七十万元。一年多来，公社用于建厂房添设备的投资就有三十四万多元，积累也增加到了六十万元。现在全公社有车床、钻床、电动捣机、电动缝纫机等主要机器设备二百多台,生产着五金、化学、医疗器械、日用百货等一百五十四种产品。原来西窑洼一带是一个臭水坑,现在那里已经盖起工厂。社员们自豪地把那里称为"我们公社的工业基地"。公社办的医疗器械厂在去年2月份成立的时候,只有十三个刚走出家门的家庭妇女和一个老师傅,在三间房子里用一台手摇捣子机生产一些研磨器材。现在这个厂的厂房已扩大到二十多间,工人有一百〇二人,有了电动捣机、自动机床、自动砂轮刀等设备,不但能生产研磨器材,而且能制造二十多种牙科医疗器材,产品行销东北、西北各地,供不应求。这个厂成为出席1959年河北省群英会的先进集体。

为生产、为人民生活服务
社办工业成为大工业助手

鸿顺里公社办的工业由于为大工业服务、为生产服务、为人民生活服务,已经成为大工厂的有力助手。这个公社现在已能生产一百五十四种大工业需要的原料、零件、工具以及人民生活需要的日用小商品。公社办的化学厂过去只能生产一些简单的产品,现在已经能够生产化学工业所需要的活性炭、酚醛树脂、三宝漆料等比较高级的产品。公社的工厂和生产组还有组织、有计划地同大工厂密切协作,为大工厂加工订货。现在,全公社就有一千七百多人在为六十五个大工厂企业加工半成品和生产一些附件、小产品,有力地支援了大工厂发展生产。如二马路分社绒衣加工组的六十多人为荣生运动衣厂加工半成品,他们承担了绒衣的包装、烫号、检验、缝扣和整理五道工序。第六电讯器材厂原来有一个制相册车间,占用很多人力和设备。鸿顺里公社就专门成立了一个相册工厂、把电讯器材厂制相册的任务全部包下来,使这个工厂腾出了一部分技术工人和机器设备,全部投入到收音机的生产中去。

大办集体生活福利事业
服务组织遍布各个角落

　　鸿顺里人民公社在发展生产的同时,大规模地办起了集体福利和服务事业,使家务劳动社会化,生活集体化,更好、更全面地组织了人民的经济生活。这个公社现在共有大、小型的公共食堂一百〇九个,90%多的社员都参加了公共食堂。托儿组织共有一百一十处,收托着两千八百三十个孩子,全社的孩子已经基本上都进了幼儿园和托儿所。

　　鸿顺里人民公社还大力发展了各种生活服务事业。这个公社的生活服务组织现在成龙成网成套地遍布各个角落,做到了人人有事做,事事有人管。全公社已经建立了九十四处服务组织,有六百多人参加服务工作。他们设立的一个"万能服务站",服务的项目有三百多项,满足了社员群众各种不同的需要。这个公社在二马路街全面组织生活集体化的例子,就可以看出他们发展服务事业的一幅缩影。他们在这条街上设有十七个"部"(生活服务部、理发服务部、老年儿童服务部、文化服务部、洗缝补加工部等)、一店(昼夜循环服务商店)和两站(储蓄站、生熟水服务站),服务的项目从代办婚丧嫁娶事务到代买柴米油盐,应有尽有,受到居民的普遍欢迎。鸿顺里公社二马路分社有八个生产组的社员,过去有10%的人经常因为一些家务事不能出勤,现在服务站把一些主要家务包下来以后,出勤率基本上达到100%。

　　公社还在大工厂里开展生活服务工作,充当大工厂的"后勤部",使工人能摆脱一些生活琐事的牵累,更安心地参加生产。今年2月份,公社的"万能服务站",在附近有三千多名职工的恒源纱厂建立了一个分站。这个分站的服务项目从缝补、拆洗、修理自行车、托儿一直到代买火车票和汇款。服务站建立以后,很多女工再也不用下班就急着回家去从事家务劳动,可以安心参加会议、学习和文娱活动。

文教卫生事业全面发展
生活逐步改善储蓄增加

鸿顺里人民公社的成立，也促进了文化、教育、卫生等事业的全面发展。现在，公社已经办起了从扫盲班到高中班的业余教育网，到去年底就基本上扫除了全社四十岁以下社员中的文盲。公社还组织了技术、理论学习小组和读报组。在公社和五个分社里还设有图书馆。公社还组织了篮球、排球、乒乓球队和话剧组、评剧组、京剧组、音乐舞蹈组、创作组等业余文娱组织，经常到街头、车间演出。

这个公社的社员生活，在生产发展的同时也逐步得到了改善。据公社在一千六百户社员中的调查，平均每人每月的收入由公社建立前的九元增加到现在的十六元多。女社员张恩兰一家五口人，解放前曾穷得要投河自杀，解放后还长期靠政府救济。现在参加了公社，她和她的两个孩子都在工厂做工，一个月收入一百一十七元，除了吃用以外，每月还能储蓄十多元。

精神面貌焕然一新
热爱集体成为风尚

鸿顺里人民公社成立以后，社员们在集体的熔炉里受到了锻炼，精神面貌开始发生变化。热爱集体、爱社如家、舍己为公、先公后私的新风尚大大发扬起来。被社员公认为鸿顺里"无名英雄"的贾大娘，就是一个典型的例子。她是第一个报名当炊事员的，因为她年老，社里没有分配给她做具体工作，可是她悄悄地做了许多人们注意不到的事情，如社里一些公用的东西没处放，也没专人保管，她就腾出自己的房子作公社的小仓库，一丝不苟地保管着社里的财产。每当吃饭时间，社办公室里没有人，她就进来守着电话值班。社干部回来以后，她又把三个空暖水瓶提回家去灌满开水送来。五十八岁的军属师恩荣老大爷，原来在社的五金加工组工作，他听说社里要建立新食堂，就自愿到食堂去当炊事员。他担任食堂的管理员，也当炊事员。这个食堂有二百多人入伙吃饭，他常常挨户征求大家对伙食的意见，然后根据群众的意见准备饭菜。因此，社员们都称他是"群众的好管家"。

在这个社会主义大家庭里，人和人的关系也发生了深刻的变化。妯娌之间、夫妻之间、婆媳之间、邻里之间的互助友爱、互相团结已成为普遍风尚。社员高秀珍家妯娌四个过去都是"闲人"，没事就比吃穿，互相妒忌，有时甚至整天互不理睬，成立人民公社以后，妯娌四个都参加了生产和工作，她们在大集体里受到了教育，提高了思想觉悟，现在妯娌之间非常亲密，经常在一起谈工作、谈思想、互相照顾。

充分发挥智慧才干
先进分子大量涌现

广大家庭妇女摆脱繁琐的家务劳动参加生产和工作以后，她们的智慧和才干也得到了发挥，许多人成为先进生产者，有的人并且成为光荣的共产党员和共青团员。一年多来，全公社就涌现出一百一十八名市级先进生产者、先进工作者和红旗手。有一百一十三名过去的家庭妇女，现在成为公社的分社社长、车间主任和生产组组长。九个孩子的妈妈江素卿原来是文盲，现在不仅成了学习模范，当了扫盲教师，而且当了公社百货杂品工厂的会计，还光荣地参加了中国共产党。许多人还成为技术革新和技术革命的能手。全社社员在技术革新和技术革命运动中共提出了三千多件革新建议。全社工厂的机械化、半机械化程度，已由平均 1.8% 提高到 70% 以上。

今年，鸿顺里人民公社将获得更大的发展。根据这个公社的规划，全社今年的产值和加工收益要达到一千四百万元，比去年全年的三百六十万元增加将近三倍。社办工厂的生产今年基本上要实现机械化、电动化，产品的质量要争取达到国营大工厂的水平。

"二五"食堂是武汉街道食堂的红旗

十个妇女巧做千人饭

白手起家勤俭经营　革新技术民主管理
饭菜多样味美价廉　多方服务支持生产

（一九六〇年四月十三日）

本报讯　宝善街"二五"食堂是武汉市街道公共食堂的一面红旗,这个食堂是 1958 年大跃进中由五位老年妇女办起来的。一年多来,这个食堂从无到有、从小到大,服务项目从少到多,从手工操作发展到机械化、半机械化,食堂办得好,深受群众欢迎,在食堂吃饭的人数由开办时的二十七人增加到一九五九年的八百多人,今年全面组织人民经济生活以来,猛增到一千二百多人。食堂的全部工作人员只有黄巧云等九位老年妇女和一个会计。最近,中共湖北省委第一书记王任重参观了这个食堂,称赞道:"黄巧云、真正巧,'二五'食堂办得好,十位妇女干劲大,为人服务不辞劳。"

在一九五八年大跃进的浪潮里,广大家庭妇女纷纷走出家门,参加生产建设。宝善街居民黄巧云、黄金宝等五个老年妇女在大跃进的鼓舞下,都想为社会主义出力,她们经过商量,决定办一个公共食堂,支援生产大跃进。在街道党组织的领导和支持下,她们积极开始工作,将自己家里的炊具拿出来,搭灶借锅,五天内白手起家,就办起了食堂,她们把食堂取名为"二五"食堂,期望早日完成国家的第二个五年计划。

这个食堂位于居民聚居地区,附近中小工厂很多,食堂服务员千方百计支持生产,方便群众。在一九五八年全民炼钢高潮时,工厂机器不停响,炉子不歇火,她们主动与工厂联系,坚持送夜餐。每当工人战斗到肚饿口渴的时候,食堂就送来热饭、热菜、热茶,还送上一块热毛巾,唱上一段有趣的渔鼓,表示慰问。要是发现哪一个职工一天不在食堂吃饭，她们就打听不来的原因，到工厂、到职工家里去问。有的职工得了病，食堂把热饭热菜送上门去，对产妇、孕妇、老人，特地做些适合她们口味的饭菜。孩子们在食堂吃饭，家长们只要交伙食费，一日三餐全由服务员送到孩子们的手里，使家长们一心一意搞生产。

食堂饭菜花样多，味美价廉又节约。饭有软的，有硬的，有干的，有稀的，适合各种人的需要。菜有荤的、素的，有菜有汤。她们仅用洋薯、萝卜、莲藕三种菜，就可以做出五十多样不同的菜来。她们平时还有计划地储备一些干菜以及辣酱、洋葱、泡萝卜、豆腐乳等等，腌的、干的、鲜的搭配起来吃，因而不论在什么时候菜总是丰富多样，去吃饭的人花几分钱就可以吃到三四样菜。

"二五"食堂是勤俭办好食堂的一个模范单位。服务员们一贯重视节约，对一粒米、一片菜叶都很爱惜，连撒在桌上和粘在碗里的饭粒都收集起来，洗净晒干，磨成粉，用来蒸肉、蒸鱼等，一年中因此节约五百多斤粮食。烧煤也很节省，她们总是大火烧菜，小火烧水，用时把火加大，不用时压小，用灯也是随用随开。这个每天一千多人吃饭的食堂，每月除了工资、房租以外，杂费只有三十九元。因为事事勤俭，处处节约，饭菜价廉物美。

为了满足群众多方面的需要，食堂附设了开水站、洗澡间、小卖部、文化室、洗衣缝补站等服务组织。职工群众在食堂吃完饭后，可以舒舒服服地在这里洗脸、洗澡、喝茶、看书；衣服脏了、破了，吃饭时顺便带来，这里就有人拆洗缝补。总之，群众生活中的许多琐事，不出食堂就可以解决了。

食堂办得好，吃饭的人不断增加，食堂人手少忙不过来，党的大搞技术革新和技术革命运动的号召，给她们开了心窍，黄巧云等十位妇女，在当地党委的领导下，苦战一周，基本上实现了"切菜不用刀，饮水不用提，米用机器洗，烧饭用万能灶"，因而大大提高了劳动效率，十人巧做千人饭。

"二五"食堂事事依靠群众，认真贯彻民主管理的原则。食堂成立了民主管理委员会，定期地听取群众意见，改进工作，职工们也把食堂看成是社会主义的大家庭，关心食堂，爱护食堂，帮助把食堂办得更好。建筑工人帮助食堂搞技术革新、修理房子和炊具；搬运工人帮助食堂运煤、运粮食；银行储蓄员帮助食堂建立账目，加强核算；居民、教师、学生帮助食堂摘菜、卖饭、收拾碗筷、打扫卫生，真是像一家人一样。

　　"二五"食堂为什么办得这样好？党的领导是第一条。当食堂有困难的时候，党委帮助她们解决；当她们取得成绩的时候，党委及时地进行鼓励和表扬。因此，服务人员的觉悟不断提高，食堂越办越好。

城市人民公社旭日东升

天津灰堆人民公社高歌猛进的一年

（一九六〇年五月六日）

天津市河西区灰堆人民公社，是以国营天津造纸总厂为中心，由一万七千多工人、农民和街道居民组织起来的。今年 4 月 27 日，是它正式建立的一周年，从 1958 年 10 月开始筹备到现在，一年多以来，在总路线、大跃进、人民公社三面红旗的鼓舞下，围绕大厂生产，调动一切积极因素，大搞纸厂"废料"下脚料综合利用，办起九个卫星工厂：小型造纸厂、塑化剂厂、硫酸铝厂、黏合剂厂、制本厂、制盒厂、电木厂、草绳厂和缝纫厂。它们绝大多数都是在建社初期的三个月里，按照就地取材、因陋就简、土洋结合的原则创办起来的。

废液废料变成宝

往日，从纸厂到海河有一条排出废水、废液的小河沟。如今这条小河沟成了社办工业的"原料基地"。收浆机把"废浆"打上来，经过铜丝筛过滤，取得大量造纸纤维。妇女们用小车把它推到大厂蓄水池上的小船里，池子的另一端有个马达，小船靠绳索牵引，把这些原料运到小纸厂的门口。小纸厂现在每天生产包装用纸三吨多。

硫酸铝厂用几口大水缸，把大厂流失的含有稀硫酸的废液回收起来，配以一定比重的炉灰，用大厂纸机烘缸的乏气，经过硫化和水解处理，就成了硫酸铝。它是制造高级纸张不可少的填料之一。到今年 3 月底，已经供应大厂五十多吨，相当于大厂用量的四分之一。

黏合剂厂和塑化剂厂的设备更简单。黏合剂厂只有几口大锅，把大厂的亚硫酸盐制浆蒸煮"废液"放在锅里熬几小时就成了黏合剂。它是耐火器材工业、冶金铸造工业所需的生产辅料。几位刚走出家庭的妇女，凭着几口大锅，就供应给鞍钢、包钢等企业黏合剂近一千吨。用十几口大水缸生产的塑化剂是桥梁、水库等大型钢筋浇注工程需用的材料，它不但可以提高工程质量，还可以节省大量水泥，到今年一季度，就供应三门峡、密云水库、岳城水库等大型水利工程两千七百多吨。

草绳厂用的原料是公社所属农业生产队的稻草，生产的草袋、草绳已经能满足大厂全部包装的需要；制本厂做练习本，是用大厂的残损纸张，每天可以生产三万本。

这些社办工业不仅成为大工业的有力助手，而且为公社的进一步发展打下了初步的经济基础。现在每月产值已达三十多万元。公社不但分期按价偿还了借用的设备、器材，而且有了五十多万元的积累。

共产主义大协作的凯歌

公社各项事业（包括社办工业）从无到有，是一支共产主义大协作的凯歌。在公社党委的领导下，大工业、农业、商业、社办工业等各部门互相支援，互相促进。正如他们自己所说的："过去是邻居，现在是一家人。"

从"邻居"到"一家人"，这是一个深刻的社会变革，是在我国社会主义制度下，生产关系上的进一步发展。城市人民公社的建立，首先在促进生产的飞跃发展方面，显示了无比的优越性。社办工业是在参加公社的有关部门，特别是天津造纸总厂的热情支援下建立和成立起来的。

公社内工业和农业之间相互支援，在共同发展上起了很大作用。例如，去年大厂和卫星厂就拿出不少电动机和电线支援农业生产队抗旱；在农忙季节，公社先后抽调五千多个劳力帮助农业抢收抢种，保证了丰收，使一千多亩园田的蔬菜产量比1958年增产40%，八百多亩水稻平均亩产比1958年增加了一百多斤。农业生产队也在运输、劳力等方面支援大厂。去年9月，大厂突击修建一条通往厂内的运输专线,在施工中,有一个大水塘需要填平,农业生产队立即抽调三部水车和三十多名社员前来突击,保证了铁路工程顺利进行。

公共福利事业办得又多又好

为了搞好生产,公社福利部进一步贯彻为大企业职工、街道居民和农民服务的方针,从去年11月开始,先后接办了公社内各单位的公共福利和生活服务事业。公社已经开始成为人民经济生活的统一组织者和管理者。

公社接办了原来大厂的大食堂。这个食堂每天可以容纳六千多人次吃饭,主副食品花样共达三百多种。食堂里正大搞炊事用具改革,以这个大食堂为中心,加工主食供应公社所属十五个各种类型的中小型食堂,并且争取逐步做到副食品也由大食堂初步加工。公社统一接办公共食堂有许多好处,它可以合理使用人力、物力。如大厂食堂几年来限于人力和设备,夜间不能供应。公社统一管理后,增添人力,大搞炊事工具改革,由每天开饭三次增加到五次,并供应夜宵。在生产高潮中,还实行炊事员送饭到车间,深受职工欢迎。

现在,由公社接办和新办的托儿所、幼儿园共十六个,散居的幼儿队二十一个,入托儿童一千一百〇六人,占应入托儿童的93%。多年来,大厂自办的托儿所收托时间有限制,女职工下班后就要去接孩子,学习和开会都受到影响。公社接办后,增加了保育员和教养员,延长托儿时间,提高服务质量,可以全托、日托、夜托、临时托、假日托,孩子满了三岁可以从托儿所进入幼儿园。农忙时节在田边建立哺乳站,按时把孩子送到地头吃奶。这样,就为劳动妇女参加生产、学习和社会活动创造了美好的条件,像过去大厂完成车间女工参加文化学习的仅有40%,现在绝大部分都参加了文化学习。

生活服务网星罗棋布

一个星罗棋布的生活服务网也逐步建立和健全起来。公社有三个环境卫生清洁队和生活服务站、商品代售站、废品收购站等八处,有服务小组二百四十个。这些服务网点大大便利了群众,现在的服务项目已经有七十六项,可以算得衣食住行、生老病死、从早到晚、一年四季,无所不包。对双职工、孤老户、烈军属、产妇、病人,更是重点服务。大厂职工冯兆钦经常出差,他爱人张淑珍临产,服务员立刻请来接生员。张淑珍生下孩子后,一觉睡醒,鸡蛋、红糖、鲜活鱼虾等营养品已经放在她眼前了,使张淑珍很受感动。最近,服务站根据公社党委的意见,打算把单身职工宿舍的清洁卫生、打开水等工作全包下来,使单身职工的生活更方便。

在医疗卫生事业方面,原来大厂保健站只有内外科、小儿科、妇产科四项,有医务人员二十二人;街道上的诊所在技术水平和设备上也比较差,职工和家属、居民有病总愿意到距离比较远的医院就诊。现在,公社把这两部分医疗统一组织起来,同时得到了天津市第二疗养院在技术力量和医疗设备方面的支援,组成了有五十多位医务人员的颇具规模的卫生院,医疗项目已有中医、理疗、针灸、气功、爱克斯光、化验、整骨等十一个项目。

奔向锦绣前程

灰堆人民公社一年来经历了光荣的道路。它的成立是瓜熟蒂落,水到渠成。

多少年来,国营天津造纸总厂每天从地沟里排出大量制造纸浆用过的"废水",顺着河沟,流往海河。有不少纸浆纤维随水流去,沉积在河沟里,日久天长,把河沟淤成一条"浆河"。在"废水"里面,还有煮浆用过的亚硫酸盐的"废液"和提炼浓硫酸以后的"废药液"。这些药液流入海河,影响水质,鱼遇到了会死亡,流到田里危害庄稼成长。如果回收,却是制造饲料酵母、塑化剂、黏合剂、硫酸铝等多种产品的原料。面对着这个取之不尽的"废料"下脚料宝库,大厂曾一再设法回收综合利用,例如,从生产设备上进行改装,回收一部分流失的纸浆,办起了一个黏合剂厂,等等,也取得一些效果。但是,大厂本身的生产在不断跃进,一时难以抽出较多的人力来举办许多综合利用的小厂。

附近的原五星高级农业社也想利用大厂流失的纸浆办个小纸厂,但技术、设备、资金等也是个不小的难题。

在总路线的光辉照耀下,灰堆街道妇女社会主义觉悟普遍提高。她们迫切要求摆脱繁琐的家务劳动,参加社会生产,纷纷到街道办事处和居民委员会要求介绍工作。在党的全民办工业的号召下,街道上向大厂借了三万元和一台压力机,领导她们开办了一个来料加工的电木厂,还办起一些缝纫组、洗衣组和各种手工业生产合作组。但是,生产门路不多,设备和技术也缺乏,而且要求参加生产的人越来越多,这是一个矛盾。怎样解决呢? 答案是明摆着的:工厂所无,正是街道所有;街道所无,正是工厂所有。只要两方面一结合,问题就解决了。毛主席提出的"人民公社好"的伟大号召,像千里雷声万里闪,给人们指出了方向。于是,以造纸总厂为中心的灰堆人民公社就在万众欢呼声中应运而生。公社把工厂、街道居民和农业社的一切力量调动和组织起来,为生产力的不断发展开辟了广阔的道路。

灰堆人民公社正以不断跃进的姿态奔向新的目标。各个卫星厂正大搞技术革新,争取今年的总产值计划比去年增加六倍,除了发展现有产品的生产外,还要继续大搞综合利用,试制和生产新的品种,方向是变一用为多用,由低级到高级。第一季度仅小纸厂就试制成功工业用纸板、防潮纸和高级卫生纸、云母纸等。从"废液"里提取饲料酵母已试验成功,投入生产后估计年产量用于养猪可以节省下大批粮食;提取酵母之后,还能生产比现在质量更好的塑化剂和黏合剂。此外大厂的硫化铁矿渣如果用来炼铁,一年可产生铁一万吨以上。继续贯彻勤俭办社、勤俭办一切事业的精神,充分利用这个公社发展生产的有利条件,在现有的基础上,继续大力发展生产以及办好各项集体福利事业,这是灰堆人民公社继续前进的光荣任务。

成都市大办五类街道食堂

综合食堂　加工食堂　院坝食堂　老人食堂　儿童食堂

（一九六〇年五月十三日）

本报讯　成都市根据街道居民居住集中的特点，从有利生产、方便群众出发，办起综合食堂、加工食堂、院坝食堂、老人食堂、儿童食堂等五种类型的公共食堂五百一十四个，入伙人数达十一万余人。

综合食堂（又叫一揽子食堂）大都设置在小街巷和交通不方便的居民区。根据入伙对象分别设座，照顾老人、儿童、孕妇进餐。有些食堂还设有图书室、文娱室和理发、浴室、小百货、邮电、储蓄等部以及茶座等服务项目。这种食堂已成为居民经济、文化活动的中心场所。

加工食堂（加工站）是随着街道居民食堂普遍化而建立起来的。它专门给食堂加工饭、菜。一个加工食堂可以替几条街的公共食堂加工主食副食。由于加工食堂是集中做饭、做菜，更有利于实现机械化、蒸汽化、煤气化，可以节约大批的人力和燃料。

院坝食堂是以院落为单位由邻里自愿组织起来的。这种食堂的设备和炊事用具都是大家凑集的。

此外，许多街道还根据老人和儿童的不同要求，专门建立了老人食堂和儿童食堂。

在大办公共食堂运动中，财贸部门抽调大批干部，采取分片包干的办法，帮助培训技术人员，建立与健全经营管理制度。据不完全统计，财贸部门共为街道食堂培训厨师、财会人员和管理人员八百九十七人，并召开技术交流会二百多次，支援各种设备五千六百多件。各粮食站、店还具体帮助食堂制定用粮计划,大搞技术革新,提高出饭率;国营零售商店也增设了许多服务项目,组织流动服务队,深入食堂帮助建立代销店(组),使得群众更方便购买生活必需品。

武汉整顿街道食堂

（一九六〇年五月二十七日）

武汉市最近根据市委提出的"边发展、边整顿、边巩固、边提高"的方针，全面整顿街道食堂。许多街道党委书记挂帅，抽调大批干部，帮助食堂加强民主管理，建立健全各项制度。许多食堂由群众选举，成立了民主管理委员会，并调整人员，加强领导。全市二千二百多个食堂本着"支援生产、方便群众、简单易行、不错不乱"的原则，建立制度，加强管理，做到账务日清月结，收支按月公布，粮、油、饭、菜、钱五票清楚，饭量准确。市财贸各部门派出二千多人参加了这项工作，各区还采取集中培训、分片辅导、帮助建制建账等办法，提高食堂人员的管理水平和技术水平。

既重视生产又重视财务　促进公社巩固发展

北京二龙路公社党委抓紧财务工作

财务收支有计划　仓库保管有制度　费用开支有标准
审核批准有手续　积累分配有办法　账务处理有凭据

（一九六〇年六月二十九日）

本报讯　一年多来,北京市二龙路人民公社的财务工作在健全财务机构、配备和培训干部、建立制度、推行群众核算等方面,都做得十分出色。目前,已经基本上做到了财务收支有计划,仓库保管有制度,费用开支有标准,审核批准有手续,积累分配有办法;账务处理清楚,收有凭,支有据,收支有账不错不乱,使财务工作适应了公社各项事业发展的需要,促进了公社的巩固和发展。

二龙路人民公社党委一贯重视财务工作,一开始就抓,一抓到底。在公社成立初期,为了加强对财务工作的领导,由党委书记主持,组织了由公社所属各厂厂长、支部书记参加的财务训练班。党委书记亲自带头学习财务工作,引起了领导干部对财务工作的普遍重视。同时,公社党委还针对财务干部中存在的"就账管账,不问生产"的错误思想,采取一方面加强政治思想教育、一方面组织财务人员下车间参加生产的办法,树立财务工作为生产服务的观点,积极做好财务工作。公社党委又经常把财务工作列入议事日程,统一安排布置。党委书记亲自种了财务"试验田",深入工厂,培养典型,总结经验,推动财务工作深入开展。如在清产建制工作中,公社党委书记亲自到综合厂"种试验田",摸情况,找经验,具体指导,解决问题。在取得经验以后,召开现场会议,全面推动,使这一工作迅速地开展起来,收到了良好效果。

为了保证做好财务工作,二龙路人民公社在成立以后,就迅速地建立了财务机构,在公社内部成立了财会组,以区财政局下放的干部为骨干,配备了六个财务干部,统一管理公社财务工作;同时,根据公社所属单位的需要,本着自力更生为主、争取外援为辅的方针,通过人员排队、思想动员等工作,从街道上选拔一批政治思想好、工作积极、具有一定文化水平的人,担任财务工作。目前,公社工业企业已经普遍建立了财务机构,配备了财务干部;在新发展起来的服务、福利事业单位中,一般也都配备了会计人员或有人兼办财务工作。这就为加强公社财务工作准备了组织基础。为了进一步适应工作需要,目前还在不断扩大财会人员队伍,充实力量。

在建立财务机构的同时,二龙路公社紧紧抓住建立制度这一重要环节,针对当时公社企业和事业单位中财产不清、账实不符等情况,在公社范围内普遍开展了一次清产建制工作。通过这项工作,清理了资产,摸清了家底,并在这个基础上,从实际出发,相应地建立了必要的财务管理制度,如"社办工业财务管理暂行办法""工业企业费用开支标准""工业企业上交管理费办法""仓库保管制度"以及服务事业和集体福利事业的财务管理办法等。在会计核算制度方面,本着通俗易懂、简便易行和土洋结合的原则,采用了借贷记账法、收付簿记和简易核算账表等三种核算形式,这样既照顾到会计人员水平的不同,也适应了不同企业和事业单位的需要。

为了使制度严格执行和收到实际效果,并且不断地健全起来,公社又通过监督检查,紧紧地抓住各项制度的贯彻执行。公社财务干部除了在日常工作中深入实际,采取平时抓点、定期抓面的办法,对企业的财务工作进行辅导和检查以外,还针对有些企业执行财务制度不够严格的情况,去年在社办企业中开展了一次"两抓、三查"(抓财务管理、抓制度贯彻;查资金使用、查成本核算、查计划执行)运动。通过这一运动,一方面认真检查了财务管理制度的贯彻执行情况,对违反财政纪律的问题作了处理;另一方面对各项制度进行了必要的修正补充,使制度更加完善,从而进一步提高了财务管理水平。

在各项管理制度逐步健全和核算水平逐步提高的基础上,为了充分调动广大职工的积极性,促进工业生产的发展,二龙路人民公社今年4月份开始在社办定型的工厂中普遍推行了群众核算。首先由公社党委书记亲自主持,召开了厂长、支部书记会议,作了布置;许多厂还组织了群众核算推动小组。在这种小组的推动下,广泛发动职工群众进行讨论,树立核算思想,明确做法,本着由点到面、由粗到细、逐步提高的精神,根据生产需要确定核算指标,并把群众核算与当前的技术革新和技术革命的红旗竞赛紧密地结合起来,并已取得一定的成绩。例如电器厂在推行群众核算以后,大大鼓舞了职工的生产热情,出现了人人关心生产、个个献计献策、你追我赶、互相竞赛的新局面。作闸车间闸嘴小组的产量,由原来日产六十五个左右上升到九百多个,增长了十多倍,大大提高了劳动生产率,促进了生产的发展。

为了迅速提高财会人员的政治与业务水平,适应工作需要,公社还积极采取各种办法,抓紧对财会人员的培训工作。培训的内容是政治与业务相结合,培训的方法是突击培训和集中讲课相结合。1959 年以来,这个公社先后开办了六次训练班,培训了会计人员四百多人次,基本上适应了各企业、事业单位的迫切需要。为了不断巩固培训成果,公社还按地区组织了财会人员互助组,进行集体辅导,并且在企业内部和企业之间采取以老带新、以熟带生、互教互学的方法组织学习。由于通过以上办法坚持培训,现有的财务人员绝大多数能够胜任会计核算任务,独立进行工作。

组织原料供应　提供设备资金

寻找生产门路　帮助推销产品

广州商业部门支援城市公社工业

（一九六〇年七月二十日）

本报讯　广州市第一商业局所属各中央站和专业公司,在城市人民公社运动中,从原料材料、设备、技术、资金等各方面大力支援城市公社工业,有力地促进了城市公社工业的发展。

广州市第一商业局系统支援城市公社工业主要采取"三支援""五帮助""三介绍"的做法。"三支援"是支援原料材料、支援生产设备和生产工具、支援资金。对原料材料的支援,采取大力组织回收废旧物资,根据各厂用料情况,拨付加工,如废品公司在四五月间就拨出废五金、废纸、破布等支援了七十九个工厂的生产;组织大工厂的下脚料支援城市公社工业,如针织站帮助街道缝纫工业组织雨衣碎布等下脚料三万九千余元,安排了十四个品种的生产,产值达十九万余元;组织协作"献宝"大会,支援原料,如交电站召开"献宝"大会后,为街道工业找到了钢材、土钢、下脚料、活性炭等原材料一百二十多吨,支援了三十二家工厂的生产需要。支援解决生产工具的办法是:组织调剂配套。根据生产工具的使用情况,联系国营工厂支援,组织大协作"献宝"支援,如针织站提出在西区召开纺织行业与公社工业"献宝"一条龙协作大会,得到区委和有关单位的支持,除支援了加工任务、原材料,并支援了龙门刨床、车床等各种工具七百三十三件,组织回收大工厂的废旧工具,加工修配翻新,支援公社工业。在资金方面,根据挂钩安排生产的具体情况,协作各方,加以支援。

"五帮助"是帮助找生产门路,帮助与大工厂联系挂钩,帮助销售产品,帮助提高生产技术和产品质量,帮助健全制度。他们的办法是,根据各站、各公司经营产品、市场情况以及大工业目前生产情况,提出支援发展公社工业生产及加工项目,供各公社规划生产,利用商业部门与大工厂关系密切、对市场反应敏感的有利条件,帮助公社工业给大工厂加工半制品或装配部件,组织各方面的先进经验,帮助攻破技术关;帮助公社工业与大工厂挂钩,由大工厂供应废料、废液、公社工业生产产品,商业部门收购。通过这些办法,对公社工业扩大生产项目、提高技术水平和产品质量起了很大作用,并为市场增加了商品供应。

"三介绍"是介绍原料材料的综合利用经验,介绍产品的样本,介绍生产经验。例如:文化用品站帮助公社五金厂用罐头厂的角铁皮生产瓶盖,余料生产两脚书钉,最小的余料生产圆钉;还采取见样订货、安排生产的形式,把生产项目的样品带到公社工厂,因而安排了过去被认为生产困难的品种二十四个;五金站采取组织参观、现场指导和开办训练班等办法,介绍生产经验和技术。

通过这些办法,促进了城市公社工业的发展,增加了商品生产。

财贸部门要大力支持城市公社工业

（一九六〇年九月三日）

一

两年多来，特别是城市公社化以来，城市人民公社工业象雨后春笋般地建立起来，成为我国工业战线上一支重要的新生力量。各地在建立城市人民公社的时候，都需先从组织生产入手，把发展生产作为最中心的任务。生产是基础，只有生产发展了，城市人民公社才能够得到巩固和发展。因此，积极支持城市公社工业，是财贸部门促进城市人民公社巩固和发展的一项重要任务。

几年来，财贸部门在支持工业生产特别是国营工业生产中，积累了丰富的经验；1958年以来，在支持城市街道工业和公社工业方面，也做了许多工作，取得了很多经验。例如在党委统一领导下，积极参与生产，促进生产的发展，利用自己联系面广、了解情况方便等有利条件，积极组织各生产部门之间，在人力物力财力和设备技术等各方面密切协作，相互支援；并且千方百计地帮助公社工业解决原料、技术、设备和资金等项困难，帮助它们改善经营管理，加强经济核算。财贸部门总结和推广这些经验，在当前支持城市公社工业生产中具有很大的作用。

城市公社工业生产的方针是为大工业服务，为城市人民生活服务，为农业生产和出口服务。这是社会主义工业生产的合理分工，是计划经济的客观要求。财贸部门在支持公社工业发展生产的各项活动中，首先要明确并坚定不移地贯彻这个方针。根据国家的或当地的统一计划，按照全国一盘棋的精神，对国营工业和公社工业统筹兼顾,全面安排,积极帮助公社工业规划和发展生产,使公社工业当好大工业的助手,并且更好地为市场需要服务。只有这样,才能使国营工业和公社工业相互支持,共同发展。

在这个方针指导之下,各地公社工业的生产有了很大的发展,很多工厂逐步发展成为大工厂的卫星工厂或辅助车间,还有很多工厂逐步发展成为日用小商品的生产基地。但也应该看到,正确贯彻执行这个方针,仍然是个充满斗争的过程。在公社工业生产管理人员中,还有些人存在着盲目追求产值、不愿搞小商品生产的片面观点,认为小商品生产的产值低,积累少,既无名,又无利。这是一种资本主义经营思想的反映,显然不符合发展城市公社工业的方针。在一部分财贸工作人员中,也存在着同样的问题。他们对于支持公社工业的意义认识不足,认为公社工业分散、零星、设备差、产值低、困难多,因而感到麻烦,或者把它看成负担,不去积极帮助公社工业安排生产计划,解决原料供应及其他困难问题,只从是否有利于自己出发,对于快货就争相收购,对于滞销产品则不愿过问,这种做法就不能不影响到公社工业的发展和市场供应。因此,教育财贸工作人员正确贯彻上述方针,以促进城市公社的巩固和发展,是十分必要的。

城市公社工业一般都是因陋就简建立起来的,它的绝大部分从业人员又是家庭妇女,在开始的时候,设备差、技术低的现象是不足为奇的。公社工业要由小到大,由低到高,固然需要公社领导和从业人员发扬自力更生、勤俭办企业的精神,同时也需要各方面给予大力支持。比如,国营大工业可以供应一部分本厂不便利用或暂不利用的下脚料,并指导技术;财贸部门与生产和消费具有密切的关系,更应该充分发挥"后勤部"和"参谋官"的作用,进一步树立为生产服务的观点,帮助公社生产的发展。从公社生产为大工业服务、为城市人民生活需要服务、为农业生产和出口服务的方针出发,在服从国家计划的前提下,财贸部门应当做到公社工业需要什么就供应什么,生产什么就收购什么,而不是从自身的方便出发,有利就干,无利就不干。如果财贸工作人员对于发展公社工业的意义有正确的认识,并充分运用自己的有利条件,就可以帮助公社工业正确地贯彻上述方针,使公社工业迅速地发展起来。

这样做,对于财贸部门来说,是不是有困难呢?公社工业的各种条件都比不上大工业,在产销关系上也不如财贸部门和大工业的关系那样已经建立了一定的制度,因此,困难是会有的。问题在于用什么态度对待这件工作。公社工业是一件新生事物。而新生事物在开始的时候总是比较弱小的,人们应当以满腔热情来扶植它,使它迅速壮大起来。公社工业这个新生事物,如同我国社会主义建设中许多新生事物一样,具有远大的发展前途。事实上,它已经起着越来越大的作用。举例来说,天津灰堆人民公社的硫酸铝厂去年一年供给天津国营造纸总厂的硫酸铝就有四十一吨,相当于这个纸厂全部用量的四分之一。公社的小造纸厂去年一年生产各种纸张四百三十多吨,各种纸本两千三百万册,有力地支援了市场供应。天津的公社工业在小商品生产上更成为一支重要力量,产品种类有几千种,为商业部门提供了大量的小商品来满足市场需要,所以,如果看不见或者低估了公社工业的远大前途以及它对于支援大工业生产、满足人民生活需要所起的作用,不去积极扶植这个新生事物,那就没有尽到财贸部门的职责,也是生产观点不强的一种表现。

二

在正确地贯彻执行发展公社工业的方针中,财贸部门有许多工作要做。积极帮助公社全面安排生产计划,供应原料,收购产品,这是促进公社工业巩固和发展的关键之一。

随着公社工业的迅速发展,对于原料的需要越来越多,在我国社会主义建设全面跃进中,各方面都需要原料,因此,某些原料暂时供应不足的情况是不能完全避免的,但只要财贸部门充分利用自己的有利条件,千方百计地挖掘原料潜力,困难是可以解决的。天津、吉林、辽宁等不少地方的商业部门通过组织国营工业与公社工业之间和各个公社工业之间的密切协作,实行生产工序配套、生产技术配套以及原材料连续利用、综合利用,既为公社工业开辟了广阔的原料来源,也为合理使用原料和节约原料指出了正确的方向。但是,有些同志对于公社工业在发展的初期所出现的某些原料暂时供应不足的情况,缺乏正确的认识,在解决原料问题上表现消极等待,束手无策。对这个问题,我们必须全面看到,一方面,某些原料、材料的供求矛盾是一个客观存在;但另一方面,这种暂时供应不足的情况,又一定会逐步改变的。因为大工业的高速度发展,可供公社工业利用的下脚料废料会不断增加;随着技术的发展和提高,过去不能利用的东西,今后会逐步利用起来;随着农业生产的发展,提供城市工业生产的原料材料必然会越来越多。另外,还应该看到,自从中央指示大搞小秋收运动、大搞野生植物利用、大搞多种经营、大搞综合加工利用以后,原料供应的形势已经发生了很大变化,而且这个变化会越来越明显。此外,在城市中群众性的废品回收和废品加工利用工作的开展,更直接为公社工业和街道工业生产提供了不少的原料和材料。看不到这些有利条件,不去发动群众,广泛地开辟原料来源,对于组织原料供应抱消极态度,显然是错误的。在积极组织原料供应的同时,财贸部门还应当根据自力更生、勤俭办企业的原则,帮助公社工业挖掘潜力,节约使用原材料,避免浪费,克服公社工业部分从业人员中在企业设备等方面追求过高标准的倾向。

加强公社工业产品的收购工作,也是财贸部门支持公社工业的一个重要方面。

在公社工业发展的初期,某些产品成本高、质量低的情况也是难以完全避免的。因为公社工业也和一切新生事物一样,必然有个从低到高的发展过程,财贸工作人员要充分认识这个发展过程,并积极帮助它们缩短这个过程。对于某些质量不高、不合规格或暂时不易销售的产品,也应当积极收购起来,并在价格上给以适当照顾,使这些产品不赔钱或少赔钱,等到公社工业的经营管理水平和技术水平提高了,产品质量与国营企业同类产品质量相近或相同的时候,再参照国营企业加工费标准和收购价格,组织收购和包销。只有这样,才能扶植公社工业迅速成长和壮大。

公社工业的单位众多,生产分散,所有供应原料和收购产品以及组织加工等项工作,都需要和财贸部门,特别是和商业部门发生密切的联系。商业部门除了市级采购供应机构外,还可以利用基层商业单位点多面广的有利条件,同公社工业广泛挂钩,支持公社工业生产。有些地方试办了由基层商店供应和收购业务。例如长春市商业部门为了适应街道生产大量发展的情况,自去年秋季以来,改变了街道工业产品统一由批发站订购分配的办法,在批发站的统一规划和统一安排下,对公社工业和街道工业一部分零星产品的原料供应和收购工作,委托基层零售商店负责,零售商店并经常向批发站和生产单位反映情况,提出改进工作的意见。采取这种办法以后,不仅市级采购批发部门有了收购的基层组织,克服了过去鞭长莫及、顾此失彼的现象;同时,基层商店也就成为一级既供应又收购的商业机构,把基层商业工作的业务活动和公社生产活动直接结合起来。这种方法,使基层商业工作在支持公社工业和街道工业生产中发挥了更大的作用。

随着公社工业生产的迅速发展,它的经营管理需要不断地加以改善。目前公社工业的经营管理水平,特别是财务管理工作水平还是不高的。财会人员不足,财务制度混乱,生产家底不清等现象,在各地公社工业中还比较普遍地存在着。如北京市二龙路人民公社二十个生产单位,需要财务人员五十七人,但只有三十七人,而且业务水平也不高。在二十个单位中,账目健全、能够日清月结、实行经济核算的只有八个,多数单位还没有建立起财务制度和仓库管理制度。因此,财贸部门积极帮助公社工业改善经营管理,建立和健全财务制度,推行有广大群众参加的经济核算制度,是促进公社工业巩固和发展的一个重要方面。

各地财贸部门在帮助公社工业加强财务管理工作中,采取组织有关企业或有关部门的财务人员帮助公社工业建立财会制度,进行技术指导,并通过培养典型,树立标兵,召开现场会议,推广先进经验,举办短期训练班等方法,为公社工业培养了大量的财会人员;也有的采取"由单项到全面、先易后难、机动灵活"的办法,发动群众开展班组经济核算,收到了良好的效果。例如二龙路公社电器厂制闸车间的闸嘴生产小组,过去由于生产效率低,影响全厂的均衡生产,财贸部门帮助他们开展了以提高产量为中心的群员经济核算运动以后,全体职工动脑筋想办法,改进了串钉工具,使闸嘴的日产量由一百个跃增到九百五十五个,提高了功效八倍。全厂通过开展群众性的经济核算运动,还建立和健全了仓库管理制度、考勤制度、小组计划统计制度等等,推动了经营管理工作的全面改进。

实践证明,财贸部门帮助公社工业推行有广大群众参加的经济核算制度

（即班组核算制度），不但是必要的，也是可能的。通过参加经济核算的实际活动，可以进一步发挥群众当家作主的精神，提高生产知识和生产技能，学会管理企业的本领，这对促进生产的不断跃进具有重要的作用。

更好地组织城市人民生活促进生产

西安新城公社按地段设服务员

十五户到二十户配备一名服务员,固定长期上门包干服务,同时分担卫生员、协储员和商品分配员的工作

（一九六〇年十二月九日）

本报讯 西安市新城人民公社推行按地段设服务员,用服务包干、服务上门的办法,积极组织城市人民生活。现在全公社五十二个居民委员会中,已有三十六个实行了这种服务办法。

按地段设服务员的具体做法是:在以劳动人民居住为主的地区,由生活服务站根据居民和职工居住的自然条件,分片划段,按段配备服务员,实行服务包干,服务上门（职工集体宿舍以院落为单位单独组织）,一般是十五户到二十户配备一名服务员。这些服务员是由服务站原有服务员和社办工业精简人员中挑选的成分好、觉悟高、热心为群众服务、身体健康的妇女。服务对象主要是参加生产的职工和国家机关干部,只需本人申请,服务站审查批准,即可给予服务。服务的项目主要是帮助社员料理家务,如打扫卫生、供应开水、取送拆洗衣服、接送小孩、照看门户、购买生活用品、临时照看产妇病人、协助办理婚丧大事等。在服务方法上,根据被服务者的不同要求,大致分为全部服务和部分服务两种。服务的报酬分固定包干收费（如打扫卫生、供应开水）和单独计算收费（如洗衣服等）两种。收费标准根据按劳付酬、合理从低的原则,不赔不赚;烈属、军属、鳏、寡、孤、独及经济确实困难者,经本人申请,群众讨论,服务站同意,可酌情减免。

采取上述服务方法后,群众十分方便,有利生产。过去群众到服务站来要求服务,现在服务员到群众家中去服务;过去服务站只是临时短暂的服务,现

在是固定的、长期的服务;过去是零星的一件一件的服务,现在是包干的服务。这样,职工就能更安心于生产和工作。如东新市场机电厂的女职工,过去因家务拖累,出勤率是百分之九十,现在达到百分之九十五以上。明德里一户职工,夫妇两个都下乡工作,学生上学由服务员照顾,他们临走对服务员说:"有你们照顾孩子,我们下乡工作就放心了。"职工由于家务劳动减轻了,工作、学习、生活都更有规律了。

家务事由服务员承担或协助办理后,不但过去因家务拖累不能参加生产和工作的妇女现在能参加了,同时也大大地节约了社会劳动力。过去十五户到三十户家庭的家务事,需要二十个妇女做,如果一个妇女每天平均按做两个小时的家务劳动计算,共需四十个小时,相当于一个人的五个劳动日的时间。现在这些劳动由一个服务员做一天就完成了,因而节约了劳力,支援了工农业生产。

地段服务员,不单纯是社员一般生活的服务者,而且还分担卫生员、协储员、商品分配员的工作,解决了街巷工作事多人少的矛盾。有的女社员生了小孩以后奶不多,服务员就与商业部门联系,把炼乳和饼干送到她家。通济坊、西二路、东新市场地段服务员,不只为社员代办储蓄存取款,而且还积极地向社员介绍红、勤、巧、俭的新人新事,宣传勤俭持家节约储蓄的意义,帮助社员计划开支,现在已有六百户在服务员和银行部门协助下,制订了生活开支计划。地段服务员了解到群众对食堂工作的意见、要求,及时反映给食堂和粮食部门,食堂和粮食部门就可以经常地、及时地掌握群众的要求和意见,不断改进工作。

天津市和平路百货商店

推行"三参一改"改进职工食堂工作

（一九六〇年十二月十七日）

本报讯 天津市和平路百货商店职工食堂,推行"三参一改"的民主管理制度以后,办得越来越好。

这个食堂有九百多人入伙,由于党组织的重视,一直办得比较好。今年7月间,公司党组织考虑到本企业自1958年推行"三参一改"的民主管理制度以来,对各项工作都起了很大的推动作用,如果把这一制度运用到食堂管理上,也必然会收到很好的效果。因此决定在食堂推行"三参一改"的民主管理制度,即干部参加炊事劳动、炊事员参加食堂管理、由各部门代表组成的伙食委员会参加对食堂的监督。

这个单位的领导干部和科室管理人员共一百多人。党支部书记、行政科长、行政主任、工会主席、团支部书记、先进工作者、职工代表组成一个炊事班,各科室干部也按部门编成班、组,轮流到食堂去当炊事员。干部深入食堂后,边劳动边协助食堂解决问题。如党委副书记曹玉科深入食堂劳动后,发现馒头的分量不匀,有多有少,他就帮助炊事员改进了操作方法。过去蒸馒头用刀切面,往往大小不匀,现在改用切馒头器,量好再切,大小均等。

这个食堂共有二十一个炊事员。为了广泛地调动炊事人员的积极性,发挥炊事人员手艺特长,炊事人员推选出六名兼职管理员参加食堂管理工作。这样,食堂就由过去一人管理变成多员管理。这六名兼职管理员是:成本核算员、人事调度员、验收保管员、清洁卫生员、副食采购员、饭后整理员。兼职管理员既要做好炊事工作,又要负责办好兼职的工作。例如,人事调度员针对饭菜操作量的大小,随时调度人力;清洁卫生员监督炊事员上班穿工作服、便后洗手、碗筷消毒、病号隔离和刮胡子、剪指甲、理发、洗澡等,今年经过几次检查,食堂的卫生工作都受到表扬。炊事员参加管理后工作积极性进一步得到发挥,食堂工作有了很多新的改进,如炊事员傅义彬用蔬菜下脚料,如冬瓜瓢、白菜根等,做出了二十多种小菜,做到了寸菜不浪费、点滴都能用。

各个部门都推举一名伙食管理员参加伙食委员会。伙食管理员负责本部门职工用粮管理、兑换油、粮、菜证;并定期公布职工用粮情况,协助职工计划用粮、节约用粮;本部门职工有什么要求,有什么意见,他们及时收集起来,协助食堂改进。食堂的一些主要工作,都要经过伙食委员会讨论通过后执行。食堂还定期向伙食委员会汇报经营情况,伙食委员会定期检查食堂的账目。

这个食堂自实行"三参一改"的民主管理制度以后,比过去办得更加出色。每餐的饭菜既能解决多数人的需要,又能满足少数人的特殊要求;对患病职工另有炊事员个别照顾;外出职工和业务忙不能按时吃饭的职工,食堂设有炊事员值班,什么时间去食堂就什么时间吃饭,不受开饭时间的限制;每逢商场盘货或有突击任务时,职工夜间工作,食堂就给准备好夜宵;妈妈吃早点、小孩有专人照顾。最近,这个食堂又实行送饭到桌,并改革了售饭方法,做到了买饭不排队。

（吉发澄）

哈尔滨市委推广办好城市食堂的经验

（一九六〇年十二月二十二日）

决定各级党组织指定一名书记专管食堂；选拔优秀干部、党员、积极分子做食堂领导骨干或管理员；对炊事员加强思想教育；建立民主管理和计划用粮制度；大搞"十好"红旗竞赛；领导干部定期到食堂搞试验田。

本报哈尔滨 21 日电 中共哈尔滨市委最近在哈尔滨电机厂职工食堂召开了党委（扩大）会议，研究了食堂工作，决定推广电机厂、东北林学院、林业机械厂、第十五中学和道里人民公社经济分社第一食堂的经验。

参加这次会议的有市委常委、市委各部、市人委各部各局的领导同志，有各城市人民公社、工厂、交通运输部门、财贸机关、大专学校的党委书记，共一百三十多人。

会议认为，哈尔滨市根据党的一手抓生产、一手抓生活的方针，并在市委召开的食堂政治工作会议的推动下，许多单位认真地贯彻执行了"政治进食堂，书记下厨房"的指示，采取了各项有效措施，改进了食堂工作。从电机厂等五个单位办好食堂的情况来看，他们的主要经验有：①加强党的领导，坚持政治挂帅。党委定期讨论食堂工作，常委包干下厨房，加强对职工炊事人员的思想教育。在炊事人员中开展了办好食堂的竞赛，使党的方针政策变成群众的自觉行动。②食堂实行民主管理，组成了民主管理委员会，建立了领导干部、职工代表、管理人员、炊事人员四结合的定期会议，研究改进食堂工作，并建立了日碰头、旬检查、月评比的制度，做到群策群力，共同办好食堂。③坚持计划用粮制度，节约了粮食，增加了主食品花样。④全心全意为职工群众服务，千方百计方便职工、学生就食。做到及时供应热饭、热菜，照顾好不同需要。⑤炊事劳动大部分实现机械化、半机械化，减轻了炊事人员的劳动强度，提高了劳动效率，使他们劳逸结合。⑥有计划地使用副食生产基地的产品，改善职工生活。⑦建立和健全粮食管理和卫生制度，做到粮、账相符，食堂卫生搞得好。电机厂等五个单位由于办好了食堂，使职工和学生吃得饱、吃得好、吃得省，职工、学生、炊事员都满意，进一步密切了党和群众的关系，促进了生产、工作、学习的不断前进。

为推广电机厂等五个单位办好食堂的经验，市委决定：第一，进一步加强党对食堂工作的领导。各级党的组织要指定一名书记负责食堂工作，切实地具体地研究解决食堂工作中的问题。要把那些政治可靠、热心肯干、大公无私、会过日子、有办事能力、民主作风好、最受群众拥护的优秀干部、党员和积极分子，选拔到食堂中去担当领导骨干和管理员。对炊事人员也必须经过选择，使那些觉悟高、作风好、成分好、会做饭的人担任这一工作。第二，坚持政治挂帅。要加强对炊事人员的政治思想教育，不断进行大办农业、大办粮食、勤俭办食堂和全心全意为群众服务的思想教育，提高他们的政治觉悟和业务技术水平，树立起为政治、为生产、为群众服务的观点和任劳任怨、埋头苦干的作风。同时，对食堂管理人员和炊事人员开展食堂工作的三大纪律和八项注意的教育。三大纪律是：①遵守政策制度；②卖饭公平合理；③不损失不浪费。八项注意是：①注意政治学习；②注意做饭方法；③注意吃饭人的要求；④注意饭菜调剂；⑤注意计划用粮和勤俭节约；⑥注意提高服务质量；⑦注意革新炊具；⑧注意安全卫生。第三，依靠群众办好食堂。各单位必须在党委的统一领导下，建立经过民主选举的职工代表和炊事员代表参加的民主管理委员会。每半月，至多一个月要召开一次会议，听取食堂工作汇报，研究食堂工作。各食堂要认真贯彻计划用粮、粮食到堂、过秤下米、节约归己的制度，并要实行"两参、两交、四员结合"的制度，即管理干部参加劳动，炊事员参加管理；定期公布食堂账目，向群众交代食堂家底，把调剂饭菜花样的任务交给炊事员；会计员、采买员、管理员、炊事员四结合，一天一碰头，研究改进食堂工作。第四，在食堂中大搞以"十好"为内容的红旗竞赛运动。"十好"即政治挂帅好，民主管理好，新法做饭好，革新炊具好，计划用粮好，勤俭办食堂好，制度严密好，副食品自给好，卫生安全好，方便群众好。并在竞赛中实行定期检查、评比、大举红旗,广树标兵,不断总结经验。第五,不断改进领导作风,加强对食堂工作的具体领导。各级领导干部在深入生产第一线的同时,也必须深入到生活工作的第一线。领导干部要定期到食堂搞试验田,与炊事人员同吃、同住、同劳动、同商量,组织好食堂管理员、炊事员的政治、业务和文化学习。关心他们的生活,搞好劳逸结合。另外,各级党组织对夜班生产职工和病员的就食问题,要妥善地加以解决,对托儿所和幼儿园的食堂,要加强领导,切实搞好。

（四）《文汇报》

城市人民公社促进生产大跃进解放妇女劳动力

哈尔滨香坊公社走上健全发展道路

（一九六〇年四月八日）

据新华社哈尔滨 7 日电 以哈尔滨市香坊区的国营大企业哈尔滨轴承厂为中心组织起来的城市人民公社——哈尔滨市香坊人民公社，从 1958 年 9 月举办以来，已经把全区的大厂和中小厂、工厂和街道、职工和居民、工业和农业等各个方面，从生产到生活，全部组织起来，促进了生产的大跃进，解放了妇女劳动力。

香坊人民公社是在 1958 年 8 月生产大跃进的高潮中诞生的。在当时的工农业生产大跃进中，哈尔滨轴承厂的生产任务连续增加六次，由年初订的年生产计划 640 万套增加到 1500 万套，最大的矛盾是劳动力不足。同时因生产发展太快，原来与外地工厂的协作配套关系也远远不能满足生产的需要。这些问题都必须迅速解决，而自己工厂中一时又找不到这样多的劳动力，生产大量配件也有许多困难。另一方面，随着整风运动和反右派斗争的胜利，广大家庭妇女的社会主义觉悟普遍提高了，她们迫切要求摆脱繁琐的家务劳动，参加社会生产。在这种情况下，哈尔滨轴承厂就组织职工家属成立了"家属生产服务社"，为工厂作辅助性的生产，又成立了"艺工学校"。吸收当地一部分居民参加半工半读，但仍不能完全解决问题。接着，中共轴承厂党委和中共香坊区委就酝酿试办一条"轴承大街"，把轴承厂周围几条街的居民都组织起来为这个厂服务。恰好那时毛主席发出了"还是人民公社好"的伟大号召，这个区的人民群众十分高兴，认为既然在农村可以办人民公社，也就可以根据城市的特点办城市人民公社。中共香坊区委根据大跃进的需要和群众的要求，就从 8 月下旬开始筹备试办香坊人民公社，这个消息像春雷一样传遍了香坊区的大街小巷,人们欢欣鼓舞,奔走相告,纷纷要求入社。街道居民自动串连,大办工厂,大办公共食堂、托儿所等集体福利事业,用实际行动迎接人民公社的建立。就这样,黑龙江省第一个城市人民公社——哈尔滨市香坊人民公社就在1958 年 9 月 27 日正式成立。

香坊人民公社成立一年多来,不仅在群众的心中扎下了根,而且已走上了健全发展的道路。广大社员——不管是职工、农民还是街道居民,对公社都表现了无限的热爱,他们把自己同公社的关系说成是:"打成帮,连成片,永远不分散"。香坊人民公社一经建立,便在促进生产大跃进、大发展、解放妇女劳动力、提高人民的文化科学技术水平和物质生活等方面,显示出了巨大的优越性,并且随着公社的发展,逐步在全社范围内形成了四网:生产协作网、人民经济生活网、文化教育网和科学技术网。

香坊是哈尔滨新兴的工业区,这里的十八个国营工厂和地方国营工厂之间原来就有一般的协作关系。但在成立公社前,厂与厂之间的协作是分散的、不经常的。随着生产大跃进,各工厂企业所需要的协作产品,无论数量和品种都越来越多,原来一般协作关系已不能满足形势发展的需要。公社一成立,过去厂与厂之间的那种分散的外部协作变成了公社内部有组织、有领导、经常性的大协作,使许多原来需要到千里迢迢的外地去加工的配件在当地就能加工。

公社组织社内生产大协作和全党全民保重点的结果,使公社内出现了一片热气腾腾、生产全面大跃进的局面。哈尔滨轴承厂 1958 年生产比 1957 年翻了一倍半,1959 年又提前 62 天超额完成国家计划。今年第一季度轴承厂又提前 10 天超额完成了生产计划。公社的新办工业生产也扶摇直上,质量产量成倍增长。全社大大小小的工厂,从建社以来月月季季超额完成计划,1959年工业总产值比 1958 年提高 62%,今年第一季度又提前 23 天实现了满堂红。

在生产全面大跃进中,香坊人民公社大批在一年以前还是家庭妇女的女职工,由于勤学苦钻,迅速提高了业务技术水平,已经成为各个生产战线上的一支重要力量。象轴承厂的电修、翻砂、磨光等工种中的新技术工人,原来都是家庭妇女,现在基本上能独立操作了。随着生产的发展和广大家庭妇女就业,社员的生活水平有了显著提高,据安埠街 8330 户、19201 人的调查,1959年社员收入比建社以前提高 28.6%,由于生活水平的提高,人们的文化生活也更加丰富多彩了。

由于生产大发展,成千上万的职工家属和街道妇女喜笑颜开地参加了社会生产。集体生产和分散个体生活的矛盾使她们迫切要求从生活上也组织起来,要求大办公共食堂、托儿所和生活服务站。根据群众的要求,公社在职工家属宿舍和居民大院兴办起了公共食堂346个,托儿所、幼儿园266个,生活服务站和服务组300多个。由3100多名服务员代替了一万多名家庭妇女的家务劳动。这样就在全社范围内形成了一个纵横交错的组织——人民经济生活网。这个人民经济生活网以国营商业和服务行业为骨干,把公社的公共食堂、托儿所、幼儿园、服务站都组织了起来。

成千上万的职工家属和街道妇女走上生产岗位,参加社会劳动以后,迫切要求学习文化;同时,以机械化、半机械化、自动化、半自动化为中心的技术革新、技术革命运动的蓬勃开展,也使广大职工要求迅速提高文化技术水平。而公共食堂、托儿所、幼儿园、服务站等集体福利事业的大量举办,就使女职工们每天下班以后可以没有牵挂地到业余学校去学习文化和科学技术。根据职工们的要求,香坊人民公社发动群众办起了各级各类业余学校51所,使86%的职工都参加了学习。公社的社员不仅参加文化学习,而且组织了各种科学研究小组和学会,进行科学研究活动。现在,全社从各个大中工厂到街道居民委员会,已经成立了21个科学研究所,几十个科学研究协会,拥有3000多名科学研究协会会员。去年一年,这个公社共完成了109项科学研究项目。现在这个公社的科学技术网正在迅速形成中。

香坊人民公社的广大社员,从生产到生活全部组织起来以后,社会主义思想觉悟空前提高,在一年多以前还是家庭妇女的女职工们,现在不仅加入了工会,很多人还参加了共青团,有些人还提出了入党的申请。广大社员迫切要求提高自己的政治理论水平,最近全社又轰轰烈烈地掀起了学习以毛主席著作为中心的马列主义理论学习的高潮。社员们在集体生产、集体生活中得到了锻炼,精神面貌有了显著的变化。全社出现了人人劳动、互相关心、热爱集体、邻里和睦的社会新风尚。在人与人之间形成了共产主义式的同志关系。

香坊人民公社在工业生产大跃进的同时,在农业生产方面贯彻了以菜肉为网、为城市服务的方针。由于开展了经常性的工农大协作,使郊区农业生产面貌发生了很大变化。现在,这个社的农业大队在工业支援下已基本上实现了机耕和非田间作业机械化。

现在,香坊人民公社正在以它那"一大二公"的优越性,使这个公社生产集体化向着更高的程度发展。目前,香坊人民公社把过去由各个大大小小的工厂和街道各自一套用电系统变成了合作化用电。公社还以哈尔滨轴承厂为中心,在十几个工厂企业,和一些机关、商店及上千户居民的范围内实现了合作化用水。像这样大规模的城市用电、用水合作化,在公社成立以前没有把生产和生活统一组织起来的时候,是办不到的。

城市人民公社大大发挥了人力物力的潜力

重庆七星岗公社大办工业

自力更生发展生产，支援了国营工厂、农村，
并调节了市场供应

（一九六〇年四月十四日）

据新华社重庆 13 日电 重庆市以街道居民为主组织起来的七星岗人民公社，1958 年 9 月成立以来，坚持自力更生的方针发展生产，取得了显著成绩，显示了城市人民公社的无比优越性和生命力。

七星岗人民公社的一万九千多户社员中，街道居民占 75% 以上。在 1958 年大跃进中，这些街道居民在党组织的领导下，建立了 148 个以修配和制造小型生产工具和生活用品为主的工厂，并且成立了承担市区短途运输的运输队，还举办了一些为居民生活服务的业务。但是，这些分散的小型工厂设备简陋，资金缺乏，技术水平很低，产量也很小。同年 9 月，这里的党组织根据群众的要求，积极领导群众建立了人民公社。公社成立以后，就发挥了它能更好地组织群众的生产、生活、学习和更便于和大企业协作等优越性，对建社前街道居民举办的工厂和其他生产单位进行了整顿，并且根据自力更生的方针积极地发展生产，使全社的生产单位迅速改变了面貌。社办工业的生产总值，已由刚建社时的每月四五万元提高到目前的每月三百万元左右。1959 年社办工业的生产总值，比 1958 年增加了 11.7 倍，今年第一季度完成的总产值又等于去年全年总产值的三分之二。

七星岗人民公社成立以后，根据因陋就简、白手起家的方针，迅速地提高社办工业的生产设备能力。公社建立初期，原有的一百多个工厂除一台破车床算是较大型的设备外，其余只有一些零星破旧的手工工具。公社把这一百

多个工厂调整合并为 53 个,自制和改造了各种车床、钻床、马达等较大的和各种中小型的设备一千多台。公社还积极扩大公共积累,逐步购置了一些比较大的机器设备。目前全社工业中的"土设备"已由建社初的 320 台增加到一千五百多台,而且有了较"洋"的大型设备。今年以来,全社又大搞技术革新和技术革命。目前,全社工业中机械化和半机械化的程度有了显著提高,还有自动和半自动的机械设备 12 台,生产联动线和作业线各一条。现在全社的生产迅速上升,第一季度超额44%完成了生产计划。

这个公社还采取量才使用、积极培养的办法,自力更生地克服缺乏技术力量的困难。公社成立后,就按照社员劳动力强弱和技术水平高低的情况,重新安排社员的工作和生产时间,把一些有一定技术的人派到各生产单位中担任技术骨干;没有技术的人也安排到适当岗位上,加强对他们的培养,来提高工人的技术水平。目前,各个生产单位上的社员,都掌握了一定的技术,社办工厂已经能生产一千五百多种产品,产品质量也很好。

这个公社采取了"多方找、大家集、公社统一分配"的办法,来寻找利用城市废旧物资和大厂的边角余料,克服生产原料不足的困难。据不完全统计,去年他们发动社员人人寻找原料材料并且与废品收购站挂钩,收集到的大厂的边角余料和城市的废旧物资,就有矽钢片、钢材、马口铁、铅、烧碱等二百五十多吨,皮革一万五千多公尺,废棉纱九十多万斤。这些物资由公社统一分配给各个工厂以后,制出了各种模型、建筑工具、矿山电瓶等一百多种产品。

七星岗人民公社由于生产迅速发展,大大发挥了城市中人力、物力的潜力,变消费者为生产者,化废弃物资为有用物资,有力地贯彻了城市人民公社的生产为国营大工厂、郊区农业和人民生活服务的方针。一年多来,公社工厂加工、制造的产品,有小型生产工具、螺丝、洋钉、整流器,以及毛巾、便鞋、鸡肠带等一千五百多种。社办工厂还积极为国营工矿修理配件,实际上已经成为国营工厂企业的一个辅助车间,起到了填空补缺的作用。在支援农业方面,一年多来,社办工业生产的化学肥料青矾就有八十多吨,还制造了大批农具,修配了许多拖拉机和汽车。因为社办工业灵活性大,对增加当前急需的日用小商品生产,调节市场供应也起了积极的作用。

生产的迅速发展,又带动了全社集体福利事业和文化教育事业的发展,社员参加生产以后,一般家庭的收入都比建社前提高了一倍左右,90%以上居民有了存款。公社的集体福利事业也相应地发展了。目前公社办了 41 个公共食堂,入伙人数占社员总数的 91%。公社还办了各种托儿组织 216 个,入托儿童占全社儿童总数的 95% 以上。此外,公社已全部扫除了青壮年文盲,并且初步建立了从小学到大学的业余教育体系。社员的精神面貌也起了很大变化。关心集体、热爱劳动、家庭和睦团结、邻里互助友爱的新风尚已普遍树立。社员们歌颂人民公社说:"人民公社红太阳,照着社员喜洋洋;白手起家办工厂,男男女女生产忙,街道处处新气象,永远跟着共产党。"

为实现上海城市人民公社化的
伟大任务而斗争！

——钟民代表在上海市第三届人民
代表大会第三次会议上的发言

（一九六〇年四月十五日）

主席，各位代表：

我坚决拥护曹荻秋副市长关于上海市 1960 年国民经济计划草案的报告，完全同意马一行副主任关于上海市 1959 年决算和 1960 年预算草案的报告。

曹荻秋副市长在报告中指出："当前，一个波澜壮阔的城市人民公社运动正在全国范围内蓬勃发展。上海和全国各地一样，也要大办城市人民公社。"我现在就这个问题作一个发言。

一

今春以来，我们上海市和全国一样，出现了两个革命大高潮，一个是技术革命的大高潮，一个是文化革命的大高潮。这两个革命大高潮汇合在一起，推动着我们上海市的工农业生产、科学文化以及各方面的工作以更高的速度向前发展。现在，又一个革命高潮——大办城市人民公社的高潮即将到来了。城市人民公社大办起来，一定能够完满地担负起促进生产力和生产关系向前发展的伟大使命，保证我们伟大的社会主义建设持续跃进。我们欢呼这个社会革命的新高潮的到来！

自从 1958 年 8 月党中央政治局北戴河会议作出《中共中央关于在农村建

立人民公社问题的决议》,1958 年 12 月党的八届六中全会作出《关于人民公社若干问题的决议》以来,农村人民公社普遍建立并得到了巩固和发展,在促进国民经济的持续跃进、提高人民觉悟和改善人民生活等方面,显示出强大的生命力和无比的优越性。在城市中试办的人民公社,也同样地显示出而且越来越显示出强大的生命力和无比的优越性。上海人民和全国各个城市人民一样,齐声欢呼:城乡人民公社好！城乡人民公社万岁！

两年来,上海人民在中共上海市委领导下,遵循党中央的指示,从上海这个大城市的特点出发,积极地进行了城市人民公社的酝酿和准备工作。从 1958 年秋开始,各个地区在全民整风和总路线教育的基础上,在以钢为纲、全面跃进的形势的要求下,以生产为中心,同时举办了集体福利事业、社会服务事业和文化教育事业,把职工家属和其他劳动人民以及其他愿意参加的人进一步组织起来,为建立城市人民公社打下了良好的基础。到 1959 年年底,已参加各项社会劳动和生产组织的里弄居民有 85 万 6 千人,约占里弄能从事劳动的人口 121 万 8 千人的 70%。举办了 4600 多个加工生产组,1660 多个食堂,2100 多个托儿所,3270 多个生活服务组,640 多个小学,280 多个业余中学。在开展里弄居民工作的过程中,整顿了里弄组织,从大跃进前的 2300 多个居民委员会,合并成为 940 多个里弄委员会。经过两年来的逐步发展,里弄委员会进一步成为里弄居民的经济生活、政治生活和文化生活的统一组织者,它实质上已经成为城市人民公社的一种基层组织。

今年以来,市委决定加快建立城市人民公社准备工作的步伐,在里弄委员会的基础上,建立了街道委员会,调配了大量的干部,广泛地向人民群众开展了宣传教育,立即在全市范围内形成了一个群众性的组织集体生产和集体生活,准备大办城市人民公社的热潮。在短短的二三个月内,各种形式的生产组织比 1959 年底增加了 4300 多个,参加人数增加了 11 万 8 千多人。里弄公共食堂比 1959 年底增加了 1271 个,搭伙者增加了 36 万多人。托儿所、幼儿园比 1959 年底增加了 1351 个,收托儿童增加了 11 万多人。各种生活服务组织比 1959 年底增加了 1488 个。大办城市人民公社已经是人心所向,大势所趋。这个高潮的到来,是上海经济和政治发展的必然趋势,是全市人民在党的领导下,觉悟程度和组织程度不断提高的结果。

二

上海市两年来特别是今年来在组织集体生产、集体生活等大办城市人民公社的准备工作中，已经取得了很大的成绩。随着城市人民公社的建立和发展，必将"成为改造旧城市和建设社会主义新城市的工具，成为生产、交换、分配和人民生活福利的统一组织者，成为工农商学兵相结合和政社合一的社会组织。"就两年来城市人民公社准备工作来看，已经显示出它巨大的优越性。

组织起来从事劳动生产，参加社会主义建设，这是广大职工家属和其他劳动人民的根本要求。两年来，从上海的实际情况出发，街道里弄举办了许多生产组织，为工厂企业加工生产，大搞综合利用。街道工业的大量兴办，进一步体现了党的全民办工业的方针。现在它已成为全市工业战线上的一支重要的新生力量。据现有统计，目前全市街道里弄生产组织已经发展到 9 千 4 百多个，从业人员约有 24 万多人。它们已同 4 千多个工厂企业挂钩，加工的花色品种多达七八千种。它们采取自力更生、因陋就简、机动灵活的做法，就工厂的来料加工成品或半制品，以及进行某些产品的装配、包装，对大工业的生产起了重要的辅助作用。如 36 个仪表零件加工生产小组，仅在一个月中就生产了各种仪表零件 385 万多件。有些工厂在这种加工生产组织的协作下，没有扩建、没有增加工人，超额完成了生产任务。这种生产组织还生产人民日常生活需要的各种小商品，既满足人民生活需要，又有利于大工业集中力量向高、精、尖产品方向发展。很多街道里弄生产组织还利用各种废料、废液、下脚料，大搞综合利用，做出了显著成绩。据十个区不完全统计，仅最近一个多月来，利用废料、废液试制成功的产品就有 100 多种。许多街道里弄生产组织还正在开发苏州河的宝藏，从污泥中提炼出了不少好东西。这样，化无用为有用，广辟生产门路，为社会创造大量财富，完全符合党的增产节约和高速度发展生产的方针。广大里弄居民还组织了劳动后备队，积极参加筑路、运输、炼焦等各项突击性、季节性的生产劳动。去年，就做了 4 百多万个劳动日，为交通运输、原材料生产大跃进作出了重要贡献。随着街道生产组织的迅速发展，更多的从事家务劳动的妇女组织起来从事社会劳动;不少原来不从事劳动的或不适宜于进工厂生产的劳动力也组织起来从事力所能及的劳动生产;少数尚未集体化的个体劳动者也组织起来进行集体劳动。这样,就使城市中的劳动潜力进一步被挖掘出来,更好地为社会主义建设服务。同时,广大里弄居民参加劳动生产后,收入也增加了,生活得到了进一步改善。目前,街道里弄的生产组织还需要继续大力发展,闲散的劳动力还需要进一步组织起来,已经组织起来的生产组织还需要不断巩固、提高,使之在高速度发展的社会主义建设事业中发挥更大的作用。

街道里弄组织在发展生产的同时,大办集体福利和服务事业,为逐步实现生活集体化和家务劳动社会化打下基础。两年来,里弄居民白手起家,因陋就简,从无到有,由小到大,办起了3800多个大小里弄公共食堂,有103万多人搭伙,其中有一部分是没有食堂的中小厂的职工。许多食堂适应劳动人民的需要,增加花色品种,随时供应热菜热饭,主动把饭菜送到工厂车间,特地为老人和病人准备稀粥软饭。不少食堂还实现了炊具的半机械化,利用天然气烧菜煮饭,提高了工作效率,节约了开支;有的已经建立了主副食品加工站,正在向大经济事业方向发展,更加显示了它的优越性。事实证明,大办公共食堂不仅可以节约大量人力物力,使家庭妇女从家务劳动中解放出来参加生产劳动,而且可以比一家一户分散烧菜煮饭吃得更好、更省、更方便、更清洁卫生。居民写诗称赞道:"食堂巧制千家饭,妇女解放搞生产,五味调和百菜香,生产效率成倍翻"。里弄托儿所也从大跃进以前的8百多个发展到现在的4千2百多个,收托儿童从4万多人发展到30万人,教养质量也有了很大提高。里弄托儿所、幼儿园的大量发展,不仅帮助女职工和家庭妇女解决了带孩子的困难,使她们能够集中精力搞好生产,而且能够更好地培育下一代,使儿童在德、智、体各方面得到全面发展。各种专业性和综合性的服务组织已发展到5千多个,服务员有3万2千多人,成为整个社会服务事业的一个组成部分,有些地区已形成星罗棋布的服务网。这些服务组织的服务项目多种多样,适应职工和居民在生活上的多方面需要。群众称之为"职工的后勤部,居民的好管家"。此外,里弄组织还协助商业部门进行某些商品和副食品的分配工作,使分配更加合理,使广大居民更为方便。家务劳动社会化和生活集体化,是高速度建设社会主义的必然产物,是广大劳动人民特别是妇女多少年来梦寐以求的理想和愿望。但是,目前已经举办的集体福利事业还不能满足群众的需要,今后仍要继续大力发展,同时,新办起来的事业还难免存在某些缺点,需要积极进行整顿、巩固、提高,使它办得更多、更好。

居民组织起来后,也就更有利于文化革命的开展,两年来,里弄组织大搞扫盲运动,扫除了文盲 35 万多人;举办了业余学校 994 个,学员 12 万 4 千人;小学 518 所,入学儿童 15 万人。家庭妇女摆脱了家务牵累,就能够腾出更多的时间学习政治、文化和技术。在有些居民中已开始掀起了学习毛主席著作的热潮。有些地区还出现了"条条里弄办学校,家家户户闻书声"的新气象。妇女们歌颂自己的文化翻身道:"从前妇女文盲多,如今妇女写诗歌,写出诗歌千百篇,篇篇都是跃进歌。"除害灭病的爱国卫生运动在里弄中也取得很大成绩,许多里弄一天三小扫,十天一大扫,人人动手,个个参加,大大改善了居住环境卫生。

广大里弄居民组织起来后,精神面貌起了很大变化。职工家属和家庭妇女从繁琐的家务劳动中解放出来,走上彻底解放的道路,这是我国政治战线、思想战线上的社会主义革命更加深入的标志之一。列宁说过:"只有在开始把繁琐家务普遍改造成为社会主义大经济的地方,才有真正的妇女解放,才有真正的共产主义。"许多妇女组成"穆桂英营""刘胡兰队",和男民工肩并肩参加了筑路铺轨、突击运输,她们不管刮大风下暴雨,坚持战斗在自己的岗位上,表现了冲天的革命干劲和无畏的英雄气概。她们在修筑通向市郊和新工业区的数百里公路铁路线中作出了巨大贡献。成千上万的炊事员、保育员、服务员,把"侍候人"的平凡劳动看成为光荣豪迈的事业。广大妇女过去被琐碎的家庭事务所窒息的智慧才能迸发出来了,许多从来没有摸过机器的人变成了机器的创造者,许多一直被孩子拖累的妈妈成了革新闯将。在她们中间,涌现了很多的先进生产者和先进工作者,全市有 330 名里弄妇女被评为"三八红旗手",有 272 个里弄生产和福利服务组织被评为"三八红旗集体"。毛主席说过:"中国的妇女是一种伟大的人力资源。必须发掘这种资源,为了建设一个伟大的社会主义国家而奋斗。"实践证明了毛主席这一论断的英明和正确。人们在共同劳动、集体生活中,还进一步发展了人与人之间团结友爱、互助合作的新关系。邻里之间再也不是"各人自扫门前雪,莫管他人瓦上霜",而是"休戚相关共甘苦"。整个里弄成了团结和睦的大家庭。人们精神面貌的深刻变化,也引起了社会风气的大变化。热爱劳动,勤俭朴素,热爱集体,舍己为公已成为一种新的社会风尚。不劳而获、自私自利的思想越来越受到人们的鄙视。同时,由于里弄居民组织程度的提高,社会治安工作也得到了进一步加强。

三

两年来上海市里弄居民工作的发展,已经为建立城市人民公社打下了良好的基础。当前,我们要继续积极发展街道工业,这是城市人民公社的基础;同时要进一步大办集体福利事业和文化教育、生活服务等事业。只要我们坚决贯彻执行党中央所制定的有关方针、政策,在中共上海市委的统一领导下,紧紧依靠工人阶级和其他劳动人民,积极地、切实地做好这些城市人民公社的实际工作,上海城市人民公社就一定能够更快地瓜熟蒂落,按地区按街道一批一批地建立起来。

建立城市人民公社是上海广大劳动人民的迫切要求,特别是广大职工家属的强烈愿望。但是大家都知道,上海是一个大城市,人口很集中,情况比较复杂,各个阶层的思想觉悟、经济收入、生活水平和生活习惯等有所差别,对建立城市人民公社的要求也不是完全一致的;特别是有些资产阶级和资产阶级知识分子以及他们的家属,对参加集体劳动和集体生活还有这样和那样的顾虑;同时,有些人生活习惯的改变,还需要一个较长的过程,而要把全市人民的集体生产和福利服务组织办得更多更好,也还需要一个相当的过程。因此,组织城市人民公社,既要积极发展,又要实行自愿的原则。对于那些一时还不愿意参加或有所顾虑的人,决不要勉强他们参加。同时,又应根据他们不同的情况,适当组织他们参加政治文化学习、参观访问和各项社会活动,以提高他们的思想认识。等到事实使他们认识了公社的好处,他们确实自愿时再行参加,也为时未晚。我们相信,那时,老社员一定会抱着热情的态度来欢迎新入社的社员。

上海还有少数尚未集体化的个体劳动者和自由职业者。他们中间相当多的人已经越来越认识到自己的个体的劳动方式和社会发展、人民需要距离越来越远,加以他们目前的经济收入一般也并不稳定,为了更好地为国家建设事业贡献出自己的力量,也为了他们自己的光明前途,他们大都愿意走社会主义的道路。对于这些人,我们必须在提高他们觉悟的基础上,按照他们所从事的职业的特点,积极地有步骤地组织他们走上集体化的道路。对有些需要转业的人,要根据自愿的原则,组织他们学习一定的技能,准备转业的条件。

随着社会主义建设高速度的发展,整个城市变成了生产的城市,单纯的消费者变成了生产者,人们就要求按照社会主义的生活方式,全面地把经济生活组织起来。广大职工以及组织起来的劳动人民,为了专心致力搞好生产和工作,更好地进行学习,迫切要求举办更多更好的公共食堂、托儿所、幼儿园以及各种生活服务事业。我们一定要依靠职工家属和其他劳动人民,大力发展这些集体福利事业,并且把它们办得更加丰富多彩,以充分显示集体生活的优越性。首先要办好公共食堂,要采取各种措施上更好地适应和满足搭伙人的需要;但是,食堂要办得更多更好,适应和满足各方面的不同要求,是不能一蹴而就的。因此,对由于种种原因还不愿意参加食堂搭伙的人,不要勉强他们参加,可以让他们等食堂办得更好的时候再说。曹荻秋副市长在报告中说:不论已否参加人民公社,副食品都照常供应,就是体现了自愿的原则。托儿所、幼儿园以及其他集体福利事业,也和公共食堂一样应当贯彻积极办好、自愿参加的原则。我们坚决地相信,只要在党的领导下,依靠广大群众的共同努力,我们各项集体福利事业就一定能够越办越多、越办越好、越办越完善,也就一定能吸引越来越多的人自愿来参加。随着社会主义革命的深入和社会主义建设的胜利发展,千百年来私有制所带来的生活方式和生活习惯,必然随着社会发展的规律而逐步改变,我们这一代不是和我们的生长在封建时代的父辈和祖辈已经截然不同了吗?如果我们生活在社会主义时代和进入共产主义仍然过着封建主义、资本主义私有制的生活方式,那是同样不可理解的。因此,人们也必须认识共同劳动、集体生活是历史发展的必然趋势,并且使自己逐步适应这种趋势。

在建立城市人民公社的过程中,有些人对有关个人所有的生活资料的问题,产生各种顾虑,其实,对个人所有的生活资料(包括房屋、衣被、家具等)和在银行的存款,在公社化以后,仍然都归个人所有。这是我们党的既定政策。在当前,我们要反复宣传这个政策,使人们消除那些多余的顾虑。至于举办生产和福利事业所需要的房屋及其他用具,主要是依靠组织起来的劳动人民自力更生,在发展生产的基础上逐步解决,政府和全民所有制的企业一定会按照党的政策积极予以帮助和支持。

各位代表,只要我们一切按党的方针、政策办事,就一定能够更顺利地把城市人民公社办好,也一定能够更广泛地把全市人民的积极因素调动起来,高速度地建设社会主义。

四

建立城市人民公社运动的高潮即将到来。我们全市广大职工一定要在党的领导下,走在运动的最前列。我们要认真学习和宣传党的有关人民公社的方针、政策,使自己和周围的人充分认识大办人民公社的伟大意义,和自己所担负的光荣的历史使命,我们要在党的领导下,积极参加城市人民公社化运动,鼓励和支持自己的家属踊跃参加社会劳动和集体生活,利用业余时间积极帮助街道工业大闹技术革新,培训技术力量,支持街道工业发展和成长。我们一定要做好人民公社的实际工作,以自己的模范行动影响和带动周围的群众,但是也不要去勉强目前还不愿意参加公社的人参加。建立城市人民公社是一场深刻的社会革命,因此,必然会引起先进和落后、新和旧、无产阶级和资产阶级思想之间的深刻的斗争。我们一定要进一步提高社会主义、共产主义觉悟,自觉地改变历史偏见和各种旧的习惯,在改造客观世界的同时改造主观世界。建立城市人民公社是广大群众起来自己建设幸福生活的伟大创举,我们全市职工家属和其他劳动人民也应该自觉地积极地投入到这个运动中来。就是还没有参加集体生产、生活组织的人们,也应该对公社的建立采取欢迎和支持的态度,听党的话,相信党的政策,抛弃一切不必要的顾虑。大办城市人民公社是历史发展的必然趋势,是任何力量都不能阻止的。城市人民公社运动必将冲破一切旧事物的束缚,粉碎敌人的任何污蔑破坏,在广大人民的欢呼声中,汹涌澎湃地奔腾前进。

建立城市人民公社,是我们工会组织崇高的任务和光荣的职责。各级工会组织和广大工会工作者,必须在党委统一领导下,全力以赴、积极参加城市人民公社的各项工作。要积极开展宣传教育工作,广泛地、深入地宣传人民公社的优越性和党的有关的方针政策,使之深入人心,家喻户晓。对于街道工业和各种集体福利事业,必须积极地、热情地从人力、物力各方面加以支持。所有的工会工作者一定要认清形势,提高觉悟,为大办城市人民公社贡献出自己的全部力量。

各位代表,实现上海城市人民公社化,是一个具有重大历史意义的变革。大家知道,解放前,上海是一座半殖民地半封建的城市,也是资本主义比较集中的城市,解放十年来已经得到了不断的改造,并起了根本的变化,但是旧社会遗留下来的斑痕还需要进行更全面、彻底的改造。我们必须以不断革命的精神,通过城市人民公社的建立和发展,把上海改造成为一个崭新的社会主义城市。我们完全可以预期,实现了城市人民公社化的上海将以生产为中心,建立起如林似网的生活福利事业,以大型企业为骨干,把大中小型企业密切结合起来,组成生产协作网,星罗棋布的公共食堂、托儿所、服务站和学校、俱乐部、图书馆,形成了人民经济生活和文化生活网,新型住宅舒适美观,城市建设宏伟瑰丽,人人都劳动、家家无闲人,处处办学,个个读书,新的文化艺术,体育运动百花百放、万紫千红,集体主义思想大大发扬,旧社会遗留下来的旧思想,旧习惯越来越为人们所唾弃,人与人之间的同志式互助合作关系大大向前发展。我们的前景无限美好。我们有伟大的中国共产党和毛主席的英明领导,我们有总路线、大跃进和人民公社这三面红旗,依靠我们自己的双手,经过辛勤努力和艰苦奋斗,我们一定能够以更快的步伐实现上海城市人民公社化,把上海建设成为太平洋畔最先进的、新型的、现代化的社会主义城市。

（五）《北京日报》

城市人民公社显示着强大的生命力

郑州市红旗公社各项事业大发展

建社一年多来,以生产为中心,全面组织人民经济生活,办了四十多个工厂,五十多个食堂和许多集体福利事业。工业总产值一年猛增三十多倍。旧城市街道面貌逐渐改观,人们精神面貌发生了深刻的变化

(一九六〇年四月七日)

据新华社郑州6日电 河南省最早建立的一个城市人民公社——郑州市管城区红旗人民公社,从一九五八年八月建立以来,在党的正确领导下,贯彻"以生产为中心,生产生活一齐抓"的方针,大力发展生产,全面组织了人民经济生活。现在,这个解放前穷困的棚户区里,已经建立了四十多个工厂,五十多个食堂,还办了许多集体福利事业、服务事业和文化事业,出现了一片蓬蓬勃勃的新景象。

红旗人民公社是一九五八年八月十五日成立的。这个公社位于郑州市旧城区,居民大部分是市民和职工家属,历年来比较穷困,解放后,政府每年要拨款五万多元救济这里的居民,其中有一百八十户、五百四十多人常年依靠政府救济为生。一九五七年整风和反右派运动以后,广大群众的思想觉悟空前提高,迫切要求组织起来参加社会主义建设。一九五八年,中共党组织根据群众的要求,积极领导这里的群众掀起了一个"街街巷巷办工厂,家家户户无闲人"的全民办工业的高潮。为了解决大批家庭妇女参加生产后没有时间从事家务劳动的矛盾,又出现了第一个由二十一户居民办起来的公共食堂和托儿所,他们推倒三个院的界墙,组成了一个"社会主义大院"。一九五八年夏天人民公社化高潮中,红旗人民公社就在广大群众的迫切要求下应运而生。

红旗人民公社是以城市街道居民为主组织起来的,共有六个分社,社员一八七二九人。目前在街道社员中,参加公社工业生产的有二四二一人,参加农业生产的有八七五人,参加各项福利、商业、服务事业的有六四八人,支援国营工厂的有四三人。其中有三四〇三人(妇女有二六四八人)是建社后参加生产和工作的,占全社闲散劳动力的97%。公社共兴办了四十七个工厂和一个农业大队,还办了七所小学,有学生三五五多人,全社还成立了一个民兵师。

红旗人民公社建立的一年多中,在各项事业中都显示了无比的优越性和强大的生命力。

公社兴办的工厂中,有化工厂、电机制造厂、味精厂、印刷装订厂、打字蜡纸厂、缝纫厂、制鞋厂等。这些社办工厂建立以后,在短短的一年多中就发挥了巨大的作用。建社以前的一九五八年七月,那里的民办工业总产值只有七百元,产品只有七种,而从八月份成立公社后到十二月止,全社工业总产值就达到十九万元,产品达到二十三种;一九五九年社办工业总产值又猛增到655万多元,产品达到二百四十二种,今年二月份,产值更猛增到356万元,比公社成立前一九五八年七月产值七百元增加五千〇八十倍。群众高兴地说:"千年万年,不如公社一年"。社办工业对国家工业建设、发展农业生产和改善人民生活都起了积极作用。

一年多来,全社四十七个工厂生产了大批"三酸、两碱"、火硝、焦炭、电焊条、纱包线、耐火材料等工业用品。在支援农业生产方面,他们修配了各种动力机械五百多部,生产了蓖麻饼二〇〇多吨。由于社办工业的壮大和直接为国营工厂服务,就自然而然地成了国营工厂的"卫星厂"。例如社办的印刷装订厂现在每月就为地方国营工厂印刷各种表格四十万份,装订信封、卷宗二十七万多个,供应纸盒十四万五千多个,成为国营工厂的有力助手。挂上钩的国营工厂也积极帮助公社发展工业,一年多来,国营工厂为红旗人民公社培养训练了四七〇多名技术人员,还供应了大批下脚料,解决了社办工业原料不足的困难。

在大力发展工业生产的同时,公社的农业生产也取得了巨大成绩。全社农业比重不大,只有耕地一五九二亩,但是为了促进农业生产,建社以后,就增添大型动力机械和排灌机械八十九部,加速了农业技术的改造,一九五九年全社小麦比一九五八年增产 78% 以上,秋季作物在百日大旱的情况下,依然增产 10%,蔬菜也增产 103%,提前八年实现了全国农业发展纲要规定的指标。

在发展生产的同时,公社还兴办了以公共食堂为中心的集体生活福利事业,全社共建立社办食堂五十八个,全公社 95% 以上的人口都在食堂就餐。食堂从成立以来,处处为方便群众着想,尽可能满足各种人的不同要求,群众称赞说:"人民公社化,万户是一家,生活搞得好,生产干劲大"。全社还建立托儿所十五个,入托儿童一七七五人。公社还办了一个敬老院。根据社员生产、生活的需要,公社还建立了一个服务总站、六个服务站、一七一个服务点。

随着生产的发展,社员的生活也相应地得到了提高。这个地区的大部分居民过去一家只有一个或两个人参加工作,有固定的收入,公社成立以后,大批消费人口成了劳动者,每月都有一定的工资,97% 的社员都增加了收入。过去国家每年支出的五万多元救济费中,现在可以节约四万五千多元,社员的生活有了显著改善。建社初期社员的平均工资是九点八四元,一九五九年六月份就上升到十七元,现在除补助工资外,平均每月工资已经达到二十二元。

在组织社员经济生活的同时,公社还组织了群众的文化生活,成立了文化宫、阅览室、图书室、电影放映队、广播站,群众文娱生活空前活跃。公社成立后社员自编自写的诗歌有三万多篇,剧本有五十多个,已经基本上扫除了文盲。

随着公社的巩固和发展,旧城市街道的面貌也在逐渐改观。公社建立后,新建与修缮房屋三千七百多间,整修街道十五条。新建与改良了厕所三五〇个,种树三十万株,目前还正在建筑工厂厂房、社员住宅、集体生活福利和商业服务设施、学校等。

人民公社建立以后,人们的精神面貌发生了深刻的变化,过去那种各自一家,互不关心、常为琐事争吵的现象已经一去不复返了。现在,公社里到处是一片和睦团结、互敬互助的新气象。公社成立前,清真寺街八十五户居民中,家庭不和、邻里不睦的有二十八户,街道办事处每天要调解民事纠纷十多起,现在家家户户乐融融。由于群众觉悟提高,发扬了敢想、敢干的共产主义风格,迅速掀起了大搞技术革新和技术革命的高潮。一年多来,涌现出各种先进人物六三七名,实现技术革新一三〇〇多项,许多过去围着锅台转的家庭妇女,成了各个生产战线上的先进人物。

　　红旗人民公社的社员今年树起了更大的雄心壮志,当前全社生产一片红火。全社今年计划工业总产值要达到三五〇〇万元,将比去年增长四点四倍,并且根据城市需要的特点,大量发展副食品生产,做到"月月有售,四季常青",文教卫生和集体福利事业也要进一步巩固和发展。

首都的第一个城市人民公社

——石景山中苏友好人民公社调查报告

（一九六〇年四月九日）

水到渠成　瓜熟蒂落

石景山是北京市的重工业基地,经过十年来的建设和发展,已经充分地具备了城市的特点和城市的规模,从北京郊区的一部分,变成了首都的卫星城。

一九五八年八月,在这里成立了首都的第一个城市人民公社——石景山中苏友好人民公社。公社成立以来,在党的正确领导下,经过发展、巩固和提高,现在已经基本上形成了一个以大工业为中心的生产体系和生活服务事业体系,显示了伟大的生命力和无比的优越性。

石景山中苏友好人民公社的出现不是偶然的,它反映了我国政治经济发展的必然趋势。一九五八年,党的八大二次会议通过了建设社会主义的总路线,首都工农业生产立即展开了一个万马奔腾般的大跃进局面。工业方面,石景山地区扩建和新建的任务很重,深感劳动力不足,要求补充大批的劳动力;由于基本建设的规模日益扩大,要求全面地安排建筑材料的生产、工厂用地、运输力量;同时,工业人口的日益增加,要求全面解决副食品的供应问题。农业方面,农作物的单位面积产量要进一步提高,要建立副食品商品基地,也要求从大工业方面得到技术支援。随着工农业生产的发展,人民的物质文化生活水平日益提高,商业和文化教育事业也要求统一领导,全面安排。与此同时,经过全民整风和总路线的学习,职工家属的思想觉悟空前提高了,纷纷要求参加伟大的社会主义建设事业。在这种新的形势下,一九五八年七月,石景山钢铁公司党委便开始组织职工家属参加生产劳动,为建立公社奠定基础。同年八月,在全国规模的人民公社运动高潮的前夕,水到渠成,瓜熟蒂落,一个以国营大工厂为中心的城市人民公社,就在首都重工业的心脏——石景山诞生了。

石景山中苏友好人民公社的总面积是七十五平方里。包括石景山钢铁公司、石景山发电厂、特殊钢厂等十来个国营、地方国营大工厂和八宝山、古城、五里坨、西黄村等四个农业生产大队。总人口中,农民占 14%左右,职工和他们的家属以及少数商业、服务业、手工业、文教卫生事业人员占 86%左右。石景山中苏友好人民公社的经济结构和居民成分,决定了它在组织形式上的特点,必然要以大工厂为中心组织公社经济。

石景山中苏友好人民公社的建立,进一步解放了生产力,极大地推动了生产的发展。现在石景山中苏友好人民公社的总面貌是:工农业生产连续大跃进;人民经济生活基本上全面地组织起来;人和人的关系、人们的精神面貌已经发生了深刻的变化。

以大工业为中心的工农业生产大跃进

石景山中苏友好人民公社的成立,是生产关系的巨大变革,在它诞生的第一年,就起了促进工农业全面大跃进的伟大作用。公社成立以后,吸收了大批职工家属和街道居民参加了生产,并且支援了大工业的建设。在这个地区聚居的有劳动能力的职工家属和闲散居民是八千八百人,现在参加劳动的达到六千八百人。职工家属和街道居民这样大规模地参加生产,反映了广大妇女经过全民整风运动和党的建设社会主义的总路线学习以后,政治觉悟空前提高,尤其是政治上比较积极,有劳动习惯和能力的妇女更加坚决地要求进一步组织起来,参加社会主义建设。在参加生产的职工家属和街道妇女当中,有四千五百多人直接走进工厂,参加了大工业的各种生产岗位。这样,在当时社会劳动力不足的情况下,不但解决了工厂对劳动力的需要,把大批职工家属和家庭妇女改造成了生产者,而且就近招收家属比从社会招工,还大大节省了宿舍、食堂、医院等公共福利设施的投资。最初,对于吸收这批职工家属参加工厂生产,有些干部曾经有过某些顾虑,认为多数职工家属年龄较大,文化低,有家庭牵累,在大工厂,特别是重工业企业中可干的活不多。但是,一年来的事实说明,她们不仅能够做某些服务性的工作,而且有二千四百多人参加直接生产部门做筛砂、上料、选矿石等工作,还有二百多人做电焊工、化验工等技术活,她们不但给国家创造了很多的财富,而且不少人已经成长为熟练工人,达到了二、三级工的水平。在石景山钢铁公司焦化厂工作的郭月敏,这个有六个孩子的原来的职工家属,已经成长为一个具有四级工水平并且带着两个徒工的工人。这支家属组成的劳动大军在石景山钢铁公司和石景山发电厂已经成为大工业一支不可缺少的力量。

由于广大职工家属和居民参加劳动,在为大工业服务的方针的指导下,自力更生,发挥了苦干、实干、巧干的精神,社办的工业也以突飞猛进之势向前发展。公社成立以后,党委根据就地取材,白手起家,为大工业、为居民、为农业服务的方针,大力组织街道妇女利用大工厂的一些便利条件,如利用大工厂的废旧物资作原料组织小型工业,专门供应大工厂生产需要的一些产品,并积极整顿扩大原有农业社举办的小型工业。这样,既积极支援了大工厂,产、供、销也有较好的条件,生产容易发展。由于采取了这样正确的方针,社办的工厂便如雨后春笋般一个接着一个诞生、成长、壮大了。这些社办工业已发展到二十多个行业,有的为国营企业加工,如纺线、纳鞋底、挑花等;有的生产原料材料,如开采川板石、打草等;有的是生产人民日常生活消费品,如开豆腐坊、粉坊等;有的生产特种工艺品;有的生产大工业所需要的电器器材、化工原料、耐火土、玻璃仪器、炭精电极等等,使社办工业成为大工业的卫星工厂。此外,社办工业,还担负了公社的汽车、拖拉机的修理任务和农业机械、农具的制造任务。社办工业的成长壮大,直接得到了各大工厂的有力支援。各厂职工,为了支援社办工业的发展,积极帮助他们培养技术力量,表现了崇高的共产主义风格。同时,大工业在促进农业技术改造方面也做了许多工作。对于社办工业,大工厂虽然在人力、物力、技术方面给了许多帮助,起了很大作用。但是,社办工业并没有完全依赖大工业的支援,主要还是靠自力更生,白手起家,按照勤俭办一切事业的精神办起来的。大多数社办工厂开始时都是一无资金,二无设备,也没有技术。但是,这些并没有把人吓到。没有资金,自己凑;不会生产,就用"请进来,派出去"的办法到处去学,一年多以来,他们组织工人和干部出去学习一百九十一次,学习了一百多项生产经验;没有原料,他们就因地制宜,广泛开辟原料来源;没有设备,他们就先用土法上马。经过了一段艰苦的创业过程以后,广大社员看到了社办工业的作用,在斗争中受到了锻炼,树立了信心,社办工业也就逐步地由小到大地巩固和发展起来。全公社现在已有四十一个中小工厂,成为石景山地区大工业的有力助手,进行农业技术改造的重要力量。

公社成立以后,在农业方面,以副食品为纲,也出现了飞跃的发展。一九五九年商品蔬菜的产量由一九五八年的二千五百万斤猛增至五千七百万斤,基本上保证了公社范围内工业人口的蔬菜供应。果树面积由四千七百亩扩大到七千亩,一年增长等于原有果树总和的一半。干鲜水果(主要是桃、梨、杏、葡萄等)总产量达到六十四万斤,比一九五八年增产了26%。猪、鸡、奶牛也显著增加,还举办了养鱼、养鸭等新的生产部门。石景山地区,原来是个大田作物区,大工业的发展,对农业生产又提出了迫切的要求,这就是如何解决工业人口的蔬菜及其他副食品供应问题。在这种情况下,公社党员根据石景山地区的特点,把发展蔬菜生产当作一项政治任务,确定了一九五九年以菜为纲,农林牧副渔全面发展的农业生产方针。在公社党委统一领导下,在各农业大队大搞蔬菜生产的同时,各厂在播种和收获的紧要关头,出人出车,给农业生产以大力的支援,争得了一九五九年空前未有的蔬菜大丰收,基本上保证了石景山地区的蔬菜供应。

以大工业为中心的城市人民公社,给生产力的飞跃发展开辟了极为宽广的道路。大工业的支援,促进了社办工业和农业生产的发展,社办工业和以副食品为纲的农业生产的发展,又显著地支持了大工业的发展。这样,就出现了工农业生产全面跃进的局面。一九五九年公社的工农业(工业指社办工业,以下同)总产值已经达到了一千五百九十三万元,比一九五八年五百七十万元增长了179%。石景山中苏友好人民公社诞生的第一年,是农林牧副渔全面发展,工农业振翅齐飞的一年。

以生产为中心　全面组织人民经济生活

社会经济关系的变化,工农业生产的大发展,生产集体化的结果,必然要求打破旧的生产方式,逐步实现生活集体化。在石景山这个地区,由于大工业和其他生产事业的飞跃前进,人口激增。广大的职工家属以及其他居民参加生产劳动以后,已经不能再像以往那样把时间消磨在繁琐的家务事上了,要求组织集体生活福利事业。同时,由于参加生产的人多了,市场购买力增加,也要求有计划地指导消费和改善人民生活。对于所有的一切,原有的国营商业、服务业和工厂生活福利部门,无论在数量上或质量上都远不能满足需要。因此,公社党委就打破了原来"条条块块"的限制,改变了过去多头领导、分散作战的状态,把原来分属十六个系统的国营商业、服务业、居民集体福利事业、财贸部门和工厂生活福利部门统一组织成了人民经济生活委员会,实行统一领导、统一规划、统一行动。在人民经济生活委员会的具体组织安排下,增加并合理调整了商业、服务业的网点,大力提高和发展了集体福利事业和社会服务事业,组成了一支两千七百人的服务队伍,使这个地区的服务、供应工作大大改观。

依靠社员群众的努力,集体福利和服务事业的发展是比较迅速的。从公社成立到一九五九年底,全公社共建立了食堂一百四十三个,其中农村一百一十四个,入伙户数五千一百七十一户,占农村总户数五千五百二十户的93%;街道食堂二十九个,入伙居民占参加生产人数的46%。公社建立了托儿组织一百〇九个,其中农村九十个,入托儿童三千二百八十五人,占应托儿童的74%;街道托儿所十九个,入托儿童三千一百人,占应托儿童的31%,为二千八百多户职工家属解除了参加劳动的牵累。举办了敬老院四所,入院老人四十九人。公社还建立了十一个医务所,医护人员七十六人。同时他们还采取了依靠群众大办商业、服务业的方针,组织了十八个综合服务站、十八个代销点和三十九个各种修理服务单位,这对于减轻居民的家务负担、改善商品供应情况起了极大的作用。

　　组织人民经济生活的指导思想是：以生产为中心，依靠群众，为生产做好后勤工作。他们强调把集体福利和服务事业送上生产第一线。同时配合生产做好其他后勤工作。在这样的思想指导下，他们以半个月时间建立了"三炉"（高炉、转炉、焦炉）、商店、代销站、服务站、理发、修车、修鞋站等三十九个点，并根据职工需要和服务性质，采取了"常日班""日夜班""夜班"和"定时定点小窗口"等六种营业时间，实行送货上"火线"和"随军供应"的办法，大大鼓舞了职工热情。为了支援新年、春节开门红，在新年时组织了三百二十辆流动货车到炉旁、工地、车间送货慰问。春节时组织了千人大军送货上门，为职工节省了四万个工时。在商品分配上采取了"保证重点，照顾特殊，优先职工，安排一般"的原则，某些商品如水果、糕点等首先满足高温、检修等单位的需要。现在，他们已做到了"厂厂有点，处处服务，人人称便"的程度。

　　在支援生产第一线方面，工厂食堂也做得很出色。食堂采取了多摊售饭、快速售饭、电话送饭、送饭上车间和工地等办法，大大方便了职工用饭，节省了时间。石钢烧结车间大检修时，厂内外食堂共同做出各种糕饼送到车间，并设立了炉旁临时服务站等，使职工干劲更大，四十个小时的检修任务，三十个小时就完成了。

　　为了让大家吃得好，吃得方便，吃得便宜，提倡主副食多样化、口味饭馆化，同时公社领导还亲自下手，对整个公社的食堂组织多次群众性的查定，打破了种种保守思想，普遍实行了单杓炒菜和暖灶，并实行按标准定量操作等办法，使成本普遍降低了15%—20%。炊事员的技术、业务水平也在不断提高，已有五分之一的炊事员达到了初级厨师的水平。

　　为了减轻女社员的负担，托儿所也越办越好。现在托儿所普遍实行了四包：包理发、包缝补、包洗衣、小病包护理，大大减轻了妈妈的负担。

　　服务站是集体福利事业的新发展。人民经济生活委员会在家属集中居住区，先后建立了综合性服务站、代销点、缝纫部、理发部、书店、儿童活动站、修车修鞋点、电视队及其他修理服务点共七十五个单位。在过去，只有修理服务营业点二十个，人员二百七十三人；现在则有六百二十三个职工家属参加了这个行列。服务站的服务方针是从生产出发，尽可能地方便群众，服务项目有三十八类一百五十多种，包括代购、代销、代办、代收、代做、扶老携幼、照顾病人、清洁卫生、拆洗缝补,直到为工厂代收房租、配煤等等。依靠服务站解决困难的户数已达集中居住区总户数的 38.3%。服务站不单为本地区群众服务,也直接为生产服务。北京金属结构厂来石景山某工厂运材料,但找不到人装卸,眼见得快下班了,当他们找到古城服务站时,服务站毫不犹豫地立即组织人帮助装卸,及时完成了任务。因此,公社的广大社员群众都把服务站称作"万能服务站""群众的好管家"。"有了服务站,样样都方便,诸事不操心,全力为生产",这就是群众对它的赞歌。

现在这个地区的生活服务网已基本形成,组织人民经济生活的工作已经由不系统到系统、由局部到全面,深得群众的欢迎和爱护。这不仅解放了大批妇女劳动力,而且有力地促进了生产的发展。

新风格　新面貌

石景山中苏友好人民公社的建立,不仅促进了生产发展,人和人之间的关系、人们的精神面貌和社会风尚,也引起了非常深刻的变化。

首先是工人农民之间的友好关系,在城市人民公社成立以后,更加深厚和巩固了。为了支援大工业,发展共同的公社经济,他们展开了大规模的协作和互助。大家都把支援石钢和其他大工厂的生产建设,当作是最光荣的任务。在运输任务最紧张的时刻,公社的汽车、大车、拖拉机主动地去支援大工厂运输。当高炉生产急需砂子时,公社大队就连夜组织大车去抢运;石钢缺白泥,社员们就去挖白泥。广大社员非常自豪地感觉到,石钢和国营大工厂生产出来的每一吨铁、每一台机器,都有自己的一份劳动在内。

大工厂的职工、街道居民、机关干部以及这里的学生,已经成为经常参加农业劳动的一支突击力量,帮助公社收小麦、抢收秋菜、消灭虫害、深翻土地。一九五九年,光五里坨大队麻峪生产队,外来支援的力量就有一万五千个。一九五九年初夏,麦子长得空前的好,社员们望着黄金似的麦海,正在发愁无力收割,从工厂、部队、学校来了几路大军,只用了一天就收割完了。加速农业技术改造的任务提出以后,工厂又主动支援农业,为农业生产大队修复了大量的农业机械、车辆，还派了技术力量专门传授技术。哪个地方有了困难，工厂立刻派人去支援。一九五九年，正当秋耕紧张的时候，生产大队的一台拖拉机突然出了故障，石钢便派了一位七级工负责修好，亲自送到地里。公社玻璃仪器厂要建立一座二十四米高的烟囱，技术力量不够，石钢便派来了六名技术工人，从下午六点干到第二天早上六点，下大雨了，他们就冒着雨干，终于安好了烟囱；大队干部向他们表示感谢，他们说："为了工农联盟，为了人民公社，这有什么可谢的！"

此外，公社成立以后，工人和农民兄弟之间还开展了多种形式的互助和友好往来，举行过多次互相参观、访问、座谈和有政治意义的联欢等等。你有事找我，我忙了你来帮助，已经成了习惯。同时已经有不少社员加入了大工业和为大厂服务的工副业生产，变成了工人，也有不少老工人成了社办工业和农业技术改造工作中的骨干。工人阶级和农民兄弟的联盟，一天天更加巩固。

变化最大的是妇女群众。她们参加生产和摆脱了家务劳动以后，走进了一个崭新的天地。爱集体、爱劳动的风气已经代替了过去部分居民中的比吃喝、讲穿戴的不良风气。苹果园大队有一个有趣的统计，过去一个月打架的有过八十多起，现在基本上消灭了打架现象。有一个著名的"打架能手"，自从参加了生产以后，不但不打架了，还成了先进生产小组的骨干，被人改称为"生产能手"。

妇女参加劳动以后，大大改变了她们的社会经济和政治地位。一般职工家属和居民参加生产以后，家庭收入都有显著的提高。据土焦炉南队和金顶街两个小组共七十一人的调查，家属们每月工资收入为二千一百一十五元五角，等于家庭中工厂职工收入四千五百三十六元五角的 47.9%。有的人家庭收入增加了一倍。有的妇女月收入二十多元，除了自己的伙食费及孩子的托儿费、伙食费以外，每月还有二元的富余。随着她们经济地位的变化，在家庭中的地位也变化了。她们过去是"家属"，现在已经站到了工人阶级的队伍里了，紧张愉快的生产劳动、丰富的社会生活，使她们感到越来心情越舒畅，家庭中夫妻之间、婆媳之间的关系也有了新的发展。过去，有些家庭虽然也很美满，但是，由于很多妇女不参加生产，集体生活过得少，政治、文化水平太低，夫妻相处，除了家务之外，无话可说。南厂家属食堂管理员崔华珍说：我全家九口人,爱人是共产党员。每月挣一百一十多元。发薪全交给我,但我没上班以前,一看人家"上班"去,心里就难过,总像缺少一种"独立"的感觉,现在我也上班了,有了工资,有时回家给孩子买点东西,告诉孩子们"这是妈妈买的",心里真是说不出来的高兴。她们参加生产以后,又摆脱了家务劳动,就有了时间参加政治、文化、技术学习。现在,参加公社工副业和自办集体福利事业劳动的妇女,很大部分参加了业余文化学习,正在迅速地提高文化水平,通过各种政治运动,大大提高了觉悟。过去有些人是"身在厂里,心在家里",现在是爱厂如家,人在家里,心也在厂里。妇女们还积极地参加了技术革新运动,一九五九年有二十一个单位和二十二个个人得到了市、区的红旗。有一百六十九人参加了党课学习,并且有十五个人已经光荣地被批准入党。

城市人民公社促进了文化教育事业的发展。这个地区现有小学二十所,学生一万五千多人,中学六所,学生三千九百多人。石钢还建立了业余大学和中等专业学校。工人、社员普遍参加了业余学习,今年还要有更大的发展。

一年多来,石景山中苏友好人民公社的社员们,经历了翻天覆地的变化,把职工家属区变成了生产区,把消费者变成了生产者,推动了社会风气的急剧变化,扩大了社会主义的思想阵地,人们的生活方式、精神面貌都为之一新。随着生产的发展,人们的共产主义思想和风格,必将在人民公社这块丰腴的土壤中日益蓬勃地生长壮大起来。

石景山中苏友好人民公社成立一年八个月了。这一段时间的实践表明,城市人民公社也是加速社会主义建设的重要措施。它像初升的太阳一样,正在愈益放出强烈的光芒。

本市又建立十二个城市公社

（一九六〇年四月十六日）

本报讯　北京城里传着新的喜讯：四月九日到十四日，又新建立了十二个城市人民公社。这些公社在石景山、椿树、二龙路、北新桥、体育馆路等五个公社建立之后，就已经着手筹建，经过一年多的努力，发展了生产，建立了集体生活福利组织，为成立公社奠定了基础。全国农村的人民公社化运动，特别是走在城市公社运动前面的城市公社的榜样，使居住在这些地区的人民日夜盼望着成立公社，现在，他们的愿望实现了。这些地区先后召开了第一次社员代表大会，宣布了人民公社的建立。

新建立的公社是：福绥境人民公社、前门人民公社、交道口人民公社、新街口人民公社、西长安街人民公社、厂桥人民公社、德胜门外人民公社、安定门人民公社、丰盛人民公社、龙潭人民公社、天坛人民公社、东花市人民公社。

同走在前面的五个城市人民公社一样，这些公社在生产方面，都已经有了比较好的基础。

他们根据本地区的情况，因地制宜，建立了不同类型的工厂。一年多来，这些工厂的生产不断发展，其中多数工厂已经初具规模，并且建立了必要的管理制度和经济核算制度。福绥境公社从一九五八年以来，先后建立了二十三个工厂，其中百人以上的就有十九个。另外还有四十三个生产组。这些工厂由简单加工到生产邮电器材、配电盘、化工原料等，产品种类达到一百六十七种。这个公社的产值和加工费，一九五八年只有九十六万元，一九五九年全年增加到七百七十四万元，今年第一季度就达到八百八十万元，超过了去年全年。随着生产的发展，食堂、托儿组织和服务所（站）也普遍建立起来。在这些公社中，参加生产和工作的人数一般都达到劳动力总数的70%—80%左右。

广大群众的政治觉悟有了显著的提高。每个公社，都培养出三四百名来自群众的干部，他们分别担任着车间主任、厂长、服务站长、托儿所长、食堂主任、会计等职务。这一切，都为人民公社的建立创造了良好的基础。

公社的成立，使群众受到莫大的鼓舞，进一步推动了生产的发展。一些过去没有参加生产的家庭妇女也都积极要求参加生产。公共食堂入伙人数和托儿组织入托人数，也随着大大增加。例如，交道口人民公社成立的前几天，就有不少家庭妇女要求参加生产，并且有相当数量的儿童进入了托儿所。

街道工业广大生产人员的劳动积极性更加高涨，生产直线上升。厂桥公社各街道工厂四月一日到七日的平均日产值是十一万多元，八、九两日的平均日产值达到二十一万元，十日又猛增到三十一万元。新街口公社联合加工厂的生产人员刘德珍，在公社成立的时候激动得落下了眼泪。这位在旧社会饱受折磨的妇女，回忆起过去的辛酸，更加感受到人民公社这个大家庭的温暖。她的心情愉快，干劲十足，平常日产灯垫二百五十到三百五十个，这天上升到四百五十个。

试制新产品和技术革新运动，也出现了新的高潮。西长安街公社各厂八日到十日实现了六项比较重大的技术革新；五金厂原来用手工剪铁板，现在试制成一台剪铁机，提高效率五倍，而且减轻了体力劳动。福绥境十六个工厂试制成功一百零二种新产品。广播器材零件厂用的蜂鸣器，过去由外进货，每个成本一百多元，生产人员发挥了敢想敢干的精神，试制成功两种蜂鸣器，每个成本只四角二分。

这些公社在成立之前，广泛发动群众选出了自己所爱戴的人当社员代表。在第一次社员代表大会上，产生了公社的管理委员会，建立了民主管理制度。新选出的管理委员会有委员十七人到二十三人。在委员会下面，又分别成立了管理公社工作的机构，一般有生产部、食堂管理部、生活服务部、武装部、财务部、文教部等组织。

各公社的成立大会，总结了一年多来组织生产、组织人民经济生活的经验，进一步明确了今后工作的方针，并且订出了具体规划。这些公社从总结经验中认识到：以生产为中心，生产、生活一齐抓，才能带动各项工作全面跃进。而在兴办一切事业中，都应当坚持自力更生、勤俭节约的精神。有的总结报告中指出：由于注意了勤俭办社，不断扩大积累、扩大再生产，工厂才能由小到大，生产发展了，集体福利事业和服务组织才能不断发展和健全。今后要坚持这条方针，把富日子当穷日子过，使公社越办越好。

各公社还讨论了今年的发展规划，目前正在大力从事公社的建设和发展工作，扩大原有工厂，适当建立新厂，不断提高生产。他们正在大搞技术革新和技术革命，一些公社的工厂提出，"五一"节前要在某些重要工序上消灭笨重体力劳动，并且逐步实现半机械化和机械化，部分生产还要实现半自动化。在发展生产的基础上，各公社都制订了大力发展集体福利事业和服务事业的规划。福绥境公社提出，托儿所要做到四好：带孩子好，教育好，卫生好，保健好。交道口公社办了四个主食加工厂，其中一个可供千人吃饭的主食加工厂，正在实现机械化和煤气化。许多食堂都提出要不断提高饭菜质量，保证大家吃得饱、吃得好、吃得省、吃得清洁。目前，各公社的服务组织正在向成套成网的方向发展。前门公社的服务网已经基本形成，正在原有基础上建立一个包括居民医院、医疗预防保健站和大批疫情报告员的医疗保健网。

从组织生产入手，生产生活一起抓

中共北京市椿树人民公社委员会书记　刘　勇

（一九六〇年四月十八日）

　　北京市椿树人民公社是在 1958 年 9 月建立的。1958 年 5 月街道居民开始组织起来参加生产劳动时，可以说是两手空空，什么生产资料也没有，到 9 月公社成立时，平地起家办起了一些小型工厂。由于公社组织社员穷干苦干，1 年多的时间，已经建起了十七个初具规模的工厂。去年，这些工厂的年产值达到八百五十多万元，公社由此获得了纯积累九十一万元。1960 年社办工业生产又有了更大的发展，第一季度的产值猛升到一千二百六十多万元，今年一个季度比去年一年还高出 48.7%。公社由于有了九十一万元积累，现在正在扩建和新建一批工厂，添置一批机械设备，增加新的产品品种，使社办工业将有更大的跃进。

　　椿树人民公社所以能够获得这样大的发展，主要是贯彻执行了"从组织生产入手，并根据和适应生产发展的需要，逐步发展集体生活福利事业和服务事业"的方针，依靠群众、因地制宜、就地取材、自力更生、勤俭办事的结果。

　　这里首先谈一谈发展和办好公社工业的问题。发展生产，是使公社得到巩固和发展的基础，因此，一开始公社就从组织生产入手，大办公社工业。椿树人民公社辖区没有一个大工厂，基本上是一个居民区，要搞生产，一无技术设备，二无资金原料，有的只是广大家庭妇女迫切要求参加社会主义建设的高涨热情。在这种情况下办工业，这就决定了必须走由小到大、由手工到机械、由简单的到复杂的道路，逐步建成一批技术较高的工厂，例如电镀厂、塑料厂、五金厂、仪器厂等。

　　这些工厂所以能够白手办起来，主要原因有：第一，方向明确，做到因地制宜。我们明确了公社工业要为大工业服务，为农业服务，为城乡人民生活服务。在这个范围内，根据公社本身的条件，积极寻找适合于自己生产的门路和采取了积极的又是逐步发展的步骤，因而使公社工业得到了健全的发展。第二，依靠群众穷办苦干，苦锻苦研，白手起家。一开始办工厂的时候，我们什么也没有。群众听说办工厂，积极性很高。西草厂二百多名家庭妇女，冒着大雨拉土、运砖、砌墙、连夜整修破房，苦战三天，办起了二个工厂。现在月产值达到几十万元的化工厂，原是过去由十个妇女弄了两口锅和一个风箱搞起来的。她们不懂技术，就请大厂老工人和技术人员教，并亲自到大厂去参观实习。化工厂的工人，仅用了一个星期的时间，就向兴华行的一位老工人学会了骆驼牌爱耳染料的配方和合成技术，去年一年这个厂共生产出爱耳袋色一千四百万袋。第三，大厂协作支援也是一个重要因素。和大厂搞协作，在争取大厂支援方面，我们的做法有这样几点：(1)大厂供给半成品，并派人作技术指导，社办工厂为大厂做产品某些工序的加工；(2)社办工厂利用大厂的废料下脚料，搞综合利用；(3)大厂将一些不用的破旧设备作价卖给公社，并输送几个技术工人给社办工厂作骨干。由于大厂的协作支援，使社办工厂获得了一定的技术力量和机械装备以及部分原材料，因而促进了社办工业的大发展。

其次，谈一谈发展和办好公社集体生活福利事业和服务事业的问题。椿树人民公社在明确了集体生活福利事业和服务事业必须根据和适应生产发展的需要而发展的指导思想之后，根据"自愿参加，方便群众"的原则，先后分批办起了二十二个食堂，七十六个托儿组织（其中托儿所二十四个，幼儿园三十二个，哺乳室二十个）、二十二个服务站（其中有八个综合性服务站），基本上满足了那些急需入伙、入托的人的要求。由于集体生活福利事业和服务事业的大发展，使五千七百多名家庭妇女摆脱了繁琐的家务劳动，走上了社会劳动生产的新岗位。这部分人占全社具有劳动能力的家庭妇女总数的88.9%。

我们在办好集体生活福利事业和服务事业的过程中，贯彻了因陋就简的原则。为了提高服务质量，我们组织炊事人员分批到美味斋、晋阳饭庄等大馆子里学习烹调技术，并请区教育局和保健所为我们托儿组织轮训保教人员。现在，我们的食堂不仅饭菜有味，而且省钱，入伙的人一天天增加，目前已由去年的六百三十二人增加到三千五百多人。托儿组织不仅收费低，而且孩子也教养得好,如山西街哺乳室等单位一年多来没有发生过传染病,目前入托儿童已由去年的一千六百多名增到三千四百多名。服务站的业务,最近也有了新的发展,除有拆、洗、缝、补、修理等项目外,建立了专业服务队,实行包户到家,为没有人照顾家务的职工服务,这就彻底解除了这些职工的后顾之忧。

椿树人民公社从成立到现在,虽然时间不久,但由于生产获得了飞跃的发展,社员们的收入增加了,集体福利事业和服务事业得到了广大社员的好评,公社在群众中已深深扎下了根,目前正在迈开跃进的步伐,向新的高度前进。

本市又建立一批城市公社

各公社社员用不断刷新生产纪录的实际行动迎接五一

（一九六〇年四月十九日）

本报讯 从本月十五日到十八日，北京又建立了十一个城市人民公社。它们是：大栅栏人民公社、酒仙桥人民公社、建国门人民公社、东华门人民公社、景山人民公社、东直门人民公社、广安门内人民公社、广安门外人民公社、牛街人民公社、陶然亭人民公社、朝阳门外人民公社。

这些公社同以前成立的一批公社一样，也是在一九五八年秋季就大力组织街道生产，一九五九年特别是今年，集体生活福利事业又有很大发展，因此，建立城市公社已经成为广大劳动人民的迫切要求。

人们用不断刷新生产纪录的实际行动来迎接和庆祝公社的诞生。大栅栏公社今年第一季度的工业产值比去年同期增加了十倍半。近几天来，一些公社又掀起了大办街道工业的高潮。建国门公社新建了小五金加工厂、轴承加工厂等五个加工厂，还把分散的生产小组就地组织集中，建成了六个工厂。

各公社工厂的技术革新和技术革命运动出现了新的热潮。景山公社的十三个工厂和一百多个生产小组，三四天来实现了技术革新二百四十九项。这个公社装订厂的共青团员们组成"青年技术革新突击队"，制成了报纸打眼机、刷浆糊机等，向公社献礼。过去装订报纸，用手工打眼，订一本打八个眼，需要打八次，突击队长李崇悦同装订女工赵凤兰研究，试制成功了报纸打眼机，只用脚一踩，一次就打八个，又快又好。大栅栏公社金属制造厂有一台土龙门刨，操作要用手搬，效率很低，还常常因为搬得不匀，产品质量低而返工。工人们决心提前改造好这台机器，来迎接公社的诞生。工人王振带领五六个徒工，苦战两天，终于把土龙门刨改成自动横走刀。过去要四个人操作，现在只要一个人在旁边看着就行了,生产效率和产品质量都大大提高了。

各公社成立前后,集体福利事业和服务事业有很大的发展。大栅栏公社以大工厂为中心,建立了三套包括食堂、幼儿园、托儿所、哺乳室和服务站的服务组织,这"三条线"又织成一个服务网,给了人们极大的方便。以绝缘材料厂和五金工厂为中心的大外廊营这一条"线"内,正在建设一个机械化的千人大食堂,目前已经有四百多人入伙;全部建成后,不但可以供三千人吃饭,还可以为附近的小食堂加工主食。食堂为了综合利用锅炉的蒸汽,还附设了洗衣加工厂,男、女、儿童浴池,理发室,同时还生产蒸馏水。这样就可以大大降低伙食的成本。

家庭妇女参加社会劳动以后,街头巷尾出现了新的气象。许多过去"无事生非"的大院,现在成为人人参加劳动的团结互助的大院了。景山公社魏家胡同五十三号大院,自从组织了食堂,全院三十二户团结得像一家人。很多人都管这个大院叫"红大院"。

目前,各公社正掀起一个以实际生产成绩和工作成绩迎接"五一"的高潮。东直门公社前进耐火建筑材料厂的工人们提出:生产要翻番,突破技术关,二条作业线(耐火砖、水泥管两条流水作业线),"五一"把礼献。

城市人民公社运动正沿着巩固发展提高的大道前进

本市已建立三十八个城市公社

四月上半月又有一万多街道居民参加生产,新办起
五十多个工厂集体福利事业有了巩固和提高,有的正逐
步向成网配套方向发展

（一九六〇年四月二十四日）

本报讯 今年北京的四月,是一个有伟大历史意义的月份,城市人民公社
踏着矫健的步伐,一个个建立起来了。到四月二十三日止,本市城区已经成立
了三十三个城市人民公社。近郊区的街道和城镇中,也先后建立了五个人民
公社。这些人民公社先后分几批建立。最近一批建立的七个城市人民公社
是:东城区朝阳门人民公社、东四人民公社、和平里人民公社,崇文门外人民公
社,宣武区白纸坊人民公社、大桥人民公社,西城区展览馆路人民公社。

本市建立城市人民公社的工作,从一九五八年开始。走在运动前面的以
街道居民为主的城市公社共有四个,以厂矿为主的有两个,这次新建立起来的
有三十二个。这些公社都是以过去生产组织和集体生活服务事业为基础建立
起来的,参加的人比较固定,组织比较巩固。建立城市人民公社早已成为广大
居民的迫切的要求和愿望。成立公社的喜讯传到哪里,哪里人民就奔走相告,
喜气洋洋,纷纷用生产跃进的实际行动向公社献礼,建社成了进一步推动生产
和各项工作跃进的巨大动力。牛街公社社员代表大会会议进行当中,会外群
众向大会送来了五十七份当天的生产捷报。提前五天完成了四月上半月产值
计划的牛街服装加工厂,这天生产人员有五分之一出席或者列席了大会,仍旧
超额完成了当天的生产计划。这个厂的生产人员沙佩如,为公社的成立兴奋
得睡不着觉,天还没亮,就来到车间干活,产量比平时提高了一倍。

城市公社的成立,大大推动了街道生产的发展。四月份上半月,街道居民中又有一万多人参加生产,新办起的工厂有五十多个。四月份上半月,街道工业完成的产值和加工费达到四千三百多万元,大约等于今年一月份的完成数。以机械化半机械化、自动化半自动化为中心的技术革新和技术革命运动,也有了很大的发展。据西城、宣武、崇文、朝阳四个区的统计,四月上半月共提出了三千八百三十项技术革新建议,其中有七百三十四项已经实现。四月份上半月,各街道工厂还试制出许多新产品。崇文、宣武、东城、西城四个区的街道工厂试制出的新产品就有一百〇六项。宣武区广安门内公社试制成功安全变压器、电流互感器等,已经投入生产。有些工厂在热烈庆祝公社成立的日子里,扩建或者新建了厂房,增添了设备,改善了生产人员的劳动条件。

各个公社由于生产已经有一定的基础,所以在建社中除了用一部分积累来扩大厂房、增添设备以外,还整顿和发展了集体生活福利组织。四月上半月,经过合并整顿,大、中、小不同类型的食堂共有三千九百多个,入伙人数由三月底的十九万多人增加到二十二万多人。托儿组织由三月底的二千八百多个增加到三千多个,入托的孩子由十万多人增加到十一万多人。服务组织由三月底的四千五百多个增加到四千六百多个。群众对兴办集体生活福利事业和服务事业的积极性很高。交道口公社居民积极分子冯秀云等,看到有些妇女报名参加生产后因为乳儿没有安置不能上班,就整修和粉刷了两间房子,白手起家办起了一个哺乳室。

集体生活福利事业在建立公社的过程中有了巩固和提高,有的正逐步向成网配套的方向发展。有的公社建立了有机械化炊事设备的大食堂,不但可以容纳更多的人吃饭,而且可以为中小食堂加工主食,节约劳动力。大食堂还帮助小食堂建立账目,提高管理水平。老托儿所也采取了以大带小的形式,帮助新办的托儿所提高业务水平。服务站也正根据群众的需要,尽力发展为群众急需的服务项目。

巩固和发展城市人民公社的
新任务（社论）

（一九六〇年四月二十四日）

北京城，正在经历着一个具有伟大历史意义的变化。在党的领导下，三十多个城市人民公社在万众欢腾中诞生了。

目前，本市城市人民公社的群众运动，正轰轰烈烈而又踏踏实实地沿着正确的道路向前发展。广大街道居民，意气风发，热情洋溢，干劲冲天，正在努力发展街道生产，积极办好集体生活服务事业，用实际行动迎接公社的诞生，促进公社的成长和发展。城市人民公社如日初升，光芒万丈，形势无限美好，前程十分远大。但是，我们决不能满足于已有的成绩，而应当加倍努力，把一切工作做得更好，充分发挥城市公社的优越性，以便加快首都的社会主义建设。我们当前的任务是：整顿巩固现有的城市人民公社，并且在这一基础上继续逐步地发展。我们要从各方面加强对城市人民公社的领导，把已经成立的城市人民公社办好，用活生生的实例，来吸引更多的群众参加到公社里来，并且不断总结经验，引导城市人民公社运动健康而又飞速地向前发展。

生产是公社的基础，只有大力发展生产，其他工作才能全面跃进。当前我们首先要抓的工作，就是进一步巩固提高和发展街道生产。对于街道工厂的生产，必须根据国家的需要，实行全面规划，统筹安排。应当明确工厂发展的方向，使街道生产进一步纳入国家计划。同时，应当根据可能条件，逐步地把分散生产变为集中生产，并且结合城市建设，合理布局。街道工业要贯彻执行因地制宜、就地取材的方针，既要为大工业服务、为城市建设服务，又要为人民生活服务。因此，对产品的产值、产量、品种和质量都要兼顾，绝不能单纯从盈利着眼，片面地追求产值，而不顾其他。街道工厂都是因陋就简、白手起家的，

— 102 —

发展速度很快，但是设备和技术一般还比较落后，手工操作的比重还比较大，而且街道妇女在生产上初学乍练，一般还缺乏技术，因此，首先要积极地学习和掌握技术，同时，在掌握技术的基础上，解放思想，千方百计革新技术，大搞机械化半机械化、自动化半自动化运动，更快地提高劳动生产率和改善劳动条件。此外，还应当结合技术革新，增设必要的安全和卫生设备，建立必要的操作规程和安全卫生制度。

街道生产的进一步发展，迫切地要求发展和办好集体生活福利事业。社会主义的集体化生产要求生活集体化，这样才能同它相适应。目前街道集体生活福利事业的数量和质量，都还不能满足参加生产劳动的人员的需要。因此，当前还需要在公社工业迅速发展的基础上，大力巩固提高和发展街道集体生活福利事业，以便利现有公社生产的巩固和继续发展，并且帮助更多的妇女从家务琐事中解放出来。街道集体福利事业，要大、中、小结合，以大带小，有计划地把托儿所、食堂、服务站等各种集体福利事业组织成网，配合成套，充分发挥不同类型的集体福利事业的长处，并且根据群众的需要和可能条件，把一些简易的集体福利事业逐步加以提高。集体福利事业要坚决贯彻执行为群众服务、便利群众的方针。办好托儿所、幼儿园，是参加生产后的妈妈们关心的第一件大事。在继续大力发展和办好托儿所、幼儿园的工作中，要有计划地培训保育人员，提高她们的政治觉悟和业务水平，注意建立卫生制度，并且通过以老所带新所的方法，使新建的托儿所能够比较快地提高水平。公共食堂在入伙的人大量增加以后，怎样做到又好、又省、又卫生，怎样满足各种不同的人的需要，怎样便利群众，怎样提高管理水平，大、中、小食堂怎样合理布局、相互结合，也是当前需要解决的问题。在服务站的工作上，当前最重要的是办好居民最迫切需要的大量的、日常的服务工作，例如缝补拆洗、洗澡理发、生活用品修理、房屋修缮等，都应当根据群众的需要，集中力量把它做好。

加强党的领导，是办好人民公社的关键。城市人民公社是彻底改造旧城市和建设社会主义新城市的工具，又是逐步向共产主义过渡的桥梁，所以，首先要在广大社员中间广泛开展社会主义和共产主义的思想教育，使广大群众树立爱社如家、勤俭办社的思想，发扬自觉的劳动态度、坚持穷干苦干、自力更生的精神。要使广大社员认识到：个人利益要服从整体利益，眼前利益要服从长远利益。当前必须克勤克俭,搞好生产,增加积累,不断扩大生产,在生产发展的基础上,才能逐步地适当改善生活。所以,目前生产人员的工资不能太高,公社的开支也要注意节省。其次,城市人民公社要坚持积极办好、自愿参加的原则。对于那些还没有要求和需要的人,或者是有顾虑的人,都不要勉强他们参加。我们要坚决依靠经济上有需要和政治上有觉悟的街道居民来办好城市人民公社。再次,城市人民公社必须严密组织,建立必要的制度,特别要健全财务会计制度,开支要有一定手续,不要大手大脚,脱离生产的人员不要太多。此外,还要大力培养和提高公社干部,特别是直接管理生产的厂长、车间主任和直接管理生活的食堂主任、托儿所所长等人的政治水平和业务能力。因此,要建立干部的学习制度,还要适当地安排工作和休息时间,使干部和社员有劳有逸,保护健康,促进生产。

本市城市人民公社的陆续建立,将会进一步加快首都城市的社会主义改造和社会主义建设的步伐。城市人民公社就是我们广大居民的社会主义大家庭,让我们更紧密地团结起来,互相协作援助,为进一步建设好社会主义新首都而奋斗。

自力更生　多快好省　发展生产

广外公社贯彻执行勤俭方针

（一九六〇年八月十日）

本报讯　本市广安门外人民公社勤俭办社,用实干苦干、自力更生的精神办事,使公社生产和福利事业更加迅速发展。

这个公社的生产发展很快,收入月月增加。但是不论社办工厂、食堂、托儿所、服务站,都是在保证安全、卫生的前提下,坚持因陋就简的原则,需要增添什么,首先是发动群众自己动手解决,而不是依赖别人,因此许多事都办得时间短、收效快、花钱少。记者在这里采访的时候,看到炭粉厂的一小部分生产人员正在用泥土垒厂房,用旧竹条编作房顶的席子。炭粉厂已经发展了五个分厂,生产十多种产品,他们就用这种办法来扩建厂房。全社已经建成了成百间这样的土厂房。

公社建立了一套财务管理制度,规定公社90%以上的开支必须用在扩大再生产上,并且规定了各项开支的审批权限。在开支制度方面,公社领导干部一贯强调可买可不买的不买。由于坚持了以上原则和制度,公社每月实际开支的办公费用,比规定的数目要少得多。即使是用于添置设备扩大再生产的费用,他们也不是要什么就买什么,一大部分设备仍然靠自己解决。如建设石粉厂的时候安装碾子需要大轴,按照公社的现有生产能力没法解决,但是被社员们亲切地称为"张师傅"的公社党委第一书记张顺,亲自动手,同金属加工厂的工人一起苦心钻研把两个小机床接在一起,终于生产出了比机床长得多的大轴。

勤俭节约已经在这个公社成为风气。许多人都精打细算过日子,以勤俭持家的精神来治理公社这个大家庭。在金属加工厂制铜零件的车间里,每个车床下面都摊着一张接铜屑的废报纸,这是青年妇女李瑞仙出的主意。她说:铜屑虽然很少,但是积少成多,就给国家节约了材料。缝纫厂的烙铁不够用,家庭妇女出身的厂长李淑兰就发动大家想办法,结果从别处找来一批断把缺柄的破烙铁,修理了一下,每把只花了二角钱,比买新烙铁少花几十块钱。

这个公社所以勤俭成风,主要是因为公社党委一贯坚持勤俭办社的方针,不断向干部和生产服务人员进行了勤俭办社的教育。去年下半年,在公社生产发展、任务增加的情况下,缝纫厂等少数人不积极挖掘生产潜力,反而认为要增加生产任务就要增加厂房、机器,单纯向上级伸手要钱。党委针对这种情况,决定每次讨论生产任务以前先务务虚。这样做的结果,本来叫喊不添设备完不成任务的缝纫厂等单位,经过实干苦干,都超额完成了任务。最近,公社收入进一步增加,又有少数人产生"家底厚了,办什么都该像个样,不能小里小气"的思想。公社党委发现以后,及时进行了耐心教育,指出为了发展壮大公社事业,应该继续艰苦奋斗,发奋图强,使全社干部、群众进一步树立了勤俭办社思想。

现在,这个公社已经办起了十四个工厂,生产发展很快。光是产品品种,就由去年的九十种增加到现在的一百四十多种,包括为大工厂加工生产的焦炭、螺丝等产品和民用小五金等。一个破烘炉、两把锤子起家的金属加工厂,现在已经能生产近八十种产品。社员的福利事业也有了发展,因陋就简建立起来的食堂、托儿所、服务站等,布满公社的各个角落,还有洗澡堂和理发馆等。

（沈丽珠）

发动群众算细账 订措施

体育馆路公社各厂大搞增产节约

（一九六〇年九月八日）

本报讯 体育馆路人民公社各工厂,发动群众大鸣大放,找出厂内的关键问题,讨论、制定了增产节约运动的计划、措施,掀起了增产节约运动的高潮。

体育馆路公社风镜厂的生产人员,讨论了《人民日报》社论和开展增产节约运动的报告之后,群众干劲很足,纷纷贴出大字报,提出了增产节约、提高产品质量的意见和措施二百二十多条。他们提出继续改进小沙斗、长形镜等三种产品的沿边操作方法,把先用浆糊粘好再用线缝,改为不用粘,直接用线缝,长形镜改进之后,每月可以节省浆糊用面一百斤,小沙斗风镜有一部分已经改进,全部改进以后可以节省面粉九百余斤,节省二十多个劳动力。化工厂的生产人员,在讨论了如何开展增产节约运动之后,召开了比武大会,大家都纷纷报名参加技术革新和改进操作方法。

根据群众讨论中揭发出来的各种问题,各厂普遍制订了改进措施。合线厂算了细账,检查了过去对质量不普查、新工人技术不熟练、生产效率低等主要问题,各工序根据不同要求开展了竞赛运动,八月份超额62.6%完成了任务。风镜厂党支部书记、厂长带领干部轮流到车间劳动,并制订了每道工序检查质量和严格控制非生产费用开支的办法。在这个基础上,八月份完成任务比七月份提高了22%,合格率也由96%提高到98%。

体育馆路人民公社各工厂在党委的领导下,由于充分发动了群众,增产节约运动已形成了高潮。公社各工厂八月份在抽调四百一十多人支援农业生产的情况下,超额完成了生产计划;计划生产的八种小商品中,就有电焊条、瓶汽油、洗发粉、洗衣粉、皮带油等七种产品超额完成了计划。

现在,各工厂正在再接再厉准备大干九月份,提前完成计划,迎接国庆节。

（刘文藻）

提高监察人员政策水平和工作能力

石景山公社举办监察干部训练班

（一九六〇年九月十五日）

本报讯 丰台区石景山中苏友好人民公社党委举办监察干部训练班，培训大队、生产队一级的监察干部，提高他们的政策水平和工作能力。

石景山中苏友好人民公社各生产大队和生产队于五月初，选出来三百二十多名监察委员，绝大部分是贫农、下中农中办事公道、有一定政治觉悟的社员积极分子。但是工作开展不快，公社领导上经过调查，了解到由于大部分人从前没做过监察工作，他们对监察工作的认识、职权范围、工作方法以及如何进行工作都不很明确，没有经验；有一部分人认为监察工作是"找毛病"的工作，怕得罪人，有的还认为咱不是领导，怎能检查人家的工作。公社根据这些情况，从六月份开始举办了训练班，抽调生产队监察主任以上干部，进行了短时间的轮番学习，使他们明确了监察工作的职权范围，怎样进行工作，提高他们的认识。有的监察干部说："过去因为有顾虑，虽然看到一些问题，也不敢去监察。通过学习，知道了监察工作是维护党、国家和群众利益的重要工作，应该积极去做。"

学习以后，各级监察组织都围绕生产依靠群众积极展开了检查工作，帮助和监察各级管理委员会干部正确执行国家政策、法令，改进工作作风和改善经营管理工作。在麦收中，各生产队的监察主任一般地都做到了一边劳动，一边履行自己的职务，检查小麦的打轧、过秤入仓，认真地核实产量。有的生产队监察主任发现生产队把包产小麦和十边地收获混合打轧，他们就把这一情况及时向大队反映，很快得到了纠正。刘娘府大队监察主任发现大队在西小府生产队集中保管的一万多斤麦种，库房漏雨，地也潮湿，麦种有发霉的可能，他立即向生产队干部反映了这个情况,并协助队长找出解决办法。

这个公社所属各个大队过去一般每年检查四次财务账目。成立监察机构以后,在监察干部的协助下,自六月份起都改为一月检查一次。两个月以来,各级监察干部帮助大队、生产队建立健全了财务会计制度,堵塞了已经发现的漏洞。五里坨大队各生产队的大车出差补助费标准不统一,车把式有意见,长期没有解决。在检查中,大队监察委员会就帮助管委会制订了统一标准。这个大队有的生产队籽种出入库不记账,现金收入没有原始凭证,经过检查也都及时作了纠正。

这个公社的各级监察组织还严肃认真地处理群众的申诉和人民来信,基本做到件件有交代,事事有答复。近两个月来各大队监察组织共接到十八封人民来信,已处理八封,同时还处理了过去积压的人民来信十三封。

本市又新建五个城市公社

——在确定任务中注意支援农业

（一九六〇年十月十七日）

本报讯 从七月到十月上旬,本市又建立了五个城市人民公社。这五个公社的名字是:门头沟区黑山人民公社、丰台区丰台镇人民公社、大红门人民公社、南苑镇人民公社和东铁匠营人民公社。前三个公社都是以大工厂为中心建立起来的,后两个公社则是以街道居民为中心建立起来的。

五个公社确定今后工作任务的时候,都强调了支援农业的重要意义。黑山公社提出今后的第一项任务,就是贯彻"以农业为基础,为厂矿企业服务"的方针,开展一个以粮、钢为中心的增产节约运动,组织社员积极支援农业生产,同时还要建立公社的副食品基地,种菜、养猪。大红门公社提出:要利用公社的一切有利条件,发动群众从各方面支援农业生产。首先,在群众中广泛开展一次"农业是基础"的思想教育,在社员中树立以支援农业为光荣的思想。其次,在工业生产方面,也要对现有为农业生产服务的工业加强领导,并积极发展生产农具和修理农具的工业生产,以促进农业的技术改造。五个公社还提出在积极为大厂加工的同时,要大搞小商品生产,为人民生活需要服务。今后要继续坚持贯彻勤俭办社的方针。

加强民主管理　办好公共食堂（社论）

（一九六一年一月八日）

加强民主管理，是整顿和改进公共食堂工作的一个重要方面，也是政治到食堂、干部下伙房以后首先需要抓紧做好的一个重要环节。公共食堂问题关系到广大群众的生活、身体健康，因而也就关系到广大群众的生产、工作和学习的大事情，只有让群众掌握了食堂的大权，才能把食堂办好。

食堂的民主管理有两方面，一方面是要用民主的办法大大地发挥炊事员、管理员的积极性和创造性；另一方面是采取措施，让所有入伙的人都来参加食堂管理，都来提意见、出主意、想办法。

在集体伙食单位中，人民对伙食常常有些不同的要求，这种要求有时与食堂的现状有距离，这是问题的一方面；另一方面是，"人多议论多"，只要大家都来出主意，办法也就多，就能研究出既适应大多数人的共同要求，又能照顾少数人的不同要求的办法。

加强公共食堂的民主管理，关键在于提高认识。炊事员、管理员和入伙群众虽然各有不同岗位，但大家都应该认识到实行民主管理的目的，是为了要把食堂真正办好，不断改进食堂工作，归根到底，是为了要使人们吃得好而且省，干净卫生。因此，一切有利于此的建议，都应该想办法实现，一切与此相违反的弊端，都应坚决纠正堵塞。这就要在某些炊事员、管理员中，克服那种"我办，你吃"、不大愿意听取群众意见的观点，要自觉地、主动地把食堂的情况和家底交给群众，给群众以各种提意见的方便。在入伙群众方面，也要改变"你办，我吃"的想法，认真帮助食堂改进工作。

加强食堂民主管理，同样存在着一个如何实现"两参一改三结合"的问题，这就是干部参加吃饭和食堂劳动，炊事员参加管理，干部、炊事员、管理员和入伙群众三结合共同改进食堂工作办好食堂的问题。许多食堂的经验证明，领导干部经常亲自在食堂吃饭和参加食堂的劳动，对食堂的问题有了切身的体会，才能了解入伙人员和炊事员的希望和要求，才能同炊事员、管理员打成一片，共同研究、改进食堂的工作。炊事员参加管理更为重要。有一些食堂在组织炊事员参加管理后，采用了多员分工的办法，由炊事员分别兼任了主食、副食计划员、饭菜质量检查员、安全卫生保健员、成本财务核对员、工具保管修理员等等。炊事员在制度上也成了食堂的主人，积极性大大提高，不仅千方百计设法使群众吃得满意，做到了计划用粮、计划用菜，节约粮菜、煤炭，降低了成本，而且能够使实物、账目钱财、饭票相符，日清月结。实行炊事员参加管理，由于许多事情大家分担，还便于做好食堂管理员和炊事员的劳逸安排，增加他们的学习和休息时间，更重要的是炊事员参加管理以后，他们能主动提出许多办法，更有利于食堂各方面工作的改进和提高。

在发动入伙群众共同办好食堂方面，有些食堂的做法是一方面设立征求意见簿，开辟大字报鸣放园地，经常走访入伙人员征求意见；另一方面建立和召开民主管理委员会或伙食委员会（较大的食堂还召开入伙人员代表会，并在这基础上产生民主管理委员会），吸收各方面的代表人物，经常定期讨论食堂的问题，研究改进食堂的工作。

许多单位的经验证明，领导干部、炊事员管理人员、入伙群众实现三结合，很重要的一环就在于群众（包括入伙群众和炊事员管理员）充分发动起来的基础上，把民主管理委员会不断充实和健全起来。这个委员会，不仅应该做到及时征求和搜集群众意见，更重要的还在于集思广益，研究各种措施，及时改进工作，尤其是群众意见较多的问题，更要坚决采取各种办法，大力改进。只有这样，才能真正起到改进工作的实效，同时，也才能更加鼓舞大家继续反映问题和提出意见的积极性。这是民主管理是否能够经常坚持、有效实行，还是流于形式的关键所在。

此外建立和健全公共食堂的一些必需的经营管理制度不仅为食堂工作本身所必需，同时也是加强民主管理的一个重要方面。例如，公共食堂必须建立和健全一些有关的财务制度，库房收发清点制度，清洁卫生制度，粮票、油票、饭票、现金管理制度，粮菜过秤核实制度等等，这些制度都应该公诸群众，以便群众监督实行,而像定期公布账目和预先公布食谱的制度,则更能及时吸收大家的意见。食堂公布账目,不能限于仅仅是收支账,而应该是包括粮食、蔬菜、油肉、钱财的使用结余情况都需要向大家交代清楚。公布食谱,实行"吃饭早知道"是一项很好的办法。因为这既能够使大家提出各种改进意见,又便于群众自己安排用饭计划,是群众所关心和欢迎的事情。

加强公共食堂的民主管理的一个重要问题,还在于抓得紧、抓得经常,放松了就容易流于形式。党组织应该把它提到自己的议事日程上,经常检查,用一竿子插到底的精神,使民主管理逐步加强,能够经常发挥作用,使食堂在广泛的民主基础上,越办越好。

山西街食堂群策群力越办越好

组织炊事员和入伙人员参加管理
倾听群众意见积极提高服务质量

（一九六一年一月八日）

本报讯 宣武区椿树人民公社山西街食堂,努力贯彻群众路线,加强民主管理,食堂越办越好,不断吸引附近居民来入伙,入伙人数（包括代加工主食的人数在内）从去年四、五月间的几百人,现在已增加到二千多人。

这个食堂是在去年二月份扩建起来的。附近的街道工厂、服务站、幼儿园等十几个单位的生产、服务人员,大部分都在这个食堂里吃饭。这个食堂的党支部在公社党委的直接领导下,一开始就注意了依靠群众,民主办食堂。食堂建立了民主管理委员会,吸收入伙人员代表、粮店和菜站代表以及炊事人员代表参加。参加食堂民主管理委员会的入伙人员代表,多是街道工厂或集体生活福利事业单位的负责人,这样既便于及时把入伙人员的意见反映到食堂来,帮助食堂改进工作,同时也便于把食堂的制度宣传和贯彻到入伙人员中去。民主管理委员会每月召开会议一至两次,监督检查食堂经济情况,广泛收集并根据入伙人员对伙食的意见,不断地研究改善食堂工作,对把伙食办好起了一定的作用。去年五月份以前,财务管理上不够严格,对粮、菜的成本核算注意不够,发生时盈时亏的现象。经过民主管理委员会研究,决定健全财务管理、成本核算制度。粮、菜入库、出库、下锅都过秤、登记,每天都要进行结算,盘存记账,做到日清月结,粮、菜、油、钱四清。从去年五月份到现在,坚持按成本卖饭菜,保持着月月不盈不亏。

倾听入伙人员意见,及时改进工作,是这个食堂依靠群众办食堂的一个主要方面。他们除了在饭厅设有意见簿广泛征求意见之外,还经常组织炊事人员深入到公社工厂、服务站等入伙单位进行访问,对于入伙人员提出的意见,能改的马上就改,一时不能改的,也向入伙人员进行解释。食堂支部书记带领食堂管理员、炊事员到工厂、服务站进行访问,了解到入伙人员对于食堂饭菜花样、卫生情况,以及买饭排队等方面的意见以后,回来就逐条加以研究,着手改进,他们开动脑筋积极想办法,增加了主、副食的花样,并且大搞食堂卫生,改进卖饭办法,缩短了排队时间。

组织炊事人员参加食堂的管理,是山西街食堂依靠群众办食堂的另一个重要方面。这个食堂的炊事员分主食、副食、服务等几个组,分工明确,各有专责。另外她们还兼任了验收员、质量检查员、卫生员、主食、副食计划员等,分工协作,互相监督。炊事员参加管理,就增加了她们主人翁的感觉。食堂的党支部还经常对炊事人员进行思想教育,使她们树立了为生产服务、为群众服务的思想,千方百计提高饭菜质量,改善服务态度。服务组的李桂珍,过去她卖饭、菜是等把饭、菜都端到群众面前,再算钱,这样群众等的时间长,现在她一边拿、一边就算钱,当主食、副食递到群众手里的时候,价钱也已经算好了。食堂主食组、副食组、服务组的组长每天都有碰头会,主要是研究入伙人员当天有什么意见,用来作为改进工作的参考。

山西街食堂由于努力贯彻群众路线,发动入伙人员和食堂工作人员共同办食堂,在这里已经形成"食堂关心群众,群众关心食堂"的局面。入伙人员不但经常提改进意见,还经常有人帮助食堂刷碗、搞卫生。

目前,这个食堂正在进一步加强民主管理,使民主管理委员会的工作内容进一步明确,更好地促进提高饭菜加工质量和服务质量。

城市公社工业要安于小、
精于小（社论）

（一九六一年二月二十一日）

经过两年的发展和整顿，本市城市人民公社工业已经成为一支相当可观的力量。这支力量主要应当用在什么地方？这是一个重要的问题。方向对了，城市公社工业在整个国民经济中就能发挥更大的作用，同时，它本身的发展和巩固也会更加顺利。

根据两年实践的经验，城市公社工业除了一部分为大工业、为农业服务之外，大多数应当主要是生产人民生活需用的轻工业品和手工业品。因为这些产品的花色、品种繁多，总计有上万种，它们不需要大厂房、大设备，不少产品的原料、材料是利用下脚料和废料，品种、花色、规格又经常变化，正适合于城市公社工业来干。

城市公社工业应当以生产小商品为主。对于这一点，大多数的城市公社干部和生产人员是明确的。他们把生产小商品当作自己光荣的、义不容辞的任务，千方百计地开辟原料来源，积极试制新产品，主动地了解市场需要，克服技术上、设备上的种种困难，努力为市场提供更多更好的小商品。但是，也有一部分干部和生产人员，他们嫌小商品产值低，嫌小商品简单、琐碎、品种多变，因而对生产小商品不够积极，或是把小商品当作一种"过渡"产品，对于如何开辟料源、提高效率和改进质量，缺乏长远的打算。因此，安于小商品生产，还是目前进一步发挥城市公社工业作用所必须解决的一个重要问题。

社会主义经济是一个统一的整体。我们考虑问题必须处处从整体的需要出发，而不应该只从局部的利益着眼。小商品产值虽小，技术一般地虽然比较简单，但是意义重大，人民生活一天也离不开它。因此，城市公社工业应当积极主动地在这方面贡献自己最大的力量。这样做，也便于国营工业腾出手来，去制造各种为生产进一步发展和生活进一步提高所需要的高级、大型、精密的产品；这样做，也是为发展高级、大型、精密的产品作出了贡献。相反，如果谁都只想搞产值大、技术复杂的高级产品，不愿搞产值小、技术简单的一般产品，结果，不仅普及的需要不能满足，提高的需要也难以实现。因此，多数城市公社工业都应当自觉地服从需要，安心于小商品生产。在这方面，困难是有的，譬如小商品的品种繁杂、变化大等等，但是，这些困难是能够克服的。目前，党正在采取一系列的措施来加强小商品生产，许多小商品都纳入了国家计划，产品的种类和原料来源都比以前固定了。自然，我们也应当看到，由于小商品品种很多，而且要时常根据市场情况的变化而变化，许多产品又是利用下脚料和废料作原料的，因此，想要全部产品和原料都由国家规定和供给是不可能的，在这方面，还需要每个城市公社工厂充分发挥主观能动作用，学会多种技术，随时根据需要变换产品的品种，同时努力寻找新的原料来源，挖掘社会物资的潜力。

城市公社工业不仅要"安于小"，还要"精于小"。精，包含两方面的意思：一是要不断提高小商品的质量，精益求精；二是要根据人民各种不同的需要，努力增加小商品的花色、品种和规格。每个城市公社工厂都应当树立起"学名牌，赶名牌，超名牌，创名牌"的雄心大志，订出具体规划，积极提高技术，改进管理，争取在一定期间内，使自己生产的一种或者几种小商品能达到先进的水平，成为"名牌货"，同时在增加品种、降低成本方面作出显著成绩，以数量更多、质量更好、品种更全、价格更便宜的小商品，供应广大人民的需要。

做好公社的监察工作

肖　柏

（一九六一年九月十五日）

为了维护农村人民公社的利益，使它的各级组织都能正确地执行国家的政策和法令，在国家计划指导下，因地制宜地合理地组织生产，健全农村人民公社的监察制度，是一个十分重要的措施。

北京丰台区石景山中苏友好人民公社，举办监察干部训练班，帮助监察工作干部提高认识，明确自己的职权范围，这是开展监察工作的一项好方法。人民公社的监察工作，是一项比较新的工作。使监察干部正确理解这项工作的意义，是做好监察工作的一个先决条件。比如，有的人对加强人民公社的监察工作是否必要，缺乏正确的认识，有的人认为监察工作是"找毛病的"，怕得罪人。如果监察工作干部存在着这样的思想，怎么可能做好监察工作呢？这些思想都应该通过学习及时帮助他们解决。

从根本上来看，在农村人民公社中，绝大多数的干部都是勤勤恳恳、艰苦朴素、努力为人民服务的好干部。他们都愿意正确地贯彻执行党的方针政策，促进人民公社向前发展。但是，由于这些干部对党的政策理解水平不同，有时，因为工作繁忙，又缺乏深入的研究。这样，在工作中自然难免发生一些缺陷，在少数干部中，由于旧思想的作怪，有时也可能产生铺张浪费、贪污盗窃、徇私舞弊和破坏公共财产、违法乱纪的行为。这些情况，充分说明在人民公社建立监察工作的必要。这样，监察干部可以冷静地考虑一些公社干部考虑不到的问题，及时地弥补和纠正工作中产生的一些缺点和错误。监察干部还可以监督公社的管理人员，防止或制止贪污浪费和徇私舞弊等行为。这样看来，监察工作是不能缺少的一件工作，怎么能说没有必要呢？

　　至于那种认为监察工作是"找毛病的"、怕得罪人的思想，更要具体进行分析。不错，监察工作一定会接触到工作中的"毛病"，但这决不是故意和什么人为难，而是为了把人民公社的工作做好。正如医生在病人身上"找毛病"一样，不是医生故意和病人为难，而是为了使病人成为一个健壮的人。只有找到"毛病"，才能根除"毛病"。抱着这样的目的"找毛病"，这有什么不可以呢？一个好的干部，决不应当因为监察干部"找毛病"而有所不满。大家的目的，都是为了把公社办好。如果由于监察工作的开展，及时纠正了工作中的缺点和错误，这就是最大的好事。监察工作会不会"得罪"人呢？对于全心全意为人民服务、愿意改正自己错误的干部，不会存在这样的问题。可能"得罪"的是那些徇私舞弊、违法乱纪的人。可是，不"得罪"这样的人，就会使国家利益受到损害，使群众利益受到损害。作为一个公社的监察干部，他应该有高度的原则精神，只有坚决和一切违反国家和人民利益的坏人坏事进行斗争，才能正确地维护国家和人民的利益。

　　为了做好人民公社各级组织的监察工作，公社党委必须注意加强对各级监察干部的培养。监察干部自己也应该努力学习政治理论、政策法令，刻苦钻研监察业务和农业生产方面的知识，不断提高政策水平、业务能力和思想认识水平。同时，在工作中要认真负责，实事求是，深入实际，密切联系群众，依靠群众。只有这样才能把监察工作做好，真正当好公社的监督人。

（六）《天津日报》

以国营大企业为中心
组织全区职工、居民的生产和生活

哈尔滨香坊人民公社香飘万里

在促进生产大跃进，解放妇女劳动力，提高
人民物质和文化生活方面显示了巨大优越性

（一九六〇年四月八日）

新华社哈尔滨7日电 以哈尔滨市香坊区的国营大企业哈尔滨轴承厂为中心组织起来的城市人民公社——哈尔滨市香坊人民公社，从一九五八年九月举办以来，已经把全区的大厂和中小厂、工厂和街道、职工和居民、工业和农业等各个方面，从生产到生活，全部组织起来，促进了生产的大跃进，解放了妇女劳动力。

香坊人民公社是在一九五八年八月生产大跃进的高潮中诞生的。在当时的工农业生产大跃进中，哈尔滨轴承厂的生产任务连续增加六次，由年初订的年生产计划六百四十万套增加到一千五百万套，到这一年八月底，还有52%的任务没有完成。时间短，任务重，最大的矛盾是劳动力不足。同时，因生产发展太快，原来与外地工厂的协作配套关系也远远不能满足生产的需要，这些问题都必须迅速解决，而自己工厂中一时又找不到这样多的劳动力，生产大量配件也有许多困难；另一方面，随着整风运动和反右派斗争的胜利，广大家庭妇女的社会主义觉悟普遍提高，她们迫切要求摆脱繁琐的家务劳动，参加社会生产。在这种情况下，哈尔滨轴承厂就组织职工家属成立了"家属生产服务社"，为工厂作辅助性的生产，又成立"艺工学校"，吸收当地一部分居民参加半工半读，但仍不能完全解决问题。接着，中共轴承厂党委和中共香坊区委就酝酿试办一条"轴承大街"，把轴承厂周围几条街的居民都组织起来为这个厂服务,恰好那时毛主席发出了"还是人民公社好"的伟大号召,这个区的人民群众十分高兴,认为既然在农村可以办人民公社,也就可以根据城市的特点办城市人民公社。中共香坊区委根据大跃进的需要和群众的要求,就从八月下旬开始筹备试办香坊人民公社,这个消息像春雷一样传遍了香坊区的大街小巷,人们欢欣鼓舞,奔走相告,纷纷要求入社。街道居民自动串连,大办工厂,大办公共食堂、托儿所等集体福利事业,用实际行动迎接人民公社的建立。就这样,黑龙江省第一个城市人民公社——哈尔滨市香坊人民公社就在一九五八年九月二十七日正式成立。

香坊人民公社成立一年多来,不仅在群众的心中扎下了根,而且已走上了健全发展的道路。广大社员——不管是职工还是农民还是街道居民,对公社都表现了无限的热爱,他们把自己同公社的关系说成是:"打成帮,连成片,永远不分散"。人们歌颂这个公社说:"毛主席搭了幸福台,劳动人民走上来,山在水在石头在,穷苦一去不再来"。香坊人民公社一经建立,便在促进生产大跃进、在发展、解放妇女劳动力、提高人民的文化科学技术水平和物质生活等方面,显示出了巨大的优越性,并且随着公社的发展,逐步在全公社范围内形成了四网:生产协作网、人民经济生活网、文化教育网和科学技术网。

香坊是哈尔滨新兴的工业区,这里的十八个国营工厂和地方国营工厂之间原来就有一般的协作关系。但在成立公社前,厂与厂之间的协作是分散的、不经常的。随着生产大跃进,各工厂企业所需要的协作产品,无论数量和品种都越来越多,原来一般协作关系已不能满足形势发展的需要。公社一成立,过去厂与厂之间的那种分散的外部协作变成了公社内部有组织、有领导、经常性的大协作。大批兴办起来的社办工厂,都组织起来为大厂加工辅助性生产配件,和利用大厂的边材余料,生产人民生活需要的各种日用品,弥补大工业的不足,各大工厂也热情地扶植社办工厂,并逐渐形成了大中小企业密切结合的生产协作网,解决了各大厂的辅助性生产的协作问题,使许多原来需要到千里迢迢的外地去加工的配件在当地就能加工。公社为了保证重点工厂的大跃进,采取大中小企业密切结合的办法,把兴办起来的几百个小工厂加以整顿合并成为翻砂、机械、金属、铆焊等二十九个工厂,分别同大厂挂钩,为大厂加工各种配件。

公社组织社内生产在协作和全党全民保重点的结果，使公社内出现了一片热气腾腾、生产全面大跃进的局面。哈尔滨轴承厂一九五八年生产比一九五七年翻了一倍半，一九五九年又提前六十二天超额完成国家计划，今年第一季度轴承厂又提前十天完成了生产计划。公社的新办工业生产也扶摇直上，产质产量成倍增长。全社大大小小的工厂，从建社以来月月季季超额完成计划，一九五九年工业总产值比一九五八年提高 62%，今年第一季度又提前二十三天实现了满堂红。

在生产全面大跃进中，香坊人民公社大批在一年以前还是家庭妇女的女职工，由于勤学苦钻，迅速提高了业务技术水平，已经成为各个生产战线上的一支重要力量。像轴承厂的电修、翻砂、磨光等工种中的新技术工人，原来都是家庭妇女，现在基本上能独立操作了。女职工们在技术复杂的劳动中，显示了智慧和力量，白手起家建立小五金厂的十名家庭妇女，开始一点技术也不懂，在老工人的热情指导下，她们凭着顽强的意志，在一年多的时间里，就掌握了钳工、冷压、烘炉、截断等生产技术。北京地质学院用的活动房子上的零件、哈尔滨最大民用建筑北方大厦上的异形窗钩，都是她们生产的。随着生产的发展和广大家庭妇女就业，社员的生活水平有了显著提高，据安埠街八千三百三十户、一万九千二百〇一人的调查，一九五九年社员收入比建社以前提高28.6%，由于生活水平的提高，人们的文化生活也更加丰富多彩了。

由于生产大发展，成千上万的职工家属和街道妇女喜笑颜开地参加了社会生产。集体生产和分散个体生活的矛盾使她们迫切要求从生活上也组织起来，要求大办公共食堂、托儿所和生活服务站。根据群众的要求，公社在职工家属宿舍和居民大院兴办起了公共食堂三百四十六个，托儿所、幼儿园二百六十六个，生活服务站和服务组三百多个，由三千一百多名服务员代替了一万多名家庭妇女的家务劳动，这样就在全社范围内形成了一个纵横交错的组织人民经济生活网。这个人民经济生活网以国营商业和服务行业为骨干，把公社的公共食堂、托儿所、幼儿园、服务站都组织了起来。

成千上万的职工家属和街道妇女走上生产岗位，参加社会劳动以后，迫切要求学习文化，同时，以机械化、半机械化、自动化、半自动化为中心的技术革新、技术革命运动的蓬勃开展，也使广大职工要求迅速提高文化技术水平。而公共食堂、托儿所、幼儿园、服务站等集体福利事业的大量举办，就使女职工们每天下班以后可以没有牵挂地到业余学校去学习文化和科学技术。根据职工们的要求，香坊人民公社发动群众办起了各级各类业余学校五十一所，使86%的职工都参加了学习。公社的社员不仅参加文化学习，而且组织了各种科学研究小组和学会，进行科学研究活动。现在，全社从各个大中工厂到街道居民委员会，已经成立了二十一个科学研究所，几十个科学研究协会，拥有三千多名科学研究协会会员。去年一年，这个公社共完成了一百〇九项科学研究项目。现在这个公社的科学技术网正在迅速形成中。

香坊人民公社的广大社员，从生产到生活全部组织起来以后，社会主义思想觉悟空前提高，在一年多以前还是家庭妇女的女职工们，现在不仅加入了工会，很多人还参加了共青团，有些人还提出了入党的申请。广大社员迫切要求提高自己的政治理论水平，最近全社又轰轰烈烈地掀起了学习以毛主席著作为中心的马列主义理论学习的高潮。社员们在集体生产、集体生活中得到了锻炼，精神面貌有了显著的变化。全社出现了：人人劳动，互相关心，热爱集体，邻里和睦的社会新风尚。职工们去上班了，生活服务站的服务员们，就为他们缝补拆洗衣服，照看病人，美化家庭。职工们把全部家务都给服务站，而服务员也竭尽全力为职工服务。在人与人之间形成了共产主义式的同志关系。

香坊人民公社在工业生产大跃进的同时，在农业生产方面贯彻了以菜肉为纲、为城市服务的方针。由于开展了经常性的工农大协作，使郊区农业生产面貌发生了很大变化。现在，这个社的农业大队在工业支援下已基本上实现了机耕和非田间作业机械化。工业帮助农业建立了五万平方米的温室，等于哈尔滨市过去六十年来所建的总面积的1.3倍。最近这个公社的农村在工业支援下，已经建成了一条养猪自动线，从饲料粉碎直到粪便的清除，全部过程实现了机械化作业，这样，一个饲养员可养猪三千头，使这个公社发展六万个猪场有了保证。现在，这个公社已经建立了万米蘑菇厂，还准备兴建万鸡场、万鸭湾、万米冷库、万米菜窖，十万米温室和三百万个盆菜。这些被人们称为十个"十万"运动，正在工业支援下，在农村里轰轰烈烈开展起来。

现在，香坊人民公社正在以它那"一大二公"的优越性，使这个公社生产集体化向着更高的程度发展。目前,香坊人民公社把过去由各个大大小小的工厂和街道各自一套用电系统变成了合作化用电,使这个地区的大小工厂、街道和居民大院,形成了一个用电系统,使公社在不需要国家投资的情况下,实际上等于增加了四千千瓦的电力,并腾出大批的电器设备,用来支援农村的电气化。公社还以哈尔滨轴承厂为中心,包括周围的轧钢厂、化工厂等十几个工厂企业,和一些机关、商店及上千户居民的范围内实现了合作化用水。目前,这个公社正在向着全社实现合作化用水的方向发展。像这样大规模的城市用电、用水合作化,在公社成立以前没有把生产和生活统一组织起来的时候,是办不到的。

生产生活集体化　共产主义风格高　城市面貌日日新

鸿顺里展示城市人民公社
无限美景（摘录）

（一九六〇年四月八日）

鸿顺里人民公社诞生于一九五八年九月十九日。人民公社组织起广大居民大办街道工业,大办集体生活福利事业,大大解放了妇女劳动力,为生产建设事业的发展创造了更有利的条件。一年多来,公社办起了八个工厂,一百〇九个生产组,生产激增了九倍。公社已经把人民的经济生活和文化生活广泛地组织起来,他们兴办的成百个公共食堂、托儿机构和生活服务站,把居民组成了一个美满幸福的大家庭;人们在公社举办的学校里学习政治、学习文化、学习技术;通过集体劳动和集体生活,人们的集体主义思想迅速成长,共产主义风格大大发扬。整个地区的面貌已经大大改观。

一九五八年九月十九日,鸿顺里人民公社成立了。社员们欢呼公社诞生的音波,像春雷、像闪电,迅速传遍了河北区天纬路街办事处辖区的千家万户。公社把这里的千家万户组成了一个生产、生活的整体。一年多以来,这一新的社会组织,有如初升的太阳,在城市,也和农村一样,放射着光辉,散布着希望,显示着强大的生命力和无比的优越性。

鸿顺里人民公社是总路线的产物,大跃进的
产物,也是人们共产主义觉悟大大提高的产物

一九五八年,在社会主义建设总路线的光辉照耀下,全市工业生产迈开了

跃进的步伐,生产任务不断增加,劳动力越来越感到不足,有的工厂因为包装工人不够影响了生产任务的完成;有的工厂因为人力不足,大批半成品积压在仓库里。工厂和手工业社纷纷到街办事处的居民委员会要求组织职工家属和街道居民为他们做加工活,帮助他们解决人力困难。

职工家属和街道居民呢? 总路线像把万能的钥匙,把她们的思想一下子打开了,她们要从家务劳动中解放出来,要为社会主义建设贡献自己的力量。她们也纷纷跑到街办事处和居民委员会,要求参加社会劳动。住在鸿顺里的几个家庭妇女,兴致勃勃地找到居民委员会副主任说:人们都在鼓足干劲,力争上游,党提出了要赶上或超过英国,我们家庭妇女也要为国家建设出把力呀! 她们的话表达了千千万万家庭妇女的心声。

四十二户指出的方向　全市街道居民的心愿

鸿顺里,当时是河北区天纬路街办事处向阳里居民委员会的一个居民小组,住着四十二户人家,除一户小商贩、两户孤老户外,其余都是职工家庭,多数成年人都在机关、工厂工作,全胡同只剩下二十三个家庭妇女和四位老大爷。中共河北区委根据广大群众的要求,决定组织职工家属和街道居民参加生产和兴办服务事业,这一消息传到了鸿顺里以后,人们真是高兴啊! 街党委帮助他们和附近的恒大电线厂建立了联系,成立了一个为工厂加工缠铜丝的小组,十几个青壮年家庭妇女立即报名参加了。但是,她们要参加生产,饭谁来做,孩子谁来看,衣服谁来洗……新的问题马上就产生了。成立食堂、成立托儿组、成立缝纫拆洗组……人们提出了建议,对啊! 大家的事情大家办。贾大娘首先自告奋勇担任炊事员。接着,保育员、拆洗缝纫员、日用品供应服务员,还有负责全胡同清洁和美化的美化员,全由老大娘、老大爷担任起来了。每一个有点劳动力的人都参加了光荣的劳动。这样,只经过两天,四十二户居民就组成了一个社会主义大家庭,在全市街道居民中树立了第一面集体生产、集体生活的红旗。

一九五八年六月十四日,鸿顺里居民崭新的生活开始了。家务劳动集体化使得他们不但有了固定的时间参加生产、工作,学习文化、政治和时事,或者交流生产技术经验;晚上,他们还可以到自己的俱乐部里下棋,学唱歌,也可以到自己的图书馆里借阅图书、画报,周末还可以在自己的露天电影院里看电影……

新形势 新问题 新机构
生产服务合作社应运而生

鸿顺里居民崭新的生活,具有多么大的感染力啊!从六月十四日这一天开始,到这里来参观的人,川流不息,"学鸿顺里,赶鸿顺里"的口号越喊越响亮,越传播越远,真如星火燎原!

住在鸿顺里附近的另一个居民组——向阳里二条的人们参观了鸿顺里以后,再也抑制不住激动的心情。那几天,居民委员魏泽民老大爷不论走到哪里,总有一些人把他围起来,这个说:"鸿顺里组织起来了可别把我们甩了",那个问:"到底什么时候我们也参加大家庭啊!"居民委员杨玉珍大娘更是着急,为了把自己的胡同也尽快地组织起来,她冒着雨趟着水,四处奔波,带领大家搭工作棚成立食堂,办托儿所,美化胡同,一时也不休息。几天的工夫,第二个"鸿顺里"便出现了,接着,这一带的操场下坡、地纬中路,也纷纷组织了起来。

一九五八年七月,一个雨过天晴的下午,刘少奇同志来到了鸿顺里。少奇同志的视察,给这里的人们带来了极大的鼓舞,也给这里的人们指出了前进的方向!

向阳里居民区的许多居民都像鸿顺里一样组织起来了,这样,原有的居民委员会的组织性质和组织形式,已经不能适应新形势提出的新要求,必须成立新的组织机构来管理居民的生产和生活。一九五八年八月十四日——鸿顺里组织起来后整整两个月,以鸿顺里命名的生产服务合作社便应运而生了。这一天,鸿顺里的那根旗杆早早就挂起了大旗,风一吹,红旗飘扬。它展示着街道居民正在沿着社会主义——共产主义道路前进!

生产服务合作社成立后，有了统一的领导，能在较大的范围内把居民组织起来，就使得全社的生产、生活得到了统一安排。在二百五十二名社员中，组织起八十八个人为附近的恒大电线厂和泰山电木厂作加工活，其余的社员分别参加了各项服务事业。食堂、托儿所、幼儿园也都在合作社的领导下普遍建立了起来，并且训练了炊事、保教人员，建立健全了管理制度，使食堂、托儿所、幼儿园更加巩固。全社范围内，广泛开展了社会主义——共产主义教育，建立了红专学校，组织了共产主义课程学习班。教育，使人们看到了共产主义的美好远景；教育，使人们的社会主义觉悟和集体主义观念显著提高了。

水到渠成人心所向　人民公社光芒万丈

鸿顺里生产服务合作社的成立，在天纬路街广大居民的心中产生了深远的影响，他们很快地都从生产上、生活上组织了起来。到一九五八年的八月底，全街已经成立了十九个生产服务合作社。广大居民和职工家属深深体会到组织起来以后有很多好处，看到了美好的共产主义前景，越来越多的人要求把他们的生产和生活更加集体化。但是，范围狭小的生产服务合作社，在物质基础、劳动力调配、技术革新等方面已不能适应新的要求，需要进一步扩大这种组织形式。农村人民公社化高潮更给了城市人民极大的鼓舞。天纬路街的广大劳动人民看到以后说这是"毛主席的好主意"，是"一条幸福的道路"，纷纷要求组织人民公社。最先组织起来的鸿顺里居民又是第一批报名入社。他们等不及社里发下申请书，在一张白纸上，全胡同每一个人就都写上了自己的名字。

鸿顺里人民公社就是合并了十九个生产服务合作社成立起来的。它下辖五个分社，包括着原天纬路街方圆一百八十万平方米地区的三十六条马路、五百多条胡同的一万多户居民。

从六月十四日到九月十九日，只不过三个多月。可是，鸿顺里四十二户的"社会主义大家庭"，发展成了鸿顺里生产服务合作社，又发展成了鸿顺里人民公社。他们飘起了全市第一面城市人民公社的红旗。

新生的人民公社以旺盛的生命力迅速成长。它在发展生产、组织人民集体生活、改变居民精神面貌等方面,正日益显示出巨大的优越性。

"一大二公" 生产大发展

一年半以前,在鸿顺里那个十字形的小胡同里,十七名家庭妇女组成了生产加工组,开始为附近的恒大电线厂加工缠铜丝。那时,她们有的仅是十七台手摇纺车,在窄小的胡同的一角搭起天棚作为车间。每逢刮风下雨,干不了活,她们只好把纺车搬回家去生产。这个小小的加工组,最初每天只缠铜丝二十公斤,后来经大家努力,提高到二百公斤,可是月产值也只不过三百元上下。

鸿顺里人民公社诞生了。它"一大二公"的特点使得整个公社的生产面貌发生了巨大的变化。

人民公社的成立,集体福利事业的兴办,解放了大批的劳动力投入了生产,把消费者变成了生产者,建立了街道工业网。现在,鸿顺里人民公社参加生产的人员已经增加到四千八百多人,其中90%以上是原来的家庭妇女。这些劳动力在公社的统一领导下得到了合理的安排:青壮年劳动力在社办工厂里使用机器,从事劳动强度较大的生产;比较弱的劳动力在加工组里,从事轻微的手工劳动,这样就做到了人尽其才,更好地适应了生产的需要。

一年多来,公社的工业生产发展十分显著。鸿顺里人民公社刚开始建立时只有一些生产组。去年年初,公社将十八个生产组按照产品种类合并成六个工厂,并且补充了三百多名社员,扩大了生产。现在,全公社共有八个工厂,生产组也发展到了一百〇九个。去年二月,全公社的月产值不过六万多元,到今年二月,已经达到五十九万多元,提高了九倍。

人民公社有了自己的积累,就为高速度地扩大再生产创造了有利的条件。一九五九年公社从利润中抽出三十四万元用来扩大再生产,社办工厂已经有车床、钻床、刨床、电动捣机、电动缝纫机等二百多台。今年以来,社办工厂的生产发展更加迅速,他们又抽出五万元的多余资金大搞技术改造,机械化和半机械化程度已经达到70%以上。人们早就不在露天生产了,厂房已经扩大到了一百三十多间。

鸿顺里人民公社的成立促使各个分社之间、工厂之间无论在人力上、资金上、设备上和技术上都开展了大协作，互相支援共同发展生产。今年年初，鸿顺里分社要发展生产，感到资金不足，二马路分社就借给他们八千元，使鸿顺里分社的闪光粉生产组、象角生产组和小五金生产组都扩大了生产。

公社生产的产品也是琳琅满目，有为社会主义建设服务的五金制品、化学原料，也有供应人民生活需要的日用百货，共计一百七十六种。

白手起家　勤俭办厂

鸿顺里的社办工厂都是白手起家，从无到有，从小到大，逐渐发展起来的。荣获全国群英大会先进集体奖的鸿顺医疗器械厂是在一年多以前，由十三位家庭妇女和一位老师傅组织起来的。工厂的厂房就是三间小屋，破盆烂罐和一个小煤球炉子，就是全部生产工具。当时，除了生产一些汽缸磨石以外，只给医药采购站生产砂石针一种医疗器械，每月产值不过六千余元。生产人员又都是刚出家门的家庭妇女，不懂技术，厂长周嘉珍也不过是个生产经验不多的二十刚出头的年轻姑娘。然而她们说，别看我们工厂小，但是我们志气大，一定要搞出个样子来。她们不会就学，不懂就问，没有多久就能够比较熟练地进行生产了。去年六月，她们经过多次研究，终于试制成功了供牙科医疗使用的十余种技术水平较高的器械。这些器械过去本市不能生产，现在不仅可以供应本市，还行销我省各地和东北地区，在市场上很受欢迎。今年，这个厂的社员们又提出改变手工操作，向机械化、自动化进军的口号，苦战了十二天，实现了两条生产自动线，制成了九台电捣机，改进了许多道生产工序，使全厂的机械化程度由原来的 3.65% 提高到 80% 以上。

公社办的工厂广泛利用下脚料和废料来进行生产，把无用之物变为有用之宝，为国家创造了大量财富。社办五金制配厂、化学厂和医疗器械厂利用废料和下脚料生产的硫酸铜、三氯化铁等产品，每年给国家创造财富十余万元。化学厂利用大工厂用过的废酸提炼出来三氯化铁是制印刷铜版的主要原料，现在供应华北地区许多报社的需要。最近,鸿顺里公社又新建起一个纸制品厂,用光华造纸厂的下脚料,作成小本,可以供小学生使用。

　　鸿顺里全社的工业生产就是这样,本着因陋随简,因地制宜,就地取材,勤俭办厂的原则,在统筹兼顾,全面安排人力、物力、财力的情况下,不断扩大再生产,使产量一跃再跃,质量纪录不断刷新。

做大工业的好助手　供应人民日用需要

　　为大工业服务,是鸿顺里人民公社生产的一个显著特点。他们生产的产品主要是供应大工业的需要。社办的五金制配厂、化学厂、医疗器械厂,生产的拔丝板眼、白金油石、活性炭、酚醛树脂、三宝漆料等都是大工业急需的产品。五金制配厂生产的拔丝板眼,不仅供应本市十几个工厂,还远销北京、湖北、山东、河南等地。

　　社办工厂和加工组大都为大工厂作加工,成为国家大工业的补充和有力助手。公社刚成立的时候,第一个生产加工组就把恒大电线厂缠铜丝的加工任务全部承担起来,改变了这个厂过去分散到各区找加工单位,生产成本高,还不能保证计划按时完成的情况,促进了这个厂的生产跃进。二马路分社绒衣加工组,承担了荣生针织运动衣厂包装、烫号、检验、缝扣等五道工序,已经成为这个工厂生产中很重要的组成部分。现在,鸿顺里的社办工业有一千七百多人,为无线电厂、第五车具厂等六十五个单位作加工,加工的产品多种多样,有轴承外道、电镀五金零件、纸盒、闪光粉等等,只要大工业需要,他们就不怕任何困难,千方百计完成加工任务。

　　社办工厂为大工厂完成一道工序,或者把从工厂拿来的原料做成产品,就使许多工厂可以抽出更多的力量生产其他高级、精密的产品。比如鸿顺里的相册厂原来给第六电讯器材厂作几道工序的加工,现在第六电讯厂已经把相册产品全部交给公社的相册厂生产,他们就腾出了机器和人力去生产收音机了。

　　鸿顺里公社还为大工业培养了后备力量。当泰山电木厂生产任务增加,劳动力不足，完成任务有困难的时候，公社立即给他们送去了九十名青壮年妇女，保证这个工厂顺利地完成了生产任务。一年来，他们已先后给四十多个工厂调去了一千三百多名劳动力，为大工业输送了新血液。

人们在市场上常见的，也是生活上必需的许多日用百货，像发卡、书包、口罩、网兜、围嘴、纪念册等，也有不少是鸿顺里公社工业的产品。公社为了供应人民生活需要，不断发展小商品生产，增加品种，现在全公社生产的小百货有一百种以上。公社生产的手提篮、毛衣等精致的手工艺品还远销国外，换回外汇支援了国家建设。（下略）

南市的春天

（一九六〇年四月十三日）

集体新生活的一天

今年三月二十七日，刘少奇主席到兴安路人民公社巨龙分社来视察。他参观了社办的五金电器厂、食堂和幼儿园，使这里的街道居民——公社社员们受到极大的鼓舞。

兴安路人民公社包括整个南市地区，而巨龙分社所在的地方就是著名的裕德里。今天的南市、今天的裕德里，到处充满着生机，灿烂的集体生活的花朵迎着春风开放了。

清晨，巨龙分社的三个清扫保洁员把裕德里四条胡同扫得干干净净。七点半钟，清脆的铃声在清新的空气中振荡起来，一群群穿着花棉袄的女社员，提着书包，来开始学习了。九点半，下课铃刚刚停止，马达声接着响起来。三百多个社员的集体劳动开始了。一批接着一批的拔丝模、手提包、干湿计、加工的矽钢片生产出来了。中午，社员们随着下班铃涌进了窗明几净的食堂，吃着热气腾腾的饭菜。下午两点生产到六点，下班了，吃完晚饭的社员们打羽毛球，下棋，看画报，有的在家里打开无线电收音机，一边听着音乐，一边听孩子学幼儿园里的小鸟歌唱……这是裕德里居民幸福的一天。这是城市街道居民在人民公社的组织下，走上集体新生活的一幅缩影。

然而，久居天津的人都知道，今天这个幸福的地方，解放前却是充满罪恶的人间地狱，当时的裕德里一带，除了两三户水果店，全部是妓院。南市、裕德里，方圆不过三平方华里，然而却以"三多"出名：妓院多、烟馆多、特务恶霸窜主多。帝国主义、反动政权豢养的爪牙，就像著名的话剧《日出》里的流氓黑三一样，在这里巧取豪夺，敲骨榨髓，把劳动人民推向了黑暗的深渊。官僚资产阶级、洋场恶少，把从劳动人民身上榨取来的膏血，在这里挥霍，过着荒淫无耻的生活。那时候，这里从清晨到晚六点以前，几乎见不到一个人影。夜幕降临之后，鬼生活开始了，这里顿时热闹起来，灯红酒绿，淫词浪调，一直到黎明，太阳快要升起的时候，这些人才昏昏睡去。正像《日出》里陈白露说的："太阳出来了，黑暗留在后面，但是太阳不是我们的，我们要睡了。"

但是，随着解放，劳动人民成了这里的主人。今天，这里又升起了人民公社这个不落的太阳，这首诗应该这样来唱了：

> 太阳出来了，
> 黑暗留在后面，
> 太阳是我们的，
> 新的生活开始了。

南市，在经历着不平凡的变化……

从天津飘扬起镰刀锤子的红旗那一天起，漫长的黑夜过去了，黎明终于到来。人民掌握了政权，党和政府领导着人民，以雷霆万钧之势，摧毁人吃人的旧制度，建立新秩序。旧城市改造的巨大工程开始了。大张旗鼓地镇压反革命运动，一下子打垮了多年来骑在劳动人民脖子上的特务恶霸和土匪，他们受到了应得的惩处。南市最大的流氓恶霸头子袁文会，恶贯满盈，首先受到人民的制裁；血债累累的特务兼窑主张玉堂、韩殿元也被枪毙了；人贩子、赌局头子、"白面大王"都被判处了长期徒刑。接着，三反、五反、民主建政等一系列革命运动继续扫除旧社会遗留下的毒素，伟大的社会主义改造运动开始改造着旧城市和人们的面貌。

改造旧社会遗留下来的痕迹，是一个长期的复杂的事情。南市经过一系列的社会改革，面貌有了很大的变化，但是，大量的家庭妇女和闲散的居民还没有组织起来参加生产,这里基本上还是个消费地区,传统的分散狭隘的生活方式和人们脑海里的旧观念的残余,还没有彻底改变。在人民公社建立之后,进一步的、更深刻的变革开始了……

一九五八年,大跃进的号角激动着每个人的心。党的社会主义建设总路线鼓舞着南市的劳动居民。在这激动人心的日子里,他们在家里待不住了,也积极要求参加社会主义建设。一九五八年六月,在街党委领导下,街道劳动居民赤手空拳开始办起了工业,没有厂房就在胡同搭席棚,没有空地就借用夹道、过道。南市的居民蜂拥投入大办工业、大办生活服务事业的热潮。大街小巷,有如春潮怒发,成立了几百个生产小组,组织了食堂和托儿组。没有什么困难可以阻挡住街道居民一心一意要为社会主义建设添砖加瓦的顽强心愿。

一九五八年八月,各居民区成立了生产服务合作社,九月,兴安路人民公社便应运而生。公社成立以后,把生产推向了一个新的阶段。公社的六十二个工厂和生产车间像满天星斗一样布满了南市的大街小巷,两千多人参加了生产,每月创造的产值达八十多万元。从此,南市这个历史上的消费地区,开始变成了生产地区。公社工业大发展又促进了公社集体生活福利事业的发展,四千二百多位社员分别在八十七处公共食堂用饭,两千多个孩子安置在公社的一百二十多个托儿所里。吃饭有人做,孩子有人管,洗衣服到洗衣站,社员们喜气洋洋地生活在这个温暖的大家庭里。

南市的劳动居民提起今天幸福的集体新生活,总是那样激动。

兴安路人民公社高峰分社的办公室设在闸口街十三号大院里。最近,大院里六十二户居民组织起来,成立了生产组、互助食堂、托儿所、服务组、代销店、图书馆,人人有事做,事事有人管,邻里团结互助,成为幸福大院。解放以前,这里原是南市著名的大赌窟"东方饭店":一群群的人围着牌九、骰子,一掷千金,不知多少人在这儿倾家荡产。一个贩卖毒品、吮吸人血的东明楼土膏店,现在成了高峰分社的制本工厂,社员们在车间里操纵着轻巧灵便的机器,装订书本和讲义,每月可以创造两万元的产值。

在南市一条条弯弯曲曲狭长的小巷里,翠柏村、丹桂后、群英后和庆云后,过去阴暗、低沉,是受苦的妇女出卖肉体、出卖青春的妓院集中地。解放以后,这些地方都成了劳动居民的居住区,种上了千百株杨柳,走进胡同,只见花木扶疏,整洁清爽。现在这里是兴安路人民公社超英、群力、春光等分社所在地,成了公社生产、生活服务组织集中的地区。

德美后这个地方,解放前,苍蝇成群,垃圾成山,粪便横流,人们都知道这是"鸡毛店"聚集的地区,四十七家"鸡毛店",因为店主个个穷凶极恶,人称是雁过拔毛的老虎窝。扛大个、拉胶皮、打小空、拉小套,靠卖力气生活的劳动人民,住在"鸡毛店"里,过着非人的生活。解放后,人民政府把鸽子笼的房屋翻修了,二百多户劳动人民在这里安居乐业。

现在,这儿成了兴安路人民公社卫星分社。虽然是黄土漫地,可是犄角、旮旯都打扫得干干净净,胡同两旁栽种着两行杨柳,新发芽的柳条顺着春风摆舞,各家大门上贴着赞扬公社的新春联,有一副对联是:"人民公社幸福花,花开千里香万家。"从其中的一个院落里又传出了一阵悠扬的乐声,这就是卫星分社的托儿所。卫星分社托儿所是公社的红旗单位。这个托儿所的阿姨们对孩子知疼知热、寒暖经心,孩子们正在过着幸福、愉快的新生活。等孩子们长大起来,他们哪里知道,就在抚育他们成长的乐土上,过去曾经是害人的火坑呢!

然而,最动人的,是人的变化……

一切都在变化,而最动人心弦的是人的变化,社会风气的变化。在这里,新的道德代替了旧的道德,正直代替了虚伪,勇敢代替了卑怯,远大理想代替了鼠目寸光,集体主义代替了个人主义……新的时代精神孕育着无数新的人物。

看看几个南市老居民的变化吧!

杨金魁在南市已经生活了三十多年,已是六十岁的老人,现在担负着兴安路公社巨龙分社主任的重任。在旧社会,他经历过无数苦痛和折磨,他看到过曹禺笔下的"黑三"一流的人物在鞭挞无辜的"小东西",看到了有着善良心肠的"翠喜"在受苦难,所有这些,使他在解放以后,从生活中找到了这样一条真理:跟着党走就是胜利。

解放后,杨金魁参加了街道工作,并且被选为居民委员会的主任。大跃进中,党提出,要十分珍视居民参加社会主义建设的热情,要把居民组织起来,大办工业,为社会主义建设服务。杨金魁非常拥护,坚决执行党给他的任务。他拿出六块钱,和居民们办起了一个制本厂。参加生产的妇女们越来越多,他就打算再办个五金厂。有人怀疑说:"哪儿找机器去,都是家庭妇女,机器也没见过,再说技术也是大问题呀,怎么能办五金厂呢?"杨金魁说:"我们有党的领导,妇女参加社会主义建设,大办工业,是党指出的方向,咱要坚定不移地按着党指出的方向走,只要听党的话,依靠群众,没有克服不了的困难。"一年多来,五金厂不但办成了,而且发展到拥有大型钻床、电火花钻孔机等九十多台机器,能够独立制造五金电器了。

这个忠心听党的话,坚决跟着党走的老人,已经在去年光荣地参加了中国共产党。

卫星分社社务委员王玉华也是这里的老住户了。现在到她家去,大玻璃窗擦得净光瓦亮,炕上、桌上的摆设,座钟、花瓶都很妥帖,雪白的墙壁上,挂着四面红旗奖状。有谁知道,这里在解放前就是一个"鸡毛店"。十五年前就在这间房屋里,穷凶极恶的恶霸穆来子的爪牙于凤池,持刀行凶,敲诈钱财,逼疯了王玉华的丈夫。解放以后,恶霸穆来子被枪毙了,于凤池被判了徒刑,给王玉华伸了冤。她丈夫的病治好了,当了运输工人,生活安定下来了。但是王玉华并不满足于成天围着锅台转的生活,她经常参加一些社会服务工作。人民公社成立以后她当了卫星分社的社务委员。她高兴极了。她常跟社员说:"共产党和人民政府领导着我们搬掉了压在头上的山,这是咱们妇女第一次解放,现在又领导着我们建立了人民公社,组织我们妇女参加生产,这是咱们第二次解放,我们要不好好地干,怎么对得起党和毛主席。"分社建厂的时候,运料缺少人力,王玉华挺身而出,拉着小车到西营门外去拉料;厂房建成了,生产搞起来了,她又担负治安保卫工作。每天深夜,在社员们早已进入梦乡的时候,她还拿着电筒,在车间、食堂、托儿所的周围巡逻。她说保护公共财物是我们的重要任务。去年她被评为和平区社会主义建设积极分子。

在南市住了好几十年的老工人杨起山。他从七、八岁的时候,就跟着父亲"扛雪柳""打小空",后来又拉了二十多年胶皮。解放后,因为身体不好,在家休养了一个时期,街道上帮助他治好了病。公社成立后,又参加群力分社的运输队。运输任务很紧张,但是,他知道,今天的劳动与旧社会那些年头不一样了,他默默地为公社出力,每天早上四点就起来清扫里巷;有一点空余时间,就拾掇公社的两轮拉车,有的社员不留心把车弄坏了,他很不客气地就批评:这是咱们公社的东西,你怎么能随便糟蹋? 社员们都说,老杨是个苦干、实干,把公社当成家的好社员。

……

春天永不消逝

南市经历了一个多么惊人的变化啊! 然而当人们赞扬南市居民的劳动创造,赞扬他们幸福生活的时候,他们却笑着说,这不过是个开头儿,更好的日子还在后头呢!

是的,在党的领导下,在人民公社这个初升太阳的光辉照耀下,社员们的无穷潜力必将进一步得到发挥,他们用双手彻底扫除旧社会留下的一切痕迹,平地盖起大楼,修建万紫千红的大花园,把春天永远留在这里。

大自然的季节有转换,然而,人民公社的春天将永不消逝。南市将永远是和煦阳光照耀下的春天!

（萧文虎、林逢原、傅志琦）

红桥区各公社和工厂组织经常的系统的协作

按照大工业需要安排公社生产

既支援了大工厂，又促使了公社生产的迅速发展

（一九六〇年四月二十一日）

本报讯 在全市城市人民公社运动的高潮里，红桥区六个以街道为主的城市人民公社与工厂、企业组织公社地区范围内的经常的大协作，根据大工业的需要，全面安排公社生产，积极为大工业服务。

在城市人民公社运动鼓舞下，红桥区各部门三月中旬就掀起了全面支援公社各项事业的高潮，国营工厂、企业在传授技术、供应废料等方面积极支援公社工业；各个公社更加积极地组织生产和生活服务事业为国营工厂、企业服务，为职工、社员生活服务。三月下旬，红桥区六个以街道为主的人民公社相继成立以后，红桥区委进一步加强了对这项工作的领导，组织公社和工厂企业、文教部门等方面全面大协作，成立了在区委和公社党委统一领导下的协作组，把过去分散的、不经常的协作变成经常的、有系统的协作。公社和公社地区内的工厂、企业等部门的领导干部都参加协作组（地区范围较大的，在协作组下面又划分几个协作片）。这些协作组定期开会，由各方提出需要，统一安排，组织协作。

新的协作关系建立以后，公社和工厂、企业共同讨论了公社工业和生活服务事业发展规划。过去有的街道工业、生活服务事业的发展和国家工业生产以及职工生活需要配合得不够紧密。现在，按照双方共同讨论的规划，各公社统一安排了全社劳动力，调整了生产组织，一方面根据市场需要，积极生产日用小商品，另一方面开展为大工业加工、修配的业务，更好地贯彻了公社工业为大工业服务的精神。比如过去振华电线厂需要加工铜丝合股线，河北大街

没有这种生产,最近,河北大街人民公社从社办铜丝合股厂抽出一百多人专为振华电线厂加工铜丝合股线。三条石街原来为低压开关厂加工零件的只有四十人,也和低压开关厂的要求距离很远,现在,根据工厂的要求,三条石人民公社抽调了一百三十多人专门为低压开关厂加工零件,加工产品由过去的两种增加到十二种,满足了低压开关厂的需要。大伙巷人民公社根据公社地区内工厂、企业需要,还组织了运输队、瓦工队和木工队,到工厂、企业服务,帮助工厂完成生产任务。各公社为了更好地搞好协作,在工业生产方面对工厂、企业提出了"四包"的保证:包加工任务;包修理工厂企业的简单生产工具;包为工厂企业找临时工;包短途运输。

公社范围内成立了协作组,也便于公社统筹安排公社地区范围内各工厂、企业职工和社员的生活福利事业。最近,各公社都大力发展了各种类型的食堂、托儿所、幼儿园和拆洗缝补等组织,满足公社范围内职工、社员的生活需要。

通过公社协作组的协商,各工厂、企业根据公社工业生产的发展情况,有计划地支援公社一些废料、下脚料和闲置物资,为公社培养技术人员,有些工厂职工还帮助公社革新技术、修建厂房和安装机器,促进了公社工业的发展。如大伙巷公社地区内的九个工厂,决定把闲置的物资拿出来充实这个公社的杨庄分社剉锉车间的设备,公社也增加了人力,这样既可以满足工厂对于钢锉的需要,又可以发展公社的生产。

(袁英、潘促瑜、刘嘉珍)

东牲里公社依靠群众白手发家

（一九六〇年四月二十五日）

本报讯　当人们今天走进东牲里人民公社的生产车间，看到绝大多数社员都使用着各式各样的机器，很少看到手工操作的笨重劳动的时候，谁会想到不过在半年之前，这里的生产绝大部分还是手工操作，机械化的程度才到17%。当人们听说这个公社今年三月份的工业产值达到四百三十五万元，在全市的公社工业中占首位，他们的产品达到三百多种，和本市、外埠一百五十多个工厂建立加工关系的时候，谁会想到不过在两年之前，这里的街道生产还是一片空白；今天的具有相当规模的生产，是两年前的只有四个工人，一间破房，一口旧缸的一个烈军属生产组发展起来的。正是他们，普通的职工家属和街道居民，沿着党指引的方向，自力更生，白手成家，大闹技术革命，为人民公社的进一步巩固和发展打下了有力的基础。

走自力更生的道路

东牲里人民公社是今年三月底成立的，共有社员三万二千多人，参加工业生产的有七千五百多人。一九五八年五月，原东牲里街的居民积极分子张永祥等四个人，在街办事处的支持下，成立了烈军属生产自救组。他们找了几根竹竿，利用一个大院子里的旧墙壁搭起"厂房"，又借了一口旧缸，几根铁棍，就搞起化铝灰的生产来。后来，街办事处根据生产大跃进的形势和广大居民的要求，迅速在全街成立了许多生产服务合作社，扩大了生产规模，到去年六、七月间，月产值已经达到七、八十万元。一九五九年，全市工业生产继续大跃进的新形势对街道工业提出了更多的协作要求，同时，许多大工厂转向生产高级、精密产品以后，许多日用小商品的生产也迫切需要安排。怎样把生产大大提高一步，在社会主义建设事业中更好地发挥大工业的助手作用，就成为街道工业亟须解决的问题。个别干部和社员认为街道工业"家底薄"，要完成更多的任务，就得国家拨给机器。但是，绝大多数社员在街道党委的教育下，选择了自力更生的道路。他们响应党的号召，积极开展技术革新和技术革命，用大搞机械化和半机械化的办法，摆脱手工操作的落后面貌，让生产插翅高飞。

这个街参加工业生产的社员们，绝大多数原来都是家庭妇女，他们技术水平很低，也没有多少文化，可是，他们有一股迫切摆脱生产落后面貌的强烈愿望。烈军属综合加工厂的社员苗学宽，看到用手工切钢劳动强度很大，产量又低，就决心制造机器来代替人工，他苦钻苦研，和社员们一道奋战，制成了一台电力切钢机，代替了手工操作，生产效率提高了三倍。苗学宽创造切钢机的事实证明，只要有十足的革命干劲和钻劲，技术能力不高也完全可以搞革新。街党委及时召开了现场会议，大张旗鼓地宣传介绍苗学宽创造切钢机的先进事迹，进一步激发了广大社员敢想敢干的共产主义风格，迅速出现了人人动脑筋、个个闹革新的生动局面。许多厂、社都成立了有领导干部、老师傅和一般社员参加的"三结合"技术革新委员会，发扬集体智慧大搞革新，有些社员也自动结合起来研究提出革新建议，有些厂、社采取了师傅带徒弟的形式来搞革新。碰到一些技术上的重大困难，社员们就到大工厂去"取经""学艺"。不少女社员的爱人在大工厂工作。她们回到家里，就积极争取爱人帮助研究革新建议。许多地方流传着"夫妻携手闹革新"的佳话。广开后街生产社电焊条车间的女社员孙士琴，在爱人的帮助下，设计出一种切丝机，可以代替平丝、切丝两道工序的手工操作，生产效率提高了十倍。广大社员越想越敢想，越干越敢干，革新建议大量涌现。去年第四季度社员们共提出革新建议一万五千多件，比第三季度猛增一倍半，今年第一季度更上升到两万三千多件。那种认为"就凭这些人还想搞什么革新？"的保守思想，早已被技术革命的洪流冲得无影无踪了。

"土"法上马,大显神通

这个街的生产是因陋就简地举办起来的。到去年第三季度,全街才有一百多台陈旧的机器。这些"破烂"机器完成生产任务还有困难,哪里能再抽出力量去实现成千上万件机械化、半机械化方面的革新建议呢?街党委考虑到如果采取"洋"法来搞机械化,机器设备、原料、材料等方面的问题都不好解决,技术水平很低的广大社员也插不上手,唯一的办法是继续坚持自力更生的方针,土办法上马,大搞简易设备。十间房生产社从废品公司买了一些废轮废轴,自己加工制造电锤,只花了一百多元就使锻打工人放下了大锤。设备简陋的宝龙巷生产社翻砂车间,学习了造纸机械厂翻砂机械化的经验,从一些废旧物资里找了一些零件加了工,只用了四天的时间,就实现了筛砂机、上料机、电锤等五项革新。先进厂、社大搞设备,给广大社员作出了榜样。于是人人奋勇,个个争先,迅速掀起了大搞土设备的高潮。社员们热情洋溢,白天搞生产,晚上大搞机械化,没有钢材用木材,没有车床做零件就用手工锉,废品公司的废轮、废轴都变成了"宝贝",仅今年第一季度这个街就自制和改造了土设备四百多台,全社现在共有机器设备六百七十二台了。

不断革命,逐步提高

在大搞机械化、半机械化的过程中,广大社员贯彻了不断革命的精神,一方面制造新设备,一方面继续研究改进旧设备,使原有的革新由小到大,由低到高,日趋完善。皮件制造厂最初生产皮线时,是人工用榔头和塝子来砸,在技术革命运动中,社员们创造了一种工具,产量提高了两倍多;接着,社员们又制造了一种模具,利用手捣子来生产,效率又提高了一步;后来,社员们又把手捣子改为自动电捣子,使产量比手工砸时提高了二十三倍。这个厂过去只有一台电捣子和几台手捣子,通过大搞机械化,社员们一共改装和制造了立铣、电钻、修口机、片皮机等五十多台机器设备,使全厂一百五十多名生产工人除去包装工等十三名外,全部使用机器生产,基本上实现了机械化和半机械化。

最近,随着人民公社的成立,在全民性的技术革命大风暴里,社员们大搞机械化的劲头更足了。他们以铸工、锻工、钳工、木工四大工种和缝纫、木器、黑白铁、五金制品等行业为重点,展开了突击战役。为了加速实现机械化,公社拨出了一个翻砂车间、一个机床车间,并且抽调了七十多个技术较高的社员,建立了一个修配制造厂,专门帮助各厂、社实现重大革新项目。四月份上、中旬,社员们又提出了四千八百多项革新建议,已经实现了八百九十多项。目前,四大工种已经基本上摆脱了笨重劳动,从月初到现在又有十个车间基本上实现了机械化和半机械化,并且增加了二十六种新产品。

生产翻番 质量提高 品种增加

东牲里的社员们大闹技术革新和技术革命,大搞机械化、半机械化,只不过半年多的时间,可是技术革命的果实已经累累满枝。过去,绝大部分生产要靠手工操作,劳动强度大,生产效率低,如今集中生产的工厂和车间笨重劳动已经接近消灭了,翻砂实现了机械化,锻打工人放下了大锤,下料、切钢、平丝、锯木都用上了机器,生产成绩不断翻新。今年三月份,这个公社的产值相当于大闹技术革命以前的去年八月份的四点二倍。劳动生产率也有了显著的提高,第一季度比去年上半年的水平提高了四倍多。技术大革命,也促进了产品质量的大提高。白铁加工厂过去加工马达上的矽钢片,用手工冲眼,废品率常常达到10%以上,现在改为电力自动冲眼,已经基本上消灭了废品,生产实现了机械化、半机械化,也为增加品种创造了有利条件,许多厂、社积极抽出人工、设备来,试制新产品,供应市场的需要。去年上半年这个街只生产一百六十九种产品,现在已经达到三百〇五种。在这些产品中,有为本市及武汉、太原、呼和浩特等城市大工业服务的铜、铝、铁铸件,焊条、磷铜板、绝缘板、钢丝绳、金刚砂、钨酸钠、锉刀等;有为人民生活服务的铁壶、刀、剪、皮便鞋、毛巾、手套、书桌、立柜、木盆、水桶等,其中供应市场的小商品占一半以上。

（南开区委通讯组）

就地取材 发展公社生产

下瓦房公社利用废料大量生产小商品供应人民需要

（一九六〇年五月七日）

本报讯 充分利用废弃物资生产小商品,供应人民生活需要,是河西区下瓦房公社小商品生产的一个显著特点。他们积极贯彻社办工业"就地取材"的方针,大力搜寻城市各行各业的下脚料和废料,变无用为有用,千方百计地满足人民生活的需要,充分显示出市区人民公社社办工业物尽其用的优越性。目前,这个公社生产的日用小商品,从服装鞋帽到书包、袜底、自行车座套,以至扫帚、炊帚、锅算、竹衣架、线带、鞋眼、小钉子,共有六十八种。

解决原料问题,是发展小商品生产的关键。这个公社解决原料问题的最主要的方法是和一些工厂企业、商业部门挂钩,利用废料或下脚料作为原料。比如,从废品公司搜集来零碎硬布头、从各工厂搜集来破包皮布,作为布鞋底子的原料。有些废料或下脚料不能直接作为原料,就设法自己加工。他们把棉纺二厂擦机器用的废纱,加工处理以后,变成好纱,每天能织线带二百多斤。做炊帚要用铁丝,他们就从各工厂搜集来许多废钢丝绳,拆成了铁丝,用来绑炊帚。

广大社员开动脑筋,积极想办法,也是解决原料、节约原料的一个重要方面。比如,社员们在裁剪衣服和帽子时,用大小号套裁的方法,节约棉布,可以多出成品。社员们还把一些小块棉布拼在一起,绣上风景花卉,做成了很漂亮的小围裙,一点也看不出拼凑的痕迹。

人民生活中一些急需的小商品,不论是大批的,还是小宗的,他们都鼓足干劲,克服各种困难,努力完成。今年年初,棉帽和棉手套供应不足,这个公社立即搜集来大量的废棉,并且派出社员到弹花厂,边学边干,只用几天的时间,就加工成好棉，及时赶制出四万打棉帽和棉手套。在今年灯节前，社员们为了赶制一批小灯笼，她们就搜集来很多小块玻璃和破铁片，不会焊铁片，就跑到修配服务站去学，奋战十多天，制出一千五百个小灯笼。

　　在大量生产小商品的同时，这个公社还深入商业部门，深入群众，了解需要，不断地增加品种花样，提高产品质量，满足市民要求。人民公园分社的服装厂，专制童装。为了及时了解消费者的需要，车间主任和生产小组长，经常到和他们订立包销合同的服装门市部去帮助售货，根据顾客意见，及时增添品种，改进样式，很受顾客欢迎。目前，这个厂生产的童装品种已有三十多种，共有三百多种花样。服装门市部也派人经常深入车间，指导生产技术，检查产品质量，使产品质量不断提高。公社制鞋厂的工人还成立了样品设计小组，她们利用业余时间，经常到劝业场、小白楼一带，去观摩各大鞋店的新样式，研究改进制鞋的样式，并且还经常征求街坊邻居的意见。

方向明确 大鼓干劲 协作各方 猛追先进

小关大街公社生产阔步前进

三、四两月产值超过去年全年产值

（一九六〇年五月七日）

本报讯 河北区小关大街人民公社抓住人民公社运动的大好形势，鼓足干劲，大搞群众运动，狠抓生产，坚持正确的生产方向，使生产直线上升，三月份产值由二月份的一百四十六万元增加到二百二十三万元，四月份又增加到三百多万元，两个月的产值超过了一九五九年的全年产值。同时，生产品种增加，公社工业机械化半机械化程度和劳动效率也有了显著的提高。

市场需要什么就生产什么

在人民公社运动中，广大社员热情十分高涨，小关大街公社党委抓住这一有利时机，因势利导，把广大群众的热情引导到生产方面来。公社党委在大抓生产中，认真贯彻了公社工业为大工业服务，为农业生产服务，为人民生活需要服务，为出口服务的方针，经常研究公社的生产方向，在制定公社工业发展规划，安排公社生产时，首先征求商业部门和国营工厂的意见。这个公社在三月二十五日建社以来，已和五金交电公司、自行车工具商店、钢铁商店、医药站和文化站以及公社地区内的国营工厂举行了三次协作会议，建立了经常的联系制度，并讨论了协作内容和具体措施。公社根据商业部门、国营工厂的要求，具体安排公社工业生产，市场需要什么就生产什么，大工业需要什么就生产什么，现在有十五种产品已经纳入国家计划。在安排生产中，他们首先考虑市场需要,不单纯追求利润,不怕困难,只要是市场急需的商品,即使暂时赔钱,他们也积极生产。为了满足大工业和商业部门的需要,公社还千方百计攻克设备、技术关,生产技术比较复杂的产品,使公社工业进一步当好大工业的助手,真正起到了"拾遗补缺"的作用。公社成立以来,已增加了三十五种新品种,其中自行车零件、滑车以及日用小商品手帕、毛巾、鞋眼、斧子、剪子、铁钩等,都是市场急需的产品。有些产品原来是大工业产品,公社组织了这方面的生产后,就使大工厂腾出手来生产更多的高级产品,促进了这些单位的生产。

小关大街人民公社千方百计为大工业服务,为人民生活需要服务,在商业部门、国营工厂中信誉很好,生产门路越走越宽,在技术、设备以及原料等方面,得到了各部门的有力支援,使生产日益巩固和发展。

根据需要调整生产

为了更好地贯彻公社工业的生产方向,小关大街人民公社充分发挥了"一大二公"优越性,紧密围绕商业部门和国营工厂的需要,对一些生产单位进行了调整,该扩大的扩大,该加强的加强,生产同类型产品的单位适当合并,并新建和扩建了二十七个生产单位。这个公社一分社和二分社原来都有五金刃具生产小组,五金站提出市场需要更多的这类产品时,这两个小组合并了,增加了捣机等设备,产品由原来一种增加到六种。通过调整生产,使生产组织和各部门对口,使生产更好地适应了各部门的需要,也促进了公社工业的发展。如公社的五金车具厂、五金日用品制造厂是分别和自行车商店、五金站对口的生产单位,他们根据自行车商店和五金站的需要,安排了车梯子、车架子、铁卡子等产品及时投入生产,而他们生产中的某些设备不足的问题,也在商店的帮助下,得到了解决。

小关大街人民公社在扩大原有生产单位和建立新工厂的过程中,统一安排和调动人力、物力和财力,挖掘潜力,加强了一些迫切需要发展或生产基础较差的单位。这个公社在全面组织人民经济生活以后,新解放了一千七百多名劳动力,也及时作了安排,除了一部分在生活服务单位工作以外,都安排到劳动力不足或需要扩大的生产单位去。同时,公社还适应调剂了一些生产设备,根据市场和大工业需要,重点装备了食品加工厂、大兴纸袋厂和布轮厂等。

力争上游　猛赶先进

鼓足干劲,力争上游,是这个公社生产迅速发展的一个重要原因。在扩大生产组织,大力发展公社工业的同时,公社党委坚持政治挂帅,加强了对干部、社员的社会主义、共产主义教育,不断反右倾、鼓干劲,大搞群众运动,充分发挥了社员群众的积极性。小关大街某些干部曾经有过认为"生产已经差不多"的自满情绪。二月中旬,这个公社的一部分干部参观了北京市宣武区的公社和街道工业,北京公社和街道工业协作风格高,社员干劲足,使他们受到很大感动。党委就抓住这一时机,在全体干部、社员中进行了教育,批判了某些干部的自满情绪和保守思想,他们说:"过去咱们是鸡蛋壳里看问题,眼界太狭窄。"广大干部、社员受到了教育,进一步鼓足了干劲,广泛开展了学、赶、超竞赛活动,提出要争第一、赶第一,"哪儿好就到哪儿去学习,谁先进就赶谁"的口号,迅速掀起了生产高潮。公社食品加工厂生产搞得好,社员们人人献计、个个革新,仅仅半月时间就使机械化半机械化程度由30%提高到70%,产值产量迅速增加。这时,公社的鞋帽、缝纫、化学、五金等生产单位社员就掀起了学习食品加工厂的热潮。印花厂社员发扬了冲天的干劲、发挥集体力量,短时期内创造了用感光版代替木版印花的技术,改进操作规程,日产量由三百五十打迅速提高到五百六十打。各生产单位社员热情高涨,学赶先进蔚然成风。最近,这个公社又提出学"东甡里"、赶"东甡里"的口号,订出了向机械化、半机械化、自动化、半自动化进军的跃进指标。五金车具厂学习东甡里烈军属综合加工厂切钢车间的经验,奋战一夜,就把人力切钢机改造成电力切钢机,产量增加了两倍。

在四月大捷的基础上,小关大街人民公社乘胜前进,掀起了更大的生产高潮。敬爱的领袖毛主席和天津人民一起欢度"五一"节,极大地鼓舞了全体社员,纷纷表示要以出色的成绩报答毛主席,"五一"节后生产连连告捷,实现了开门红、日日红。

（李再道）

方向对头　大干特干

（一九六〇年五月七日）

小关大街人民公社在建社过程中和公社诞生以后,社办工业生产迅速发展,三、四两个月的产值就超过了去年一年。这一方面显示了新生的人民公社的强大生命力,同时也是他们紧紧抓住发展生产这一中心环节,抓得及时、抓得好的结果。

小关大街人民公社抓生产抓得好,好在哪里? 概括起来说,就是:方向对头,干劲十足,措施有效。

"市场需要什么,大工业需要什么,就生产什么。不赚钱也干。"这是小关大街人民公社党委提出的响亮口号。这不仅仅是一个生产品种的安排问题,同时也是公社工业的生产方向问题。大家知道,人民公社的生产是社会主义性质的,生产的目的是为了国家建设和人民生活的需要。因此,它在考虑和安排生产的时候,就应当首先考虑到社会的需要和大工业发展的要求,而不能片面地单纯地追求利润和产值。这正是社会主义企业和资本主义企业的根本区别。大跃进以来,天津市的公社(街道)工业认真地贯彻执行了为大工业服务、为农业生产服务、为人民生活需要服务、为出口服务的方针,得到了迅速的发展,在国民经济中发挥了相当大的作用。但是,也还有少数公社的生产单位,在执行这一方针上,还不够积极、自觉。他们在安排生产的时候,只愿意生产赚钱多的产品,不愿意生产赚钱少的产品;对生产产值大的产品比较积极,对零星的、产值小的产品就不大积极。这样做,既不完全符合国家建设的要求,也不利于公社工业的健康发展。小关大街人民公社坚持市场需要什么,大工业需要什么,就生产什么的方向,即使有的产品暂时赔一点钱,也要积极生产。这种精神,是值得大大提倡的。

公社生产要从市场和大工业的需要出发,而不要片面地追求产值和利润,这并不等于说,提高产值就不重要,也不是说,可以根本不去考虑利润。问题只在于,增加产值,增加积累,都必须服从公社工业生产的根本目的。而且,小关大街的事实告诉我们,只有坚决执行为大工业服务、为农业生产服务、为人民生活需要服务、为出口服务的方针,公社生产才能得到迅速的健康的发展,产值才会越来越大,积累也会越来越多。这是因为,认真地为大工业服务、为人民生活需要服务,做到需要什么就生产什么,把公社的生产和国家建设、人民生活紧密地结合起来,公社生产就一定会得到各方面的关怀和支援。这样,产品不愁没有销路,原料、设备、技术问题也比较容易解决,生产的门路就会越来越宽,生产就能迅速地发展。而所谓赔钱的产品,究竟不过是个别的、暂时的,所以随着整个生产的发展,公社的积累也就必然会增加。相反地,离开了正确的方向去片面地追求产值,追求利润,即使暂时多得一些产值和利润,但最后必然是门路越来越窄,结果适得其反。

有正确的方向,是最主要的。但是,在明确了方向之后,到底是小手小脚,按部就班地去做,还是放手发动群众,大干特干? 这也是必须解决的问题。小关大街人民公社生产所以能上去得这么快,一个重要的原因,就是由于他们鼓足干劲,力争上游,乘人民公社运动之风,放手发动群众,大干特干。他们彻底地批判了某些干部中觉得"生产搞得差不多了"的自满情绪和认为生产再提高困难很多的保守思想,教育广大干部和社员放开眼光,立下雄心大志,大干特干,哪儿好就到哪儿学习,谁先进就赶谁。这样,就使困难迎刃而解,生产步步高升。

小关大街的事实说明,市区公社工业发展的潜力是非常大的。目前小商品需要大量增产,农业生产资料需要很多,大工厂企业的加工任务很大,而且大工业有些产品还要交给公社生产,公社的成立,又为生产的发展提供了极为有利的条件。所以,人民公社的生产绝不是已经"到了头",而是前途无量,大有可为。市区各个人民公社的党组织都应当抓紧有利时机,加强领导,大鼓干劲,大反右倾,树立雄心壮志,放手发动群众,大抓生产,大干特干。同时,要采取有效的措施,搞好与大工业、商业部门的协作,根据市场的需要,有计划有步骤地调整生产;统一调动人力、资金、设备;本着因陋就简、勤俭办社的精神,新建和扩建工厂、车间等,以便充分发挥人民公社"一大二公"的优越性,使生产得到更快的增长。在这些方面,小关大街人民公社的做法也是值得重视的。

随着市区人民公社的普遍建立,人民公社运动已经进入了巩固提高和发展的新阶段。人民公社运动大大地鼓舞了广大社员群众的政治热情,形势十分良好。新成立的人民公社一定要抓住大好时机,乘胜前进。要像小关大街人民公社那样,坚持正确方向,力争上游,力争高速度。这样,我们可以预期,在不太长的时间内,我市人民公社的生产面貌,必将迅速改变,新生的人民公社一定会越办越好。

妇女彻底解放的广阔道路

中共甘肃路人民公社委员会书记　张明德

（一九六〇年五月七日）

一九五八年建设社会主义总路线的公布，调动了一切积极因素，带来了工农业生产的大跃进，创造了人民公社这一崭新的组织形式。人民公社的成立，为广大妇女开辟了彻底解放的广阔道路。

甘肃路人民公社是在一九五八年八月成立的。公社一建立，就把发展生产作为首要任务。根据穷干苦干、白手起家、依靠群众、自力更生的精神，公社的生产组织由建立初期的二十九个生产小组发展到一百〇六个工厂和车间，由没有一台像样的机器，发展到拥有各种机器七百多台，产品由二十多种发展为一百八十多种。随着生产的发展，一年来，已有三千多位家庭妇女参加了公社生产。

广大妇女普遍参加社会劳动，这是妇女彻底解放的一个最重要的标志。为了保证妇女参加社会劳动，对原来妇女所从事的家务劳动，如做饭、带孩子等，必须有所安排，必须实现家务劳动社会化。现在，全公社已建立起公共食堂一百九十五个，幼儿园、托儿所和互助托儿组织一百四十六个，各种类型的生活服务组织三百四十九个，这样就解决了广大妇女参加生产与料理家务的矛盾，使她们无牵无挂地走上了生产岗位，实现了她们迫切要求为社会主义建设贡献自己一切力量的愿望。她们写道：

> 常言幸福在天堂，如今天堂在地上。
>
> 人民公社建立起，妇女个个喜洋洋。
>
> 过去围着锅台转，家务琐事忙又忙。

妇女本是半边天，多少智慧被埋藏。

集体生活组织起，妇女得到大解放。

永远感谢毛主席，永远跟着共产党。

广大妇女参加了社会劳动以后，多少年来被埋没在家务琐事中的聪明和智慧，得到了充分的发挥。新参加生产的妇女，在党的领导和教育下，在人民公社这个崭新的大家庭的集体劳动中，破除迷信，解放思想，发扬了敢想敢干的共产主义风格，在生产劳动中做出了巨大的成绩。光在工业生产上，妇女社员就占95%以上。光耀分社弹簧厂创始人伊香春和毕玉琴是一九五八年刚摆脱家务劳动，参加社会生产的妇女。开头，她们的生产工具只有一条钉上一根火筷子和一块三角铁的旧板凳，厂房就是在四楼平台上用破被里支起的一座帐篷，但是，她们有雄心、有大志、有干劲，在党组织的领导和支持下，在公社的领导和各有关方面的支持下，经过她们的艰苦努力，大胆革新创造，不断改进工具，一年多来，这个工厂由一条破板凳到木把手摇机、牙轮机，到现在有了两台马达带动的四台缠簧机、两台单机自动捣子，由生产一种产品到生产四十多种产品，由两个人发展到三个车间，三十二人，每月产值达三万元。这个厂生产的四十多种弹簧，支援了全国许多省市汽车、拖拉机和无线电生产的需要。长春第一汽车制造厂出产的解放牌汽车上用的弹簧，就有这个厂子的产品。

广大妇女参加了建设社会主义的各项劳动，为国家创造了巨大的财富，也大大提高了妇女在政治上、社会上和家庭里的地位，改变了社会上的观感。在甘肃路人民公社新参加劳动的妇女中，一年来，涌现出先进工作者和红旗手三百三十五人。全社担任分社社委以上领导干部的妇女有一百六十五人。在家庭地位上，由于妇女参加了生产，家庭和夫妇生活内容也有了新的变化。过去那种丈夫在社会上劳动，妻子操持家务，一个想国家大事，一个想家庭琐事，生活在一块、话说不到一起的现象已开始扭转。光耀分社的毕玉琴，下班后和丈夫一起研究改进生产工具，伊香春的丈夫是会计，回家后，两人共同研究如何管理生产，建立账目，因为有了共同的语言，家庭生活更加亲密，彼此更加敬爱。

实现家务劳动社会化,不但把妇女劳动力从家务劳动中解放出来,而且把妇女的思想从个体家庭中解放出来。她们从集体劳动和集体生活中,更进一步认识了社会主义制度的无比优越,共产主义理想的无限美好,因而社会主义、共产主义觉悟大大提高,共产主义风格大大发扬。如去年年底,宏伟分社化工车间决定在二十九日放假,当她们听说协作单位协丰化学厂还没完成全年计划的时候,为了更好地为大工业服务,组长许凤芝等就主动向社领导要求新年不休假,支援协丰化学厂完成计划。东方红分社托儿所收下了一个骨瘦如柴的乳婴,母亲因病住医院,不能给孩子喂奶,这个孩子又不吃牛奶,托儿所的保育员葛淑萍、张淑云就轮流把自己的奶喂了这个孩子,而把牛奶喂自己的孩子。这是多么高贵的共产主义精神!只有在社会主义社会、在集体生活中,才能产生出这样伟大的风格。同时,广大妇女在摆脱了繁琐的家务以后,更多地获得了听报告、学时事、学习技术和参加各种讲座听讲的机会,许多人由不懂技术变成了技术工人和革新能手,许多"睁眼瞎"变成能看书看报,能学习毛主席著作。

这一切都说明了市区人民公社为广大妇女开拓了彻底解放的道路。广大家庭妇女像激流一样,从多少年被压抑在家庭小天地中突围出来,循着建设社会主义的大道奔腾前进。一年,也仅仅是一年的时间,她们就在人民公社的事业中发挥了巨大的光和热。

城市人民公社光芒万丈

郭茂桐代表的发言

（一九六〇年五月二十九日）

　　天津市市区人民公社经过一年多来的积极试办和准备，到今年四月下旬，已普遍建立起来。现在，市区人民公社已经进入巩固提高的新阶段。

　　城市人民公社同农村人民公社一样，是社会主义建设总路线和生产大跃进的产物，是人民群众普遍提高了共产主义觉悟的结果，是历史发展的必然趋势。一九五八年以来，我市和全国各地一样，在全民整风运动胜利的基础上，在总路线、大跃进、人民公社三面红旗的光辉照耀下，各项工作都出现了跃进的局面。城市生产建设的飞跃发展，迫切需要更多的人参加各项社会主义建设事业，同时，广大职工家属和街道居民，在党的领导下，思想觉悟大大提高，迫切要求从繁琐的家务劳动中解放出来，为社会主义建设服务。根据这种形势，党为居民群众指出了组织起来，实现生产集体化和生活集体化的方向，各个街道普遍建立了生产服务合作社。这种生产服务合作社，实际上是城市人民公社的雏形。在毛主席提出"人民公社好"的伟大号召以后，农村人民公社运动更加蓬勃发展，对城市人民发生了深刻的影响。一九五八年八、九月间，鸿顺里、兴安路、郭庄子等六个街的居民，就先后试办了我市第一批市区人民公社。街道工业、集体生活服务事业和卫生事业迅速发展，居民群众的组织程度越来越高，原来规模较小的生产服务合作社已不能很好地适应生产迅速发展的形势，同时，居民在参加生产劳动后，亲身体会到组织起来的好处，已经建立的市区人民公社所显示出的巨大优越性，也越来越强烈地吸引着广大劳动人民。在这种情况下，普遍建立起人民公社，加速发展生产，建设更加幸福的生活，已成为大势所趋，人心所向。因此，今年三月初，中共天津市委发出了广泛组织市区人民公社的号召,全市立即掀起了一个全民性的大办市区人民公社的热潮。职工群众在人民公社运动的鼓舞下,政治热情和劳动热情更加高涨,纷纷用实际行动庆贺人民公社的诞生。广大职工家属和劳动居民把建立人民公社看成是自己的大喜事,歌颂说:"旭日东升放光明,公社花开遍地红,万世千秋生活好,男女老幼喜盈盈"。在建社之日,人们戴红花,贴喜字,悬灯结彩,锣鼓喧天,热烈庆贺。在大办人民公社的鼓舞下,广大社员干劲倍增,掀起了大搞生产、生活服务和卫生事业的新高潮。一年多来的实践证明,人民公社这个新型的社会组织形式,不仅完全适合于大城市,而且它同农村人民公社一样,有着无比的优越性和巨大的生命力。

市区人民公社进一步挖掘了城市的潜力,发展了生产。公社工业本着依靠群众、因地制宜、就地取材、自力更生、勤俭办事业的方针,在国家计划指导下,积极发展加工生产和日用工业品的生产,为大工业服务、为人民生活服务、为农业生产服务、为出口服务,一年多来,有了很大的发展和提高。在公社工业中广泛深入地开展了以技术革新和技术革命为中心的增产节约运动,大搞机械化、半机械化、自动化、半自动化,大搞生产翻番,大搞综合利用,技术不断更新,生产蒸蒸日上。目前,全市市区公社工业生产单位已经发展到三千三百多个,参加生产的有十七万五千余人,其中约有百分之三十四的人为国营工厂、企业加工各种原料、半成品、成品和制造小型设备、工具等,有力地支援了大工厂生产;约有百分之四十的人利用边材、废料、废物制造日用工业品,产品各类繁多,生产能力很大,对满足市场需要起了重大作用,同时,也支援了大工业向"高、精、尖"进军;还有百分之二十六的人从事修配服务和为出口贸易服务,在全市范围内已经构成了一个以国营工业为主体、公社工业为助手、大中小型企业相结合的工业体系,有力地促进了国民经济的大发展、大跃进。市区人民公社推动了共产主义大协作,如:公社包工厂、企业的加工任务、短途运输和输送劳动力、办理职工生活事项等,工厂、企业等单位则帮助公社搞机械化,培训技术人才,支援边材、废料,帮助公社企业提高经营管理等,到处树立起了"一处困难,大家支援"的新风尚。共产主义大协作的加强,促进了公社各项事业的大跃进,各部门工作的大发展,人们的共产主义思想大提高。

人民公社是生产的统一组织者,也是生活的统一组织者。它在发展生产的同时,根据群众需要,按照全面安排、合理布局、以大带小的原则,以大办食堂为中心,大量举办了集体生活服务事业和文教卫生事业,全面地组织人民经济、文化生活。目前,全市城市人民公社共办起公共食堂九千八百多个,就餐人数达八十四万余人,连同机关、国营企业、学校举办的食堂共计一万三千五百多个,入餐人数达一百七十九万余人。托幼组织也有很大发展,入托儿童二十七万五千余人,连同机关、国营企业、学校举办的保育托儿机构,入托儿童达三十一万七千多人,占适龄儿童总数的54.06%。服务站四千八百多个,生活服务人员合计为七万余人。这些组织同国家办的、农村公社办的福利组织和服务组织相配合,已在全市范围内初步构成了一个以大型为骨干、中小型为主的食堂网、托儿网、缝洗网、服务修配网。一年多来,集体生活服务事业经过不断的整顿、巩固,在服务质量上也有很大提高。这一切都有利于发展生产,并使人们生活得更加美满。群众歌颂说:"妇女解放搞生产,福利事业大发展,男女双双上班去,一切家务管周全,幸福生活真是好,人民公社万万年"。市区人民公社还大力组织了人民文化生活。各个公社举办了大量的红专学校和学习班,实行半工半读制度,广泛组织社员参加政治、文化、技术学习。公社还发展了文化卫生事业,丰富了社员的文化生活,有组织地开展了医疗预防工作和除四害、讲卫生的群众运动。目前,全市市区人民公社已经建立文教卫生单位一千〇八十多个,并且正在逐步建立一个由小学到大学的业余教育网和由预防到医疗的卫生保健网。此外,人民公社还建立了敬老院,接纳无人赡养而自愿进院的老年人,欢度幸福的晚年。随着公社生产的不断发展,广大社员的物质、文化生活水平也有所提高。

城市人民公社使广大妇女,特别是家庭妇女走上了彻底解放的道路。目前,在公社参加劳动的二十四万四千余人中,妇女占百分之九十以上。她们从生产上、生活上高度地组织起来,变消费者为生产者,并且在生产和集体生活中受到锻炼,参加了政治、文化学习和社会活动,提高了思想觉悟和文化水平,更加提高了社会地位和在家庭中的地位,使得旧社会遗留下来的男尊女卑思想残余和家庭中的"家长制"残余迅速地彻底消除,同时,也改变了社会面貌和人们的精神面貌,所有这些,充分证明了:城市人民公社在发展生产、组织生活、加强人民的共产主义教育、彻底解放妇女、移风易俗等方面,发挥了巨大的作用,证明城市人民公社是彻底改造旧城市使之适合于现阶段的社会主义建设和未来的共产主义理想的重要工具。

当前,我市市区人民公社运动形势好得很。我们必须在党的领导下,以不断革命的精神,乘胜前进,把市区人民公社运动推向巩固提高的高潮,让新生的市区人民公社越办越好。为此,公社工业要进一步贯彻执行为大工业服务、为人民生活服务、为农业生产服务、为出口服务和因地制宜、就地取材、综合利用、自力更生、勤俭办事业的方针,深入、持久地开展以机械化、半机械化、自动化、半自动化为中心的技术革新和技术革命运动,发动群众本着先土后洋、土洋结合、自力更生的精神,在国家计划指导下,积极发展日用工业品生产和加工生产,使公社工业沿着正确的道路前进。在大力发展生产的同时,要根据积极办好、自愿参加的原则,继续以大办食堂为中心,积极发展和办好集体生活服务事业和卫生事业,更好更全面地组织人民经济、文化生活,提高家务劳动社会化、生活集体化的水平。各个公社要根据实际需要,按照全面安排、合理布局、以大带小的原则,进一步规划和发展集体生活服务事业,使食堂网、托儿网、缝洗网、服务修配网更加健全、更加完善起来,并且要切实加强管理,培训服务人员,大大提高服务质量和经营管理水平,使人们生活得更美满、更方便。在生活服务组织中,也要深入开展技术革新和技术革命运动,大搞炊具、用具改革,大搞机械化、半机械化,减轻服务人员的劳动强度,提高工作效率和质量。同时,要大力发展业余教育,继续推行半工半读,普及政治、文化、技术三结合的教育,掀起学习马列主义、毛主席著作的新高潮,提高社员的政治思想水平和科学文化水平;大力开展群众性的文娱体育活动,使社员的文化生活更加丰富多彩,积极发展卫生医疗事业,广泛开展爱国卫生运动,保护人民身体健康,增强人民体质。人民公社还应当坚决贯彻执行勤俭办社的方针,教育干部和社员厉行节约,发扬艰苦朴素的优良传统,群策群力,多快好省地办好公社的一切事业。我们坚信,城市人民公社这一新生事物,在党的英明领导下,在广大职工的积极赞助下,在全体社员的团结努力下,一定会不断地发展巩固和提高,一定会越办越好,进一步展示出它的光辉灿烂的美景,在社会主义建设和将来过渡到共产主义的伟大事业中发挥它越来越大的作用。

促进人民生活的集体化　加强城市人民公社建设

市委决定全面巩固提高城市公共食堂

要求各级党委和有关部门加强领导发动群众
掀起以巩固提高食堂为中心的"十好"红旗竞赛

（一九六〇年五月三十一日）

市委批示

各区委、市区公社党委,财贸各有关局党组:

市委同意人民经济生活委员会关于城市公共食堂情况和整顿意见的报告。报告中所提的各项意见是适当的,现在发给你们,希认真贯彻执行。在城市人民公社化高潮中,市区公共食堂有了空前的发展,各类型大小食堂达一万三千多个,入伙人数占全市城市人口总数的百分之六十以上,以大型为骨干、中小型为主体的食堂网已初步形成。这些食堂中,多数办得比较好,但是,有相当一部分尚不能适应人民群众的需要,在食堂的骨干力量上、民主管理和经营管理上、设备条件上还存在不少问题。随着夏季的到来,又将带来一些新的问题。因此,必须进行一次全面的、彻底的整顿,坚决把现有食堂加以巩固并提高到一个新的水平。这不仅为公共食堂的进一步发展打下巩固基础,而且对进一步促进人民生活集体化和加强城市人民公社的建设都具有极其重要的意义。为此,各区委、公社党委以及各有关部门,必须加强领导,统筹安排,充分发动群众,在全市范围内掀起以巩固提高为中心的"十好"红旗竞赛的群众运动。由区委统一组织得力干部,每个公社派一个工作队,每个分社派一个工作组,深入食堂,特别是抓住三类食堂、互助食堂和其他薄弱环节,逐社、逐个地、切实地大抓一个月,使百分之六十以上的食堂达到现有一类食堂的水平;消灭现有的三类食堂;对互助食堂,把应该保留的稳定下来,应该过渡为定型食堂的过渡为定型食堂。

中共天津市委

一九六〇年五月三十一日

附一：关于城市公共食堂情况和整顿意见的报告

市委人民经济生活委员会

（一九六〇年六月十日）

（一）

在城市公社化运动高潮中,我市城市公共食堂发展非常迅速,情况十分良好。全市早于四月初就基本上形成了以大型为骨干、中小型为主体的公共食堂网,四月以后,着重进行了巩固提高工作,各级领导都很重视,干部职工积极热情,在提高公共食堂的服务质量、改善经营管理水平等方面都已获得了显著的成效。

全市社办公共食堂,截至五月二十日,已达九千八百〇六个,入伙人员八十五万一千人,连同机关、企业、团体、学校食堂共有一万三千五百八十二个,入伙人员共一百七十九万人,占全市城市人口总数的 60.35%,与此同时,还建立了主食加工站四十七个。

社办的公共食堂中,现有两种:一种是公社、分社直接兴办的公共食堂,现有二千四百二十三个,入伙人员六十万六千人,占社办食堂入伙人数的 71%;另一种是,社员在自愿基础上组织起来的互助食堂,现有七千三百八十三个,入伙人员二十四万五千人,占社办食堂入伙人数的 29%。

公社直接兴办的公共食堂,其中五百人以上的大型食堂一百八十五个,百人左右到二、三百人的中小型食堂二千二百三十八个,一般都比较稳定。根据各区的分类排队,办得好的和比较好的一、二类食堂,占80%以上(其中一类食堂占25%左右);办得不够好的三类食堂,约占百分之十几到百分之二十。办得很好的食堂,一般已经具备了下列几个特点:(一)食堂的领导权巩固地掌握在可靠的劳动人民手里。食堂炊管人员多是街道的老积极分子,政治可靠,工作积极,群众关系好,对办好食堂忠心耿耿,热情很高,群众对食堂有了浓厚的感情。(二)坚持群众路线,实行民主管理。由公社的有关干部、食堂的炊管人员和入伙人员代表,组成民主管理委员会,定期召开会议,改进食堂工作,定期公布账目,接受群众监督。(三)有比较健全的管理制度。现金收支,油、粮、饭票,各项物资都有专人管理,收支有据,账目清楚。(四)服务质量好,能够适应多数群众的需要。一日三餐,有干有稀,饭菜花样多,主食分量足、质量好、价格公道、清洁卫生,售饭时间、服务方式灵活。对老、弱、病人、孕产妇、儿童也有适当照顾,使大多数群众满意,适合不同需要。(五)认真贯彻了勤俭办食堂的原则。实行了计划用粮和节约粮食的做饭方法,节约用粮、节约用煤炭,其他开支也能精打细算,厉行节约。(六)炊具改革有成绩,炊事员的劳动强度大为减轻,劳动效率比较高。

但是,有些社办的公共食堂,由于创办时间不长,经验不足,还存在一些问题,比方有的食堂领导力量比较薄弱,服务质量不够高,管理制度不够健全等等,需要及时解决。

(二)

根据上述情况,我们认为,必须在现有基础上,充分发动群众,大搞群众运动,对社办食堂进行一次全面的整顿,大战六月份,彻底解决现存的问题和夏季来临所带来的新问题,做到巩固一类食堂,提高二类食堂,消灭现有的三类食堂,并把不稳定的互助食堂有领导、有计划地过渡为公社、分社直接管理的定型食堂。为此,提出下列几点意见:

第一,关于整顿食堂的主要任务和要求。

1.坚决贯彻阶级路线,巩固地树立劳动人民领导优势,这是办好食堂的根本关键。食堂的炊管人员中一定要有骨干,其他人员也应是,一要人好,二要能干。

2. 走好群众路线，实行民主管理。食堂要有选举产生的民主管理委员会，由食堂主管人员、炊事人员代表、入伙人员代表参加，食堂的一切重大问题，要在上级规定的原则内，由管理委员会作出决定，在食堂内部要实行"两参一改"制度，领导干部跟班劳动，炊管人员参加管理，并且按时公布账目，亮明家底，接受群众监督。

3. 进一步充实服务内容，改进服务方式，提高服务质量。

服务质量高低，是否适应群众需要，是食堂好坏的主要标志。从当前情况看来，参加社办食堂的人绝大多数是参加社办生产、服务性劳动的社员及其家属和其他劳动人民，因此，按照这些劳动人民的劳动状况、收入水平、生活习惯，尽量适应他们的需要，应当成为当前充实服务内容、提高服务质量的中心环节，并在此基础上积极地逐步地满足其他阶层人民群众的多种多样的要求，根据这一指导方针，社办食堂必须做到下列各点：

（1）坚决做到每日要有三餐，每餐要有干有稀。（2）饭菜的品种、花样和质量要大众化，既要有改善生活的高档饭菜，更要有劳动人民日常生活中爱吃不贵的普通饭菜；既有份菜，也有合菜和小菜。（3）卖饭的时间既要有定时，又要有灵活性，尽量适应生产人员的需要。凡是登记入伙的人员，一定保证吃饭。（4）坚决采用节约粮食的做饭方法，计划用粮，节约用粮，节约煤炭，饭菜的分量要准确，价格要合理，使人们吃饱、吃省、吃好。（5）不能满足供应的食品，实行合理分配，按照统筹兼顾、合理安排的原则，使生产人员和非生产人员都要得到合理供应。（6）节日、假日有安排，对老人、病人、儿童有照顾，满足各项合理需要。（7）所有食堂一律代卖开水，并做到满足供应。

4. 建立与健全各项管理制度。

（1）财务管理制度。食堂实行公社、分社、食堂三级管理负责制，公社对食堂的财务管理以财务部为主，与生活福利部共同负责；分社要在公社领导下，有专人管理食堂财务；食堂本身要设立专职胜任的会计，不能设立专职会计的小型食堂要设联合会计，实行集中记账、分别核算的办法。食堂的会计人员不得随意调动。根据食堂大小和会计人员的水平，因地制宜地建立各项简易可行的账簿，做到收支有据，账款、账实、账账相符，并能日清旬结按月公布。食堂的各项开支，要厉行节约，手续清楚，开支必须经主管人员或有关上级批准。食堂各项资产要定期清理登记,并有健全的保管制度,饭菜要有简易成本核算,消耗不超过合理限度。

(2)入伙制度。入伙退伙均应实行登记,整伙、半伙、假日伙由入伙人自便,但入伙后须坚持经常,如有更改要重新登记,入伙人要遵守食堂管理制度。

5.加强安全卫生工作。食堂要有安全保卫和卫生检查人员,提高警惕,确保食堂安全。食堂卫生应以防病、防暑、防腐为中心,坚决消灭四害,添置必要的简易卫生设备,保证食品、炊具和食堂环境清洁卫生。炊事人员录用前必须经过体格检查,录用后也要定期进行体检,学习卫生知识,培养卫生习惯。

6.增添必需的设备,逐步建立家底。对于设备过于简陋、厨房太小、无处吃饭的食堂,要在因地制宜、厉行节约的原则下,适当扩充食堂设备,逐步建立起简易的饭厅,做到夏季能防暑、冬季能保暖。同时,还要从需要与可能出发,根据条件逐步地建立家底,像腌咸菜、晒干菜等,边缘地区有条件的还可以养猪、养鸡、养鸭、养鱼、种菜等,以改善伙食,巩固食堂。

7.继续开展技术革新和技术革命。重点放在消灭笨重体力劳动和手工操作方面,强调以土为主、土洋结合,防止过早地或过分地贪大求洋,一方面要发动炊管人员自己动手,一方面社办工业部门和财贸部门特别是饮食行业要给予有力的支援。

8.正确解决互助食堂的过渡问题。互助食堂和互助食堂中的入伙人数,在社办食堂中还占有不小的比重,在整顿巩固提高社办食堂时,对此必须予以足够的重视。根据甘肃路公社和南门西公社的调查,互助食堂约有三方面的优点:(1)都是同楼同院,人数较少,便于民主协商,吃饭方便,适合老少人员较多、不便远出入伙的家庭。(2)对节约人力物力也有一定作用。(3)有利于增强邻里团结互助,培养集体观念。但从多数看来,它有很大的局限性,一个炉灶分别做出多家的饭菜,麻烦很多,饭菜质量、劳动效率都不易提高,同时过于分散,缺乏骨干,不便于领导。整顿互助食堂的方针应是:坚持自愿,区别对待,对那些办得好,群众有需要、有要求仍愿坚持的,应予保留;对那些办得不够好,愿意转入定型食堂的,应该积极引导向定型食堂过渡,或者吸收他们参加现有的定型食堂。对保留下来的互助食堂,应视作社办食堂的组成部分,加强领导,经常进行团结互助的教育,帮助它们建立一些简易可行的制度,逐步增加集体成分。如有的食堂所采取的主食分别加工,副食采取包伙制度的办法,可以逐步推广。专职做饭人员的报酬也要恰当处理,可以采取两种办法:一种是在互助两利的原则下,经过协商,由被帮助的人给予少量的适当的补助;一种是由分社按家庭服务员给予适当贴补,并由分社向被帮助的人员收取一定的管理费用,总之要根据存在的实际问题,采取积极领导、积极帮助的办法,使他们不断地巩固提高。

9. 正确处理下列几个具体问题。

(1)收费标准问题。目前入伙人员应一律按月交纳管理费。管理费的标准一般以每月入伙金额的 5% 到 10% 左右为宜,不可过高也不宜不收。参加本社生产和服务劳动的社员,管理费由公社从福利金中代交,未参加本社生产劳动的社员及其家属和非社员,管理费由本人负担,生活有困难的应适当照顾。今后随着生产的发展,公社积累的增加和食堂管理水平的提高,收费标准可逐步降低。管理费由公社统一掌握作为食堂开支之用,不足部分由公社福利金中贴补。

(2)炊管人员工资标准问题。炊管人员应一律按月发放工资。工资标准应与公社生产人员相同。工资等级由各公社根据炊管人员的德才条件进行评定。

(3)炊事人员工时问题。炊事人员原则上应采取交叉上班制,工时不超过八小时,暂时不能实行的小型食堂,应积极创造条件,逐步实现。炊管人员的公休制度应与本社生产人员相同。

10. 加强领导,普遍推广书记下厨房、政治进食堂的领导制度。

公社、分社的干部和党团员一律要参加社办食堂,和群众同甘共苦,干部按照制度到食堂参加劳动,分工负责,对食堂进行具体帮助。健全公社和分社的领导机构和领导制度,公社、分社要建立生活福利委员会,领导生活福利工作,公社建立生活福利部,分社在生活委员领导下设立一至二名专职干部,主管食堂和其他生活福利的日常工作。财贸部门要进一步加强食堂的业务领导,各商业局、粮食局、财政局、银行等要按照业务分工一齐下手共同负责,基层商店要在地区商店统一领导下,结合业务特点,定点划片,分工负责,进行经常的具体帮助,同时基层财贸部门需要下放劳动锻炼的干部,可以下放到食堂,一方面进行劳动锻炼,一方面帮助食堂改进工作。

第二,关于加强与改进主食加工站的意见。

我市已建成机械化、半机械化主食加工站四十七个。根据公共食堂的需要,主食加工站的业务正在不断发展。为了加强对主食加工站的统一领导,不断地改进经营管理,充分发挥它在巩固与提高公共食堂中的积极作用,更加适应城市人民公社运动的新形势,提出如下意见:

1. 主食加工站的经营方针任务和规模。

经营方针应当是:(1)从群众需要出发,根据生产能力及管理水平,本着便利群众、有利节约的原则,有计划地加工各种普通主食品,供应周围公共食堂,以促进公共食堂的巩固提高和发展。(2)不断改进操作技术,实行粗粮细作,细粮精作,增加主食品种,提高主食质量,以适应群众需要,改善人民生活。(3)认真推广节约粮食方法,使群众得到实惠,节约粮食。

主食加工站的规模应根据便利生产、便利群众、便于管理、便于节约人力物力的原则适当设置,并对加工生产、储存保管、分配运送等各个环节统筹考虑。根据我市目前一般主食加工站的生产与经营水平,其规模一般以供应一、二千人或二、三千人所需要的普通主食为宜。随着生产能力及经营水平的提高,其规模还可逐步扩大。至于主食加工站生产的易于保管的较高级品种,则可根据需要与生产能力,适当生产。

2. 供应对象及供应方法。

主食加工站供应的对象,目前应以社办公共食堂、小型工厂企业、小学校和临时工地的伙食单位为主,有条件的可逐步供应其他较大的伙食单位。产品供应可采取定时、定点、自取和送货相结合的方法,逐步实行全部送货制。在供应工作中尽量减少中转环节,以保证产品质量并节约人力、费用。

3. 内部组织设置及管理制度。

(1)为了加强党的领导,各加工站应单独建立党支部,设专职书记,实行党委制。(2)行政管理机构应本着精简原则,一般应设站长和副站长,根据生产和经营的需要,设立人事保卫、加工生产、业务管理、财务计划四员,分管各项业务。(3)加工站的管理人员和生产人员必须选择那些政治可靠、身体健康、讲究卫生的人担任。(4)各站应普遍建立起生产管理、财务核算、安全保卫、卫生检验等管理制度,并实行"三参一改"的民主管理方法,领导和行政管理人员参加劳动,职工参加管理,各食堂代表参加监督,及时听取群众意见,不断改进工作。(5)主食加工站均为单独核算单位。核定加工费和食品价格以不超过食堂自制的主食价格为原则。目前有些加工站因管理水平较低,生产能力未全部发挥而稍有亏损,可由粮食部门暂时贴补(社办的由公社贴补)。今后随着生产和经营水平的不断提高,逐步实现不赔钱,也不赚钱。

(三)

为了实现上述要求,要在全市范围内立即开展一个"十好"红旗竞赛运动。这十好是:饭菜质量好、服务方式好、勤俭节约好、计划用粮好、民主管理好、安全卫生好、技术革新好、财务管理好、建立家底好、学习团结好。务求运动迅速、广泛、深入地开展起来,大干一个月,到"七一",要求一类食堂达到60%以上,消灭现有三类食堂。为此:

1. 各级党委要实行书记挂帅,层层发动群众,大搞宣传,要将"十好"竞赛内容做到家喻户晓,堂堂皆知,广泛组织食堂与食堂、分社与分社、公社与公社、区与区之间挑战比武,"对口"、"对手",相互挂钩,展开竞赛。各级领导要抓两头带中间,培养先进,树立典型,召开现场会议,实地观摩,交流经验,造成学先进、赶先进、超先进、帮后进的热潮。

2. 为了加强对运动的领导,区委、公社党委要领导亲自出马,以生活办公室为主力,抽调公社、财贸、工会、妇联、文教、卫生等部门的有关干部组成突击工作队(组),深入食堂,特别是三类食堂、互助食堂和其他薄弱环节,进行突击帮助。从加强领导、充实骨干、依靠群众、建立与健全民主管理入手,帮助建立各种必要的制度,解决存在的问题,切实负责到底。

3. 在"七一"前后,开展一次全市性的食堂工作大检查、大评比。各区、公社、分社要层层检查评比,广树标兵、遍插红旗,各个地区、各类食堂都广泛树立起先进的榜样。全市要召开一次评选比武大会,总结交流经验,宣布一批先进食堂和先进炊管人员,给予荣誉奖励,巩固成绩,以便掀起新的竞赛高潮,把公共食堂工作推向一个新的水平。

附二：关于建立与健全社办公共食堂财务管理制度的几项意见

市委人民经济生活委员会

（一九六〇年六月十日）

一、健全食堂财务管理机构，明确职责范围

公社公共食堂的财务管理，应当在公社党委统一领导下，实行公社、分社、食堂三级管理负责制。公社以财务计划部为主，结合生活福利部，共同负责；分社建立生活福利组，指定专人负责专管食堂工作；食堂应视具体条件设置专职或兼职财会人员掌握食堂的财会工作。大型食堂一般应有专人管钱管账，中、小型食堂可以建立联合会计，在分社范围内，实行统一领导、以大带小、集中记账、分别核算的办法。三级管理的职责范围是：

公社：(1)制定公社食堂财务管理制度，并组织推动各食堂贯彻执行；(2)统筹印制各食堂饭菜票；(3)审查批准分社关于食堂经营成果的综合报告，指导分社处理食堂财务管理工作中存在的问题；(4)审查批准公社直属食堂财务收支计划执行情况；(5)培训食堂财务会计人员。

分社：(1)审查批准分社所属食堂的财务收支计划，并按季分月综合编制分社所属食堂的财务收支计划和月、季财务结算；(2)认真贯彻食堂财务管理制度，监督检查分社所属食堂财务收支计划的执行情况；(3)负责处理分社所属食堂财务管理工作中存在的问题，并按月将食堂经营成果，向公社提出书面报告；(4)统一向公社领取饭菜票，分发所属各食堂发售，监督检查各食堂饭菜票、粮票、油票等使用情况；(5)辅导分社所属食堂的财务管理工作，不断提高食堂财务人员业务水平。

食堂：(1)按季分月编制食堂财务收支计划，报分社生活福利组批准执行；(2)每月作出财务收支结算表，通过民主管理委员会审查后，向社员公布，并报分社生活福利组备核；(3)做好食堂饭菜票的领用、发售、收回、结存及粮、油票的收付登记工作；(4)保管维修食堂各项财产；(5)做好粮、油、菜、调料、主副食等进、产、销、存的登记保管工作;(6)进行各项主副食的成本核算;(7)认真执行食堂财务管理制度。

二、建立与健全食堂财务管理制度

(1)各食堂一律要实行饭菜票制度,饭菜票的印制权属于公社。各食堂应当在饭菜票上加盖本食堂的图章后发售,严格禁止赊售。各食堂之间,不得通用。公社、分社、食堂都应当建立相应的收发领销制度,要求做到印制有数、领用有数、发出有数、回收有数、结存有数,分类登记,日清月结,票实相符。

(2)健全食堂财产保管制度。食堂的固定资产,应当进行一次清理登记,对支援物资和借用物资应当专账记载,并指定专人负责保管定期清点。食堂的低值易耗品也应进行登记保管,节约使用。

食堂各项购置费,应当事先编入财务计划。未列入计划的临时性购置,各公社应根据具体情况制定一个开支批准权限。

食堂对于粮、油、菜、调料、副食等的进、产、销、存必须建立检查、验收、登记制,做到账实相符,利于核算。

(3)食堂必须实行会计核算制度,做到日清月结,按月考核经营成果。月末盘点,月初转账,并作出结算表。各食堂应根据实际情况制定粮油消耗,燃料、费用等定额指标,认真推行饭菜成本核算。

公社食堂财务应当实行"钱事分管"。目前暂不能实行"钱事分管"的,要积极创造条件,逐步实行。

食堂的现金每日除留适当数量的备用金外,必须全部存入银行,以保证资金安全,合理使用。

食堂的一切财务收支,都应当有凭有据,一般不得使用白条列支。

(4)建立健全账簿。各食堂必须根据实际条件,本着简易清楚的精神,设置必要的账簿。一般的大型食堂应当设置现金日记账,粮、油、菜、调料、副食等科目分类账,发售、收回主副食代用券分类登记簿,固定资产及低值易耗品分类账,收支平衡表,损益计算表等。中小型食堂不单独设账的单位,可建立现金收付登记卡片,饭菜票领用、发售、收回、结存登记卡片,粮、油票收付登记卡片(或以表代卡),报送联合会计,凭以记账。

下瓦房人民公社在工厂宿舍兴办服务事业促进生产

包下单身职工生活事务

（一九六〇年六月十二日）

本报讯 本市河西区下瓦房人民公社,在一些工厂的单身职工宿舍里,设立生活服务组织,把单身职工的拆洗衣被、缝补鞋袜、打扫宿舍卫生等生活事务包下来,使他们集中精力专心生产。这个办法受到了这些职工欢迎,并且促进了生产跃进。

下瓦房人民公社组织单身职工生活,主要是针对单身职工的需要,采取和各工厂合作的办法进行的。事先,公社了解到大部分单身职工因为拆洗衣被、缝补鞋袜和办理其它生活琐事,占去许多时间,影响学习和休息。于是,公社就确定了在天津国棉二厂、天津印刷厂、天津罐头厂等三个大工厂的三个单身职工宿舍（这些宿舍共住有二千五百多名职工）内设立了生活服务组织,由工厂负责按照单身职工上班的班次,把住宿房间进行了调整,公社负责统一抽调生活福利部门和南华里副食品商店的人员,组织了生活服务指导站,根据单身职工的需要开展各项服务工作。

下瓦房人民公社在各个单身职工宿舍里,设立的服务项目多种多样。有服务部、小卖部、拆洗部、理发部和保健室等。在这三个单身职工宿舍服务的三十六名服务员,态度和蔼热情,对职工们生活照顾得很周到。在工作当中,她们不怕脏不怕累,几天之内就把单身职工宿舍打扫得窗明几净,替单身职工拆洗、缝补好了大量的被褥和鞋袜。有的职工生了病,她们更是关心备至,人民印刷厂工人高振亮患感冒,服务员就替他请医生,为他做面汤,问寒问暖。在过去,宿舍里没有开水,每个人上班要带着暖壶,下班后灌了水再带回来。现在职工们在宿舍随时都能喝到开水了。服务员们还替单身职工们"管家",

如代替职工送信、汇款、订阅书报、代购零星日用品等，职工们在上班前，都把房门钥匙交给她们，真是亲如一家人。

这几个工厂的单身职工宿舍的生活服务事业组织起来以后，职工生活起了新的变化。每一幢宿舍大楼，从房屋到院落的环境卫生，都变得面貌一新。服务员们在许多房间里还摆放了各种盆花，走廊里、小卖部、图书室到处装饰着各种美丽的画片、剪纸，使职工们在一天辛勤劳动之后，走进宿舍，就格外地感到清爽、舒畅。单身职工们生活事务的负担解除了，进一步做到了有劳有逸。许多职工都有了足够的时间进行学习。国棉二厂的单身职工宿舍里，有一百多人最近组成了四个理论学习组，钻研毛主席著作，不断提高理论水平。单身职工生活安排得妥妥帖帖，还大大地鼓舞了职工的干劲，促进了生产。

从家务劳动到社会劳动

沛　德

（一九六〇年六月十九日）

今年"五一"节前夕，市区人民公社有如雨后春笋，应运而生。群众拍手称颂："人民公社一朵花，花开一朵香万家"。如今，花开遍地，美景如画；香飘万里，沁人肺腑。人民公社的旗帜在越来越多的城市上空迎风飘扬，一派光明兴旺的景象，令人心旷神怡。

城市人民公社的好处千条万条，我却特别有感于妇女摆脱家务劳动、参加社会生产这一条。

过去，家庭妇女们整天为"柴、米、油、盐、酱、醋、茶"开门七件事操心，这些琐碎的家务劳动把她们紧紧缠住，常常使她们感到很大的苦恼。从家务中走出来，参加社会劳动，这是广大家庭妇女梦寐以求的愿望。市区人民公社一成立，她们终于如愿以偿了。电影《笑逐颜开》里有这么一个动人的镜头：太阳初升的时候，一辆簇新的汽车载着一支生气勃勃的娘子军奔向劳动战线。这是我们国家的妇女在彻底解放的道路上前进的真实写照。

妇女们单纯从事家务劳动，关心的往往只是锅碗瓢勺等鼻子尖下的生活琐事；她们参加了社会劳动是为亿万人民造福，这样就会培养她们关心社会主义、共产主义的百年大计。妇女的聪明才智像埋藏了千年万代的珠宝，一旦被开发出来，就大放异彩。张家口市大境门人民公社的一个女社员说得好："真想不到世界有这么大，过去的小家庭、小日子可把我拴苦了。"这是从家务中解放出来的妇女们的共同感受。一辈子"足不出户"的妇女固然是孤陋寡闻，那些以"厨房—菜市—邻居"为生活轨迹的家庭妇女，也并非见多识广，往往只是津津乐道张家长、李家短等生活琐事。当妇女投身于社会劳动，她们的思

— 177 —

想开阔了,见识丰富了,不再是厮守在家庭的主妇,而是各条战线上的有勇有谋的战士。"妇女力量大无边,顶住跃进半边天",这不只是豪言壮语,而是活生生的现实。

家务劳动很容易培养"只关心自己而不顾及旁人"的思想,而社会主义的集体劳动如同一个大熔炉,一定会锻炼出全新的人。今天已有许多女红旗手在社会劳动中表现出不计报酬、不讲条件的共产主义精神;明天将会有更多的妇女树立起自愿的、无定额的、不计较报酬的共产主义劳动态度。

妇女参加社会劳动也正在改变着夫妇、婆媳等等人与人之间的关系。几千年来遗留下来的重男轻女、男尊女卑的传统恶习和封建家长制残余,在革命的车轮前面,土崩瓦解之势已成,而正在代之以新的道德、新的习惯。

妇女在政治上、经济上站立起来了,夫妇之间随之也出现了互敬互爱的真正平等的关系。"清官难断家务事"也已成为过时的概念了。请听,电影《万紫千红总是春》里,共产党员、居民委员会主任戴妈妈对刘大妈说的一席话:"……疼她就不要拉住她,老嫂子,我们要给她们架桥、铺路,让她们顺顺当当地往前走,她们走得越远,飞得越高,我们看着也越快活。"这些话句句打入刘大妈的心坎,终于使她认识了妇女参加社会劳动的意义和好处。于是,她和彩凤之间建立起一种新的婆媳关系。

领导深入　思想先行　措施具体　民主管理

郑庄子公社党委扶植主食
加工站越办越好

（一九六〇年七月四日）

中共天津市委人民经济生活委员会按：郑庄子人民公社党委大力领导和支持主食加工站的做法和经验很好。主食加工站是城市人民公社运动高潮中出现的新事物，郑庄子公社党委对它热情支持，坚决保护，并且通过加强领导，充分发动和依靠群众，把它越办越好，使它在巩固与提高公共食堂的工作中发挥了很大作用。他们的做法和经验，对于进一步办好主食加工站具有普遍意义。各区、各公社应当结合自己的具体情况认真研究仿行。

本报讯　郑庄子人民公社党委满腔热情支持主食加工站这一新生事物，帮助它不断改进经营管理，积极解决加工生产、保管、分配当中存在的问题，使加工站越办越好，越来越受群众欢迎，充分发挥它在巩固与提高公共食堂中的积极作用。

这个全市最先创办的机械化、半机械化的主食加工站，从开始建立以后，为许多中小型食堂集中加工各种主食品，在节约人力、物力和帮助食堂改善伙食方面，一直显示着巨大的优越性，在促进公共食堂特别是中小型食堂的巩固、提高方面，起了很大的作用。但是，它创办伊始，由于缺乏经验，有的地方难免还不够完善，譬如：工人生产操作和使用机器不够熟练，保管设备不够齐全，运输能力不足，加以食堂吃饭的人数有时不固定，因此，曾一度出现产量不够稳定、运送不够及时等现象。这时，公社和地区商店内有极少数干部因为右倾保守思想作怪，就认为主食加工站不需要办下去。一部分职工也怀疑起来：

"一人难称百人意,费力不讨好,加工站还能干下去吗?"因而,表现信心不足。

在这一场新事物与旧思想、旧势力之间的激烈斗争当中,中共河东区委和郑庄子公社党委对主食加工站正确地采取了热情对待、坚决保护、积极扶植的态度,发动群众鸣放、辩论。群众举出了大量事实肯定了主食加工站的优越性。职工们特别是饮食业和有些公共食堂炊事员还从亲身体验中得出结论说:"加工站是食堂的靠山,有了加工站,做饭用机器,不用起五更睡半夜,不但节约了人力、物力,而且花样品种多,能够帮助社员改善生活,这是件大大的好事,加工站一定要办下去。"群众列举的许多事实,有力地批判了少数人对待新生事物的错误态度,使公社、地区商店和主食加工站的干部、职工加强了信心,鼓起更大干劲,决心克服困难,要把主食加工站办好。这时,整个公社和地区商店的干部、职工迅速掀起了一个为主食加工站大办好事的热潮,公社内各单位纷纷派出最有经验的技术人员,与加工站职工一起奋战,大闹革新,改进烤炉,安装窝头机、蒸饭车,改进机器操作,提高了质量。

在这同时,郑庄子公社党委采取了一系列措施,加强对主食加工站的领导,促进它的成长、发展。首先,在加工站建立了党支部,设立了专职书记,实行了党委制。公社还为加工站配备了一批思想进步、工作积极的骨干参加加工站的生产和管理,加工站内部一面加强财务核算、安全保卫等管理制度,一面由领导干部、职工代表和中、小型食堂炊事管理人员的代表,共同组成民主管理委员会,实行"三参一改",领导和行政管理人员参加劳动,职工参加管理,公共食堂代表参加监督,广泛听取群众意见,不断改善加工站的生产和经营。加工站还积极推行节约粮食的做饭方法,粗粮细作,细粮精作,以生产群众大量需要的普通主食品为主,同时又努力做到品种多样,每天都生产七个到十个品种,帮助食堂改善伙食。最近,天气热了,加工站还增加了通风和冷藏设备,指定专人负责主食品的保管,防止食品馊坏。加工站还加强了食品卫生工作,成立卫生委员会,每个生产小组都设立了兼职卫生员,采取经常和突击相结合的办法,经常检查食品、炊具和食堂环境清洁卫生,有三名专职食品检验员,检查食品卫生和质量,凡是不合格的,坚决不出售。

公社还帮助主食加工站改进主食品的运输、分配工作,和加工站研究并调整了生产班次,使生产时间和食堂开饭时间紧密衔接,保证在食堂开饭前一、两小时内把各食堂所需要的主食按计划品种和数量,全部加工生产出来,然后突击运送、供应。加工站把负责供应的一百八十多个食堂,编成了二十七个小组,加工站在每顿开饭前一个小时左右,把主食品分送到这些小组,再由各食堂取走,采取食堂自取和送货到家相结合的办法,做到了分配及时。

中共河东区委和郑庄子人民公社党委在扶植主食加工站当中,把粮店和加工站紧密结合起来。这样,粮食和主食品的供应、加工生产统筹安排。粮店打破了多少年来只卖粮食的惯例,既卖生粮也卖熟食。粮店业务员又是加工站的业务员,每天到各公社食堂了解吃饭人数的变化,需要主食品的品种、数量,使各公社食堂的用粮计划和加工站的生产计划衔接起来,使加工站更加切实地依照各食堂的需要,有计划地进行生产。

要把主食加工站办得更好,特别是很好地解决运输、保温等问题,光靠加工站的努力是不够的。郑庄子人民公社党委又广泛发动所有公共食堂的炊事、管理人员,一起动手,多方协助主食加工站办好。许多食堂工作人员提出:"加工站是为食堂服务的,办好加工站是我们大家的事情。"为了解决主食品保温、运送问题,不少食堂自己制成了保温车、保温箱以及"蒲墩"、棉套等设备,基本做到食品不凉、不误食堂开饭。各食堂每天向加工站购进主食的数量,也力求准确、稳定,偶然把窝头、米饭等买多了一点,也妥善保管,保持新鲜,在下一顿饭加进一些青菜,把它炒、煮成味美可口的食品。食堂和加工站相互支援,相互促进,使两方面都越办越好,受到入伙社员们的欢迎。

促进公共食堂巩固提高把主食加工站办得更好(社论)

(一九六〇年七月四日)

主食加工站是城市人民公社运动中出现的新生事物。这一新生的事物虽然刚刚出现几个月,但是,已经显示出了巨大的生命力。由于它采取了集中的、机械化的生产方式,充分发挥了它的优越性。中、小型食堂由加工站购买主食品,不但能使食堂的主食品种花样增加,并且能够进一步做到物美价廉,同时,由于食堂炊事人员解脱或减少了加工主食的工作,就能腾出一部分力量,研究改进食堂的副食供应,更好地适应群众的需要。这些事实说明,主食加工站的出现,是完全符合城市人民公社运动新形势的需要的,符合广大人民群众的需要的。

怎样办好主食加工站?今天本报报道的郑庄子公社党委的做法,很值得参考和仿效。他们的经验证明,办好主食加工站,关键在于党委要加强思想领导和组织领导。而领导干部深入第一线,直接到主食加工站去了解情况,贯彻政策,帮助解决问题,则是对主食加工站加强领导的极为重要的措施。郑庄子公社党委和地区商店的领导干部,每星期定时深入到主食加工站跟班劳动,和职工、干部保持密切联系。这样,他们就能够及时地根据职工、干部的思想状况,加强思想教育,及时地发现问题解决问题,帮助改进工作,并且可以更好地深入发动群众,广泛地组织竞赛。正是因为这样,主食加工站的工作不仅迅速得到改进,而且越办越好,受到社员群众的热烈欢迎。

为了把主食加工站办得更好,希望市区各公社党委,都能像郑庄子公社那样,加强对主食加工站的职工、干部的思想教育,帮助他们认清办好主食加工站对于巩固人民公社、提高公共食堂、促进公社生产发展的重要意义,进一步鼓足干劲，更好地为广大职工和社员服务。同时，也要帮助各个主食加工站根据实际情况，认真地解决现存的一些具体问题，不断地改进和加强工作，使生产和经营更加切合中、小型食堂和广大社员群众的实际需要。譬如，在加工主食的品种方面，首先要本着便利群众、有利节约的原则，有计划地加工普通主食品，并且力求增加更多的品种，以适应群众的多方面的需要；要充分运用比较先进的技术、设备条件，提高主食品质量，并且有计划地推行节约粮食的做饭方法，让群众吃得又好又省；另外，主食品的保温、保管和卫生检验等工作，也应当进一步加强起来。为了做好这些工作，使主食加工站越办越好，在主食加工站中实行"三参一改"的制度，即领导干部参加劳动，职工参加管理，公共食堂代表参加管理和监督，是很重要的，希望各个公社广泛加以推行；同时，加工站还应该广泛地开展红旗竞赛，大搞群众运动，并使主食加工站的群众运动和公社内全面巩固、提高公共食堂的群众运动结合起来。

主食加工站既然是一个新生事物，当它刚一出现的时候，总不可能是尽善尽美的。目前，有一些主食加工站，生产的主食品种还不够多，成本还比较高，经营管理也需要进一步改善。对于这些，各有关公社都有必要本着对主食加工站热情对待和积极扶植的态度，认真地加强工作，帮助它们改进和提高，使其不断成长，日臻完善，以便在巩固提高公共食堂的工作中更好地发挥作用。

加强思想教育　建立健全制度　少花钱多办事

坚持勤俭办社　努力发展生产

蓄水池人民公社阔步前进,一至四月份
生产比去年同期猛增五倍

（一九六〇年七月八日）

本报讯　南开区蓄水池人民公社党委认真贯彻勤俭办社的方针,不断地对社员进行思想教育,使广大社员和干部普遍树立勤俭节约的风尚,促进了生产的迅速提高,今年一到四月的总产值比去年同期提高了五倍。

今年以来,特别是四月初正式成立人民公社以后,这个公社生产和生活事业都有了很大发展,广大社员和干部在公社党委的领导和教育下,坚持勤俭办社的方针。为了把有限的资金更多地用到发展生产上去,广大社员和干部在发展食堂、托儿所等生活福利事业以及其它非生产性开支方面,都本着"因陋就简"的精神,想尽办法节约。最近许多分社新建、扩建了食堂、托儿所、幼儿园,绝大多数都是用旧砖头、旧木料、苇把子盖成的。靶鞥分社新建了一个托儿所,干部和社员们用旧料自己动手打了四十多张小孩床,比买新的节省了四百多元。公社成立前后,新建、扩建了许多车间,可是好多分社的办公室都是用泥土、苇把盖成的。

在兴建厂房发展生产当中,社员们也都千方百计地做到少花钱多办事。文章里分社先后盖了六、七十间厂房,可是没有买过一袋洋灰,他们把附近大工厂生产用过的石灰拉了来再用,用稻草代替麻刀,用炉灰代替洋灰铺地,节省了大量开支。

这个公社的许多生产单位都推行了班级核算制度,社员们在生产过程当中精打细算,一点一滴的原料、材料都不浪费。明远西里分社缝纫车间服装一

— 184 —

组的社员们,实行班组核算以后由于经常研究提高生产节约用料的办法,不但产量提高了70%,而且使线轴的消耗量降低了近一半,机器针的消耗也由每天一个降低到每半月一个了。

这个公社的党委经常通过具体事实向广大社员和干部进行勤俭节约的教育,在布置工作任务时,都同时提出节约方面的要求。去年年初,街道工业经过一个时期的发展,各个生产服务合作社已经有了一些积累,少数生产单位出现了大手大脚乱花钱的现象,有的过多地添置办公家具。在生产过程当中也出现了一些浪费原料、材料的现象。街党委就集中地、系统地在广大社员中进行了思想教育工作,教育社员不要忘记街道工业白手起家艰苦奋斗的历史,说明今天虽然有了一些积累,但是必须坚持克勤克俭的优良传统,集中力量发展生产。接着,又举办了展览会,用实物、图表等表扬了一些一贯重视节约的先进人物,也批评了大手大脚铺张浪费的行为。广大社员经过参观、学习和反复的讨论,进一步树立了勤俭节约的思想,最近,人民公社正式成立以后,个别干部认为:以后办什么事应该像点样子了,铺张浪费的现象又有所滋长。公社党委又及时召开了全体干部大会,向大家讲清艰苦奋斗、发展生产的道理,及时防止了铺张浪费现象的发展。

在进行思想教育的同时,公社党委还发动群众开展增产节约大检查,揭发生产过程中的浪费现象,并且针对检查出来的问题,建立健全了各项制度。如各生产单位普遍建立了财务收支计划,财物保管、现金管理、定期向群众公布账目等制度,规定了财务开支审批权限。此外,还组织广大社员群众参加财务管理工作,各分社都建立了有领导干部和社员代表参加的财务管理委员会,各车间都建立了由社员兼任的财务管理员,制订开支计划时要请财务管理员和生产小组长参加讨论。各生产小组也都设有原料材料、工具等管理员,车间的原料、材料、工具、半成品等,每月发动群众进行一次清点,每季彻底清查一次,通过这些工作,进一步堵塞了漏洞,避免了积压浪费现象。

(王行、高凯、朱升一)

领导深入细致　帮助后进食堂

南头窑公社公共食堂全面提高

（一九六〇年七月八日）

本报讯　在全面巩固提高公共食堂工作中,本市红桥区南头窑人民公社抓三类食堂抓得好。他们采取的办法是:由党委书记亲自挂帅,集中力量深入三类食堂,逐个地进行突击帮助。使原来占15%的三类食堂,现在已全部达到原来的一、二类食堂的水平。

这个公社在巩固提高食堂工作中,首先对全公社五十个公共食堂,进行了细致的调查研究和分类排队。其中大部分食堂办得较好,只有少数三类食堂办得较差。他们具体分析了三类食堂办得不好的原因。公社和各个分社都成立了生活管理委员会,加强对食堂工作的领导。同时,公社和各分社,又分别成立了工作队和工作组,由党委书记和其他领导干部率领,重点突击帮助三类食堂。公社把工作队的主力,派到食堂工作比较落后的重点分社去,加强了对炊事、管理人员的政治思想教育,使他们认识到办好公共食堂的意义,更加热爱本职工作。公社还选派了一批骨干力量,充实三类食堂,使食堂的领导权巩固地掌握在劳动人民手里。

在提高三类食堂工作中,这个公社还特别注意了依靠广大群众办好食堂。领导干部到后进食堂去,帮助这些食堂建立了由分社生活主任、炊事员代表、入伙人员代表参加的民主管理委员会,定期召开会议,研究改进食堂工作。韩家店食堂在第一次召开民主管理委员会的时候,入伙人员代表提出了食堂只有贵菜很少有贱菜,饭菜不能做到大众化的意见。食堂接受意见,增添了几分钱的适口的炒菜和烩菜。大家都称赞他们改进得好,入伙人数由一百七十人增加到了三百多人。其他的三类食堂,由于建立和坚持了民主管理制度,不论是饭菜的质量或服务方式，都有了突出的改进，很受群众欢迎。这个公社对于三类食堂的财务管理工作也作了全面整顿。在粮食部门的帮助下，普遍推行了节约粮食的做饭方法，让社员们吃得又省又好。

为了使升入一、二类食堂的三类食堂，巩固住现有成绩，不断提高，不断改进，公社党委组织了炊事、管理人员进行定期政治课学习，开办了训练班，由国营食堂老师傅讲烹饪技术，卫生院大夫讲防病、防暑、食品卫生课，以全面提高炊事、管理人员的水平。

（孙世璋）

去得好！（短评）

（一九六〇年七月八日）

在全面巩固提高城市公共食堂当中，许多人民公社的领导干部，深入三类食堂，和炊事人员同吃同劳动，一起研究改进工作的办法。他们去得好！去得对！

在城市人民公社运动高潮中，市区公共食堂有了空前的发展。这些食堂大多数是办得比较好的一类和二类食堂，只有少数属于办得还不够好的三类食堂。由于发展的速度很快，经验又不足，因此，出现这样一些三类食堂是不足为奇的。但是，对于这些食堂，我们又必须予以足够的重视。在全面巩固提高公共食堂中，我们集中了更多的力量来抓后进食堂。帮助后进食堂迅速赶上先进，不仅使后进食堂本身工作提高一步，而且对一、二类食堂也是一个很大的促进。同时，在帮助后进食堂的过程中，还能不断丰富我们领导食堂工作的经验，对于推动整个食堂工作也有普遍意义。领导干部到后进食堂去，同群众一起吃饭，同炊事人员同劳动，共甘苦，经常听取社员群众对食堂的意见和要求，这样，就可以更直接地了解食堂的情况，可以更及时地解决问题，和广大群众一道办好食堂，并从中吸取经验，指导其他食堂越办越好。

人民公社的领导干部在深入生产第一线的同时，深入到生活第一线去，这不仅是适应当前城市人民公社运动的重要措施，也是公社领导干部改进领导方法的一个重要的内容。不仅仅在当前要提倡领导深入食堂，而且在巩固提高食堂工作进入经常化的阶段后，领导干部下食堂也有必要形成经常的制度，以便加强对食堂的具体领导，使新生的公共食堂，不断巩固，不断提高，不断发展。

深入第一线　扎扎实实抓生产

万德庄公社适应城市公社特点推行"一二三制"

（一九六〇年七月八日）

本报讯　南开区万德庄人民公社党委根据城市人民公社的特点，具体运用"一二三制"的领导方法，从党委书记、公社社长、各部部长到一般干部，除了留下少数值班的以外，全部深入公社工厂和分社生产、生活服务单位，更具体、更细致、更踏实地领导公社生产和其他各项工作，因而促使公社生产和生活服务事业面貌大大改观。

这个公社三月底成立后，生产、生活服务事业迅速发展，迫切要求领导水平进一步提高，适应新形势的需要。而分社和各社办工厂的干部，绝大多数是新出来的家庭妇女，经验少、能力较差，特别是几个生产服务社并为一个公社以后，辖区范围扩大，需要领导进行具体帮助。吴桥县委的"二五制"领导方法，使万德庄公社党委受到很大启发，经过上级党委指示后，他们实行了"一二三制"的领导方法，就是在每一个星期内，干部有一天时间学习，两天时间开会研究总结工作，三天时间深入基层第一线，一面参加劳动，一面帮助基层干部以生产为纲，推动全面工作。

为使新的领导方法更有效地推行，这个公社还制定了具体措施：一、精简会议，在布置工作、贯彻上级党委政策指示时，采取"把政策带下去，把反映带上来"的办法；二、条条块块结合，分片包干和领导全面工作结合，这样做，可以不致因领导干部深入块块，忽视条条的领导，也不致因领导干部深入一点而忽视全面工作；三、加强督促检查，公社党委定期检查干部执行"一二三制"的情况，建立干部深入基层登记卡片制度，以便考核，同时表扬执行"一二三制"有成绩的干部，交流经验。通过这一系列的措施，绝大多数干部都能一竿子插到底,直接深入到第一线。

推行"一二三制"后,公社对分社和工厂的领导更加具体了,发现问题、解决问题也更及时了。特别是领导干部下去,狠抓关键,猛攻薄弱环节,使生产提高得很快。这个公社五月份新建和扩建了十个生产单位,生产品种增加了二十四种,产值比四月份增长了80%,是南开区各公社增长最快的一个。食堂、托儿所、幼儿园等,也有很大的提高和发展。

推行了"一二三制",也促进了先进经验的总结、推广工作,提高了干部的水平。自推行"一二三制"以来,这个公社重点总结了医疗器械厂发动群众开展技术革命和技术革新运动,怀安里分社坚持"六二制",大搞"六超八"竞赛等十三项经验,召开了七次现场会议和经验交流会。这样,就做到了点面结合,推动了全面工作。许多工厂、分社的干部由于有领导干部具体帮助安排,研究工作,出主意,想办法,"把着手教",也得到更大的提高。同时,干部的政治理论学习时间,也得到了保证,过去分社干部缺少政治学习时间,现在已能坚持学习半天。在学习中,他们强调运用毛泽东思想,总结分析深入实际中发现的先进经验,把深入实际、总结研究工作同学习政治理论很好地结合起来。

（王　行）

劝业场公社围绕大商场需要发展社办工业

工商协作建立小商品基地

（一九六〇年七月十四日）

本报讯 在本市较大的商场——劝业商场和妇女儿童用品商店里，顾客会发现在那些陈列得琳琅满目的日用百货当中，有不少是他们所喜爱的新上市的小商品，像婴儿老虎鞋、绣花围嘴、黄腊布做的手提篮、鞋甩子、小钱包……当选购这些小商品的顾客，知道这些东西都是劝业场人民公社社办工业的产品的时候，不禁笑着说："人民公社就是好！"

这个以大商场为中心建立起来的公社从四月份诞生以后，就根据商场需要把发展小商品生产当做自己的重要任务，迅速显示出它的优越性，把公社工业逐步建成小商品生产基地。他们以两个大商场为中心，并且和百货、文化用品、五金交电等十多个采购站、批发部挂起钩来，开展共产主义大协作，定期召开会议，商店提出市场需要的小商品的数量、品种和规格，公社就按着商业部门的要求组织生产，逐步建立小商品基地。两个多月以来，社员们穷干苦干，又在大商场的热情支援下，生产单位由建社前的九十多个发展到现在的一百八十多个，生产人员由一千九百多人增加到三千多人，生产的小商品的品种由九十多种发展到二百四十多种，生产逐月上升，六月份产值达到三百多万元，比三月份增加约三倍，产品质量也不断提高，实现了全面跃进。

适应大商场需要建立的小商品基地表现出鲜明的特点：一、它使商场所需要的小商品的来源有了可靠的保证。在过去，两个大商场经营的小商品中，一部分货源不够固定，有些从外地购进的小商品由于生产、运输等条件困难，往往不能正常供应。现在公社根据商场的需要，设专厂车间生产小商品，保证了供应。譬如妇女儿童用品商店的枕套，以前由广东汕头进货，来货不经常，时断时续,而且花色品种不齐全。现在,劝业场公社的永久分社缝纫车间专有一批人给他们生产各色各样的枕套,五月份就供应了二百套。据统计,劝业场公社社办工厂经常供应两大商场的小商品达一百多种。二、根据市场的变化和商场的要求组织生产,更好地满足消费者的需要。像全市普遍建立公社以后,越来越多的家庭妇女参加了社会劳动,她们的生活水平提高了,同时也没有更多的时间做自己习惯穿的华服和孩子们穿的便鞋,要到商场来买。针对这一情况,劝业场公社建立了华服工厂和儿童便鞋车间,大量生产多种花色的短褂、长衫、儿童便鞋和老虎鞋,使妈妈们感到满意。另外,根据托儿组织迅速发展,儿童木器需要量大大增加的特点,这个公社建立了儿童木器厂,专门生产小木床、小桌子、小凳子、摇马和其他木器,供应商场。三、充分发挥小商品生产的灵活性,更好地为消费者服务。甚至商场需要几打的小宗商品,社办工厂也给生产,并且可以根据消费者的需要及时改变品种规格。像儿童的饭单、围嘴、衣裙,妇女的大褂、短衫都能及时改变品种规格。在今年游泳季节,儿童游泳帽畅销,商场里马上拿了几匹布委托社办工厂加工,只用了半天时间就做好一批儿童游泳帽送到商场。有一次,铁路工程处开发奖大会,开会前一天到劝业场来买一批锦旗,当时商场没有货,马上委托正阳分社锦旗厂加工制造,第二天早晨就把锦旗给送来了。

为了更多地供应市场小商品,劝业场公社社员们大搞综合利用,广辟原料、材料的来源。在几天的时间内,建起了四十五个综合利用小厂和车间,生产四十多种小商品,他们利用做油泵垫的黄腊布下脚料编成手提篮,用绒衣下脚料拼成块作杂色的条绒衣和玩具,用碎铁片制成炉架,用各种下脚料、废料生产墩布、车垫、苍蝇纸、球拍、童帽等多种小商品,物美价廉,很受消费者的欢迎。

为了更好地发展小商品生产,提高产品质量和增添花色品种,公社和两大商场进一步发展了协作关系,开展了"互参双五好大联赛"。"互参"是:商场参加公社安排生产、新产品设计和经营管理;公社参加商场业务会议,参加柜台售货,听取顾客意见。"双五好"是:社员和职工互相提出的保证。职工提出:帮助公社解决困难、传授技术好;健全手续制度好;挖掘原料支持生产好;帮助社员学习政治、文化好。社员提出的五好是:遵守劳动纪律好;互相支持协作好;苦心钻研业务技术好;提高产品质量好;紧密配合团结好。通过这个协作联赛的形式达到了社员关心销售,职工关心生产。劝业场服装部售货员、市级劳动模范李克勤每周到解放路分社缝纫车间参加劳动,把顾客对服装样式的意见告诉社员,帮助他们设计新式样,原来这个车间只能生产短裤,现在已经能够生产一百多个样式的服装。社员们参加了柜台售货以后,直接了解了消费者的需要,也努力改进技术提高产品质量。

两个大商场把支援社办工业生产发展当作自己分内的任务。他们说:"场、社协作一家人,发展生产保供应"。他们积极帮助公社建厂,培训技术人才,解决设备、原料、工具不足的困难,使社办工业迅速成长。譬如妇女儿童用品商店职工帮助劝业场公社的永久、长春、万年青等分社建立儿童便鞋、机绣等六个工厂,还组织了近百人的技术传授队,到各社办工厂传授技术,在很短的时间内就帮助八个生产单位推广了三十六种商品的生产技术,并为社办工厂培养了四十多个技术人员。当解放北路分社因为改变生产品种需要安装机器而人手不够的时候,劝业商场党委书记带领职工冒雨赶到分社协助安装,使社员们很受感动。另外,商场还为社办工厂找到绱鞋机、纳底机、电锯、电刨子等大批的机器和工具以及原料和材料,有力地支持了社办工业的技术革新和技术革命,促进了小商品生产的发展。

(劝业场公社通讯组、杨宝龄)

三条石人民公社积极接受
大厂下放产品

支援大厂向"高精尖"进军 促进社办工业发展

（一九六〇年七月十四日）

本报讯 红桥区三条石人民公社和大工厂协作，从四月份开始分期、分批、有计划、有步骤地接受大工厂下放的一般产品，使大工厂腾出力量，来向"高、精、尖"进军；同时也促进了社办工业的巩固、发展。

三条石大街附近的一些大厂为了加速工业技术改造，猛攻"高、精、尖"，早就希望街道工业多担负一些一般产品的生产任务。例如机床附件厂原来主要产品是各种工具钳子，去年改做高级、精密的机床专用设备后，链钳子仍在本厂生产，占用了不少人力。当时街道工业力量有限，没有能力接替这种产品的生产。三条石人民公社成立后，人力、物力更加集中、雄厚，为大厂一般产品下放带来了有利条件。今年四月，在市区有关部门统一领导下，三条石人民公社和这一带的各大厂组成了协作委员会，研究、制订产品下放规划，开始分期、分批实行产品下放。在产品下放过程中，公社、工厂共同对厂房、设备、技术等问题进行了细致的安排。两个月来，这个公社已陆续接替机床附件厂、新工联机器厂、第二钢锉厂、制灯厂、硬质合金厂等五个工厂生产链钳子、铆钉、木锉、散热片、眼圈等六种产品。

在这项工作中，三条石公社和各有关大厂都发扬了共产主义协作精神，把困难留给自己，把方便让给别人。产品下放后，各大厂的老工人就到公社传授技术，和社员一起劳动、一起生活，帮助建立厂房，安装设备，很快便使社员们掌握了生产技术，保证下放的产品及时开工生产。为了保证产品下放以后，不使产量、质量受到影响，这个公社和各有关厂都采取了一些措施。公社内有些生产单位还发扬敢想敢干的风格，提出产品下放后，在产量、质量方面要超过原单位的口号。机床附件厂链钳子下放到三条石人民公社以后，工人和社员一道创制了"调直机"，不仅提高了产品质量，生产效率也提高了一倍。新工联机器厂自己生产铆钉时，型号不全，这种产品下放到公社以后，公社在这个厂的帮助下，增加了产品型号。

通过产品下放，促进了大工厂和公社生产双双跃进。机床附件厂钳工少，而生产机床卡盘和链钳子两种产品都需要钳工。链钳子下放后，厂里钳工集中使用，五月份机床卡盘产量由四月份的一千五百个增加到两千个，还使三个新品种投入生产，更好地完成了机床配套任务。三条石人民公社在接受大工厂产品下放任务以后，生产大大发展了，两月来，仅六种产品产值便增加了十六万多元。

（张世彦）

工商协作发展小商品生产（社论）

（一九六〇年七月十四日）

劝业场人民公社开展工商协作，建立小商品生产基地，在几个月之间，使公社的生产增长了三倍。这是在全市大抓小商品生产中的一件突出的事情。

劝业场公社小商品生产迅速发展的事实说明，人民公社工业是发展小商品生产的主力军。城市公社具有"一大二公"的特点，可以充分调动城市的闲散劳动力，可以因陋就简地大量兴办小商品生产，可以充分利用大工业的下脚废料大搞综合利用，生产小商品，又可以根据市场的需要，灵活地组织生产。城市人民公社的普遍建立，社办工业的大量发展，为日用小商品的增产，开辟了十分广阔的道路。有关部门在组织安排小商品生产的时候，要注意充分发挥公社工业的生产潜力。城市公社工业也要认真贯彻公社工业的生产方针，把积极增产小商品，为人民生活需要服务，作为自己一项重要的任务。

劝业场公社的事实还说明，为了更好地发展小商品生产，开展工商协作，建立小商品生产基地，是一种很好的办法。人民公社发展小商品生产需要解决一系列的问题。比方，怎样妥善安排，使生产适应市场的需要，避免盲目性？怎样根据群众的意见，不断地改进花色品种规格？原料、材料、设备、技术等问题怎样解决？等等。公社工业和商业部门挂起钩来，特别是采取建立小商品生产基地的方法，把生产小商品的工厂、任务、供销对象相应地固定下来，就能使生产更好地适应市场的需要，使公社的生产通过商业部门，间接地纳入了国家计划的轨道，在商业部门的帮助下，原料、技术、设备问题等，一般都比较容易解决。这样就能迅速发展小商品生产，改善市场供应。

最近以来，本市工商业部门和人民公社普遍加强了对小商品生产的领导，小商品生产的产量、质量，都有很大的提高，品种规格也增多了。但是也还有些工商部门和公社的人员，对生产小商品不够积极，他们有的嫌小商品产值小，赚钱少，也有的人认为生产小商品零星琐碎，属于"低、粗、小"的范围，意义不大等等。这些看法都是不对的。先说产值和利润吧，公社工业是社会主义性质的企业，组织生产应当首先考虑国家建设和人民生活的需要，而不应当单纯地追求产值和利润。当然，这并不等于说增加产值就不重要了，事实上，小商品的价格固然比较小，但是，只要公社生产真正做到市场需要什么就生产什么，生产门路就会越来越宽，生产就能得到迅速发展，产值和积累必然会随之增加。请看劝业场人民公社，正是由于坚决贯彻了公社工业的生产方向，积极发展了有些人所看不起的零星的产值小的小商品的生产，而使生产得到成倍的增长，这不是很好的例子吗？认为生产小商品零星琐碎，意义不大，也是一种片面的看法。请问，从妇女头上戴的发卡到人们身上的纽扣、脚上的鞋眼，从厨房的炊具到日常生活用具，群众日常生活中哪一件能离开得了？假如这些小商品的供应工作做得不好，必然会给群众带来很大的不便。由此可见，小商品虽"小"，但是发展小商品生产的意义却十分重大。它关系到群众生活和市场供应，体现了党和国家对群众生活的关怀，这是一方面。另一方面，这也是贯彻"两条腿走路"的方针，正确处理轻重工业之间，大、中、小企业之间，"高、精、尖"和"低、粗、小"之间的关系的重要问题。公社工业发展了属于"低、粗、小"的日用工业商品的生产，就能使大工业腾出手来，以更多的力量向"高、精、尖"进军，使我们在贯彻优先发展重工业和迅速发展农业的方针中，加快前进的步伐，没有"后顾之忧"。这样，就能促进国民经济有计划地按比例地实现高速度持续跃进。这也是本着全国一盘棋的方针，从全局出发的具体表现。我们应当对这个问题有足够的认识，把小商品生产的重要性，提到适当的地位，并且要采取必要的措施，做好具体安排，这样，小商品生产就一定能更快更好地发展。

公社谱出协作曲

巩茂延

（一九六〇年七月二十八日）

郑庄子人民公社调动各方力量全力保钢的消息，谱出了又一曲共产主义凯歌。事实再次证明：初生的城市人民公社，潜力无穷，前程似锦。

城市人民公社是生产大跃进的产物，它的诞生又反过来促使人们的精神面貌发生变化，促进共产主义风格的大发扬。郑庄子人民公社是以大工业为中心的公社，公社范围内有二十多个大工厂，这些工厂紧密相连，有的甚至只是"一墙之隔"，可是由于不是一个行业，不属一个上级行政机关领导，在人民公社成立之前，它们之间的往来是较少的，有些协作任务常常需要区里甚至市里出面才能组织起来。公社成立以后，正像这个公社许多工厂的领导干部说的："我们既在一个公社，就是一家人。"二十多个不同行业的大工厂如今已经是"手足兄弟"了。随着各厂之间关系的更加密切，广大职工和社员舍己为人，大公无私的共产主义风格也大大发扬，人们冲破了厂与厂的界限，主动地互相协作，互相帮助，一厂有困难，厂厂来支援。正是由于共产主义风格的大发扬，毛纺织机械制配厂、中山门铁工厂……的职工和社员，才会暂时停下自己的生产任务，一心一意为钢帅效劳；公社铸造厂的焊工才会不顾刚下夜班的疲劳，为支援钢厂实现革新措施而奋战；许多上了年纪的老大娘才会争先恐后地去钢厂参加劳动。这种崇高的共产主义风格，是我们高速度建设社会主义的重要保证，值得大大提倡。

"人民公社力量大，各行各业是一家，齐心协力把钢保，钢花照天似红霞"。像社员们所写的赞歌一样，在保钢大战中，郑庄子人民公社显示了它的巨大力量。俗语说得好："众人捧柴火焰高""千斤担子众人挑"。人多力量大,而人民公社又把"众人"的力量,把各行各业的力量统一组织起来,使它们拧成一股绳,这就必然会发挥更大的力量,这种力量比起一个工厂、一个单位来,不知要大多少倍。天钢一厂加工五百个钢锭模,最初估计如果让一个机修厂来做,起码要半年多才能完成。可是,当公社范围内的许多工厂以及公社外的一些兄弟单位接下了这项任务以后,只不过半个月的时间,就基本上完成了。我们很好地运用人民公社的这种组织的作用,充分发挥它的优越性,就能迅速地突破薄弱环节,保证重点任务的完成,推动生产的持续跃进。

郑庄子人民公社组织大协作的经验,对所有人民公社都有启发,不仅是以大工业为中心的人民公社,要把组织大厂协作作为自己的重要任务,其它以街道居民为主体的人民公社,也同样可以组织公社范围内机关、企业单位在生产、生活等各方面的协作。当然,新生事物总是不完备的,城市人民公社组织协作的形式,还可以不断完善,不断创造,不断提高,只要我们满腔热情地研究它,不断地摸索和掌握它的发展规律,新生的人民公社就一定能更好地发挥它的优越性,放射出更加灿烂的光芒。

组织大厂协作　集中全力保钢

以大工业为中心的郑庄子人民公社发挥"一大二公"的优越性,大搞共产主义协作,组织各方面的力量,支援天钢一、二厂

（一九六〇年七月二十八日）

本报讯　"有人出人,有力出力,全力保钢!"这是本市郑庄子人民公社广大社员的誓言。这个以大工厂为中心的人民公社,积极响应党的号召,调动国营工厂、社办工业、生活服务事业和街道居民等各方面的力量,千军万马一齐出动,全力支援公社范围内的天钢一、二厂的生产。

六月初,党发出了"争分夺秒,全力保钢"的战斗号召,在市委有关部门和区委的具体领导下,这个公社的党委立即召开了会议,组织公社范围内的二十多个大工厂以及社办生产、生活单位和银行、商店等单位,成立了生产协作委员会,要求各单位以支援钢帅为中心,开展全面大协作,促进生产高速发展。参加会议的各个单位都热烈拥护公社党委的这个决定,纷纷表示要人有人,要物资有物资,要设备有设备,尽全力"为钢帅效劳"。会上,天钢一、二厂根据本厂生产的需要,和各单位具体安排了协作任务。

在公社的统一领导和组织下,各大工厂的职工在保钢战斗中发挥了重要作用。六月初,天钢一厂由于钢锭模供应不足,不能实现三槽出钢,直接影响了钢的产量;同时,轧钢机上的轧辊也不够用了,时常造成停车。要补充钢锭模和轧辊,需要很大的加工量,为了迅速解决这个关键问题,增加钢和钢材的产量,在公社组织的协作会议上,毛纺织机械制配厂、国棉三厂、油脂化学厂、钻镗床厂等单位,都主动接受了加工钢锭模和轧辊的任务。毛纺织机械制配厂为了迅速完成钢锭模的加工任务,特意把第二车间原有的一部分生产任务

停下来,抽出八台大型车床,专门负责这项任务。一个钢锭模有半吨多重,搬运的任务很重,车间里又抽调了许多身强力壮的小伙子,组成了"保钢突击队",专门负责搬运工作。工人们还开展了保钢大竞赛,不分昼夜地奋战,党委书记、车间主任和车间党支部书记都亲临第一线指挥生产,到六月底,他们就提前完成了二百多个钢锭模的加工任务。在各厂的大力支援下,天钢一厂钢锭模的积存量已经由五百多个增加到一千个左右了,保证了生产的需要。这个公社范围内的许多大工厂不但积极完成钢厂的加工任务,而且经常抽调工人帮助钢厂解决一些临时性劳动力不足的问题。最近,第二钢厂的生铁料场堵塞了,需要整理、倒垛,国棉三厂、油脂化学厂立即抽调了一千多个职工,利用星期天前去帮助搬运,当天就搬运了生铁两千四百多吨。

在夺钢大战中,社办工业和生活服务事业的广大社员也都争先恐后地贡献自己的力量。他们说:"为钢帅多流汗就是最大的光荣。"一向以为大工业服务闻名的中山门铁工厂的社员在全力保钢当中干劲更足了。他们主动到第一钢厂去要任务。加工钢锭模需要大型车床,这个厂只有一些小车床,做不了这个活儿,社员们就研究用厂里仅有的一台牛头刨来加工,厂长说:"支援钢帅,我们要全力以赴,停下咱们的活儿也要完成钢厂的加工任务。"公社铸造厂的焊工张秀芬、孙长华等四个人,听说第二钢厂革新项目有很多烧焊的活儿,星期天早上下了夜班,就带着电焊机跑到第二钢厂去支援,一直干到下午才回家休息。各分社、公社团委、妇联以及公社的农业生产队,都先后组织了"保钢大队"到两个钢厂去帮助筛煤、运煤、清理仓库、打扫卫生等,许多没有工作的老大娘也都跑来参加。住在钢厂宿舍的石奶奶,已经七十多岁了,听说许多领导要到钢厂去劳动,她在早上五点多钟就跑到工厂门口等着和大家一起进厂工作,别人劝她不要去了,她说:"我是钢厂职工的家属,支援钢厂我怎么能不参加呢?"这个公社的几个小学校也组织学生利用星期天到钢厂去捕打蚊蝇、搞环境卫生等,孩子说:"我们也要为钢帅尽一份力量。"

人民公社运动的产物 共产主义思想的赞歌

王串场人民公社组织厂社全面大协作

（一九六〇年九月二十日）

内容提要

以国营大工厂为中心的王串场人民公社,组织厂社挂钩,开展了以生产协作为中心的全面大协作,调动公社范围内的人力、物力、财力,促进生产的高速度发展。公社工业为国营大工厂生产配件,接受大厂下放产品,综合利用下脚料,保证了国家计划的完成,支援大工厂向生产"高、精、尖"产品的方向发展。国营工厂派出干部、工人,充实公社领导力量,并从技术、原料、设备、经营管理等方面,全力支援公社发展生产。在组织厂社协作中,人们的集体主义精神大大加强,共产主义风格大大发扬,工人阶级的思想影响不断扩大。这些事实,又一次显示了城市人民公社的无比优越性和强大的生命力。

河北区王串场人民公社是由原来的王串场街和何兴庄街合并组成的。这个以大工厂为中心的人民公社成立仅仅几个月,就显示了它的强大的生命力和无比的优越性。

王串场是个马路宽阔、绿树成荫的职工住宅区;和它紧紧相通的何兴庄却是一个工厂集中、烟囱林立、居民很少的工业区。今年四月这两个地区才合并成为一个人民公社。这个公社的人口共有十四万,除了两万多名职工以外,绝大多数都是职工家属,公社范围内共有十六个工厂,千人以上的大工厂就有八个。人民公社成立以后,通过组织厂社挂钩,大搞协作,有力地支援了国营大工厂更好地完成国家计划向"高、精、尖"进军，社办工业围绕着大工厂的需要，已经茁壮成长起来。

厂社挂钩大搞协作

今年，何兴庄的许多大工厂，生产任务不但比去年有很大的增长，而且还要向"高、精、尖"的方向发展，因此普遍出现了劳动力不足的现象，一些辅助性的加工、临时任务以及一些配件生产，都抽不出人来完成。而随着社会主义建设和社会主义革命的发展，王串场居民的政治觉悟不断提高，迫切要求参加生产，贡献自己的力量。两个地区的两种恰恰相反的情况说明，需要有一个适当的组织把大工业与居民的力量结合起来。王串场这个以大工业为中心的人民公社，就在城市人民公社运动高潮中应运而生了。

公社成立之后，何兴庄和王串场两个街合并在一起，两个地区"取长补短"，为组织居民生产和解决大工厂劳动力不足问题，创造了有利条件。这个公社一开始就明确地以促进国营工业的持续跃进为中心来大力发展生产，广泛地组织厂社挂钩，大搞协作。公社里共有十个分社，每个分社分别和一、两个工厂对口挂钩，组织生产协作。各分社和工厂在挂钩的形式上也是多种多样的，一般是由工厂的工会主席兼任分社的社长，厂、社双方通过定期召开协作会议的办法，根据工厂生产发展的要求来安排分社的生产；也有的分社和工厂的领导干部组成生产管理委员会，并且吸收有关干部参加，共同研究解决生产问题；此外，有的分社还由大工厂的书记或厂长兼任社长，通盘考虑安排厂、社双方的生产；天津市钢丝绳厂还在召开职工代表大会的时候，聘请对口的宏伟分社干部来参加，共同研究发展厂、社生产的规划。

大工厂和社办工业各施所长互相促进

生产关系的变革，促进了生产的发展。王串场人民公社组织厂社协作虽然时间很短，可是它却以生动的事实向人们显示了它的许多优越性。这个以大工厂为中心的人民公社的优越性主要表现在：它把国营工厂的先进技术和管理经验、闲置的设备和取之不尽的废料下脚料，以及街道居民当中的大量闲散劳动力等方面的积极因素，统统调动起来，使大工厂和社办工业紧密结合，各施所长，互相促进，共同跃进，保证了社会主义建设的高速度发展。

首先，为了帮助公社范围内的国营大工厂解决劳动力不足的问题，各分社都积极为各厂生产比较简单的产品和部件。现在，各分社接受大工厂下放的产品已经有二十三种。各分社还为大工厂进行一道或数道工序的加工，如加工铸件、锻件、纺毛等，使大厂能够腾出一部分人力来，去做更重要的工作。红星打字机厂今年计划生产的打字机和计算机，要比去年增加一倍多，还要试制三种高级产品，可是职工人数却比去年减少了二百多人（支援了其它单位），因此人力感到不足。由外厂加工的胶木零件，供应也不及时。公社成立以后，工厂立刻与先进分社挂钩，研究把胶木零件放到分社生产，厂里突击制造了三台胶木压力机，又帮助社员学习技术，五月初就开始生产了。现在，先进分社不但把红星打字机厂所需要的十几种胶木零件、字盘等包了下来，还接受了钳工、精加工、轻钢字生产和整个打字机的装配任务，这样不但保证了红星打字机厂的生产，还使工厂节省出很多劳动力，可以抽出力量来进行"高、精、尖"产品的试制和生产。

大工厂在日常生产当中要产生各种各样的废料下脚料，数量很大，真是"取之不尽，用之不竭"，职工们大搞综合利用虽然搞成了不少项目，但是由于劳动力不足，有许多项目都没有投入生产。公社成立以后，厂社密切协作，合办卫星厂，使许多综合利用项目都实现了。例如，纺织机械厂加工机件剩下的铁屑，原来都用来垫坑，现在交给团结分社回炼再生铁，现在已经炼出了一百五十多吨。天津市钢丝绳厂过去生产三百米长的钢丝绳，剩下不到三百米长的钢丝就当下脚料处理了。现在他们把这批钢丝交给宏伟分社，生产一百米长的钢丝绳。社员们通过综合利用不但为大工厂生产一部分原料、材料，而且还利用下脚料生产了书包、围嘴等小商品，供应人民生活需要。

各厂在生产当中常常会出现一些薄弱环节，需要组织力量突击解决，可是厂内生产任务又很紧张,难以抽出人力来,每当这个时候,各分社总是"随叫随到,有求必应",全力支援,甚至停下自己的工作也要满足大工厂的需要。不久以前,轧钢三厂某项基建工程等着开工,可是地面上堆积着许多砖头,影响了施工,东风分社知道以后,立刻抽调了一百多名社员,到厂里突击搬砖,使这项工程迅速"上马"。

此外,许多分社还在一些大厂里设立了小卖部,流动服务车,代卖日用百货,为职工拆洗、缝补衣裳,做到"送货上门,服务到厂"。

在全面协作中,各工厂积极主动地扶植社办事业的发展,从人力、技术、业务、政治教育、文化教育等方面,给予全面的帮助。为了加强公社的领导力量,各工厂先后抽调了二十一名得力干部,分别担任公社和各分社的领导工作,各厂职工千方百计地帮助社员掌握生产技术知识。结合下放产品,有的厂事先请社员到厂内来学习,有的厂派干部和老技术工人到社里去具体指导;有的还随着下放的产品把整套的技术干部和工人也下放到社里去,把全套技术教给社员后,再陆续撤回。天津市印染厂还组织厂内各科室的管理干部去帮助友谊分社的干部学习生产管理知识。

在帮助公社发展生产当中,有些厂挖掘了一些呆滞物资和一些技术革命中淘汰下来的旧机器设备支援公社,武装了社办工业。不少工厂的职工还积极帮助公社兴建食堂、托儿所;帮助组织生产竞赛,帮助安排社员文化学习。

在国营大工厂的全力支持下,社办工业迅速成长壮大。到现在,公社一共有两个直属厂和七十九个车间,生产人员比公社成立前增加了两千多人,许多社员已经初步掌握了技术知识,壮大了技术队伍。公社工业的月产值已由三月份的八十多万元猛增了一倍多,生产技术水平也有了显著提高。

生产关系在变化　精神面貌也在变化

人民公社运动不仅改变了生产关系,也改变了人们的精神面貌。通过大搞厂社协作,把工人和社员们的心紧紧地连在一起,工厂和公社形成了亲密无间、互相促进的新型关系,出现了许多动人事迹。"把困难留给自己,把方便送给别人"的共产主义风格在大大发扬,形成了推动生产发展的巨大的物质力量。各大工厂完成国家计划,过去是工厂领导和工人的事情,可是现在,工厂的事就是公社的事,"主体"保不好,公社有责任,支援大工业已经成为广大社员的自觉的行动。把城市公社建设好是工人阶级的光荣任务,各大工厂的工人始终以老大哥的气魄,千方百计对各个公社的各项工作,进行帮助。公社成立以来,纺织机械厂、红星打字机厂、天津钢丝绳厂等七个大工厂共为公社培训了四百多个社员,帮助他们掌握了五金合套、炼矽铁、切钢珠、割钢丝绳、制打字机零件等生产技术,成为生产上的骨干。

老师傅们不仅仅给社员们传授了生产技术,同时也带来了工人阶级的优秀品质。工人老大哥政治觉悟高,组织性纪律性强,艰苦朴素,敢想敢干,这些都在社员中产生了越来越大的影响。铁路职工家属何淑玲是两个孩子的妈妈,原来只在家里抱抱孩子,做做饭,闲时到邻居家串串门。人民公社成立了,她参加了制模车间。刚来的时候,最让她感到头疼的是这儿的上班、下班时间太严格,紧张的生产她也不习惯。后来钢丝绳厂的老师傅告诉她,参加公社生产是妇女彻底解放的好途径,还用人民公社发展的远景启发她,给何淑玲很大教育,从此,何淑玲也学着老师傅的样子,上班前早来做好生产准备,生产时集中精神学习技术,还把家务事安排好,很少请假。二十一岁的张淑兰也是位铁路职工家属,以前她成天惦记的只是怎么把丈夫、孩子的生活调理好。参加生产以后,她的眼界开阔了,特别是老师傅时时刻刻关心集体、全心全意搞好生产的榜样,给了她深刻的影响。热爱劳动、关心集体的思想逐渐在她身上生根发芽。有一天晚上,她下班后在家正哄孩子睡觉,忽见外边阴云密布,天要下雨了,她想起车间的小股钢丝还在外边放着,老师傅说过,下雨淋湿了,会影响产品质量,她赶紧把门倒锁上,跑到车间用油毡把钢丝盖好,使公共财产避免了损失。像何淑玲、张淑兰,不过是王串场人民公社正在成长中的千百个妇女社员中的两个。现在,她们再也不是过去的心胸狭隘的家庭妇女,而是直接参与社会主义建设的人民公社社员了。在她们的身上,工人阶级的优秀品质正在成长。

不断提高　前途无限

　　王串场人民公社诞生的时间还很短,处在一个从不完善到完善,从不成熟到成熟的过程中,它的优越性不过仅仅开始发挥出来,它有着无限广阔的前途。可以预期,在党的领导和广大社员的积极努力下,王串场人民公社和其它人民公社一样,经过不断的巩固提高和继续发展,一定会取得更大的胜利,放射出更加夺目的光芒。

在公社的大家庭里

——塘沽人民公社记事

（一九六〇年九月二十九日）

城乡协作的结晶

初秋，在塘沽区中心桥公社的广大田野，水稻和菜田都呈现出丰收在望的景象。这里的广大社员，每当看到这即将到手的丰收的果实，不禁想起在抗旱斗争中新建成的大型扬水场的功劳。那些年轻的小伙子也从心坎里唱出了激动的赞歌。

> 滚滚流水幸福长，党的恩情深万丈，
> 人民公社力量大，城乡协建扬水场。
> ……

说来，这还是今年年初的事，中心桥公社为了实现电力灌溉农田，决定筹建一座大型扬水场。说话容易，实际做起来可不容易呢！不用说别的，就拿材料说吧，除了机器设备由国家调拨以外，其他材料完全得由自己筹集。完成这样大的事单靠本公社的力量如何能够解决呢！公社领导和广大社员为这事儿都很着急。后来他们请示了区委，打破了原有公社的界限，邀请了区内的工业、交通、基建等各个部门开了一次协作会，请求各方支援。区内各部门支援农业的积极性很高，当场各部门就自告奋勇，帮助中心桥公社解决了不少困难。

从这以后,兴建扬水场的工地,就成为城乡友谊协作的核心,有的部门支援了物资,有的派技工帮助,就连各学校的学生和机关干部也赶来参加劳动……新河船厂在厂里加工完扬水场的零件之后,厂党委书记和厂长又亲自率领工程师和老工人带着各种材料和工具到工地来帮助安装。四面八方的支援,更加鼓舞了广大社员的干劲,使工程进度突飞猛进。当人们正在向旱魔开战的紧要关头,这座扬水场终于建成了。

这支抗旱的生力军一上马,立刻发挥了巨大威力,它以每秒钟抽水十个立方米的能力灌溉着七万亩农田,使那些久旱的禾苗,饱饮了甘露。人们激动地说:"真是人民公社力量大,众人捧柴火焰高啊!"

"厂社一条心,黄土变成金"

在塘沽人民公社的社员代表大会上,塘沽公社氯化钙厂的代表马凤茂在发言中,谈到这个厂在发展壮大过程中受到永久沽厂的帮助时,比作为"厂社一条心,黄土变成金"。

这个厂是在大跃进的一九五八年六月由七个家庭妇女创办的。当时,什么设备也没有,一点技术也不懂,只是听说:永久沽厂排泄出的制碱废液能熬制成氯化钙。当时她们就推派季兰桂到永久沽厂联系,提出要办氯化钙厂,当即得到永久沽厂领导上的支持,并且由这个厂盐钙车间负责帮助她们建厂,指定专人教给她们技术,还将工厂用不着的旧铁锅和一部分旧仪表等设备交给她们使用。在她们自己动手建厂时,永久沽厂又派来了瓦匠帮助她们垒灶、派工程师帮助她们学会生产技术。就这样,她们终于把厂子建起来了,并初步掌握了氯化钙的生产技术。

氯化钙厂一天天发展,永久沽厂把帮助社办工业发展也当成分内的责任,真是"有求必应"。去年氯化钙厂扩建时,永久沽厂又派出专人来帮助设计,并且为社办工厂培训了两名化验员。今年四月间,永久沽厂从盐钙车间专门抽出一位工长,常驻氯化钙厂,帮助她们改进技术,建立生产秩序和健全企业管理制度等。两年来,这个厂在永久沽厂无私的帮助下迅速得到发展,已经由原来的七个人发展到一百五十多人，氯化钙日产量提高了六十倍左右。

这个厂的建立、发展，也使永久沽厂的废碱液得到合理处理，不致再排入海内，危害渔业，变有害为有利。氯化钙是建筑工程冬季施工中不可缺少的重要材料，在摄氏零下 30 度的气温里混凝土掺上它就能防止冻裂；还可以用于医药等方面。目前他们的产品就行销到北京、哈尔滨、新乡等十余个城市。

进堂如到家

"进堂如到家，照顾赛亲人"这句话是一位姓包的老大爷对塘沽人民公社安东街食堂的一句评语。前些天，这位老大爷病了，食堂里的炊事员知道老大爷无人照顾，马上做了一碗热乎乎的挂面汤送到老大爷的家里，当炊事员把面汤送到老人面前的时候，他感动得许久说不出话。

这个食堂何止对这位老人照顾得无微不至呢！在这里吃饭的一千五百多人同样享受到这种温暖。在这里工作的炊事员都是大家庭的管家，她们也像居家过日子一样，把大家庭的每个成员的生活安排好。在这儿吃饭的社员想改善生活用不着自己操心，食堂里早就做好计划，在一定时间内，人们可以吃到包子、水饺、捞面等。遇到节日，人们愿意回家吃饭的，也可以从食堂里领到饺子馅、菜码等各种各样的配菜。尽管炊事员们付出了辛勤劳动，但是她们自己并不满足，她们说：让社员吃好吃省是我们应尽的责任！

（塘沽通讯组）

城市公社工业要以生产小商品为中心

天津市公社工业局局长　刘学田

（一九六○年十月二十八日）

天津市城市公社工业和全国各地一样,是在党的社会主义建设总路线的光辉照耀下产生的,是大跃进的产物。两年来,在市委正确领导下,公社工业从无到有,由小到大,迅速成长壮大起来,对促进整个国民经济的持续跃进,支援工农业生产的高速度发展和为人民生活服务以及扩大出口等方面都起到了显著作用。市委提出:"城市公社工业要以生产小商品为中心,积极地为人民生活服务,有计划地为大工业服务,为农业服务,为出口服务"的方针以后,天津市公社工业的小商品生产无论从品种、产量、质量上都有很大发展和提高,发挥了"大工业漏掉什么就拾什么,市场上缺少什么就补什么"的"拾遗补缺"的作用,并且向着"大路货又多又好,名牌货万紫千红,缺门货力争补上"的方向发展,努力做到品种多、花色全、数量大、质量好,出现了不少第一流的产品,为今后进一步发展小商品生产打下了良好的基础。

小商品关系着人民生活衣食住行各个方面,缺少了它,就会使群众生活感到不方便。很多小商品又是大商品的附属原料和配件,缺了它,大商品的使用也要受到影响。因此,是丝毫不能忽视的。另一方面,城市公社工业本身又具备着发展小商品生产的各种优越条件。城市公社工业具有"一大二公"的优越作用,可以充分调动城市的闲散劳动力,可以充分利用大工业的下脚废料,大搞综合利用,做到就地取材,就地生产,就地供应。小商品生产一般用料较少,技术易于掌握,设备比较简单,劳动强度也较小,也适合公社工业新参加工作的家庭妇女多、技术设备薄弱的情况。公社工业又可以根据工农业生产的发展和人民生活多方面的需要,因陋就简地组织生产,灵活地改进花色品种,使产品更加适合市场需要。

发展小商品生产，又是公社工业发挥大工业的助手作用的一个重要的方面，天津市是我国工业基地之一，在社会主义建设事业中承担着重要的任务。公社工业发展了属于"低、粗、小"的日用工业品生产，就能使大工业腾出手来，更迅速地向高级精密和发展新技术的方向前进。

小商品生产与广大农村人民日常生产和生活的关系非常密切。广大农村不仅是小商品的原料基地，而且是小商品的广阔销售市场。今年以来，公社工业在"以农业为基础"的方针指导下，生产和供应了农村大量的小农具和生活日用品，对调动广大农民生产积极性，满足农民生活需要，促进农业生产发展起着积极作用。不仅如此，小商品生产还在一定程度上支持了国家出口任务的完成。

城市公社工业大力发展小商品生产，是贯彻轻重工业同时并举，大中小企业同时并举，促进国民经济高速度发展的重要工作，它不仅解决当前小商品的供应问题，而且是一个长远的方针。随着城乡人民生活的提高，工农业生产的不断发展，小商品生产发展前途是非常广阔的。城市公社工业抓住小商品生产这个中心，妥善地安排为人民生活服务、为大工业服务、为农业服务、为出口服务的比例，就可以促进公社工业大发展，使公社工业在国民经济高速度按比例持续跃进中发挥更大的作用。

为了在公社工业中，认真贯彻以生产小商品为中心的方针，城市人民公社就要把领导生产的重点，放到小商品生产方面来，就要使小商品的生产比重在城市工业生产中占首要地位，就要适应人民生活和市场的需要进一步发展小商品生产。在当前来说，就要积极地发展小五金、日用五金、建筑五金、日用小百货、工艺美术品、文教用品的生产以及小商品生产需要的原材料生产，相应地发展和充实原材料加工改制行业和小商品生产不可缺少的辅助工序，如喷漆、电镀等。在品种方面还要贯彻"低、粗、小"与"高、精、优"相结合，并要做到填平、补齐、发展、提高。所谓填平、补齐，就是凡属市场需要，而大工业又不生产的品种，都要千方百计逐渐补起来；发展是在数量上大大增加；提高则是要进一步提高质量，创造更多的第一流产品。只有这样，才能使公社工业的小商品生产做到产品成列、规格成套，五光十色，万紫千红，更好地为人民生活服务。

两年来的经验证明,发展小商品生产,首先要坚持政治挂帅,从思想教育入手,大造声势,大搞群众运动。因为,小商品生产零星琐碎,品种规格繁杂,生产起来比较麻烦;同时由于它的产值比较小,容易被人忽视,再加上目前小商品生产的原料、材料还没有直接纳入国家计划。在生产安排上容易被挤掉,特别是有的干部和社员由于对小商品生产的重要意义认识不足,也是影响小商品生产发展的一个原因。因此,必须反复深入地向干部、群众宣传小商品生产和国民经济、人民生活的密切关系,在广大干部、社员中树立全局观点,从国家需要、市场需要、人民生活需要出发积极发展生产。事实证明,只要给群众讲清道理,他们就会积极地挖掘潜力,发展小商品生产。像郭庄子公社大造声势,广泛深入地宣传小商品生产的意义以后,很多人自告奋勇,要为发展小商品生产出一把力,就是生动的例子。

其次,就地取材,自力更生,粗粮细作,改制代用,厉行节约,综合利用,充分利用废品废料,是公社工业历来解决原材料困难的主要办法,在发展小商品生产中必须积极采用。我们要努力做到变废料为好料,变无用为有用,变一用为多用,量材使用,巡回利用,利用净尽,同时,不断降低原材料消耗定额,积极研究改制代用的办法,本着自力更生的精神,扩大挖掘原材料的来源,使小商品生产的发展具有可靠的物质保证。在当前,一方面是要从上到下发动群众,大搞原材料的加工改制,使一些废品下料变成适合我们生产使用的规格材料;另一方面是要加强对原材料生产和加工改制的管理,并要经常在一厂、一社、一区内进行清仓及原材料的调剂,以达到互通有无和巡回利用、利用净尽的目的,充分地发挥现有原材料的作用,真正做到"物尽其用"。

第三,继续进行公社工业生产组织的调整工作,是发展小商品生产的重要措施。公社工业是从街道工业的基础上发展起来的,生产单位多而分散,各生产单位的生产品种、数量也不够稳定,今年第三季度以来,有的公社采用"梳辫子"的办法,对原有生产组织进行了调整,把生产同类产品的生产单位组织起来,根据不同的条件,实行集中生产或集中管理分散生产,大大促进了小商品生产的发展。因此,各单位还要注意在调整生产的基础上,进一步地进行小商品定点、企业定向的工作。把各个生产单位的品种、数量以及服务方向固定下来,这也是发展小商品生产,使之更能符合市场需要的好办法。

第四,继续开展技术革新和技术革命运动,进一步提高公社工业的机械化半机械化水平。今后开展技术革新和技术革命的任务是围绕着发展小商品生产的需要,保新产品技术过关、保产品产量增加、保劳动生产率的增长、保安全生产、保质量提高,要使"双革""四化"真正在生产中发挥作用。

在机械化、半机械化水平不断提高的情况下,还必须不断提高企业管理水平,特别是要与生产发展相适应,不断地调整劳动组织,合理使用劳动力,充分发挥劳动潜力,使公社工业的劳动生产率不断提高,促使小商品生产不断增加。

一规划实行"五定"大搞多种经营

东南角公社小商品产量大品种多

（一九六〇年十二月二十一日）

本报讯 南开区东南角人民公社认真贯彻执行党的社办工业方针，根据统筹兼顾、全面安排的原则，实行定点、定人员、定厂房设备、定任务、定供销关系等"五定"的方法，大量发展小商品生产。目前，这个公社的小商品品种由去年的一百一十多种增加到三百三十多种；产品产量增长很大，像发卡、刷子、儿童鞋等三十二种可比商品，今年一至十月份的产量超过去年全年产量的半倍到一百多倍；产品质量也不断提高。

在实行"五定"办法扩大小商品生产过程中，公社党委首先加强了全面领导，结合实际情况，组织干部认真学习市委提出的城市公社工业要以小商品生产为中心等指示，从思想上进一步认识到小商品和人民群众生活的密切关系，认识到社办工业把小商品生产的任务完成得好，就可以起到"拾遗补缺"的作用，有力地支援大工业。同时，公社党委还组织力量加强调查研究，对小商品生产和管理进行全面规划和安排。从今年四月以来，他们针对社办工业分散，行业、品种重复等问题，先后进行了两次生产调整，充分利用了厂房、机器设备和技术力量，促进了小商品生产的发展。

为使小商品生产更好地适应市场需要，这个公社在调整生产的基础上，根据生产条件和市场需要，充分发挥了人民公社统一组织生产的优越性，将小商品生产统一规划为日用小五金、建筑用小五金、五金工具、缝纫杂品、日用百货、日用电料及文教用品等十三条生产线，各个生产单位分工协作，组织生产，并确定三个工厂专门为小商品生产服务。目前，全公社的一百二十个生产单位中从事小商品生产的已达一百个。为了继续巩固已有的小商品品种，并且

— 215 —

不断地扩大新品种,公社确定了一批包括两千七百多人的专业队伍专门从事小商品生产,并且开办了无线电、缝纫、车工、钳工等训练班,提高他们的技术水平。同时,还固定了一部分厂房、机器设备专门生产小商品,并且规定新增加的机器设备优先保证小商品生产需要。这样,就使得生产小商品的厂房由年初一百多间扩大到二百多间,机器设备由六十多台增加到二百二十多台,保证了小商品生产的发展。

这个公社为了保证小商品的花色品种不断增加,产量质量不断提高,采取按月下达生产任务,按旬按日抓任务完成情况的方法,使产品逐步走向定型化。目前,这个公社定型的小商品已达一百一十多种。为了保证小商品的销路和生产原料来源,这个公社还建立起产品实物档案和登记卡片,定期分析研究和安排小商品的原料和销售对象。目前,他们生产的全部定型产品都有了固定的销售对象,原料也都有来源。这个公社还采取因料制宜、量材使用的方法,大搞多种经营,并且提出"大料大用、小料小用、广泛代用、拼凑使用"和裁剪下料比节约、一料到底比综合利用的口号,做到了物尽其用,避免浪费。如公社日用品工厂用大块皮子做皮鞋,下料做童鞋,再剩下的下料做皮包把、包帆布箱子角等,这样既节约了原料和材料,又增加了品种。

实行"五定"方法以后,这个公社的小商品生产做到了品种繁多,不仅有鞋眼、裤钩、扣子、儿童用品等大路货,也有比较高级的电推子、电烙铁等商品。还有一些看来很小但是为人们日常生活所需的零星商品,如毛衣针、衣架、刮舌等。入冬以来,他们又生产了大批煤钩、煤铲、棉鞋、润面膏等多种当令的小商品。

(友兰、长征)

生产更多小商品
供应人民需要（摘录）

（一九六〇年十二月二十一日）

自己动手造机器

　　红桥区河北大街公社关上分社壁灯车间生产的壁灯精致美观，深受群众欢迎，但是因为这个车间全部是手工操作，生产效率很低，不能满足市场需要。为了改变这种情况，社员们在分社党支部教育下，树雄心、立大志，发奋图强，"没有机器自己造，没有材料自己找，坚决不当伸手派，一心要作革新家"，展开了热火朝天的革新竞赛。这个车间有两位老师傅一马当先，用废铁管、旧木料制造了手摇弯弯机，使弯灯口工序的生产效率提高二十倍，因而更加坚定了社员们的信心。大家一齐动脑筋画图样，到处翻找制造工具的旧材料。接着，社员们又制造出磨边机、打眼机以及其他许多种制造壁灯的工具，仅一个月的时间就改变了原来生产车间全部用手工操作的落后面貌，全车间十二道工序中有十道工序实现了机械化半机械化，生产效率提高十倍到十五倍。

（张世彦）

加强领导　依靠群众　抓深抓细

市区公社全面安排人民生活

市委城市公社办公室召开会议布置今冬明春工作

（一九六〇年十二月三十一日）

本报讯　以食堂为重点，全面安排好人民生活的群众运动已经在市区各人民公社开展起来。各公社层层书记挂帅，深入食堂、深入住户，加强政治领导，充分调动炊事、管理人员和街道积极分子力量办好食堂，帮助居民安排好生活，并且创造了许多先进经验。日前，中共天津市委城市公社办公室召集会议，交流了各公社在安排人民生活方面的先进经验，部署了下一阶段的工作。

会议回顾了前一阶段市区各人民公社在贯彻市委抓思想、抓生活、促进生产的指示以后所取得的成绩，包括以下三个方面：第一，从市、区到公社、分社，已形成一条强有力的生活战线。除市、区公社办公室成立了生活领导小组外，各公社普遍扩大了原有生活领导小组，并且层层建立了生活办公室，具体组织安排人民生活的各项工作。第二，各公社首先加强了食堂的巩固提高工作。各公社的书记、部长和一般干部纷纷深入食堂，和群众同吃、同劳动、同商量，改进食堂工作。和平区各公社抓生活的干部每周都用四天时间驻食堂办公。有的公社实行"食堂日"，除了固定抓生活的干部经常深入食堂以外，其他干部在一周中也用一天时间深入食堂。各公社在大抓食堂巩固提高工作中，以三类食堂为重点，加强政治领导，促进三类食堂迅速改变面貌。红桥区公社办公室抽调近八百名干部深入食堂，其中绝大部分到三类食堂落户，切实地帮助他们改进工作。许多公社还向三类食堂炊、管人员进行为政治、为生产、为人民生活服务的教育，提高觉悟，改进服务态度，实行计划用粮、节约用粮。同时，大力加强食堂的财务管理，建立健全民主管理制度。不少食堂实行了盈亏当日公布、账目按月公布等制度,加强群众监督。第三,在大力巩固提高公共食堂的同时,各公社大力开展全面安排好居民生活的工作。许多公社以食堂为阵地,组成生活大军,分片包干、逐片逐户安排好居民生活。他们纷纷入户入院,大力推广节约粮食、安排好生活的各种先进经验。他们出动展览车、操作表演车,组织节约粮食指导站,千方百计向群众宣传,并且组织居民到食堂去参观学习。有的公社大力培养勤俭节约能手,树标杆、插红旗,促使广大居民树立勤俭节约、艰苦朴素风气,养成有计划地安排生活的好习惯。

会议还指出,目前也还有一些公社领导对安排人民生活的重大意义认识不足,满足于一般号召,缺乏全面细致的安排,工作不够深透。有的公社领导工作作风不够深入,还没有脚踏实地地深入到三类食堂去,帮助他们改变落后面貌,在安排居民生活中还不够全面,缺乏具体有效的措施。

会议根据市委指示精神,安排了今冬明春安排人民生活的几项工作。第一,加强党的领导,坚持政治挂帅。公社领导干部要深入生活第一线,并且选拔一批立场坚定、成分好、群众观点强、认真执行党的政策的好干部担任食堂和其他生活战线的领导职务,保证党的政策正确贯彻执行。要教育干部树立坚强的阶级观点、群众观点和政策观点,严格按照党的政策办事,把人民生活安排好。第二,集中优势力量,分期分批地消灭三类食堂,充实提高一、二类食堂。同时,在社办食堂中要广泛开展"八好"(政治思想工作好、民主管理好、用粮用菜计划好、饭菜质量好、安全卫生好、服务态度好、财务管理好、建立家底好)竞赛。通过竞赛,建立民主管理制度,充分发动群众,办好食堂和安排好居民生活。第三,充分发挥食堂的阵地作用,组织炊事、管理人员、街道积极分子、商业人员和社干部四结合,调动各方面力量,组织居民安排好生活。第四,大抓食堂家底生产。有农业生产队的公社要迅速研究制定明年生产计划,多种植早春蔬菜,没有农业生产队的公社可以开垦荒地,大力生产蔬菜。各公社还要充分利用城市闲置土地种菜,饲养猪、兔、羊等。第五,贯彻劳逸结合精神,关心社员、干部生活,保证公社生产和各项事业持续跃进。第六,大搞修理服务。当前主要是拆洗缝补衣被和修配生活日用品。各公社主要对现有修理服务行业进行调整,加强修理服务队伍。

（七）《新华半月刊》

大兴共产主义协作之风

中共辽宁省委第一书记　黄火青

（一九六○年第三期）

在执行国民经济建设计划中，组织地区性的共产主义协作，是一个不可缺少的重要环节。特别是在 1958 年和 1959 年的大跃进中，地区性的协作更是起了显著的作用。

要有组织有领导地进行地区性协作

社会主义经济本来就是一个巨大的互相协作的整体。各个地区、各个部门、各个企业乃至各个车间、工段之间，互相联系、互相协作，有着密切的不可分离的关系。在我们国内，各地区、各部门、各企业之间主要的协作关系，由各级计划机关加以统一安排；产品和物质的分配，根据计划，通过订货会议等形式加以解决；至于各个企业内部各车间之间的协作关系则由企业计划加以规定。这一整套计划组织工作和综合平衡工作，是组织社会主义经济协作的主要方面。没有它，生产就会成为无政府状态。但是，仅仅有一套计划组织工作和综合平衡工作也还不够。这是因为各级计划只能规定主要产品、主要物资的协作，而不可能规定所有产品、所有物资的协作；同时，即使在各级计划平衡范围之内，也常常由于发动群众挖出新的潜力或发现新的薄弱环节，而不断地打破了原有的平衡。这种有余和不足的现象，经常地、大量地在各单位发生。不及时解决，就不能充分发挥现有设备和物质的力量，推动生产向前发展。在解决这类问题的时候，如果不分问题的性质、大小，一律请示上级行政部门，确

— 223 —

实不胜其烦。通过各单位之间的自由协作，虽然可以解决一些问题，但是，有时要求协作的单位挨家拜访，又往往由于种种原因，"口径"不对而不能达成协议。因此必须组织地区性的协作来加以解决。特别是大跃进以来，许多企业打破常规、破除迷信，敢想敢干，以飞跃的速度向前发展，更大地突破了各级计划好的平衡，各单位互相间的协作要求就更多。而许多单位的工作人员，由于在整风中提高了觉悟，进一步认识到局部和全体的关系，不管本身怎样困难，也尽量挤出时间和原材料，以共产主义的精神，完成别人要求的协作任务。一种广泛的共产主义协作的活动，就在各地区、各部门、各企业之间开展起来，因而更加要求协作能够有组织有领导地进行。

在组织协作的活动中，碰到一个突出的问题，那就是不少企业受着旧的规章制度的约束。这些旧的规章制度的特点就是只算本企业的小账，不算整个国民经济的大账；只讲互相制约，不讲互相帮助；没有政治挂帅，缺乏共产主义精神。这就必然障碍着这些企业和其他单位的协作。这个问题只有在地方党委统一领导之下，权衡轻重，全面安排，作出决定，各单位认真贯彻执行才能够很好地解决。两年来，辽宁省的地方党组织在组织地区性的协作上采取了一些必要的措施，收到了显著的效果。这里主要谈一谈这方面的问题。

组织地区性协作的几种形式

第一，组织地区性的物资调剂。方法是召开全省性的或全市性的工业生产协作会议。这种会议集中了各单位的协作要求，号召各单位亮出库存原材料，在统一思想提高认识的基础上，按照"全国一盘棋"，先重点、后一般，先"条条"、后"块块"的原则，分类排队，统一组织物资调剂以及一部分产品配套和工艺加工等方面的协作。会议强调充分发挥积极性，尽量挖掘潜力自己解决困难，局内能解决的困难不提到市，市内能解决的困难不提到省，省内能解决的困难不提到协作区和兄弟省。总之，凡是经过协作能解决的困难，就不提到中央。经过这种会议，在省、市和各工业局系统内，解决了相当多的物资协作问题，避免了各单位自由协作当中所产生的许多缺点。

第二,组织地区性的生产协作。这种协作往往是为了突击完成某一中心任务,克服某一薄弱环节或攻破某一关键问题。方法是组织地区性的统一行动。例如:1958年秋季组织全省力量突击制造冶金、矿山、电站、排灌设备等任务。当时的情况是:这些设备的数量大,要求交货急,而绝大部分产品又都没有专业厂生产。如果按照原有企业分工,依照常规安排生产,就根本不可能完成任务。办法只有组织全省的大协作。我们在省委领导下,建立了指挥部,组织了全省大小四百多个工厂协作生产。这就充分发挥了企业的潜力,解决了一个企业、一个部门或一个市难以解决的许多问题。结果按时、按质、按量,完成了国家交给的任务。

再如:抚顺露天矿在今年3月"夺煤"大战中,暴露出运输力量严重不足的问题。抚顺市委决定组织全市十几个地方国营工厂制造滚珠轴承,帮助露天矿把全部矿车滚珠轴承化,以增加运输的效率。各工厂接到市委的指示后,立即执行,苦战三天,完成了任务。1959年抚顺等煤矿系统的设备检修,也是采取了全市支援的办法,很快就解决了问题。1959年在省委领导下,又组织了对辽宁省几个重要工厂的新技术材料生产的协作。这些工厂所需要的新技术材料,过去自己解决不了,大部分依赖进口。省委召集了有关工厂和科学研究机构的专门会议,在统一认识的基础上号召各单位根据本身的条件承担生产或者试制的任务,当做政治任务来完成。结果,这几个工厂提出来的两千多种新材料,有95%以上都和到会单位达成了试制或生产的协议。这种协作的事例还很多。在铁路货运紧张的时候,组织抚顺、沈阳、大连、鞍山等市的装卸大军,协助装卸,在农村秋收紧张的时候,动员这些城市劳动力下乡支援。至于农村中新建的无数中、小型水库和水利工程,那更是人民公社组织共产主义大协作的结晶。仅仅在公社化后1958—1959年的冬春,全省就建成水库、水井、塘坝、自流引水渠道等水利工程五万七千多处,比1957年增加了二点八倍。如果不是组织共产主义大协作,上述这些任务根本不可能这样迅速的完成。

第三,组织不同部门之间的协作,协调工作部门之间的关系,变互相约制、互相重复的力量为互相帮助、通力合作的力量。这方面突出的经验是阜新、本溪等地的"路矿协作"和"路厂协作"以及地质部门的"综合勘探"。阜新市在路矿协作之前,铁路运输和煤矿生产是不够协调的。双方在处理相互间的关系时,常常是只顾自己方便,不管对方困难;只算本企业的小账,不算整个社会的大账,一出问题,就相互埋怨,推诿责任。当时铁路和煤矿之间有一条交接线,工人称之为"三八线"。双方取送车辆只许到这里为止,不准越过,越过就要罚钱。每次取送车辆都得在这里浪费很长的时间办理交接手续。铁路方面规定:车辆在矿停留时间不能超过指标;超过指标就要按章罚款。煤矿方面怕挨罚,一看来车就赶忙装上煤炭,送回"三八线"。从表面上看,车辆在矿停留时间短了。但是,铁路接到的却是一批又一批煤种混杂、方向不一、杂乱无章的车辆,要经过非常复杂、困难的作业过程,才能编排成列发送出去。铁路方面用罚款的方法来防止煤矿方面积压车辆,结果车辆反倒在车站积压起来。从整个社会的大账来算,浪费了很大的运力。在过去,铁路和煤矿双方由于缺乏整体观念,大家都把协作看作分外负担。在这种思想支配下,硬要组织协作也不可能。所以几年来铁路和煤矿虽然在调处双方关系上做过一些努力,但总是效果不大。1958 年在整风和大跃进的基础上才解决了这个问题。在阜新市委领导下,商得有关部门同意,决定把西阜新车站与矿物局运输部车务段合而为一。在统一思想的基础上,使机构、计划和行动都统一起来,并且废除了互相罚款的规章制度。"三八线"由障碍协作的鸿沟,变成便利协作的战线了。这样一来,潜力大大发挥,铁道线路的通过能力由过去的三百五十辆,提高到八百多辆。车站的一次作业时间从原来的平均十四小时,降低到七小时左右。

在地质勘探工作中实行"综合勘探,各有重点,分片负责"的办法也获得了很大的成功。辽宁省各部门的地质勘探单位在实行"综合勘探,各有重点,分片负责"以前矛盾很多。往往为了抢矿点,互不相让。有时在同一地区,几个勘探队同时进行工作,而各队只管一种矿种,对其他共生金属和有用矿物,既不取样也不分析,致使大量的共生有益矿物不能利用。往往在这个队得来全不费工夫的轻易弃置了的东西,在其他队,正在"踏破铁鞋无觅处"。这种情况造成了国家在人力、财力和物力上的巨大浪费。各个单位之间,为了保守矿点的"秘密",老熟人见面也不敢谈真话,互相帮助就更少。为了改变这种状况,去年 9 月辽宁省委发布了"综合勘探,各有重点,分片负责"的决定,确定根据各地质勘探队的具体情况,划分勘探区域,在确定的勘探区域内进行有重点的综合勘探,分片负责到底。首先把国家迫切需要的矿种、矿量查清,然后有步骤地查清其他有用矿种。在每个钻孔中,必须取出主要矿种和其他共生矿种的岩芯,对每种矿种,都必须取样化验分析,避免重复勘探。这个决定贯彻执行以后,不仅从根本上解决了各地质勘探单位之间的争、抢和重复勘探的矛盾,而且加强了地质部门之间的团结协作,大大提高了干部和工人的共产主义觉悟。同时,改变了过去分散力量"蜻蜓点水满天飞"的作风,而把主要勘探力量集中到主要矿点上,踏踏实实地、深入细致地进行工作。这样做的结果,在一些原来认为没有希望的地方,经过深入勘探研究后,又发现了新的矿体。而且,由单矿种勘探到多矿种勘探,也提高了地质勘探工作的技术水平。又由于全省统一安排,既保证了重点矿种的勘探,也消灭了空白区,资料和研究工作也统一了,这就大大推动了地质工作的跃进。去年全省地质勘探钻探工程量到 11 月 25 日提前三十六天超额完成了,为 1958 年同期的 120%。十二种主要矿种储量超额完成了国家计划。各项经济技术指标,也比 1958 年同期有显著的提高。

第四,组织同行业的技术和经验的协作。方法是组织厂际的互助协作竞赛。经验证明:生产性质相同的企业,由于设备、产品、工艺规程等方面大致相似,一个工厂出现了新的经验,其他工厂很容易推广;一个厂发生了困难,其他工厂也有条件进行帮助。此外,在物资、设备等方面也可以相互调剂和互相支援。东北几个特殊钢厂的厂际互助协作竞赛已经坚持了三年。他们在竞赛中互相主动帮助:一个钢厂遇到了困难,其他几个钢厂就主动来支援;一个钢厂创造了新的经验,或者试验成功了某项新的技术,便主动地派人出去传播,其他工厂也积极派人来学。几个工厂还集中技术力量和设备,研究解决技术上存在的关键问题。他们的中心试验室,通过互相合作,研究出了一套快速分析合金的方法,制造了国内没有过的合金钢样。这种技术合作,不但迅速提高了企业生产的技术水平,而且为掌握新技术和科学研究,提供了一种新的工作方法。

上述这些实例证明了:在各企业、各部门、各地区之间,组织共产主义协作,是保证完成和超额完成国家计划,高速度地建设社会主义的一个重要环节。通过这种协作可以互通有无,互相帮助;协调关系,交流经验;集中优势力量,保证重点任务的完成,或解决共同存在的关键性的问题。这种协作,不但可以节约社会财富、挖掘生产潜力,而且是对广大干部和群众的一个最实际、最生动的社会主义和共产主义的教育。当然,上述经验还是很不够的。只要各单位继续充分发扬共产主义精神,各级地方党组织抓紧问题,进行组织工作,协作的可能性还很多,在协作方面还大有文章可做。

党的领导和政治挂帅是搞好协作的保证

协作是社会主义经济优越性的具体表现。社会主义的生产资料的公有制决定了我们各个单位之间的兄弟般的协作关系。这是生产关系的一个方面,不断地改善这种生产关系,就能更加促进生产力的发展。在组织国民经济建设的高速发展中,我们必须充分地发扬社会主义经济的这一优越性,充分地利用我们的这一有利条件。

协作通常是在互利的条件下进行的。即使有的时候,对于接受协作任务的单位是增加了一点额外负担,添了一点"麻烦",但是,对于需要协作的单位,却有很大的帮助,从整个国民经济的大账来算,常常是事半功倍的。因此,应当表示欢迎。协作也是经常会有的。随着生产的发展,一部分协作任务可能由临时的变成经常的,由不纳入计划,到纳入计划。但是平衡总是会不断被突破,新的协作要求总是会层出不穷的。为了促进整个国民经济的大跃进,为了确保重点任务的完成,各个企业各个部门都必须时刻准备着为别人协作,要把协作任务和分内任务同等看待。在必要的时候,甚至要优先完成协作任务,要把支援别人,当做自己的光荣。

党的领导和政治挂帅,是搞好协作的主要保证。没有地方党的领导,依靠各单位自行活动,就不可能组织这样强有力的协作。当铁路运输紧张的时候,铁路系统没有可能去动员一个市的人力来协助装卸。当煤矿设备需要迅速检修的时候,煤矿系统也不可能动员一个市的力量来帮助突击检修。一些重要工厂的新技术原料的生产和供应,他们自己也不可能动员很多工厂和科学研究机构来承担他们的任务。这些事情,只有地方党委出面领导才有可能。而党的领导,又必须首先抓思想。这就是要大立共产主义思想和"全国一盘棋"的思想,大破资本主义思想和本位主义思想,而且要废除那些不合理的限制协作的规章制度。事实证明:什么时候共产主义思想和"全国一盘棋"的思想挂了帅,协作就搞得好;什么时候资本主义思想和本位主义思想挂了帅,协作就一定搞不好。两年来,辽宁省各级党委在组织协作的时候,首先都是从这一着下手。把正确的思想树立起来,问题就能顺利解决。在工业生产协作会议上,由于统一了认识,提高了觉悟,在号召各企业亮库底子的时候,各企业就把许多"奇货可居"的积压物资都亮了出来。经过互相调剂,解决了许多急需物资的供应问题。在几个钢厂的厂际互助协作竞赛中,1958 年,有一个钢厂安装轧钢机,缺少机架和部件,自己无法锻造,向另一个钢厂求援。当时另一个钢厂锻压任务很紧,少数人就有畏难情绪,不愿支援。这个钢厂的党委立即教育群众一切要从全局出发,要把兄弟厂的困难当成自己的困难,要把兄弟厂的任务当成自己的任务,并讲了别的钢厂几次在困难情况下支援自己的事实。群众的情绪马上就扭转过来,在星期天加班突击,把那个钢厂需要的设备赶制出来,并且用汽车送去。那个钢厂的工人十分感动地说:"兄弟厂以如此情谊对待我们,我们也一定要热忱地帮助兄弟厂。"这些动人的事例教育了干部和工人,使他们提高了社会主义和共产主义觉悟。但是,思想问题并不是经过一两次斗争就能完全解决的。在目前组织协作的活动中,也暴露了一小部分人的资本主义思想和本位主义思想。譬如,有些重要的、设备较好的大厂,只愿意别人为自己协作,不愿意自己给别人协作;有些企业的领导者存在"万事不求人"的思想,过分强调办卫星工厂,什么问题都想自己解决,对其他企业请求的协作任务,则拒之于千里之外;在物资调剂中,有些企业怕"买不来'米',丢了'面袋子'",有积压物资也不往外亮;有些企业把协作任务当成无足轻重的"副业"看待,只看产值的大小,而不看协作任务在全局中的作用,因而很难按时、按质、按量地完成协作任务。在地质工作的综合勘探中,也有类似现象,重大轻小,重视主要矿种的勘探,对共生矿物或矿区附近的其他矿种的勘探注意不够,等等。这些思想都是有害的,如不加以批判纠正,那就根本不会有共产主义的协作。

对待协作的态度问题是世界观问题

对待协作的态度问题,也是一个世界观的问题。在我们的国家中,劳动已不是个人的私事,而是摆脱了剥削的劳动者的公共事业。我们的任何工作都是为了一个共同的目标——更快地建设社会主义和共产主义。任何工作也都是这个向社会主义和共产主义进军的伟大的交响乐章中的一个组成部分,而与其他部分相联系。在我们国家中的工作人员,只有当他意识到他的工作是建设社会主义的一个组成部分并与其他部分密切联系的时候,才能激发起他们的高度责任感和劳动热情,他们才能够在做好本岗位工作的同时,又尽一切可能去帮助别人进行工作,他们才能够有为社会主义赴汤蹈火在所不辞的精神。这种伟大的动力不知比单纯的物质刺激要高多少倍。相反地,如果不是把自己的工作看成建设社会主义的一个组成部分,而是看做个人求名图利的工具,有利于自己就干,不利于自己就不干,"各人自扫门前雪,莫管他人瓦上霜","拔一毛而利天下,不为也",那么他就根本不会有赴汤蹈火为社会主义的精神,往往蜕化成为知难而退的懦夫和懒汉,根本做不好本岗位的工作,更谈不到主动热情地去帮助别人。

我们必须牢固地树立起无产阶级的世界观,彻底抛弃资产阶级的世界观。让共产主义协作之风大大兴起,让这种优良风气遍及我们的各个经济工作部门,遍及我们的各个工作岗位,遍及为社会主义和共产主义而奋斗的人与人之间。大家生活在大公无私、互相促进、互相帮助的空气里,人人心情舒畅,个个干劲十足,那么,我们的社会主义和共产主义的觉悟一定会更加高涨,建设的速度一定会更加迅速!

重庆市是怎样组织人民经济生活的（节选）

全国人民代表大会代表　廖苏华

（一九六〇年第八期）

各位代表：

我完全同意李富春、李先念副总理向大会所作的报告，并在实际工作中坚决贯彻执行。

现在，我把重庆市组织人民经济生活的情况作如下发言。

一

大跃进以来，随着生产的大发展和农村人民公社化运动的开展，城市人民也迫切要求进一步组织起来参加生产并过集体生活，特别是广大妇女走出家庭，集中力量参加社会生产之后，对烧饭、洗衣、带孩子、料理家务等便无暇兼顾，迫切要求家务劳动社会化，把生活及与生活有关的各种服务事业和福利事业，全面地进一步地组织起来就成了城市居民的共同愿望。为了适应这一新的情况，我们在中共省委领导下，根据中央"一手抓生产、一手抓生活"的指示，以发展生产为中心，把群众的生产、生活、教育统一组织起来，由点到面，逐步铺开，取得了日益显著的效果。

通过组织人民经济生活，进一步挖掘了社会劳动潜力，有力地支援了生产的发展。一九五八年以来，全市有三十三万人就了业，相当于过去八年就业人数总和的两倍多。全市街道居民有劳动能力的绝大部分都参加了社会生产和社会服务事业。总计有十一万多人支援了大型厂矿，有一万二千多人支援了运输战线,还有十万人左右参加了街道生产劳动,社会上"人人忙生产、户户无闲人"到处是一片生气勃勃的气象。

现在,我们已经把各街道居民从生产上、生活上、学习上进一步组织起来了。全市共办了集体食堂六千多个,搭伙人数占居民总数的百分之八十二左右;还办起了两万多个托儿所(站),入托儿童占适龄儿童的百分之六十左右;建立了各种群众性的自我服务组织三千多处,做到了大家的事大家办,群众的事群众管。由于家务劳动逐步为社会劳动所代替,使得更多的妇女走出了厨房,她们除了参加大型国营企业的生产以外,还在街道党组织的统一安排下,兴办了大量的街道工厂和各种服务事业。去年一年,街道生产总值达二亿多元,相当于同年全市工业生产总值的百分之六。街道生产事业的普遍发展,不仅起到了为大工业生产填空补缺的作用,而且还为市场增加了货源,增加了居民收入,改善了居民生活。同时,在统筹兼顾、全面安排下,把那些在社会主义改造中遗留下来的保持个体经营的"三小"(即小商贩、小业主、小手工业)也组织起来,使他们走上了集体化的道路。这样,就在经济上、思想上更加彻底地堵塞了资本主义道路。

通过组织人民经济生活,激发了群众学习政治、文化的积极性和自觉性,在街道居民中掀起了大搞文化革命的热潮。自一九五八年以来,全市街道居民共办了小学五十八所,中学三十六所,入学人数达三万八千四百多人。还兴办了业余小学三百二十一所,业余中学十四所。群众不仅积极学习文化,还认真学习理论,开展了一个"听毛主席的话、读毛主席的书"的运动。市中区五家坡居民人人都学习毛主席的著作,还结合实际工作写出了学习心得和一批诗歌、文章,街道的文化教育正在蓬勃发展,居民的思想觉悟也有很大的提高。

值得特别提出的是,通过组织人民经济生活,进一步发展了人与人之间团结友爱、互助合作的新关系,新的道德风尚树立了,集体主义、共产主义精神普遍发扬。在集体生活中,人人关心集体,爱护集体,形成一种把"困难留给自己,便利让给别人,好事推给集体,荣誉归于国家"的新气象。社会上尊老爱幼、扶病救伤、拾金不昧,家庭团结,邻里和睦的事例到处都有。市中区七星岗有一个小院,里边住了十几户人家,过去常为一口井的用水争吵不休;现在不仅在一个食堂吃饭,而且连那块被人认为惹是生非的井台边也成了共同学习的好地方。由于家庭、邻里的纠纷大大减少了,很多地方的法院、派出所不再忙于婆婆妈妈的调解工作了,市中区七星岗和南岸区上新街去年一年只处理过几件民事纠纷。

从重庆市现在的情况来看,组织城市人民经济生活,是建设社会主义新城市的一个重要方面。全面开展这一工作,不仅有利于在发展生产的前提下,组织群众自己管好自己的生活,使他们自觉地走上集体化的道路,而且有利于按照社会主义和共产主义的原则进一步改善人与人之间的关系,改变旧的生活方式和旧的思想意识对人们的影响,提高群众的组织性和觉悟程度,从而使生产关系更加适应生产力发展的要求。

二

重庆市组织人民经济生活是从一九五八年初开始的。当时中共市委即提出了以生产为中心,把居民的生产、生活、教育三位一体组织起来。根据市委指示精神,全市各地区在党委的统一领导下,以财贸部门为主,联系政法部门和妇联等群众组织,依靠群众,协作各方,广泛地开展了组织人民经济生活的工作。两年来的实践证明,组织人民经济生活的过程,也就是党不断关心群众生活,组织群众自己管好自己生活的过程。在做法上,我们主要抓了以下五个方面的工作:

(一)大办集体食堂。帮助群众办好集体食堂,是适应广大群众在参加生产后生活也要集体化这一中心要求提出的。群众对办食堂的热情很高。但是由于过去很多是小锅小灶做饭,还缺乏各家各户联合起来办大食堂的经验,因此一开始就需要进行帮助。重庆市主要是通过商业部门对集体食堂实行了"六帮",即:帮助筹建、帮助解决设备、帮助提高技术、帮助改善经营管理、帮助解决副食品的生产和供应、帮助建立一些附属的服务网点。通过"六帮",使全市六千多个食堂一天比一天巩固下来,现在,已经成为冲不散、打不垮的集体生活单位了。集体食堂的巩固,主要得力于以下几项工作:1. 商业、粮食部门派人帮助食堂共同研究计划用粮的方法,研究提高出饭率的技术,加强管理,杜绝了浪费口粮,使搭伙群众在节约的原则下能够吃饱、吃好。2. 全市集体食堂大力发展了副食品生产。到去年年底止,已养猪十三万头,种菜二万多亩,不断地提高了伙食质量,同时商业部门在商品供应上,也给予了适当的照顾,使食堂能够做到饭香菜美,花色齐全。3. 根据"大集体、小自由"的原则,采取了许多便利群众的措施,如允许吃多少、买多少;允许礼拜天回家自做自吃;允许群众到食堂弄菜并代为加工;对家里无人照顾的老人、小孩、病人,则实行点菜送饭办法,这就使得所有参加在集体食堂吃饭的人都认为很方便。4. 在食堂周围设有小卖部、冷酒馆、日用杂品供应点、茶馆、简易浴室、文娱室等,这样就不仅使得食堂在一个地区内成为组织人民经济生活的中心,而且也成为群众政治、文化活动的中心了。5. 逐步建立并健全了各项经营管理制度,杜绝了贪污浪费现象。这样的食堂,比在家里起伙更经济、又方便,群众十分喜爱。他们说:"共产主义不远,生活越过越甜,吃得津津有味,玩得喜喜欢欢,歌声响彻云端,干劲冲破九天。"

集体食堂的优越性,也不是一开始就被所有的人认识而自觉参加的,它有一个发展提高和巩固的过程。如沙坪坝区石井坡七段集体食堂初办时,很多人就认为几个妇女搞不出什么名堂,初期只有四十多人参加。但是,这几十人一直很坚定,大家想了很多办法来提高伙食质量,降低费用,还自力更生地养猪、种菜,这样伙食就一天一天地办好起来了,周围的人看清楚了集体食堂的好处,纷纷要求加入,几个月之间,搭伙人数即增加到三千二百多人。妇女们对参加集体食堂的前后是这样比较的:"过去在家三顿饭,一天到晚锅边转,早晨转到太阳落,走不出个小圈圈,忙了丈夫忙孩子,一世光阴都磨完。如今有了大食堂,吃饭喝水全包光,走出厨房赶工厂,生产学习样样强,为啥妇女得解放,全靠恩人共产党。"目前,全市集体食堂在技术革新和技术革命运动中正进行多项炊具改革,很多地方搞起了简易的切菜机、洗菜机、淘米机、和面机、馒头机、土蒸汽锅炉等,一个人可以做上千人的饭,劳动力的使用更加合理,经营管理也有了进一步的改善,食堂的根子扎得更加牢固了。

(二)大办托儿所。街道居民大办托儿所(站),主要是在财贸、政法、妇联等单位的帮助下，依靠群众力量，根据"因陋就简，因地制宜，照顾特点，方便群众"的精神办的。为了适应居民的不同要求，入托的形式是多种多样的，除了在有条件的地方办起了固定托儿所外，更多的是兴办了各种临时性的托儿所。这些托儿所是专为妇女们参加中心运动和季节性生产举办的。其特点是收费很低，对家庭经济较困难的儿童，不收或只收很少的保育费。目前全市许多街道都设有流动托儿站，专为参加临时工作、会议和学习的妇女们代管孩子，使她们无后顾之忧。在一些交通要道、文娱场所附近，设有计时托儿站，专为那些到外地办事或看电影的父母收托儿童，给家长以很大的方便。在南岸区上新街、江北区忠恕沱、市中区七星岗等地方，还采取"定时、定点、定人、定内容"的办法，把七岁以下、三岁以上未入托的儿童组织起来，教他们懂礼貌、爱劳动。现在看来，凡是这样组织了的地方，全街内外，很难见到有孩子打闹、叫骂的现象，儿童身心健康，大人满意，全家欢喜。

为了带好孩子，托儿所（站）工作人员也想了很多办法，特别是经常注意疾病预防工作。如上新街街道托儿所的人员每逢暑天就上山采集草药，熬水替儿童洗澡，消暑，并用土风扇和土自来水为住地降温，因而那里的四百多个儿童两年来不生疮、不害病，在温度高达摄氏四十一度的情况下，都没有长痱子，获得了"无病托儿所"的称号。同时，商业部门也根据儿童的不同需要，安排经济实用的"菜谱"，保证供应必需的副食品，并派厨师下去帮助托儿所提高做饭做菜的技术，使儿童吃得既营养又卫生，长得好，长得结实。

（三）大搞生活互助组。组织群众生活互助，是实现群众的生活群众管的一个好办法。在这一方面，开初出现的是家庭互助组，它是由毗邻的十户、八户人家在自愿的原则下自由结合的。其主要服务内容是代办一些家务琐事，如购买日用品，到集体食堂取饭菜，打开水等。在做法上采取轮流当值，彼此互助，一家劳动，十家受益。以后对老、弱、病、残、鳏寡孤独以及夫妇都在工作的职工等也扩大了生活互助，所有这些人家的繁杂事务全部由群众包干负责。

生活互助组发展到第二阶段，增加了储金互助的内容，即以一个村、一个段为单位，成立互助储金会，各家分期集资，多少不拘，自觉自愿，集中存入银行,谁有临时困难,谁可借用,手续简单,用钱方便。这一互助活动在市中区有了普遍的发展,如华一村五百三十六户人家,一个月就集资三千二百元。目前生活互助组已进一步发展到运用集体力量,大办群众福利事业。如市中区的很多居民段都办起了简易理发室、浴室、茶馆、俱乐部,不少事情能够就地解决了。有的居民还把自己的房屋、床铺、垫盖用具借出来,在一个院子里,办起了简易招待所,解决了临时来客的住宿问题。

生活互助组,是群众中的一项新生事物,通过这一组织,使得人与人之间的关系更加密切了,助人为善、舍己为群的共产主义风格大大发扬了,出现了不少动人事例。如上新街地区有个"五保户"张素兰,全身瘫痪,每天由互助组员刘秀英照料生活起居,张素兰感激不尽,特地托人请来了附近小学教师替她写出了几句感人肺腑的话:"总路线,放光芒,毛主席,恩情长,互助组,刘妈妈,送茶送水到我家,无女无男无依靠,邻里骨肉亲一家。"

(四)建立生活服务网。重庆市在组织人民经济生活中所普遍建立的生活服务网,包括有居民服务站、代销店、单身工人服务队、女工服务队、"万能服务部"等。这些服务组织的服务项目多的达三百余种,少的也有一百种以上,生、老、病、死无所不管。其中又以"万能服务部"特别受人欢迎。这是一种非商品性的服务组织,专门为群众解决特殊困难。如病人需要特殊药物可以委托服务部代买;没有时间去迎接客人,可以委托服务部代接;只花三块钱,就可以委托服务部把一对男女结婚要办的各种事情搞得妥妥帖帖。总之,花钱不多,费事不大,但解决的问题可不少。服务部里的服务员,都是由群众中的积极分子(大部分是妇女)担任的,她们办事非常热心,不怕累,不怕烦,有问必答,有求必应。如南岸区郭家沱"万能服务部"服务员赵应莲,一听说工属李云碧生孩子无人照顾,就立即赶去送她到医院,帮她做小孩的衣帽;产后每天去为她做菜烧饭,请餐厅的厨师为她做猪脚汤;还专门为产妇订牛奶,每天把牛奶送到产妇家里去。大事小事安排得很好,邻居们看到都说:"现在生小孩都有人照应,这才是千古难遇的好社会。"

(五)合理分配商品。重庆市商业部门根据"保证重点,安排一般,照顾特需"的原则,广泛地依靠群众,开展了合理分配商品运动。在解决一般需要的基础上,保证了特殊需要。这一方面除了采取送货下村、车间供应、井下供应、夜间供应等办法外，目前对解决特殊需要又有了新的发展。如市中区在主要街道上设置了专为老、弱、病、幼服务的"康复园""敬老阁""儿童餐厅""红婴园"和为流动人口服务的"旅客食堂"等等，使他们在社会上得到充分的照顾。其中"康复园"是为所在地区需要短期休养的病员增进营养而设的。同时请有特约医生为病员检查身体，组织病员适当地进行体育活动，那里实际上已成为对病员进行四大治疗法（营养、病理、心理、教育）的社会医疗站。又如"寿星阁"是专为五十五岁以上老人设的餐厅，供应新鲜热烙、软硬适宜、量少质高的商品。同时，设有雅致的休息室，琴棋书画、样样俱全，老人们也可以在那里找到乐趣。随着这些街道福利组织的出现，社会上敬老爱幼的风气更加发扬了。一位七十高龄的老人写诗赞道："人生七十古来稀，社会主义出奇迹，专为老人设餐厅，敬老爱幼新风气，有口皆碑共产党，人人敬仰毛主席。"

目前合理分配商品的工作正向深入、细致的方向发展。很多地区商店、工矿贸易商店的营业员，都有一本"经济户口"，经常记载供应范围内的上千户人家的经济状况、生活习惯、消费特点和生、老、病、残的需要等，从而做到了全面熟悉消费者的情况，更好地为消费者服务。由于营业员在合理分配商品中工作做得很细，群众把他们比之为"户籍"，如叫"菜户籍""煤户籍"等。

分配的商品只是各种日用品、副食品中的一部分，大部分东西还是实行自由选购的办法。一些专业商店在这一时期内也有所发展，并且扩大了营业项目，便利了消费者的需要。

三

从重庆市的具体情况来看，组织人民经济生活是城市人民生活中的一件大事，它不仅发挥了城市人力、物力的潜在作用，支持了生产，改善了生活，彻底地改变了城市的面貌，而且还为妇女的彻底解放指出了一条重要途径。列宁在"伟大的创举"一文里指出："只有在开始把琐碎家务普遍改造为社会主义大经济的地方，才有真正的妇女解放，才有真正的共产主义。"基于这一要求，现在看来，组织人民经济生活，对进一步解放家庭妇女是有着深远意义的。

首先,由于组织了人民经济生活,实现了家务劳动社会化,就把妇女从繁琐的家务劳动中解放了出来。由于办起了大量的集体食堂、托儿所、互助组、服务站,过去那种一家一户的生活活动逐步地被组织起来的一个村段、一个地区的集体生活活动所代替,家务事变为社会化的事情了,不用个人操心费力了,这就使得广大的家庭妇女走出了家庭,参加了社会主义建设,从各个方面发挥了妇女的作用。实践证明,妇女有了施展本领的地方,她们的工作能够同男子一样做得好。如南岸区上新街组织人民经济生活之后,就有五千七百多个妇女投入了生产。仅以参加街道工厂的一千七百余人统计,一九五九年一年就为国家生产了矿粉、石棉制品等保钢物资四千六百二十五吨,生产了市场急需的手巾、毯子等七万四千零一十三件,全年总产值达一百五十九万元。同时,搬运各种物资六万九千二百三十吨,仅运费收入即达六万七千元。妇女们为社会增加了生产,也为国家积累了财富,全街民办事业为国家上缴的税收和利润即达十一万三千五百四十三元。

其次,由于组织了人民经济生活,妇女参加了劳动,社会生产增加了,她们个人的收入也增加了。一方面提高了妇女在家庭中的经济地位,另一方面也改善了自己的生活。仅据上新街一地调查,一九五九年街道企业、事业和群众自我服务事业的个人总收入即为四十五万元,加上原有工资收入,平均每户每月收入达到六十至七十元,大大超过了过去生活水平。突出的如街道织造厂的王云碧夫妇,解放前无吃无穿,东西乞讨,常年都吃不饱饭,解放后男的先参加了工作,一家生活有了保障,一九五八年女的有了工作后,生活更加富裕了。现在两人生活都过得很好,银行还有存款。解放前两人都不认字,现在男女都有文化,男的是工厂技工;女的当了街道工厂的厂长,会写会算,十分能干。像这样的例子是很多的。多少年来造成妇女们愚昧无知的阴云已被新时代的狂风吹得无影无踪了。

再次,由于组织了人民经济生活,也促进了妇女思想意识上的变化。人们在集体里工作、生活、学习,逐步感到了集体的温暖超过了小家庭的温暖,集体生活的方便超过了小家庭的方便,自然而然地促进了大、公、共思想的成长,逐步代替克服了原来的小、私、资的思想。在现实生活中,这一方面的例子也是说不完的。上新街第一街道食堂的一位搭伙户蒋文彬(女),在为食堂挑运红莶时,明知道收入不多,但她偏用两担箩筐去担,一天担了四十几挑,才得三角二分工钱。她说得很在理:"这是集体的事,不给钱我也要带头干。"市中区华一村有一位七十五岁的老太太刘淑贤,集体食堂刚一成立,她就去搭伙,并把家里用了很多年的坛坛、罐罐、缸钵盆盘等都搬到食堂去了。

以上发言,如有不妥之处,请批评指正。

工人阶级和城市人民公社

——全国总工会副主席李颉伯的发言

（一九六〇年第九期）

各位代表：

我完全同意李富春副总理关于 1960 年国民经济计划草案的报告,李先念副总理关于 1959 年国家决算和 1960 年国家预算草案的报告,谭震林副总理关于争取提前实现农业发展纲要的报告。

现在我仅就城市人民公社状况谈一谈。我国有些城市从 1958 年秋季开始试办城市人民公社,一年多来,已经有了很大的发展,全国各省、市、自治区,按照自愿的原则,已经建立了一批城市人民公社,公社人口近两千万人。河南、河北、黑龙江等省多数城市,已经基本上实现了人民公社化。现在,城市人民公社正在迅速地大量地成立起来,已经开始形成汹涌澎湃、波澜壮阔的群众运动。可以预料,在不太长的时间里,全国城市将基本上实现人民公社化。城市人民公社运动是一个具有重大历史意义的革命群众运动,这个运动的发展,必将进一步使我国城市的政治、经济面貌和城市人民的精神面貌发生深刻的变化,将为加速我国社会主义建设和将来向共产主义过渡创造极其有利的条件。

城市人民公社的大发展,和农村人民公社一样,不是偶然的。首先,它是我国经济和政治发展的产物,是社会主义建设总路线和生产大跃进的产物。是我国人民经过整风运动和大规模的共产主义教育,普遍提高了共产主义觉悟的结果。工农业生产连续大跃进,为了适应和促进生产力的高速度发展,也迫切要求城市实现人民公社化。其次,各地在城市人民公社试办中取得了巨大成就,取得了很多经验,显示出城市人民公社无比优越性,使城市中有愈来愈多的人民要求举办和发展人民公社。第三,在许多城市中,通过街道(里弄)委员会等形式,组织了城市街道居民的生产和集体生活,已经为建立城市人民公社打下了极为良好的基础。

城市情况和农村有所不同,因此,组织城市人民公社就需要根据城市的特点,采取适合城市的形式。目前各地城市人民公社的具体组织形式,大体上有如下三种:一是以大型国营厂矿企业为中心建立的人民公社;二是以机关、学校为中心建立的人民公社;三是以街道居民为主体建立的人民公社。不论哪种形式的城市人民公社,首先最积极、最踊跃参加的都是职工、职工家属和其他劳动人民,他们在公社所组织的各项活动中,积极地发挥了骨干作用。

一年多来,城市人民公社表现了强大的生命力,正在冲破一切旧事物的束缚向前发展。它正在不断地充实自己的工作内容,创造新的经验,在组织上日益完备。城市人民公社一定要不断地巩固、提高和壮大起来。正如1958年12月党的八届六中全会决议所指出的那样,它必将"成为改造旧城市和建设社会主义新城市的工具,成为生产、交换、分配和人民生活福利的统一组织者,成为工农商学兵相结合和政社合一的社会组织"。已建立的城市人民公社,在发展生产、组织生活、进一步解放劳动力、加强人民的共产主义教育、移风易俗、改造社会等方面,都已经显示了巨大的作用。

全国各地在组织城市人民公社和街道经济组织的时候,都是先从组织生产入手,把发展生产作为最中心的任务。它首先为国营厂矿生产服务,同时为城乡人民生活服务,为农业生产服务。一年多来,城市人民公社工业和街道工业已经有了很大的发展。在党的领导下和国营企业的帮助下,本着党的依靠群众、因地制宜、就地取材、自力更生、勤俭办企业的方针,采取白手起家、因陋就简、由小到大、由土到洋的办法,充分发动群众,开展了大办工业的群众运动,使公社工业像雨后春笋般地建立起来,并且不断地得到了巩固、发展和提高。现在,城市人民公社工业和街道工业已经发展成为我国工业战线上的一支重要的新生力量,并且具有极其光辉灿烂的发展前途。据初步统计,目前城市人民公社和街道组织已办起了工业生产单位共有五万六千多个,从业人员近二百万人;1959年产值为二十亿元以上,相当于1949年全国地方国营企业产值的二倍多。城市人民公社能够统一组织和合理安排城市的劳动力,把城市中能够劳动的人逐渐组织起来,变消费者为生产者;能够在国家计划的指导下,充分利用大厂的边材、废料、废品和所谓城市的废物,大搞综合利用,变无用的东西为有用。由于城市人民公社是工农商学兵相结合和政社合一的社会组织,它有利于在党的领导下,统一调动各方面的积极因素,组织共产主义大协作,把社会上的各种生产潜力发掘出来,促进社会生产力的高速度发展。例如哈尔滨香坊人民公社 1959 年通过公社组织的各种协作,就解决了社内大中小企业之间的协作项目二千三百多项,并组织了社内几个国营工厂的机修车间的生产合作。该社在实行了公社范围内的"环形供电"和"环形供水"以后,又进一步正在实现"环形供蒸汽""环形供煤气""环形运输"。这样就进一步发挥了企业的设备潜力,合理使用设备,大大提高了劳动生产率,增加了生产。再如天津市灰堆人民公社,在大办工业中,围绕着大厂的需要,以造纸总厂的废料、废液为原料,大搞综合利用,在短短的时间内,就办起了硫酸铝、塑化剂等九个生产单位,1959 年年产值达一百七十二万元。诸如此类的事实不胜枚举。大家都知道,城市各大厂矿企业中这类需要协作的项目是很多的。这样做,就能够更合理、更节约地使用国家资源,为社会创造出更多的财富。这是完全符合党的增产节约和高速度发展生产的方针的。事实证明:城市人民公社在统一组织生产、组织协作、发展综合利用、挖掘潜力等方面是大有可为的。

这些城市人民公社工业和街道工业在巩固和提高之后,又进一步发动群众,大搞以技术革新和技术革命为中心的增产节约运动,生产效率不断上升。根据今年一季度城市人民公社工业和街道工业的生产情况来看,李富春副总理在报告中提出的 1960 年城市人民公社工业和街道工业的产值比 1959 年增长一倍左右的要求,不但是可以完成的,而且是可以大大超过的。

1958 年试办城市人民公社以来,解放了大量劳动力。据初步统计,各城市人民公社和街道组织,一年多来仅向国营厂矿企业和事业单位就输送了三百四十多万人(其中妇女占 80%)帮助大厂矿企业解决劳动力不足的困难,保证了大厂矿企业跃进计划的完成。由于这一批新工人绝大多数都是附近的职工家属,可以不需要像以往从农村招收新工人那样,增建宿舍等生活福利设备,这也为国家节约了大量投资。

根据工农商学兵相结合的原则,有一部分城市人民公社已经包括了若干农业生产大队。采取了"厂队挂钩""分片包干"等办法,组织工厂、机关、学校等单位,从技术、设备、劳力等方面,积极支援郊区农副业生产的发展和农业的技术改造。

城市人民公社在大抓生产的同时,大力举办了集体生活福利事业和服务事业,全面地组织了人民生活。一年多来,它依靠群众,按照自愿的原则,大办公共食堂、托儿所、幼儿园和服务站,把分散的、繁琐的家务劳动变成了大规模的、集体的社会主义经济事业,使成千上万的职工家属和其他劳动人民的家庭妇女摆脱了家务劳动的牵累。据初步统计,各大中城市的人民公社和街道组织,已办了公共食堂五万多个,就餐人数达五百二十多万人;托幼组织四万二千多个,入托儿童一百二十多万人(以上均不包括工厂、机关、学校办的食堂、托儿所)。公社和街道办的邻里服务站有六万六千多个,工作人员四十四万多人。这些公共食堂和集体生活福利事业的大量兴办,不仅又进一步地把城市中大量的家庭妇女从家务劳动中解放出来,实现家务劳动社会化和生活集体化,使妇女走上彻底解放的道路,而且有利于生产的发展。家务劳动社会化和生活集体化,是高速度建设社会主义的必然产物,是广大职工特别是妇女多少年来梦寐以求的理想和愿望。这正如许多群众所赞扬的那样:"过去家务心操烂,带孩做饭都得干;毛主席领导翻了身,如今又把公社办;若要吃饭进食堂,拆洗缝补服务站,小孩入了托儿所,老人进了幸福院;家务劳动社会化,一心一意搞生产"。随着生产的不断跃进和集体生活福利事业的发展,广大城市妇女参加社会劳动后,收入增加了。根据北京、天津、沈阳、郑州、哈尔滨等城市的一些典型调查,凡是参加了社会劳动的人,平均每户收入一般都增加20%到35%,生活有了改善。

各地城市人民公社和街道组织在组织人民经济生活的同时,也大力组织了群众的文化生活。公社举办了许多小学、中学、红专学校,组织广大社员开展了学习马列主义、毛泽东著作运动。广大职工、职工家属和其他劳动人民学习政治、文化和科学技术的热情十分高涨。公社还举办了业余剧团,建了俱乐部,积极地组织了群众的文娱体育活动。建立群众性的卫生保健组织,广泛地开展了以除四害为中心的群众爱国卫生运动。例如沈阳市红旗人民公社采取了医疗卫生部门和群众保健组织相结合的办法,做到了公社有医院和妇产院,社办工厂有保健所,生产组织有保健室,居民大院有保健员,大大促进了爱国卫生运动和保健事业的发展。城市人民公社不仅大抓技术革命,而且大闹文化革命,它从各方面加速了城市社会面貌和人们的精神面貌的改变。

城市人民公社从生产上、生活上把城市广大居民高度组织起来,在党的领导下,用工人阶级的思想进一步改造城市各个阶层的人,变消费者为生产者,变消费的街道为生产的街道,变剥削者为自食其力的劳动者。

人们参加社会劳动后,在生产和集体生活中受到锻炼,参加了政治、文化学习,提高了思想觉悟和文化水平,改变了原来的精神面貌。她们热爱劳动,热爱集体,积极生产,热心为群众服务、为社会主义建设服务。劳动光荣,团结互助,已经成为一种新的社会风尚。工作不讲条件,劳动不计报酬的共产主义风格大大发扬。旧社会遗留下来的自私观念、宗法思想,到处受到人们的唾弃。人们在工作中不断地创造出模范事迹。很多人被评为先进生产者和先进工作者。职工家属和街道妇女参加工作后,为社会为人民作出了重大贡献;同时,也提高了自己的社会地位,她们不再是处于附属地位的"家属"和"家庭妇女",而是女职工和女社员了。有一个妇女,过去她爱人写信总是称呼她"我妻",现在则称呼为同志,她感动地说:"我从内心里感谢共产党和毛主席,感谢人民公社。人民公社使我参加了生产,得到了解放,连'他'也称呼我'同志'"。妇女解放是社会解放的尺度。我国妇女已经走上了彻底解放的新阶段,这是我国政治战线、思想战线上的社会主义革命更加深入的标志之一,许多妇女反映:成立了公社,参加了劳动,家庭不知增加了多少温暖,邻里之间大大加强了团结。郑州红旗人民公社有这样一个例子,马振江和巴世仁隔墙居住,因为小孩打架,七年没说话;现在一起工作和生活,解开了多年的老疙瘩。群众歌颂说:"人民公社一枝花,花开一朵香万家;千年疙瘩一朝解,团结生产笑哈哈;党的领导真是好,公社就是神通大"。

目前,全国各城市的广大职工、职工家属及其他劳动人民,在党的领导和总路线的照耀下,已经开始掀起了一个大办城市人民公社运动的热潮。他们正在进一步按照社会主义原则,从生产上、生活上广泛地组织起来,大办公社工业、街道工业,大办郊区农业,大办公共福利事业,大办公共食堂,以推动城市社会生活的彻底改造,加速社会主义建设。

工人阶级是最先进的阶级,广大职工对迅速改变我国一穷二白的面貌,高速度地建设社会主义,有着最强烈的愿望,对建设社会主义和共产主义担负着崇高的历史使命,应以最积极最热忱的态度,坚决地走在这个运动的前列,把建立、巩固和进一步发展城市人民公社当作自己的光荣任务。为不断充实公社的内容,扩大城市人民公社的影响,为普遍建立和发展城市人民公社贡献自己的力量,有些城市的扩大职工,纷纷提出为建立城市人民公社做一件好事的精神,是值得提倡和发扬的。

我国的社会主义建设中所取得的每一成就,都引起帝国主义的惊慌和不安。当我国人民正以欢欣鼓舞的心情庆贺我国城市人民公社运动高潮到来的时候,日暮穷途、卑鄙无耻的帝国主义者及其应声虫,又在像对我国农村人民公社一样,对我国城市人民公社进行恶毒的攻击和污蔑,进行疯狂的叫嚣。大办城市人民公社是我国广大职工和城市劳动人民的迫切要求和热烈愿望,是我国历史发展的必然规律。任何力量都不可能阻止这一历史车轮前进。城市人民公社运动一定会以排山倒海之势,雷霆万钧之力,汹涌澎湃地向前发展,而一切恶毒的攻击和污蔑都是徒劳的。让他们悲泣叫嚣去吧。

人民公社是我国妇女彻底解放的道路

——全国妇联书记处第一书记罗琼的发言

（一九六〇年第九期）

各位代表：

我完全同意和坚决拥护李富春副总理、李先念副总理和谭震林副总理的报告，和人大常委会的工作报告。在这几个报告里，展示了我国社会主义建设继续跃进的宏伟图景，表达了我国人民一定要继续跃进，一定能够继续跃进的雄心壮志。

1958 年以来，我国妇女在以毛泽东主席为首的中国共产党领导下，在社会主义建设总路线的光辉照耀下，在大跃进和人民公社的推动下，大批地从家务劳动中解放出来，参加了建设社会主义的各项劳动，鼓足了冲天干劲，发挥了无比的积极性和创造性。这对高速度建设社会主义起了极大的促进作用；对推动妇女运动进入彻底解放的新阶段起了决定作用；现在广大妇女群众已经并正在锻炼成为有高度社会主义觉悟、有一定技术、文化水平的熟练的社会劳动者。

我国妇女从亲身体验中深刻地认识到，只有高举总路线、大跃进、人民公社三面红旗，才能高速度发展社会主义建设事业，保证国民经济持续跃进，才能不断地实现妇女的彻底解放。李富春副总理报告中所提出的 1960 年发展国民经济的任务，更好地贯彻执行社会主义建设总路线，争取国民经济继续的全面的更好的跃进；谭震林副总理报告中所提出的争取提前两年或三年实现1956 年至 1967 年全国农业发展纲要；所有这些伟大的号召，一定能得到全国广大妇女群众的热烈拥护和坚决贯彻执行。今年"三八"国际劳动妇女节，就是我国亿万妇女争取 1960 年实现更大跃进的誓师的节日。

人是生产力中最活跃的因素。在党的坚强领导下,大搞群众运动,普遍动员和合理组织全国的劳动力,更充分地发挥劳动者的积极性和创造性,是促进社会主义建设高速度发展的重要关键。我们党和国家历来非常重视发挥妇女群众的伟大力量,从建国以来,由于彻底进行了民主改革和社会主义改造,就为妇女参加社会劳动开辟了日益宽广的道路;特别是近两年来,在工农业生产大跃进和人民公社推动下,全国城乡广大妇女迅速地普遍地参加了社会劳动。农村人民公社把有劳动能力的妇女,几乎全部组织起来参加各项劳动,妇女成为农业生产上的一支主力军。全国女职工人数由 1957 年的三百多万人跃增到 1959 年的八百多万人。还有几百万职工家属和城市街道居民妇女参加了城市人民公社办的、街道办的生产、生活、服务组织以及其他社会劳动。

当前在城市和农村,都还蕴藏着丰富的劳动潜力;城市还有一部分有劳动能力的妇女没有参加社会劳动。所以更进一步发动有劳动能力的妇女全部参加社会劳动,仍然是我们当前的一项重要任务。我们一定要真正做到:在尽可能短的时间内,使全部妇女劳动力,参加到劳动战线上去。

已经参加工农业生产和其他战线上的妇女,经过两年的实践,绝大多数人已经掌握了技术,许多人变成能手和多面手。为了促进社会生产力高速度的发展,我们必须大搞机械化、半机械化、自动化、半自动化;由于大量妇女现在正从事手工操作,她们更迫切要求技术大革命。现在不论在哪一条战线上劳动的妇女,从工农业生产、生活、交通、财贸、服务以至文教卫生等战线上的妇女们,都以前所未有的英勇气概,踊跃投入以技术革新和技术革命为中心的增产节约运动,她们的口号是"千方百计搞革新,敢想敢干闹创造"。看看重庆市七星岗人民公社电机厂第二车间的妇女吧!现在她们穿着白色的工作服熟练地制造着日光灯整流器。不久以前,她们连整流器是什么样子都不知道。车间主任夏庆明,是四十多岁的家庭妇女,过去是街道工作中的积极分子,被群众尊称为夏妈妈,在党的全民办工业的号召下,她带动了二十几位中年家庭妇女办电机厂。不懂技术,买了一个整流器,边拆边学,仔细地数有多少电阻片,有多少层漆包线,每层有多少圈,就照样干起来了。开始完全是手工操作,技术革命的浪潮打进了电机厂,她们想要机械化、自动化,但总觉得有点高不可攀。有一天她们学习了毛主席的著作:"谁说鸡毛不能上天?"这下子,夏妈妈和二十几位妇女开了窍门:对呀! 我们街道妇女空手办起了工厂,不也是叫鸡毛上天了! 机械化、自动化也非得让它上天不行! 毛主席的思想照亮了她们的心,干劲马上起来了,她们苦战了三天三夜,电动化的绕线机终于从她们手里制造成功了,功效提高了十倍,鸡毛又一次上了天。夏妈妈和电机厂妇女的革命气魄,说明了不论在哪一条战线劳动的妇女,只要听党的话,跟着毛主席走,树雄心、立大志,解放思想,敢想敢说敢干,克服自卑,不断革命,不断创造,由小到大,由土到洋,就一定能够做出伟大的创造。

为了更进一步解放妇女劳动力,更普遍地动员有劳动能力的妇女参加社会劳动,使妇女能够更积极地参加技术革新和技术革命运动,努力学习政治文化,我们必须大力办好集体生活福利和社会服务事业,更进一步实现家务劳动社会化,把分散的、繁琐的、使人愚昧的家务劳动改造成为集体的、大规模的社会主义经济事业。同时办好集体福利事业和社会服务事业,又是变革旧社会的生活方式,是生活的大革命,是关系到发展社会主义阵地、增进集体主义思想和提高共产主义觉悟的重大问题。因此办好集体生活福利事业和社会服务事业,既是为着生活,又是为着生产,为着思想改造,是重大的政治任务。

伟大的列宁对于这样的事业给予多么高的评价,他说:"只有在开始把琐碎家务普遍改造为社会主义大经济的地方,才有真正的妇女解放,才有真正的共产主义。"我们一定要坚定不移地循着列宁指引的道路前进。

1958 年以来,随着人民公社的发展和提高,城乡集体生活福利事业和社会服务事业,都有很大发展。到 1959 年底,全国农村有四亿人在公共食堂吃饭,约占全国人民公社人口总数的 73%。城市公共食堂最近也在飞跃发展,吃饭的人数越来越多。全国城乡从出生到学前的儿童,有几千万人在哺乳室、托儿所、幼儿园幸福地生活着,他们在那里得到了比家庭更好的教养。

当前在城市和农村,还要普遍发展和努力办好公共食堂、哺乳室、托儿所、幼儿园,逐步使一切自愿在公共食堂吃饭,自愿送孩子入托的人们,都能满足自己的要求。同时,更需要精心培育这些已经成长起来的共产主义幼芽,使之不断地成长,不断地提高,又是摆在我们面前的一项光荣的任务。现在不论城市或农村,广大人民群众都正在由组织主要家务劳动,向全国组织集体生活发展;使食堂、托儿所、幼儿园、服务站成网成套;更进一步改善经营管理,节约人力物力,更充分地发挥集体生活和社会服务事业的优越性。不少地方正在组织联合性的食堂和以食堂为中心全面发展服务事业。例如郑州市西太康路人民公社的一个服务站,被群众称扬为"万能服务站",实际上这是十二个食堂的联合加工厂,主食品加工和副食品加工全部实现了机械化,用蒸汽做饭,劳动力节省了60%,煤节省了83%,时间节省了60%左右,而且把十二个食堂统一管理,既便于改进经营管理,又便于群众吃饭。她们又以食堂为中心设立了十一个部——卫生保健部、结婚服务部、洗衣部、修鞋部、上袜底部、缝纫部、白铁部、储蓄代售部、理发部、小卖部、机动部(临时收托孩子等)。这种"万能服务站"、"万能食堂",正像雨后春笋,到处生长,人人称颂,个个赞扬。有些地方又出现了一种妇幼福利组织的高级形式——母子康福乐园,例如四川威远彝族回族苗族自治县奉龙人民公社设立的一个相当大规模的母子康福乐园,统一领导十个妇产院、三百零三个托儿所、二百二十个幼儿园,使妇幼保健和保教工作成为一个体系,从母亲怀孕、临产、产前产后休息到婴儿入托、幼儿教育等全部包下来,从而大大提高和改进了妇幼保健工作及学前儿童保教工作的水平,又节省了人力、物力。这些高级的集体生活和社会服务组织,正是把分散的家务劳动改造成为大规模的社会主义经济事业的模型,是极可宝贵的新生事物,我们应该细心地加以培养、总结和推广它们的经验,大量培训炊事员、保育、护士和幼儿教师,帮助它们欣欣向荣地普遍地生长起来。

我国妇女所以能够如此迅速地普遍地参加社会劳动、发展集体生活和社会服务事业,主要是由于在社会主义建设总路线照耀下,在工农业生产大跃进的基础上,普遍地建立了人民公社。事实证明,不论在农村或城市,只要人民公社建立起来了,就能够吸收广大妇女参加社会劳动,迅速发展公共食堂、托儿所、幼儿园和其他社会服务事业,实现家务劳动的社会化,发展人与人的新关系,使家庭生活更加民主和睦幸福,使孩子们得到更好的社会教养。我们妇女一定要和全国人民一起,大力发展城市人民公社,努力促进农村人民公社不断地健全地发展,从而将鼓舞和组织更广大的妇女在建设社会主义的行列中做出更大的贡献,不断地推进妇女的彻底解放事业。

我们妇女又从亲身体验中深刻认识要做好一切工作,保证今后取得更大的胜利,必须继续实行政治挂帅。中国共产党是中国人民进行革命和建设的最高统帅，政治挂帅最根本的就是党来挂帅，就是马克思列宁主义挂帅，就是马克思列宁主义普遍真理和中国革命实践相结合的思想——毛泽东思想挂帅。因此坚决听党的话，用毛泽东思想武装起来，已经成为广大妇女群众自觉的迫切的要求。最近一个时期，在广大人民群众中掀起了学习马列主义、毛主席著作的热潮。山东省就有七百万妇女、哈尔滨市就有二十一万妇女参加学习，许多地方的工农劳动妇女从脱盲以后，就长期坚持学毛主席著作，她们的学习精神，成为鞭策我自己努力学习的好榜样。让我在这里介绍一位五十五岁的老大娘王佩霞，她是佳木斯市居民委员会的主任，1954年脱盲，1955年开始学习毛主席著作，五年来一直坚持学习。她读完了毛泽东选集第一、第二卷，学习了"关于正确处理人民内部矛盾的问题""论帝国主义和一切反动派都是纸老虎"等许多著作；她经常阅读党的文件、中央负责同志的文章。她自己说学习毛主席著作，使她思想越变越亮，干劲越来越大，工作办法越来越多。她懂得了谁是敌人，谁是朋友，在工作中就能站稳立场，团结群众。她懂得了走群众路线，发挥集体力量，遇事和群众商量，做工作和干部共同研究。她处处关心群众疾苦，许多妇女愿意和她谈知心话，连孩子们有困难也去找她。她所在的居民委员会的工作，一天比一天进步，1958年成为全面跃进的先进单位。

再说到妇女工作干部，一般来说，都正在注意学习政治理论，但是水平还不高，因此我们自己，首先要认真学习马列主义、毛主席著作，不断地提高政治理论水平，从政治思想上、从工作上跟上党的要求，而且跟得好，跟得紧，跟得及时。也只有妇女工作干部先学习好，才能在党的领导下，带动广大妇女群众更普遍更深入地学习，把现在已经掀起的学习毛主席著作的热潮，更广泛更持久更深入地开展下去；把我们这一代，真正改造成为用毛泽东思想武装起来的新人。

为着迅速地普遍地提高妇女群众的政治理论和技术水平，还必须努力学习文化科学知识。许多妇女已经体会到学习的重要意义。她们说："共产主义是天堂，没有文化不能上，要攻克技术关，必须占领文化山"。许多没有脱盲的妇女，正在努力学习文化；已经脱盲的妇女，很多人正在初级、中级、高级业余学校学习。我们大家还必须快马加鞭，勤学苦钻，步步前进，不断提高，努力攀登科学文化高峰。

　　各位代表:在我们辽阔广大的土地上,不论到农村或者城市,不论到沿海或者山区,只要接近妇女群众,就可以看到她们热情洋溢地拥护三面红旗,用无数的诗歌来表达她们对党和毛主席的衷心感激。她们个个喜气洋洋,笑逐颜开,精神奋发,斗志昂扬,干劲十足,龙腾虎跃,你追我赶,互相协助,英勇劳动在建设社会主义的各个战线上,努力争取 1960 年的满堂红,红到底。我们祖国是一穷二白,我们妇女是更穷更白,在党和毛主席的领导下,我们妇女群众是坚决要当彻底的革命派,一定和全国人民一起把社会主义革命进行到底,一定要为在今后一个不长的时期内,把我国建设成为一个具有现代工业、现代农业、现代国防和现代科学文化的伟大的社会主义国家做出更大的成就,并为将来实现共产主义伟大理想而努力奋斗!

把城市人民进一步组织起来
把家庭妇女进一步解放出来

——赵祖康代表的发言

（一九六〇年第九期）

主席、各位代表：

我听了中央各位首长所作的报告，回顾祖国两年来的辉煌成就，展望光明幸福的社会主义共产主义前途，感到无限的欢欣鼓舞。对这几个报告，我完全拥护。我作为在上海工作的一个民主党派成员，回顾上海两年来，特别是去年一年来的深刻变化，最近，并在上海参加了一些视察活动，看到了市区里弄妇女积极参加共同劳动、集体生活的新生欢乐景象，得到了深刻的教育，尤其感到万分兴奋，体会到总路线、大跃进、人民公社三大法宝的巨大威力和毛泽东思想的高深伟大。在此，我向大会汇报一些视察一个里弄工作的情况和感想，不当之处，请各位代表批评指正。

一

静安区张家宅里弄组织生产、生活、教育集体化的工作，在上海是出色的一个，是全国的一个红旗单位。现有居民三千余户，一万二千八百余人口，其中 94.5% 是劳动人民。除在职在业的工人和干部以及十六岁以下的少年儿童外，尚余约二千余人，大多数是家庭妇女。1958 年 9 月，在全国工农业生产大跃进和农村人民公社涌跃出现的形势推动下，这个地区的妇女群众，由于党的领导，迅速地进一步组织起来，起了深刻的变化，做出了成绩。

　　首先，在劳动生产方面，现在，已有四百多个妇女参加，有避雷器、电容器、缝纫、刺绣、包药等七个加工生产组，都为生产为社会主义建设服务，为国家创造了物质财富。据几个生产组的统计，一年多来，为工厂加工避雷器二十七万五千只，电容器一千二百余只，电磁石听筒柄二万三千只，其他电器零件八万余只，缝纫衣服一万一千二百五十九件，包装药片八百余箱。这些加工生产，仅加工费就达十四万元。同时，先后组织了参加修建铁路、公路，和到工厂、商店、农村参加临时劳动。此外，这个里弄的六百四十四户，在不到一年的时间里，对农村，就提供了四万七千斤米浆和十万余斤"泔脚"，有力地支援了农业生产。

　　其次，在办理集体福利和提高生活方面，举办了不少事业，其中有公共食堂、托儿所、幼儿园、哺乳室以及医疗保健站。参加劳动的妇女除得到工资外，享受到福利方面各种优厚的待遇。在视察时，我们看到了一个公共食堂，供给七百人伙食，有的是附近的工厂、机关"搭伙"的，每天早上供给馒头、菜包、糕饼和大饼、油条等，每餐的菜有五分、一角、二角的，群众很为满意。据了解，类似的食堂共有六个，有七十多个工作人员，供给三千六百人的伙食。还看到一处托儿所、幼儿园、哺乳室，共有二十多个班级，劳动人民的七岁以下的儿童几乎全部入班，收费很少。

　　里弄妇女在参加劳动之后，组织上决定第一次分发工资时，她们都表示不需要，经过开会讨论，决定"自报互评"的方法，才说服了。而当领到工资时，她们兴高采烈，很多人买了毛主席的像，买了国旗，挂在家中客间里，像办喜事一样。

　　第三，在社会服务方面，两年来，张家宅是在开始举办生活服务站的基础上，逐渐向着全面组织人民经济生活发展的。这是由于生产劳动日益展开，群众生活不断提高，仅仅办好以公共食堂、托儿所、幼儿园为中心的集体福利事业，已不能满足职工及劳动妇女多方面的需要。现在，综合服务站的人数已发展到六十一人，服务范围很广泛，给我们以极为深刻的印象。这个站分各个部门，我们看到了理发室、洗衣房、修理组、废品回收站和一个代办服务处。在修理组看到修理、修补各种生活用品和衣着，如修脸盆、修胶鞋、钉纽扣、补衣裤、翻新衣服等，在代办服务站看到代办银行储蓄、邮电、代付水电费、代购船票等。服务站还办理出售旺煤球、代烧泡饭、倒便桶、编织绒线衣、收拾房舍、接送儿童、服侍产妇、老人、病人以至于代管全部家务等,做到了"要啥做啥,随叫随到,机动灵活,群众方便"。因此,服务的面也很广,仅为职工和老弱残废居民上门服务的就有四百八十五户,占总户数的15%以上。在视察时,里弄负责同志说,现在还举办一个妇女浴室,下一天就要开放,里弄自办菜场也正筹备中。

第四,在文教卫生方面,家庭妇女走上了集体化道路之后,不仅物质生活得到提高,在普及文化教育方面,也有显著表现,体育卫生也办得很好。家庭妇女现已全部摘去文盲帽子。里弄内先后开办了民办小学,有四百余学生,和一所市民业余中学,有六百多人参加学习,其中年龄最大的有五十多岁。解放前,张家宅的劳动人民子弟从没有一人上过大学,解放后,完全不同了,现在已有五百多人在全国各高等学校学习或者毕业了走上工作岗位。在视察时,我们看到了一个"少年宫",有图书室,有文娱室,有科技室。在科技室里,陈列着为学习制造飞机轮船模型和制造简单的无线电收音机所需的工具和材料,是供给里弄内各个小学学生,轮流来此学习和工作的。

根据生产、工作的需要还先后举办了师资、烹饪、缝纫、卫生、音乐等各种专业训练班;也根据妇女特点广泛展开了体育活动,如广播操,经常参加的有三百人;以及乒乓球、羽毛球等。

关于除害灭病爱国卫生,这里也是全市的一个先进集体单位。大部分人家实行了"家家有痰盂,户户有公筷(或分食),个个有毛巾,人人刷牙齿"的保健制度。整个里弄经常保持清洁。

参加生产加工组的妇女是爱国卫生运动的主力军,每一个生产组组织成一个队,每队包一块,每星期四、星期日以两个半天的业余时间,协助居民开展经常性爱国卫生运动。里弄组织的负责同志向我们说,这样一支组织起来的队伍,起了三个作用:宣传教育、帮助劳动力少的人家搞突击清洁和深入检查。因此她们既是生产队,又是学习队,也是里弄工作队。

二

在视察中使我感受最深的是看到了走出家门参加劳动的里弄妇女,她们政治觉悟之高,技术革新干劲之大和文艺生活之丰富,都是值得我们学习的。

(一)政治觉悟之高。由于集体福利与社会服务事业的发达,家庭妇女在家务上得到很好安排,琐碎事务大大减少,得以组织起来,专心一意直接或间接为生产为社会主义建设服务。她们破除了"女不如男"的思想,树立了集体主义思想,提高了社会主义觉悟,家庭关系变了,邻居关系变了,人与人的关系变了。她们在家庭中在社会上的地位起了极大的变化。她们在劳动生产中响亮地提出了"为了社会主义建设,要我们干啥,我们就干啥"的口号,还说,"工厂的任务就是我们的任务,一定要保证完成"。这些口号和保证,她们都具体做到了。里弄委员会的负责同志说,这些妇女每星期上政治课,富有爱国热情。当1958年8月美帝国主义勾结蒋匪帮制造台湾海峡紧张局势时,很多妇女要求参加担架队,老年赶做军鞋,以具体行动积极支援前线。在视察时,一个妇女干部真挚而严肃地说:"妇女们已懂得要政治挂帅,要在思想上只想集体利益,把集体利益放在前面,忘掉自己"。这些思想认识,从看到听到的一些生动事例中,已充分反映出来了。

(二)技术革新干劲之大。里弄妇女在集体生产、生活中,受到了多方面的教育和锻炼,对革新技术,改进工作,以提高效率,更好地生产,已成为自觉的要求。她们在"别人能干的事,我们一定能干,别人不能干的事,我们也要干"的豪迈口号下,开展了轰轰烈烈的群众性的大闹技术革新运动,在去年提出了一百六十多项,到今年3月8日止共提出一千一百一十七项,不仅是生产和生活服务闹革新,连同除害灭病讲卫生也闹革新。在视察时,我们看到一架电动洗衣机,这是一个劳动妇女在得到上海梅林公司一个女工发明拣青豆机的启发后,经党委领导上大力支持,群众帮忙,先用试制,再由自己继续不断地苦思钻研,逐步改进而成的。每天能洗衣二百件。在容电器加工组,看到一架利用电风扇小马达接上一根转轴来制造电容器的铜丝圈,能把过去一天的工作量减少到七十五分钟完成,灵巧简便引起我们极大的兴趣和惊奇。在公共食堂中工作的妇女们,把切菜切萝卜机、淘米机和做馒头的新工具等拿给我们看。这种种革新工具提高效率达到一倍、几倍以至几十倍。

(三)文艺生活之丰富。张家宅里弄妇女,由于热情地劳动、认真地学习、舒畅地生活,她们的内心充满着喜悦和欢乐,洋溢着蓬勃的生气。她们吟诗作画,自编自演戏剧,大搞文艺创作活动。一年多来,已编写出歌颂三面红旗的诗一万二千余首,刊出了"张家宅居民诗选"六辑,剧目和歌曲八十余种。洗衣组一个妇女,一夜写诗一百篇,其中有洗衣歌一首:

> 洗衣洗衣,是我为人,
> 生产生产,是人为我,
> 我把衣服洗得好,
> 大家生产提得高。

以极其通俗的四句,很好地把生产、社会劳动和政治思想教育密切结合起来的精神表达出来了。

有一个生产加工组的妇女,歌唱道:"共产党是大救星,妇女从此翻了身,挖尽潜力生产搞,报答毛主席的大恩情。"有一个生产小组歌颂集体化,歌颂人民公社道:

> 人民公社真正好,妇女彻底解放了。
> 孩子进了托儿所,集体生活教育好。
> 吃饭有了大食堂,家庭琐事一齐抛。
> 从此离开锅和灶,齐心共把生产搞。
> 共产主义早建成,幸福生活乐陶陶。
> 吃饭不忘种田人,感谢毛主席好领导。

她们都是这样热情沸腾地歌颂总路线,歌颂大跃进,歌颂人民公社,感谢共产党,感谢毛主席。唱出她们对党和毛主席深切爱戴的心情,唱出她们热爱劳动英勇豪迈的气概。

三

张家宅里弄工作之所以取得很大成就,党的领导是其根本保证;而也由于在发动群众依靠群众生产的工作中,能掌握以下三个关键,我个人初步体会是应该肯定的。

(一)在工作中对组织妇女群众参加劳动生产、集体生活坚持自愿原则,运用形势教育,启发群众自觉地走上集体化的道路,不勉强,不迁就,使一切活动不断巩固逐步发展。因而这里弄的组织工作、思想工作和具体工作都做得比较踏实牢靠。里弄委员会的一个工作干部说,张家宅在解放前是劳动人民受尽一切反动统治的迫害,经常遭受贫困和死亡威胁的黑暗地带,当地居民称它是阎王地区。解放后,共产党和毛主席的阳光普照大地,张家宅也得到了翻身,家庭妇女历年来通过投入各种政治运动,觉悟逐渐提高,参加里弄活动的队伍不断扩大。到1958年学习总路线时,劳动人民家庭的妇女,正如这个里弄干部向我们说:"那时是已经相信自己能够站起来讲话了,过去靠丈夫,现是要求搞生产,自己独立生活了。"区的党组织重视这个要求,区长亲自下里弄,参加工作,领导学习,召开会议,向群众提出了要劳动生产,要走集体化道路。群众得到很大鼓舞,就在那时将更多的妇女在生产、生活、教育方面进一步组织起来了。在大炼钢铁时,妇女群众充分发挥了积极性,进一步得到了锻炼。因此,两年来张家宅的组织生产劳动、组织集体生活,都是在形势的教育鼓舞下,根据群众自觉的要求,有步骤地发展起来的。

(二)在工作中对劳动生产和集体生活的方式方法,采取多种多样、各得其所的原则。例如在避雷器加工组和电容器加工组,看到年龄较轻的妇女很熟练地在操作着。在包药加工组,看到年龄五十岁以上的妇女在专心而安静地工作着。至于工作场所,我们看到托儿所、幼儿园、少年宫等是利用建筑高而较好的楼房。生产加工组的作场,多数是利用较宽敞的平房,而服务性劳动场所,则多数利用较差的小屋。至于加工产品的种类,也是随着挂钩的工厂企业的需要而定。由于这样安排,参加生产服务的妇女都能努力工作,充分发挥了智慧、技能和力量,收到了因人因地因时因事制宜的效果。

(三)在工作中确立以劳动妇女和劳动人民家属做骨干的原则。由于她们乐于接受党的政策和决定,战斗性强,不怕困难,在群众中起着带头推动作用。例如,当1958年8月开始组织时,由于一个工人家庭妇女首先表示自愿腾出她家仅有的一间房屋作为公用的带头下,许多人家一下子就让出房屋四十余间,供各种公共活动之用。在一个夜晚,开会讨论开办第一个食堂如何筹措各种用具时,一个工人家属说:"穷人要穷大方",于是群众提出"居民食堂居民办,自己有的就自己拿出来"的口号,就在当晚,各家一共拿出炊事工具如大锅子、大蒸笼和桌椅、碗筷等一千零三十一件之多。又如里弄扫盲工作过去做得不少,到去年尚余下三百多文盲上门教,不肯读的情况时,一个文盲出身的文教主任现身说法地向群众动员,并把他们组织起来,群众得到感动和启发,苦战四十天,终于在 9 月 29 日全部扫除,迎接建国十周年大庆。劳动妇女说:"只要有党的支持,自己有信心,搞什么都行",她们就是以这样的思想基础来起骨干作用,两年来各项工作得以很顺利地展开,这也是一个重要动力。

四

在视察张家宅里弄工作之后的今天,听了李富春副总理、李先念副总理的报告,使我明确认识了目前全国各城市正在大办人民公社,大办公共福利事业,大办街道里弄工业的大好形势。张家宅里弄工作只是全国各城市很多街道里弄分头并进集体化工作中的一个。张家宅的工作在实质上已经体现了人民公社的作用,它已有可能进一步发展"成为改造旧城市和建设社会主义新城市的工具,成为生产、交换、分配和人民生活福利的统一组织者,成为工农商学兵相结合和政社合一的社会组织"。因此,广泛地组织以促进生产、服务生产为中心的居民的经济生活,把城市人民进一步组织起来,并且使成千上万的城市家庭妇女从家务劳动中解放出来,参加社会劳动,就既可以使妇女参加共同的生产劳动,又可以使城市人民都可鼓起更大干劲,专心一意地从事建设事业,有利于生产建设的迅速发展;同时由于把家务劳动向社会化、生活向集体化转变,有利于社会生活的彻底改造;也就是说,全国各城市的街道里弄积极地向人民公社化发展,既对街道里弄妇女有好处,也对街道里弄的各阶层居民有好处,同时对全国人民把我国建设成为社会主义强国并向共产主义过渡大有好处。一年多来,许多城市显著成就的生动事例,必然会成为全国各城市广大居民群众的共同愿望。张家宅里弄委员会的负责同志在同我们最后座谈时说:"张家宅的妇女对实现人民公社的要求很迫切。"我在那时也和他有相同的看法。现在,更加明确了我对这个发展规律的认识。

对这样一个发展形势的体会,使我也进一步认识到1958年12月中共中央八届六中全会"关于人民公社若干问题的决议"的号召力与指导意义的伟大,认识到毛泽东思想的伟大。自从毛主席1958年8月向全国人民作出"人民公社好"的伟大号召之后,举办人民公社在全国成为不可阻挡的浪潮。到八届六中全会,在决议中更指出了关于城市成立人民公社的方向。一年多来,全国大批城市就遵循着党中央和毛主席的指示,积极而有步骤地展开这方面的工作,得到了全面的发展和提高,参加的家庭妇女不仅在生产上做出贡献,她们的社会主义觉悟也不断提高,这是党的方针政策坚决贯彻的伟大胜利,也是毛泽东思想的伟大胜利。

我们民主党派成员,大多数是资产阶级知识分子,我们的家属也不同于工人农民的家属;面对着当前社会主义建设继续大跃进、人民公社迅速发展的形势,重温一下党和毛主席的教导,我想我们应该及时在政治态度、思想意识和生活习惯各方面,从根本上加以改造,彻底改造我们的资产阶级立场和世界观,逐步树立无产阶级的立场和世界观。在视察张家宅时,里弄委员会负责同志说,就在前一个晚上,委员会召开了居民大会,又有一百多名家庭妇女报名要求加入生产服务劳动,年龄有高到五十五岁的,其中有工商业者家属和知识分子家属还要求参加比较艰苦的劳动。这一事实使我听了很受感动。当此大好时机我们应该认识,小天地中的生活不如大天地中的生活,冷冷清清的生活不如热气腾腾的生活,鼠目寸光的生活不如高瞻远瞩的生活,而以积极的态度及舒畅的心情投入城市公社工作。我们要向工人农民学习,向街道里弄中劳动妇女劳动人民的家属学习,向张家宅最近报名参加劳动的妇女学习。

工商业者家属正在转化

——巩天民代表的发言

（一九六〇年第九期）

主席、各位代表、各位委员：

我完全同意和拥护李富春副总理所作的"关于1960年国家经济计划草案的报告"，李先念副总理所作的"关于1959年国家决算和1960年国家预算草案的报告"，谭震林副总理所作的"为提前实现全国农业发展纲要而奋斗的报告"和"全国人民代表大会常务委员会的工作报告"。这些报告，精辟地总结了我国在党的社会主义建设总路线的光辉照耀下，所出现的连续两年大跃进和人民公社化的无比优越性。在总路线、大跃进、人民公社这三面鲜艳的红旗招展下，各项社会主义建设都取得了非常使人振奋的成就。1960年的计划是客观可行的，也是继续大跃进的计划。因此，当我们听过报告后更加感觉到党中央和毛主席领导的英明正确。在这里除向大会表示同意和拥护外，回去后一定做好传达和在实际工作中认真贯彻执行。

现在我想讲一讲：城市人民公社与工商业者家属参加劳动的关系问题，从去年春天到现在，我在沈阳市内视察了几个不同类型的城市人民公社，了解到一些情况。不妥之处，请予指正。

沈阳市现有八十四个城市人民公社。这些公社是在党的社会主义建设总路线的光辉照耀下、大跃进形势的推动下、农村人民公社的启示下和群众热烈地要求下领导因势利导建立起来的。在这之前，街道居民就已组织了民办工业生产和举办了一些托儿所、幼儿园等社会福利事业。由此可见，城市人民公社的出现并不是偶然的。它是总路线、大跃进的产物，是城市政治、经济发展的必然结果。

沈阳市的城市人民公社，虽然成立不久，但是，在党的领导下，经过一年多的努力，已建立起四百八十四个工厂，产品达两千九百多种，产值达一亿七千多万元，预计今年可达五亿元。由于生产的发展，社会福利事业也随之有很大的增加，有劳动能力的均得以就业等，这就显示出了它同农村人民公社一样，都有它的无比优越性和强大的生命力。虽然城市比农村情况复杂，但是那些出身于资产阶级家庭的妇女、小商贩、小业主、小资本家的人们，都在公社的大家庭里，通过参加生产劳动，有更多的机会受到党的教育，他们的思想大有进步，人与人之间的关系密切了，改变了资产阶级的生活方式，基本上消灭了家庭的和邻里的纠纷；出现了人人劳动、互相关心、家庭团结、邻里和睦的新风气。由此可以看出，城市人民公社的发展将更加迅速和健康，并将吸引更多人，走上这个康庄大道，这对于改变消费者为生产者，改造旧城市建立新城市是强有力的工具。所以我认为城市大办人民公社，大办街道工业，把城市人民进一步地组织起来，并使成千上万的城市家庭妇女彻底解放出来，意义是极为重大的。我们工商业者家属，在党和政府对广大妇女提出自愿参加社会生产劳动的号召下，应当积极奋勇地、心情愉快地参加各种社会劳动，这样，才能更好地服务，更好地改造。

城市人民公社的成立，不仅得到广大劳动妇女的积极拥护，就是出身于资产阶级家庭的妇女及工商业家属，除有一部分人抱有疑虑观望外，多数人在不同程度上也是拥护的，因而有不少人参加了街道工业生产及其他社会生活福利事业，从根本上消除了资本主义发展的温床。沈阳市的城市人民公社，由于从组织生产入手，提出家家忙生产，户户无闲人，并组织好人民生活。因此，获得全市人民的欢迎，参加公社的人数越来越多。沈阳市的工商界的家属，据不完全统计，现在已有千余人参加了公社，约占全市工商业者市、区级代表人的家属有参加生产劳动条件的三分之一以上。她们在开始自动办街道工业时，就得到了各级党委的正确领导和支持，市、区民建和工商联在人力、物力上也给予很大的援助，开始自己动手盖厂房，由生产简单的产品，到生产比较复杂的产品。如该市和平区工商业者家属，白手起家地修建厂房、搬运物资和自筹资金等。在开始组织街道工业生产时，会碰到一些困难，如缺乏物资，没有技术，建厂初期收不进活来，有的单位怕这些妇女干不来等；但是在党委直接领导下,依靠群众,克服了困难,提高了大家的认识,坚定了信心,如在给公私合营建平铁工厂做锁链子和给曙光电气厂做灯管零件等,都是在党的领导下和老工人耐心帮助带动下,完成了加工生产任务。由于经过生产实践,使这些妇女初步地掌握了一些生产技能,因此后来她们就自己生产些小五金、翻砂和制造炭精棒等产品。

一年多来,由于整顿和提高,城市人民公社办工业,街道办工业的生产组织,经营管理水平,更加巩固和提高了。参加生产的工商业者家属,由于党的领导,政治觉悟都有了不同程度的提高,生产技术知识也有了很大的增进,因此有许多工商业者家属,被提拔成为工厂领导和骨干,担任厂长和车间主任等重要职务。

许多人由于受到了实际生产劳动锻炼,逐步认识到过去贪图享乐,过寄生生活的可耻,鄙视劳动、好逸恶劳的思想开始有了比较显著的转变,并正在向成为自食其力的劳动者方向转化。劳动光荣、寄食可耻的风气,已经逐渐形成。对劳动人民的高贵品质、无穷智慧和冲天的革命干劲,有了进一步深刻的体会。对劳动态度和看法也有了很大改变,缩短了同劳动人民之间的距离,增强了和劳动人民之间的思想感情,树立了虚心向劳动人民学习的精神。

工商业者和工商业者家属参加城市人民公社的生产,更重要的意义,就是为政治立场的改造找到一个基本途径。通过生产劳动认识到只有在共产党领导下才能掌握自己的命运,才有光明的前途。

实践证明,在党的总路线光辉照耀下,在两年连续大跃进的形势鼓舞下,大多数工商业者和工商业者家属,多是积极参加劳动,参加城市人民公社生产,逐渐地养成了劳动习惯;但也有少数人还采取消极等待观望的态度,厌恶劳动,不愿参加公社这一新型的社会组织。这种人反映出对参加社会主义劳动认识不足,我感到这种人,需要民建、工商联,在各级党委的领导下,协助妇联多做些具体工作,要她们投入光荣的生产劳动中去,从事力所能及的劳动,通过劳动彻底解放自己,改造自己。

各位代表,我们听到李富春、李先念、谭震林三位副总理的报告后,受到很大的启发教育,这三个报告给我们增强了信心和力量。作为一位民主党派成员来说,我今后一定要在党的领导下,围绕党的中心任务,积极服务,加强改造,认清形势掌握命运,"顾一头、一边倒",永远听党的话,党指向哪里,就做到哪里,让我们大家为完成和超额完成 1960 年国民经济计划而奋勇前进吧!

以食堂为中心全面组织人民生活

——刘子厚代表的发言

（一九六〇年第十期）

各位代表：

我完全同意李富春副总理、李先念副总理、谭震林副总理所作的报告，并坚决贯彻执行。现在我就以食堂为中心全面组织人民生活问题作以下的发言。

河北省人民，在以毛主席为首的党中央和中央人民政府的正确领导下，在1958年和1959年社会主义建设连续大跃进的基础上，今年继续跃进。目前，全省农村正在开展着轰轰烈烈的亩产千斤粮、百斤棉、万斤薯的大面积丰产运动，由于去冬积肥、水利和田间管理搞得好，今年麦子普遍长得好；在城市，广大职工正在深入开展着以技术革新、技术革命为中心的增产节约运动，第一季度各项主要工业生产计划都超额完成。各方面的情况表明，1960年仍然是高速度持续大跃进的局面。

随着社会主义建设的持续跃进，随着城乡人民公社的巩固和发展，各方面对劳动力的要求急剧增加，社会上原来的闲散劳动力已普遍得到就业，大量的家庭妇女投入生产建设，这样，原来各个家庭的生活问题，就日益变成社会性的问题了，家务劳动社会化为必然的趋势。广大人民迫切要求党和政府领导他们组织起来，搞好生活。因此，全面地搞好人民生活，就成为社会主义建设中一个新的重大课题了。

关心发展生产，关心人民生活，是我们党的一贯方针，也是党的光荣传统。党中央和毛主席从早就不断地指示我们：群众的干劲越大，我们就越要关心群众生活，必须注意全面地抓思想、抓生产、抓生活。河北省各级党政领导是认真贯彻执行了中央的方针和毛主席的指示的。

在全面组织人民生活中我们体会到,首要的问题是解决几千万人的吃饭问题。也就是首先要解决粮食问题和办好公共食堂。河北省历年来就是一个缺粮的省,过去几年来,每年要由中央从各兄弟省调给我们几亿到几十亿斤粮食。因此,我们下决心解决这个问题。经过几年的奋斗,农业生产有了不少的发展,特别是近两年来,在社会主义建设总路线的光辉照耀下,广大群众干劲更高,连续两年大跃进,终于实现了全省粮食基本自给。还不能不说是我省一个有历史意义的重大胜利。当然,目前我省粮食的情况还是不宽裕的,还必须千方百计地继续增产粮食,我们把发展农业生产特别是增产粮食,作为全省工作的中心任务。

河北省农村的公共食堂是在 1958 年大跃进和人民公社化运动中大量发展起来的。它同其他新生事物一样,当中走过一段曲折发展的过程,现在已经走上巩固健全发展的道路。目前,全省农村共有食堂二十一万多个,参加食堂的人数占农村总人口的 92%。在这些食堂中,办得好的和较好的占 80% 以上,其中更有两万三千多个办得很出色。这些办得好的食堂,不仅成了社员生活不可分离的社会主义大家庭,并且形成社员政治、经济、文化活动的中心场所。像新乐城关人民公社东紫烟生产队的食堂就是一个典型。

东紫烟生产队的食堂,是在 1958 年春季大跃进中群众自觉地成立起来的。经过两年的发展,已经达到比较健全的程度。他们做到了吃得饱、吃得好、吃得省,食堂的饭菜,按着农作季节变换花样,有冷有热,有干有稀,有菜有汤,可以几天不重。对不同的社员和特殊问题,如老人、小孩、孕妇、产妇、婚丧嫁娶、疾病、节日、亲友往来等都有妥善安排和照顾。他们在米面加工、炊具、做饭技术等方面开展了技术革新技术革命运动,创造了一畜四磨、齿轮快碾、土制自来水、切菜机、万能灶等等,实现了半机械化。全村参加食堂的一千五百八十多人,原来米面加工和做饭,共用一百六十四人,开展技术革新后,现在只用三十八人,节约劳动力三倍多。如与成立食堂以前比较,就节约更多了。同时,还减轻了炊事人员的劳动强度,提高了饭菜质量,做到了"粗粮变细粮、死面变活面,吃薯不见薯,吃菜变成馅"。不但生活搞得好,去年一年还节约粮食八万多斤。特别应当提起的是,由于食堂经营了菜园、养猪和制粉等副业生产,达到了油盐柴菜等自给自足,加上生产队的分配实行口粮供给制,这样就保证了社员吃饭不要钱。所以食堂受到社员的热烈拥护。他们写了成千上百首的诗歌来歌颂食堂,说:"公社好比红太阳,太阳出来照食堂,食堂巧煮千家饭,饭好菜香心舒畅。"由于生活搞得好,社员生产积极性非常高涨,解放出大批劳动力投入生产,出勤率和劳动生产率不断提高。这个村原来是很贫困的,历年粮食不够吃,过着糠菜半年粮的日子,过去每年要由国家供应粮食一、二十万斤。近两年来,在总路线的光辉照耀下,成立了人民公社,办起了食堂,生产高速度增长,1958 年就由缺粮变余粮,卖给国家余粮十八万多斤,1959 年继续大跃进,卖余粮三十一万多斤,除去各项消费粮和籽种外,还储备粮食十五万多斤(每人平均近百斤)。同时,随着生产的集体化、家务劳动社会化的发展,使人们的思想面貌发生了深刻的变化,共产主义精神高度发扬。社员们下地回来,就自觉地帮助炊事员做饭、扫地,炊事员对有病的社员,就另做好的面汤、饭菜,送到家去,问寒问暖,大家如同生活在一个大家庭里,团结友爱,休戚与共,敬老抚幼,互助互济。特别是广大妇女,不仅得到经济上、生活上的解放,并且得到思想上的解放,同男子并驾齐驱,成为生产建设上的重要力量。许多妇女作诗赞扬食堂,说:"全民办食堂,妇女真解放,男女齐下地,共同进食堂,全村成一家,心花喜洋洋。"所有这些,都充分展示了公共食堂的优越性,显示了社会主义生产和生活方式的优越性。公共食堂成为巩固人民公社的重要阵地。自然,我举的这个例子,是食堂中办得好的一个。但是全省类似这样的食堂已经不是少数的,而是成千上万的了。所以,纵然有少数的人仍然怀疑、不赞成甚至反对公共食堂,而公共食堂终于按着积极办好、自愿参加的原则发展成长起来,成为社会主义制度下人民生活的一种好的形式,为广大群众所热爱拥护。

在全省这些办得好的食堂中,概括起来有这样几个特征:一是加强了党的领导,实行政治挂帅,许多地方叫做"政治进食堂,书记下伙房",领导干部,分工负责,包干办好食堂。选派热心服务、公道能干、联系群众的党员、团员和贫农、下中农的积极分子到食堂去担任管理员、炊事员和其他工作,树立起贫农下中农的领导优势。二是有了食堂的家底和生产。建立起食堂的专用粮库、菜园、养猪场、家禽饲养场、制造淀粉、酱、醋作坊和米面的加工厂等等。做到了油盐柴菜自给自足，和实现了吃饭不要钱。三是实行计划用粮，节约用粮，粮菜调剂，改善生活，使社员吃得饱、吃得好，充分显示出食堂的优越性。四是开展起食堂里的技术革新技术革命，实行炊具改革，提高烹饪技术，从而不断提高了饭菜质量，和节省了劳动力。五是实行民主管理，群众路线走得好，遇事同群众商量，不但体现出多数人的要求，并且解决少数人的特殊问题。做到账目公开，日清月结，使社员心明眼亮。目前，全省已有各级党组织的书记六万多人深入到食堂去，帮助群众办好食堂；多数食堂都建立起自己的粮库；有十二万多个食堂建立起了菜园和养猪场；有一万〇四百六十多个食堂已经实现了油盐柴菜自给自足。全省食堂的技术革新和民主管理运动正在普遍深入开展。

在农村全面组织人民生活中，除首先搞好公共食堂以外，广大群众进一步要求解决的便是看孩子的问题，疾病治疗问题，以及缝纫、做鞋、文娱活动等集体福利事业和生活服务事业，也就是更广泛地组织起来，全面地实现家务劳动社会化。由于各级党政加强领导，目前，这些事业围绕以食堂为中心，正在迅速发展起来。全省农村人民公社已经组织起来的托儿所（组）、幼儿园共二十三万多个，入园受托儿童三百六十多万人，并且多数实行了看孩子不要钱。共建立起各种医疗保健组织七千多处，初步形成了一个医疗保健网，许多人民公社还搞起了敬老院、妇产院、缝纫组、洗澡堂、俱乐部等各种服务组织，使社员的衣、食、住、行、文娱活动都有了妥善的安排。由于这些组织是根据着服务生产、互帮互助、各尽所长、自我服务、厉行节约的原则搞起来的，不但不增加服务性人员，而且提高了劳动出勤率，政治、文化、技术学习和各种文娱活动亦大大活跃起来。充分显示了组织起来、生产普遍化、生活集体化、家务劳动社会化的巨大优越性。

在城市中组织人民生活，我们采取了以搞好职工生活为重点，同时搞好街道居民的生活；从组织生产和推动集体入手，保障高速度建设，为生产生活服务；以食堂为中心大力发展各种社会服务事业的方针。现在全省城市已办起各类公共食堂一万七千多个，托儿所一万二千多个，各种生活服务站六千八百多个。由于这些集体福利事业和社会服务事业的发展，不仅使广大职工能够更好地参加生产，而且有□□多万城市家庭妇女摆脱了家庭事务，参加了社会生产和生活服务,为社会主义建设增加了一支生力军。在这方面,天津市的光复道街做出了先进的榜样。他们在党的统一领导下以国营商业部门为骨干,组织各工厂企业、机关团体、学校、卫生等有关部门大协作,从发展生产入手,把计划供应和合理分配商品和指导消费相结合,来组织群众生活。他们还帮助各工厂企业办好职工食堂,根据着不同生产、不同行业的职工的生活需要,有计划地合理分配各种副食品,使所有职工都能够吃上适合需要的饭菜,同时,大量培训炊事员,组织饭馆的厨师传授技术,提高饭菜的质量,使职工吃饱、吃好、吃省、心情舒畅。在办街道食堂方面,同时按照积极办好、自愿参加的原则,根据城市居民有不同阶层、不同民族和生活水平不同、生活习惯不同等特点,办起了不同类型的食堂,特别是建立起一个机械化的大型主副食品加工站,只六十多个炊事员,可以做出三万五千人的主副食品,花样一、二百种,分别供应各个食堂,做到了省人、省力、省粮,满足各种人的不同需要。职工、居民们可以入整伙、半伙、假日伙,可以单买主食或副食,自由方便。在发展社会服务事业方面,他们采取国家帮助、组织机关、企业和群众互助服务相结合的方法,以国营商店办的服务总站为核心,各个生产服务社建立集体所有性质的分站,各个居民区建立群众互助性质的服务小组和家庭服务员,全街形成一个星罗棋布的社会服务网。从看孩子、洗衣服、缝补、修理、理发、洗澡、美化家庭,到护理病人、代请医生、婚丧事务、环境卫生等等,做到人人有事做,事事有人管,使生产发展,收入增加,生活改善。这种温暖的新型的集体的生活方式,大大地激发了职工的劳动热情。他们说:"服务员的服务热情,活跃到我们的细胞里来了。"因而干劲加倍,生产加番,去年全街三十六个工厂,全部提前一月左右超额完成了任务。由于公共食堂办得好,全面地组织起人民集体生活,使全街90%的妇女劳力摆脱了家庭事务,参加了社会生产。同时,群众政治思想觉悟迅速提高,热爱社会主义、热爱集体、互助友爱成为风尚,要求进步、要求学习的心情大大加强,形成了全面的政治思想、生产建设和文化运动高潮。目前,我们正在全省城乡开展学光复道、赶光复道的群众运动,使这种全面地组织人民生活、促进社会主义建设事业迅速地向广阔深入发展。

在实践中我们进一步体会到,生产和生活是不可分割的,社会主义生产方式的发展,必然要求建立和发展与之相适应的生活方式。在党的领导下,依据群众的要求和现状,引导群众组织起来,管好自己的生活,走集体化的道路,是生产关系进一步适合于生产力发展的重要步骤,是社会主义建设的重要组成部分。我们已经从上到下建立起一条人民生活的战线,随着生产的发展,把人民生活福利组织好,从而促进生产的持续大跃进,实现高速度建设社会主义的伟大任务。

　　以上发言,有不妥之处,请批评指正。

人民公社食堂膳食和营养卫生的几个问题

——白希清代表的发言

（一九六〇年第十期）

我完全同意并衷心拥护李富春副总理关于 1960 年国民经济计划草案的报告和李先念副总理关于 1959 年国家决算和 1960 年国家预算草案的报告。

在毛泽东思想的教导下，在总路线的光辉照耀下，目前群众的劳动热情愈来愈高涨，创造的精神愈来愈发扬，1960 年将是更大的跃进年。

在这样的大好形势下，各级党政领导，既全面地组织了生产，也全面地安排了人民生活。而办好公共食堂，使劳动人民吃得饱、吃得好、吃得干净、吃得舒适可口，保证健康，确实是社会主义建设中的一件大事。办好公共食堂之所以重要，还在于人民公社化以后，公共食堂不仅是社员吃饭的地方，而且已经成为社员的政治、经济、文化活动的中心，培养共产主义思想觉悟的大课堂。它将成为巩固人民公社制度的重要保证和社会主义的坚实阵地。在党的八届八中全会反右倾鼓干劲的号召下，由于各级党委的重视，加强了对公共食堂的领导，各地的公共食堂不仅进一步巩固了，而且在经营管理、副业生产、炊具改革、膳食营养等方面都有了很多的发展。社员们也认识到公共食堂的优越性，因而也千方百计地培育它、扶植它。现在的公共食堂是风吹不垮，雷打不散，坚若磐石，稳如泰山。

在人民公社公共食堂不断发展的形势下，群众的发明创造真是层出不穷。辽宁省黑山县，创造了玉米食用增量法。既保证劳动人民吃得饱、吃得好，又节约粮食。推广以后，全国各地的群众极力欢迎，在这个基础上又有许多新的发展和创造，形成了一个粮食烹调方法的革新运动。经过各地的推广应用和研究,证明增量烹调法确实是一个先进的方法,是广大人民群众新烹调技术的一个重大创举,成为计划用粮、节约用粮、保证健康的重要措施,是值得推广的。

采用增量法做饭,将大米先蒸,后淘,再煮,可使每斤大米由原来出两斤半至三斤饭,提高到四至五斤。玉米用磨汤子面的方法或玉米粉烫面法,可由原来一斤面出一点六至一点八斤窝头,提高到二点八至三斤。面粉用烫面法,可由每斤原出一点四斤馒头,提高到一点八至二斤。大量的实践证明,这样做法,不仅使出饭率增加了30%至50%,而且主食质量提高了。如玉米用汤子面做的窝窝头,又细又软,"肉头"(有弹性)可口,而且可以用汤子面做包子、饺子、面条等等,为玉米烹调多样化提供了条件,因此增量法受到广大群众的欢迎。食用增量法烹调的主食,能节约粮食,健康情况是良好的。群众的大量实践证明,食用增量法烹调的主食,可以节约粮食。在推广增量法中进食量并无限制,长期食用的结果证明,粮食是节约下来了。如有的工厂吃增量法烹调的主食时,粮食节约了12%,有的达到15%,而膳食中的热量仍保持在三千四百多千卡,满足了人体生理和劳动的需要。在中学和职工学校的学生中试验研究,以热量消耗和膳食中所含热能相比,则食用增量法烹调主食时,膳食中热能不仅能满足劳动及生理上的热量消耗,而且还余一百〇二千卡。从许多地方初步研究结果来看,吃增量法主食时,体重并未减轻,劳动效率、耐力、生理功能都是正常的,这就足以说明食用增量法烹调的主食,是可以维持身体的热能需要的。在推广增量法中看出,增量法烹调的主食,容易消化,尤其对胃脏消化功能较弱的老人、小孩、胃病患者是非常适宜的,有些胃病患者,在吃增量法烹调的主食后,胃病有显著好转。群众认为食用增量法烹调的主食,有三个好处,一节约粮食,二细软适口,三治好了胃病,所以大家满意,干劲十足,积极推广。

增量法对保存食物中营养素也是有利的。首先是增量法把粮食中原来未利用的部分利用起来了,如玉米汤子面加工法,就把过去磨粉中未充分利用的胚芽,全部磨在汤子面里,而胚芽中养分较多,因此相对地增加了主食中的营养素含量。再如用大米双蒸法增量,先蒸后淘,然后再将淘过的米蒸成饭。先蒸后淘对乙族维生素的保存非常有利,因为蒸时,大米表皮的乙族维生素渗入大米内层,减少了淘洗时的流失,同时,蒸后淘洗碎粒少,冲刷下来的粉末少,因此减少了淀粉等其他物质的流失。同时由于增量法烹调的主食,淀粉吸水以后,糊化较充分,淀粉粒大、分散,因此在蒸调过程中,可以缩短加热时间,所用火力,也较旧法为小。这些方面,对维生素保存,都是有利的。营养成分分析结果说明,增量法大米饭中硫胺素保存率较旧法提高,最多时可达 43%,核黄素 30%,尼克酸 69%;玉米增量法硫胺素保存率较旧法提高,最多时可达 33%,核黄素 13%,尼克酸 23%,这些维生素的保存,对于增进人体健康是十分重要的。

由此可见,主食增量烹调法是具有许多优点的,无论从广大群众实践的效果或者是从科学观察上来看,都证明了它是可以节约粮食,营养可口,保证健康,是符合科学规律的。这个新的烹调方法,如果在全国各地推广,节约粮食的数字,将是非常可观的,在国民经济上是一件大事,因此推广增量法的运动,应该坚持下去,并应不断地巩固与提高。

增量法的发现,又一次证明了群众的智慧是无穷的。科学研究工作者,应该认真到实际中去,到生活中去,到群众中去,认真研究群众的发明创造,总结群众的经验,加以提高与推广。当前,卫生人员特别是营养卫生工作者必须与群众结合,总结各地的群众经验,研究各种营养的变化、热量供应与消耗、消化与吸收等,进一步改进和提高主食增量烹调法,使增量法在节约粮食方面,以及保护人民健康上,起到更加积极的作用。

随着全国技术革新和技术革命的蓬勃发展,公共食堂的炊具机械化和半机械化也发展得很快,群众在这方面的创造发明也是很惊人的。如天津创造的窝头机,从玉米元粮做成窝窝头,整个操作过程连续化,每小时可生产窝窝头五千八百多个,郑庄子主食加工站供应周围二百六十个居民食堂的一万多人的主食,受到群众的热烈欢迎,便利了群众,节约了劳动力,保证了生产。不仅城市如此,农村公共食堂也在大力开展炊具改革,有的省推广机械化、半机械化炊具达一百三十多万件,炊具改革以后,随之而来的就是机械化了的食堂,如何加强卫生工作,保证营养卫生的问题。这因为炊具机械化以后,供应和服务的人数可以成倍地甚至数倍地增加,因此保证卫生的问题就更为重要。另一方面,炊具改革后大大节省了人力,减轻了炊事人员的劳动强度,这就为搞好营养卫生,创造了有利条件。在过去一年多的时间里,各地卫生工作者,在保证公共食堂卫生上,创造了许多好的办法和经验。炊具机械化以后的公共食堂卫生是一个新的课题,我们卫生工作者和科学研究工作者一定要迅速地跟上去,提出一套新的办法和经验,把公共食堂卫生搞得更好,保证劳动人民健康,促进炊具机械化不断发展。

人民公社公共食堂的组织形式,对于逐步提高人民营养水平也具有特殊的优越性。在过去一年多以来,各地在这方面也做出了不少成绩,有的地方按照吃饭的人数,以满足营养需要的原则,规划食堂菜地,生产蔬菜,这不但保证了社员每天都有菜吃,菜的品种多样化,而且也提高了营养水平。目前各地都在大搞食堂家底生产,有许多食堂不仅有自己的蔬菜基地,而且还喂养了猪、羊、鸡、鸭;不仅做到自给,而且还有余,可以卖给国家。搞好家底生产,不仅是巩固农村食堂的重要条件,而且可以再进一步提高人民营养水平,增强体质,使得人人精力充沛,干劲十足。这样有计划地组织食堂的生产为营养保健工作提供了极为有利的条件,实非各家各户自起炉灶所能比拟。一年来,全国营养工作者在党的领导下,发挥了共产主义大协作的精神,发动了群众在全国二十六个省、市、自治区,一百七十七个市县和十四个民族居住的地方,对工人、农民、学生、职员、老人、婴幼儿、孕妇等进行了营养调查研究,用一年的时间完成了十二年科学技术发展远景规划中规定十年完成的任务,这对改善人民膳食营养、促进人民健康、保证生产,提供了极为重要的科学依据。全国各地营养卫生工作者,在取得伟大成绩的基础上,一定同各地卫生工作者一道,在各级党委的领导下和群众商量,把人民公社公共食堂的家底生产搞好,使蔬菜生产规划得更好、生产得好、保存得好、吃得好,办好人民公社食堂是组织人民经济生活的一个重要内容,是社会主义建设中的一件大事,也是保证社会主义生产发展、大跃进的重要环节之一,有了公共食堂,不仅在提高劳动人民的卫生上是非常有利的,而且在逐步提高人民生活水平上也是有利的。我们卫生工作者,有雄心、有壮志、团结群众、深入现场,在营养卫生工作上组织继续大跃进,为公共食堂的巩固发展做出更大的贡献,为工农业生产以及为勤劳勇敢的我国广大人民群众的健康服务。

沈阳市前进人民公社在胜利前进

——高凤琴代表的发言

（一九六〇年第十二期）

主席团、各位代表：

我完全同意李富春副总理关于 1960 年国民经济计划草案的报告和李先念副总理关于 1959 年国家决算和 1960 年国家预算草案的报告，并坚决贯彻执行。

我是沈阳市东北机器制造厂的一个职工家属，现在仅就我厂组织职工家属生产和办集体生活福利、服务事业作一发言。

李富春副总理的报告中指出："现在，全国各城市正在大办人民公社，大办街道工业，大办郊区农业，大办公共福利事业，大办公共食堂，广泛地组织居民的经济生活，把城市人民进一步地组织起来，并且使成千上万的城市家庭妇女从家务劳动中解放出来，参加社会劳动。这一切，不仅有利于生产建设的发展，而且有利于城市社会生活的彻底改造。"从我们工作中体会，这是非常切合实际的。我们厂在中共沈阳市委的直接领导下，于 1958 年 11 月开始筹建人民公社，命名为前进人民公社。经过 1959 年一年的巩固、发展，充分显示了它的强大生命力和无比的优越性，对完成和提前完成我厂各项生产计划起到了积极的促进作用。公社成立后，全厂职工家属有 80% 参加了社会劳动，其中参加国营工厂为合同工的占 73%，参加社办工业的占 27%，一年来，在党的培养教育下，她们普遍地提高了政治觉悟和文化技术水平。现在已有 90% 的合同工达到了二、三级工的技术水平，能够独立地进行操作，完成和超额完成任务，许多合同工既能当车工、磨工、电工、压力工，而且也会做木工、瓦工和检验工等十多个工种，成了多面手。她们不但成为了熟练工人，而且还有许多人成了生产战线上的技术革新能手和骨干。如三〇一车间,在 1959 年大干 8、9 两月向建国十周年献礼过程中,遇到了清沙困难,影响生产任务的完成。当时情况是人员少,任务重,时间紧,在职工家属中的女合同工王秀兰同志带动下,十五名妇女自动组成了花木兰大队,人人想办法,个个动脑筋,提出了七十一项建议,开展了二顶三巧姊妹红旗竞赛,使生产效率提高了一至十倍,从而突破了清沙关键,提前三天完成了任务,保证了第三生产区提前七天完成 1959 年第三季度的生产任务。

除组织职工家属参加我厂的生产外,我们还热烈地响应党的号召,组织了大批职工家属积极参加社办工业的运动。全体职工家属干劲十足,发扬了敢想、敢干的共产主义风格。当时大家都不懂技术、没有设备,又没有生产门路,困难很多。但是在党的领导下,这些困难都被我们一个一个地克服了。没有设备,我们就发动妇女群众到处去挖找废料,仅一个月的时间就挖出了砖七十多万块,木材十二万斤,钢铁二百二十三吨,五金十一吨,耐火砖一千吨,这样就给我们办工业打下了物质基础。不懂技术,我们向职工家属发起了"向自己亲人学技术"的号召,学习条件非常有利,在职工家属中,有的丈夫是工程师、技术员,有的是技术工人,特别是党委提出了每个职工要在职工家属办工业过程中做一件好事的口号后,随即,在全厂范围内迅速掀起了互教互学大办工业的热潮,在党委领导下和全体职工大力支援下,经过了三个月的奋战,克服了重重困难,终于办起了小型的、土洋结合的、为大厂服务的五金、铸造、水泥、洋钉等十一个工厂,经过整顿后,目前还有九个。今年 1 月到现在实现革新项目三百六十四项,提合理化建议五百四十件,实现的五百〇五件,提高劳动生产率一点二五倍,创造价值四万三千一百四十元。由于这些社办工业直接为工厂加工,因而使工厂在 1959 年内节省三十多万元的财富,并为国家创造一百八十六万元财富,有力地支援了我厂的生产。我们厂和全国各兄弟厂一样,在党中央和毛主席的英明领导下,在总路线、大跃进、人民公社三面红旗的光辉照耀下,全体职工的共同努力,提前三年一个月零五天完成了第二个五年计划的主要指标,提前二十七天完成了 1959 年的总产值计划,提前十六天全面地、超额地完成了全年国家计划。今年又提前十一天半完成了第一季度总产值计划,实现了六十年代首季开门红。

　　为了更好地满足职工生活水平日益提高的需要,在党提出工厂大办副食品生产自给运动的号召下,我们还发动职工和家属,在工厂周围的荒地上大办农场,养猪五百五十头,鸡鸭五千五百只,年产牛奶二十四万多斤,蔬菜三百八十万斤,实现了公共食堂副食品的自给,并依靠全厂职工和家属的义务劳动于1959年冬,建成了一座年产五十万斤鱼的三万平方米的鱼池。另外,在集体饲养、公办农场的同时,还号召组织每户家属自己种菜、养鸡,1959年产蔬菜一百二十万斤,养家禽五千多只,改善了职工的生活,鼓舞了他们的生产热情。

　　为了使职工家属无牵无挂地走上社会主义建设的各种劳动岗位,使工厂企业有可靠的"后勤部",根据党的"一手抓生产,一手抓生活"的指示精神,我们还大办了集体生活福利和社会服务事业。由党委统一领导,全面规划,本着自力更生、因陋就简、白手起家、少花钱、多办事的原则,大办托儿所、幼儿班、公共食堂和多种形式的服务性的集体福利事业,共办起五十七处托儿所(站)幼儿班,入托儿童达二千四百多名(除十五处厂办的以外),都是在没有向国家要一文钱、没盖一间房子的情况下,用土办法办起来的,房子是大家互让腾出来的,设备是家属自己拿出来的,保育员是群众自己挑选的,而且都是根据不同需要,为不同对象服务的。其中有的是为女职工和民办工厂女工的儿童服务;有的是为在业余时间女职工和家属参加社会生活而组织的临时服务组;有的是收学龄前儿童,对他们进行"五爱"和"四育"的教育。现在这些组织已经空前巩固并在迅速地发展。保育员们提出"托儿所赛过家,阿姨赛妈妈"的行动口号,热情地抚育儿童。今年以来,并开展了技术革新,制成了电器报尿器、自动换奶器等十余种器具。为了配合女职工上晚班,保育员们提出:"孩子妈妈上晚班,昼夜收托门不关,半夜回家路太远,请你住在哺乳站。"给女职工极大的方便,深受职工的赞扬,先后收到了职工写的一千二百多封表扬信,互相鼓励,因此大大地促进了女职工的生产积极性。全厂女职工有六百五十多名评上了先进生产者和红旗手,仅在今年1、2月份中,就有两千多名女职工在大闹技术革命中提出了三千一百多项革新建议,对提高生产效率起到了显著的作用。

　　在解决女职工带孩子问题的同时,吃饭问题也必须同时解决。为此,在党委的领导下,本着白手起家、自力更生的原则,兴办了十七处中小型公共食堂,后来根据需要合并为现代化的大食堂三处,满足了全体职工吃饭的需要。食堂炊事人员有90%是由家务劳动解放出来的妇女,她们参加食堂工作后,在党的领导教育下,提高了思想觉悟,很快地掌握了技术并独立地进行工作,获得了很大成绩。值得提出的是,炊事人员在开展三好、五满意的食堂竞赛中,千方百计地研究粗粮细作,食谱多样化,保证了职工吃得好、花钱少。全年共做出主副食三千七百六十种花样,职工们写诗歌颂扬公共食堂:"每日吃三餐,顿顿花样翻,喷香又可口,人人心喜欢,吃得肚里干劲往上添,掀起新高潮,生产大翻番。"最近,食堂炊事人员在党提出的向机械化、自动化进军的伟大号召鼓舞下,人人精神奋发,个个干劲十足,与生产车间协作大搞炊具机械化,实现了洗碗、切菜、淘米、包饺子等四条自动生产线,三十六种机械化、自动化炊具,使炊事人员从笨重体力劳动中解放出来,他们精神更加振奋,更好地为食堂工作跃进而努力。

我们工厂现在有80%的职工家属参加了社会劳动,但是家务中的一些琐事还牵连她们的精力,她们迫切要求迅速摆脱繁琐的家务负担,以便更好地从事社会劳动和学习。根据这种情况,为了更好地保证生产持续跃进,按着党的指示,我厂又开展了全面地组织职工家属的经济生活,大搞服务事业,一年来由小到大,由分散到集中,在没有向国家要钱的情况下,共建立十四处服务站、十九个代销点、一百九十六个邻里互助组、三处理发店和十余处缝纫组。这些依靠群众兴办的服务事业,从买米、买菜到缝缝补补等各个方面,为职工生活服务。1959年共互助产妇病人六百四十三人次,二千五百五十天次,使职工尤其是夫妇都上班的职工解决了很大的问题,给予了极大的方便,使他们安心地从事生产。

广大职工家属参加生产和集体活动,使妇女从繁琐的家务劳动中解放出来,使家务劳动社会化、集体化,进一步提高了妇女的思想觉悟。经过一年多的社会劳动、集体生活锻炼之后,出现了人人讲生产、个个谈政治、关心国家、照顾集体、把方便让给别人、把困难留给自己的新气象,普遍地建立了人与人之间同志式的平等友爱的关系和民主团结的家庭。

我们在组织家庭妇女参加社会劳动、广泛地组织居民经济生活方面,一年

来,我们的体会是:

一、必须在党的绝对领导下,坚持政治挂帅,听党的话,掌握总路线、大跃进、人民公社三个法宝,从思想上认识搞好这一工作对当前社会主义建设的重大意义。正因为通过党的政治思想教育,使广大职工家属认清了目前有利形势,提高了认识,克服了几千年遗留下来的私有观念和狭隘保守意识,彻底破除了封建家长制和男尊女卑的传统残余,调动了广大妇女的积极性,组织到社会劳动和集体生活中来。组织社会劳动,参加集体生活必须贯彻执行党的为生产服务、为职工群众服务的方针。为了贯彻执行党的这一方针,每一项工作都必须注意围绕党的中心任务进行工作,千方百计地为党的中心任务而努力。脱离了党的中心任务,我们就什么都不能办好。服从党的领导,听党的话,是我们一切事业成功的最根本的泉源。

二、发动群众,依靠群众,大搞群众运动,是我们各项工作的根本路线。人民群众是历史的创造者,社会主义革命和社会主义建设是千千万万人民群众的自觉的事业,不发挥大家的积极性和力量,就不能办好一切事业,就不可能有生气勃勃的社会主义建设。组织职工家属参加社会劳动,参加集体生活,搞好职工和职工家属的集体福利事业亦不能例外。我厂职工家属,多半出身于封建家庭,她们在旧社会受的痛苦和压迫最深、最多。几年来,她们在党的教育下,提高了思想觉悟,她们都具有彻底解放的强烈意志和要求。特别是人民公社的建立,实现家务劳动社会化,使广大妇女群众完全摆脱了被压迫被奴役的历史,她们成为名副其实的社会生产者,她们有巨大的潜在力量。我们的任务,就是如何把她们的智慧和力量充分地发挥和调动起来,为社会主义建设服务。我们正是通过这一工作,在党的领导下,大搞群众运动,做了以上许多工作的。

解放以来,我们广大职工家属,在党的关怀和教育下,好像一个不懂事的孩子一样,在母亲的温暖的怀抱中成长了起来,我们深深地体会到党的伟大和毛主席思想的伟大。拿我个人来说,过去是一个贫苦的工人家属,解放后与广大妇女一样,在党的培养下,把我们从家务劳动中解放出来,参加生产与工人们一样过着集体生活。妇女们用诗歌来赞美这幸福的生活:

过去妇女只会做针线，

整天围着锅台转；

有心去生产，

孩子没人管；

现在围着机器转、什么都能干，

吃饭进了大食堂，

孩子送进幼儿班；

学习政治学文化，

拿起笔来写诗篇；

感谢党的好领导，

毛主席的恩情说不完。

我们今天的幸福，千言万语也说不完，只有不计名利、不计报酬、全心全意地为社会主义建设的大厦添砖添瓦，与全国人民一道向党和毛主席所指引的方向奋力前进！

（八）《财经科学》

人民公社工业企业的管理问题

曾国安

（一九六〇年三月三十日）

一、人民公社工业企业的作用和特点

人民公社工业企业的出现不是偶然的，实现农村工业化，这是我国农民多年来的愿望，也是伟大的中国共产党对我国现代化农业建设坚定不移的方针。但是在旧中国，广大农民的愿望仅是一个不可能实现的空想。而在解放以后，由于生产关系的根本改变，特别是在农业合作化时期，农民就已经开始举办工业企业，但是为数不多。随着国民经济的迅速发展，1957 年—1958 年伟大的全民整风运动和在党的社会主义建设总路线的指引下，为了满足数亿农民开展的大规模的农田水利基本建设以及大搞农业丰产运动所需大量的农具、工具、各种化肥及农药等的需要，为了适应农村和城市部分地区人民公社诞生后无限活力的发展需要，为了响应党中央 1958 年北戴河会议全民炼钢铁、全民办工业的号召，农村农民和城市居民自办的公社工业企业和街道工业企业，就像雨后春笋一样，在全国各地普遍发展起来，形成了"机器到处响，工厂遍城乡"的生动局面。事实充分地证明了，人民公社大办工业企业，这是我国人民的伟大创举，是总路线、大跃进、人民公社化的必然产物，它有着无可估量的作用。1959 年人民公社工业企业得到进一步的发展和巩固，根据 1959 年 9 月统计，全国人民公社共有工业生产单位七十万个左右，农村公社工业产值达一百亿元左右，比 1958 年增长百分之七十，城市人民公社的工业和城市街道工业的产值达二十亿元左右，比 1958 年约增长四倍。目前，全国各个城市，在农村人民公社和 1958 年开始创办的部分城市人民公社影响之下,在国民经济持续跃进的要求之下,正在开展一个生气勃勃的组织城市人民经济生活、实现城市人民公社化的群众运动,许多原有的街道工业企业已转为公社工业企业,并且还新创办了许多工业企业。十分明显,无论农村人民公社的工业企业,或者是城市人民公社和街道的工业企业,成立的时间虽然不久,但是它已经做出了显著的贡献,并且显示出它的远大前途,具有无限的生命力。

人民公社办工业企业,是全党全民办工业方针的胜利,是毛泽东思想的胜利。人民公社工业企业的发展,具有无可估量的伟大历史意义。首先,农村人民公社工业企业,有力地促进了农业生产的大跃进,加速了农业现代化的过程。农业是国民经济的基础,我国农业在国民经济中占有重要的地位,农业的大发展,对农业生产工具、各种化肥和农药,提出了大量需要的要求。事实证明,仅仅依靠大型工业企业,很难及时满足需要,而农村人民公社工业企业的发展,则为及时满足农业需要,开辟了广阔的途径。根据十七个省市的调查,只是 1958 年一年中,农村人民公社工业就创造和修理了农具一亿多件,提供农业部门水泥二十九万多吨,土铁二百四十多万吨,土钢五十三万吨,原煤二千五百三十万吨,发电三千六百四十万瓦。河北省 1958 年新增的播种机、中耕器、土化肥等工业产品,全部都是公社工业的产品。由于公社工业向农业提供了大量的生产资料,因而大大地提高了劳动生产率,节约了劳动力,增加了生产。同时农村人民公社举办了为社员生活服务的工业企业,这样一方面便利和改善了社员生活,另一方面,大大地节约了农村劳动力,从而促进了农业生产的发展。农村人民公社工业企业的发展,不仅为农村实现技术改造提供越来越多的技术装备,而且也为公社提供大批资金,可以扩大公共积累,可以购买更多的生产资料。因此,由于农村人民公社工业企业的发展,以及国家大型工业对农业越来越多的支援,我国农村的机械化电气化事业的进程,必将大大加快,有了大型企业的主力军和公社企业的地方军的相互配合,加速我国农业现代化、更快地改变农村经济和文化面貌、更好地贯彻执行工农业同时并举的方针,也就有了可靠的保证。

其次,人民公社工业企业,大大促进了工业生产的大跃进,加速了工业化的进程。为了改变我国一穷二白的面貌,高速度地建设社会主义,党提出了总路线和一整套"两条腿走路"的方针,这是我国生产大跃进的宝贵经验,而人民公社办工业,正是一整套"两条腿走路"的方针的具体运用。人民公社办工业,动员了广大农村和城市居民,充分地利用了一切人力物力和财力,是"全民办工业"方针的具体体现,人民公社的工业企业成为国家工业化的重要组成部分,1959年全国人民公社和街道工业的总产值占全部工业企业总产值的10%左右,有力地支援了大中型企业的发展。人民公社工业企业遍布城乡的大发展,它和国家大工业企业的相互支援和促进,形成了一个规模宏大的城乡工业网,这就一定能加速国家工业化和公社工业化的进程。

第三,农村人民公社大办工业企业,还有更为深远的意义。党的八届六中全会"关于人民公社若干问题的决议"中指出:"公社工业的发展不但将加快国家工业化的进程,而且将在农村中促进全民所有制的实现,缩小城市和乡村的差别"。由集体所有制向全民所有制过渡,最基本的一个条件就是要提高社会生产水平,要产品越来越丰富,同时还要加速农村机械化和电气化,而公社大办工业企业对丰富社会产品和促进农业机械化和电气化有着重大的作用。目前农村人民公社的集体所有制,生产队的所有制是基本的,而公社的所有制是部分的。由于公社工业企业大部分是属于公社和管理区一级领导的,因此它的发展和巩固必将大大增加公社的公共积累部分,加强公社一级的经济力量,有利于人民公社由社会主义的集体所有制向社会主义的全民所有制过渡;由于公社工业的建立和发展,可以推动农村对现代技术的利用、交通运输和科学文化事业的发展,因而可以逐步使乡村城市化,为缩小和消灭城乡差别创造条件。

第四,城市人民公社大办工业企业,调动了一切积极因素,使城市中的消费人口变为生产人口,为国家创造了大量的物质财富,支援了国家建设和城市人民经济生活的需要。城市人民公社的建立和发展,不仅进一步解放了妇女,改善了人民生活,而且也锻炼和培养了城市居民集体主义、劳动光荣的新风尚,提高了思想觉悟,使居民走上了集体化的道路,它成为彻底改造旧城市,并为逐步过渡到共产主义准备了重要条件。

以上所述人民公社工业企业的巨大历史意义,提出了兢兢业业管好工业企业的基本要求。社办工业是一项新的事业,全面地系统地加强工厂的经营管理,充分发挥工业企业的作用,是一项迫切的任务。人民公社的工业企业与国家大型工业企业比较,虽然都是社会主义性质的企业,但有着许多不同的地方,有着它自身的许多特点,充分认识公社工业企业的特点,对于搞好经营管理具有迫切重要的现实意义。因为这是公社工业企业经营管理的基本出发点,不充分认识这些特点,生硬地搬用大企业管理的一套办法,显然是错误的,也是不可能实现的。

现阶段人民公社工业企业的基本特点,有以下几个基本方面:首先,无论是城市人民公社或者是农村人民公社工业企业,最基本的所有制形式是集体所有制。在农村,由于有些国营企业下放到公社管理,增加了公社工业的全民所有制的成分,但是占的比重仍很小。而且由于农村人民公社存在着三级所有制,因此,公社企业也存在着公社所有、管理区所有、生产队所有的三种集体所有制形式。城市人民公社工业企业也存在着公社和公社以下的两种集体所有制形式。在集体所有制的情况下,公社工业企业的生产资料和产品,基本上仍属于公社集体所有(公社的管理区的及生产队的),全民所有制企业的生产资料和产品可以直接由代表全体人民的国家按照整个国民经济的需要作统一的合理的分配,而集体所有制的企业则做不到这点。其次,公社工业企业的规模小,生产品种繁多,任务灵活多变,是为农业生产和技术改造服务,为农村和城市人民经济生活服务,为大型工业企业服务的一支地方军。第三,公社工业企业接近原料和市场,利用资源灵活,供产销紧密结合,原材料的组织、产品销售主要依靠企业本身或者是通过国家有指导的进行,而在国营大企业中,原材料的购入和产品的销售,一般均由国家计划统一分配。第四,公社工业企业目前一般设备还简陋,技术水平较低,技术力量薄弱,土法生产和土洋结合的生产方法占着主导的地位,并且正向手工业和机器工业相结合、土法生产和洋法生产相结合的方向发展。第五,公社工业企业目前的人员还比较不固定,职工的数量、劳动的组织在城市随生产任务多寡,在农村随农业生产发展的需要,不断地调整和变化。公社工业企业的职工群众,参加生产与管理紧密结合,农村的公社企业还实行了亦工亦农亦干的劳动制度。第六,在工资的分配制度上适应于集体所有制在生产规模和亦工亦农劳动制度的要求,公社工业企业中并存着计时工资、计件工资和工资制与供给制相结合的分配制度。

二、人民公社工业企业管理的方针

人民公社工业企业在短短的时间中,之所以取得了辉煌的成就,之所以有着强大的生命力和巨大的作用,最根本的原因,就在于贯彻执行了党的领导和群众路线,以及经营管理的基本方针。因此,正确贯彻执行党关于公社工业企业管理的方针,对公社工业的巩固和发展、对满足工农业生产的需要,有着重大的意义。

党中央"关于人民公社若干问题的决议"中指出:"人民公社的工业生产必须同农业密切结合。首先为发展农业和实现机械化、电气化服务,同时为满足社员日常生活需要服务,又为国家的大工业和社会主义市场服务"。这是农村公社工业企业生产的基本方针。公社工业企业必须首先为发展农业和实现机械化、电气化服务,这是因为农村公社企业与农业生产有着最密切的联系,公社工业的绝大多数原材料主要依靠农业生产的发展来保证供给。农业生产是公社的一个中心任务,要求通过公社工业的发展对农业实现技术改造,改革和创造农具,贯彻农业八字宪法,以促进农业生产大发展,改变农业的落后面貌。公社工业企业只有很好地为农业生产服务,才能不断地发展和壮大自己。工农业是互相促进的,公社工业企业的发展有待于农业提供资金、原材料和人力,只有工业首先为农业服务,才能使农业发展,进而促进工业的发展成为可能。其次,由于人民公社化以后,广大社员物质文化生活水平的有所提高,广大妇女参加了生产劳动,公社办起了许多公共食堂、托儿所、敬老院,社员生活起了新的变化,扩大了各种不同的需要。我们发展生产的根本目的,就是要不断提高和满足社员物质文化的需要,因此,社办工业企业必须为社员日常生活需要服务。这样做的结果,不仅便利和改善了社员的生活,而且能鼓励社员的干劲和节约大量的劳动力,从而促进农业生产的发展。最后,公社工业是整个国民经济建设不可分割的统一体的一部分,大工业企业的生产,需要地方工业企业(包括公社企业)的支援,另一方面公社工业化、机械化、电气化,也只有在大工业企业发展壮大的基础上,才有实现的可能。同时公社的需要是多种多样的,不可能自给自足。因此公社工业必须贯彻自给性生产和商品性生产并举的方针,抓好商品生产,满足国家大工业和市场的需要。

为此,农村人民公社工业企业要充分利用当地的原材料,积极发展小型农具,改良农具和办机械化农具的制造和修配,发展农村副产品加工、化工、建筑材料等生产,在有煤铁资源的地方,还应积极举办电力、钢铁、煤炭等生产,从而更好地为农业生产、为大工业、为市场和社员生活服务。

城市人民公社工业企业,在生产方向上,有着它自己的不同特点。为了高速度地建设社会主义,国家必须集中力量,举办一些有关国计民生的重要企业。但是人民经济生活的需要是多种多样的,必须发挥各级地方的积极性(包括城市公社工业和街道工业),才能更好地适应人民物质文化生活的不同的需要。同时由于工业生产大跃进,城市人民大量就业,废寝忘食的劳动热情的高涨,以及随着城市人民公社的诞生,都迫切要求更好地组织城市人民经济生活。最后由于小型企业的许多特点,如投资少、建设时间短、收效快、可以灵活利用零散资源,同时厂小分布广,容易改换产品品种,对于协助大型企业制造稀缺产品,增加市场物资的供应等方面,均有较大的作用,是不可缺少的补充力量。因此,城市人民公社工业企业,在生产上必须贯彻为国家大工业企业服务、为农业生产服务和为城市人民生活服务的方针。为此,城市公社工业企业应当充分利用大工厂的边角废料和城市的废品废料,填空补缺,生产为人民生活需要的日用工业品,就地取材,大搞工业建设方面需要的原材料生产,积极承制大工厂的来料加工,为大工业服务。

为了更好地经营管理公社企业,农村和城市人民公社的工业企业都必须贯彻执行因地制宜、就地取材、自力更生、勤俭办企业的方针。农村公社的物质财富是非常丰富的,工厂的边角废料和城市的废品废料是城市工业企业丰富的材料来源,因此根据各地的实际情况,因地制宜,就地取材,大搞综合利用,发展多种经营,对于直接为农业、为城市人民生活和为大工业服务的小型企业,具有特殊重要的意义。为此,在农村中,需要根据管理区、生产队的不同需要,在城市中为了方便群众及其不同需要,集中或分散地生产各种不同的产品,以便就地取材、就地生产、就地销售。公社工业企业厂小底子薄,资金不宽裕,国家建设由于集中力量保证重点的需要,也不可能抽出更多的资金支援公社工业企业,因此各工业企业,在经营管理中,必须发挥"穷棒子"精神,走自力更生、土洋并举的道路,尽量利用旧厂房设备,反对贪污浪费,勤俭办企业,实行经济核算,逐步增加和扩大企业的公共积累,才能更快地壮大公社企业的经济力量,更好地为工农业生产服务。

三、人民公社企业经营管理的基本方法

公社企业的经营管理必须根据社会主义的性质特点和方针来进行。为使生产正常进行就必须搞好生产过程中的一切管理工作,尤其因为社办工业企业是一项新的事业,还缺乏完整系统的一套管理经验,因此,随着公社企业生产事务的日益繁重,加强企业的经营管理,建立正常的生产秩序,发挥现有企业的作用,就具有迫切重要的意义。全面地、系统地加强公社企业的经营管理,必须根据党的总路线和集中领导与大搞群众运动相结合的方针,有计划、有步骤地建立与健全各项管理和责任制度。这些管理和责任制度,主要包括以下几方面。

(一) 逐步建立和健全计划管理

社会主义工业企业,必须进行有计划的生产,公社工业企业的生产,必须根据公社整体计划和统一安排来进行。公社工业是社会主义工业的组成部分,公社应当把自己的工业生产计划,主动地纳入国家工业生产计划,在国家计划的指导下,因地制宜地充分发挥主动性和积极性。加强计划管理,是企业经营管理的首要环节,它可以消除生产上的盲目性,使生产有计划、有准备地顺利进行。加强计划管理应当逐步地建立和健全年季月的生产技术财务计划。公社企业的生产技术财务计划应当根据企业隶属的不同情况(如公社管理区或街道,生产队或地段居委会所办的企业),生产规模、技术水平、业务范围等情况,在领导部门的指示下,确定编制计划内容的繁简,计划指标的多寡,应由粗到细,逐步健全和提高。

公社企业的计划,在现阶段,一般包括下述指标,即工业总产值、主要产品和产量、劳动生产率、成本等五个指标。公社企业计划的编制和生产任务的来源有它自己的特点。公社企业生产任务的来源,一般有三个组成部分,即国家下达的任务,公社(包括管理区或街道的,生产队或居委会的)下达的任务,以及有大工业企业和公社企业间的协作任务及人民生活中的各种日用工业品的需要等。因此,在计划编制程序上,通常是首先由企业根据本厂的生产方向,摸清服务对象,提出任务的初步建议,报公社工业部(或办公室),考虑公社工业生产需要核定任务,再报上级有关部门。经上级有关部门考虑国家的需要,审查批准,然后再下达到企业组织生产。因此,公社企业的计划编制,必须深入调查市场、公社生产建设或社员居民的生活需要,将他们的意见和要求,根据不同的季节和需要安排生产进度,才能使计划切实可行。

根据公社企业生产品种繁多、任务多变的特点,加强计划管理,必须采取长计划短安排的办法,抓紧短期生产计划的安排,并且发动群众讨论计划,把任务落实到车间、小组和每个人身上,并且抓紧计划执行情况的检查。许多公社企业由于规模较小,在短期计划编制执行和检查上,采取了一竿到底的办法,公社和企业经常分配和交代任务,日日检查,层层汇报,每周总结及时解决问题,对于保证任务的超额完成,起到了重要作用。

要搞好计划管理,还必须实行定额管理。工厂的定额是繁多的,如产量、工时、原材料消耗、质量定额等等。公社企业的特点决定了它不可能像大型企业那样详细核算和制订。因此,许多公社企业,根据企业的生产特点和劳动的性质在农业生产包工和手工业生产管理的经验的基础上,创造了"几包几定"的简易的定额管理办法,这是一项行之有效的经验。"几包几定"即是把企业的生产任务和各项任务,层层分解,具体地"包、定"给车间、小组和个人,这样使得每个人生产心中有数,任务明确,保证高产、优质、高工效、低成本和积极开展劳动竞赛。一个工厂、车间、小组和个人,如何进行"包、定"应从实际情况出发,结合生产特点,由少到多、由简单到详细逐步推行。在推行包定中公社企业的一般经验是,公社对企业实行"四包"(包产值、包产量、包资金、包上缴利润),企业对车间实行"五包"(包质量、包产量、包原材料、包人员、包期限),车间对小组或个人实行"六定"(定质量、定产量、定原材料、定工资或工分、定期限、定奖惩)。为了使定额真正发生作用,定额的制订必须通过群众,并且定期总结评比,根据技术革新和技术革命的发展不断修改,提高定额工作水平。

要搞好计划管理,保证计划实现,企业还必须组织好原材料的供应工作。公社原材料的来源,包括国家有计划的统一分配、市场采购或与大型企业协作、就地取材等三个方面,根据公社企业生产和经营特点,材料的主要来源应该是就地取材,综合经营,依靠企业本身组织原材料供应,这是与大型企业有区别的。在实行就地取材时应当贯彻全国一盘棋的方针,先国家后自己。为了更好地组织和解决原材料问题,就地取材,利用边角废料等,应当广泛采用合同制的办法,以保证按质、按量、按期的供应和收购,使生产顺利正常进行。

(二) 加强技术管理,健全生产责任制

加强技术管理,健全生产责任制,是建立和健全公社企业管理的一个重要方面,因为提高产品质量、节约原材料、降低成本以及全面地提高企业的生产技术水平,都离不开技术管理工作。公社企业必须是生产质量好、产量高的产品,只有加强技术管理,建立生产责任制,才能全面实现。公社企业技术管理的内容是很多的,但是在目前主要应当抓紧以下几方面的工作:这就是建立必要的技术操作安全规程制度,质量检查制度,建立核勤、交接班原始记录等生产责任制度。目前由于公社企业建立初期在新式设备较少、技术水平不高、产品简单的条件下,虽然很少有统一的技术操作规程、安全生产制度、质量检查制度等,但由于依靠老师傅个人的生产经验,还能保证生产的进行。但是随着国家对公社企业要求的提高,随着公社企业技术的发展等,建立必要的技术操作规程、安全生产制度、质量检查制度、考勤、交接班原始记录等责任制度,就成为适应生产需要、建立正常生产秩序、提高生产技术水平的必要条件。公社企业在制订这些规程和制度时,也应根据生产实际需要,从关键产品关键工序,到一般产品和工序,有步骤地逐步进行。为了使这些规程和制度变成企业职工自觉的生产活动,有些公社企业采用群众路线的办法,通过职工讨论,用公约的形式制定出各种规程或制度,这是一个适应公社企业特点、有群众基础的好经验,简便易行,值得注意和推广。

加强技术管理还必须和大闹技术革新和技术革命相结合。目前公社企业的生产技术水平一般较低,生产过程中手工劳动还占很大的比重,技术革新和技术革命的潜力十分巨大。由于公社企业的特点,使得技术革新和技术革命往往成为提高生产技术水平、节约劳动力、完成生产任务的根本条件。因此公社企业必须不断发挥群众的智慧和力量,结合生产需要突破薄弱环节,大搞技术革命的群众运动,从土到洋,土洋结合,使企业现代化建立在新的技术基础上,这是一项长期而又艰巨的任务。在现阶段,公社企业的技术革新和技术革命更应该切实执行手工劳动和机器操作相结合、土法生产和洋法生产相结合的原则,逐步实现半机械化和机械化,应当自力更生,适当争取外援,因陋就简地进行,应当在充分利用土钢铁、土机器、土原料、土设备、土办法进行生产的基础上,不断改革技术,改进设备,使生产技术水平逐步提高。

加强技术管理还必须培养技术力量,提高工人技术文化水平。这是提高产品质量、改革生产技术的根本途径。公社企业的工人目前大都是刚放下锄头的农民和城市的居民组成的,他们有很高的劳动热情,但是缺乏生产技术知识,因此培养技术力量,提高技术水平是企业提高经营管理水平的一项根本性建设工作,必须给予密切的注意。在这方面,不少企业也做出了很大的成绩,创造出不少经验。最普遍的就是依靠原手工业的老师傅、有一定文化水平的学生、转业复员军人,采取师傅带徒弟、派人到大厂学习或请大厂派人现场讲授技术、边生产边学习等方式,这些都是行之有效的重要经验。如石景山中苏友好人民公社工业企业在1959年中共组织了职工一千多人到外地参观191次,学习了112项生产经验,改进提高了生产和工人的技术水平。

(三) 合理组织劳动,正确贯彻按劳分配制度

合理地组织劳动,对于搞好企业经营管理,也有重要作用。在农村大办公社工业企业中,出现了亦工亦农的劳动制度。实行这种劳动制度具有很多优点,最主要的是可以充分利用劳动力,避免窝工浪费现象,有利于工农业生产的发展,提高社员技术文化和生活水平,提高社员思想觉悟,密切工农关系,加强工农联盟,为缩小工农之间、城乡之间的差别和过渡到共产主义创造了良好的条件。

在农村公社工业中,劳动力的发排,必须贯彻以农业为主、工农业并举的方针。即根据农业生产季节性的不同需要来调配劳动力,对于农业生产联系紧密的公社企业(如农具、农药、农肥)则尽量满足需要。同时对"亦工亦农"的劳动制度,也不应该机械了解。一般农村公社企业的劳动力应该按两种情况组织:一是工人基本固定,一是工人基本不固定。第一种情况下,工人以工业生产为主,在一般情况下工人大部分时间从事工业生产,以便熟练掌握技术提高劳动生产率。第二种情况下,除少数工人固定外多数工人都根据生产需要,由公社统一调配参加工农业生产劳动。根据许多公社企业的经验,一般是社办工业企业的工人基本固定,管区、生产队办工业企业的工人基本不固定;直接为农业生产服务联系密切的企业(如农具、农肥、农药)的工人基本固定,其他企业的工人基本不固定;企业中的技术工人、生产骨干基本固定,一般工人和生产人员基本不固定。上述这种情况,在各级举办的企业,或企业之中也可能是交错存在的,应当根据具体情况合理组织。在企业工人基本固定或基本不固定的情况下,并不排斥公社农民在农闲时参加工厂的生产劳动,也不排除工人在夏收夏种、秋收秋种等农忙季节参加农业生产劳动。这样做的好处是促进企业和工人提高管理和生产技术水平,更加合理地调配和使用劳动力,使工农业能更好地相互支援。

在城市人民公社工业企业中,在组织劳动中也应根据公社、街道、地区三级举办企业的不同情况、生产特点及技术状况,采取工人固定或不固定时,应采取较灵活的形式,即根据企业生产任务多不稳定、技术一般简单的条件下,企业一般除留必要的固定工人外,其余的生产人员均按生产需要由公社统一安排和调配,以免工作被动。

在人民公社工业企业中,在工资福利制度方面,也应当实行政治思想教育和物质鼓励相结合,而以政治思想教育为主的原则,实行计时工资为主、计件工资和奖励工资为辅的原则,实行增加集体福利和增加个人收入相结合而逐步提高集体福利比重的原则。并在统筹兼顾适当安排、在发展生产的基础上、逐步改善生活等方针的指导下,正确处理国家、集体和个人三者之间的关系;正确处理公社中工农业生产人员的分配关系。由于公社工业企业是集体所有制,是由公社三级分别举办的,在劳动组织上采取亦工亦农的劳动制度和生产人员固定或不固定并存,在生产上一般主要是手工劳动,技术较简单,因此在公社企业工资分配上大体可以有以下形式:1.固定的基本工资:主要在公社一级企业(是指农村)的固定工人中采用;2.计件工资:主要在某些手工业劳动中采用;3.工资制和供给制相结合。这种办法与农民的分配制度完全一样,主要适用于不固定的工人以及管区、生产队举办的生产灵活多变、季节性大的企业中,此外企业应根据生产发展的客观可能和实际需要,逐步举办一些集体福利事业和必要的奖励工资制,以改善职工生活福利,鼓励工人的劳动热情。在人民公社工业企业中,无论推行何种工资制度,都必须始终坚持政治挂帅,特别注意加强职工思想教育,这是搞好工资福利工作的根本关键。

(四) 推行经济核算,加强财务管理

勤俭办企业是公社企业必须贯彻执行的方针,许多企业的经验证明只有推行经济核算加强财务管理才能保证生产成本不断降低,为公社增加资金积累。公社企业在可能条件下都应当核定生产资金,实行独立的经济核算,从而提高经营管理水平。根据城市农村公社的不同情况,目前城市公社企业一般是实行分级核算、各计盈亏、分级提成利润的办法。在农村公社企业一般是公社一级企业实行独立的经济核算,并按规定的比例上交利润,管理区生产队属的企业由管理区、生产队编制计划,统收统支,各计盈亏。在社队之间,产品、原材料的调拨,要等价交换,不能紊乱。

在加强财务管理方面,当前主要的任务是建立和健全财务制度。首先公社党委对各企业必须加强财务领导。各企业都要编制年季月度财务计划,如每月收支多少,上缴利润多少等,按时报请公社批准执行。其次建立和健全财务制度,一般的说主要包括以下几个制度:1.结清公布账目制度,厂内每项开支都要有单据凭证,并按时公布账目,公布的内容包括产品生产进度情况、现金收支情况、各项产品计划执行情况、原材料使用和库存情况、全厂收支盈亏等。公布的方式应简单明了易懂,如采用图表口头报告等。2.财务开支审批制度,根据生产计划按月编制收支预算,制订财务开支审批制度。3.原材料产品的验收和保管制度,以杜绝浪费和混乱。

（五）加强党的领导，建立群众性的充分发扬民主的管理组织

党的领导是我们一切事业胜利的根本保证。社办工业企业是新事物，加强党的领导更有特殊重要的意义。公社举办的工业企业只有加强党的领导，实行政治挂帅，不断对职工进行社会主义、共产主义教育，正确执行党关于公社企业的方针政策，才能使公社工业企业不断地向前发展，促进工农业生产的持续跃进。

公社工业企业在提高经营管理水平、加强计划管理、财务管理、劳动组织和建立健全各项责任制中，必须在党的绝对领导下，充分发动群众，才能真正得到实现。

加强党的领导首先是加强公社党委对公社工业企业的领导，贯彻工业农业两条腿走路的方针。其次在公社企业中，凡有三个以上的党员的单位，应迅速建立起党的支部或小组，以发挥党在企业中的战斗堡垒作用，没有党组织的企业，公社党委更应加强领导并积极进行建党工作。

加强党的领导，不断进行政治思想教育，对公社企业具有特殊重要的意义。目前公社企业中，绝大多数人员都是刚放下锄头的农民和刚走出家门的居民、妇女，他们一般都是热情高、干劲大，但是由于入厂时间短，过去长期分散的劳动和生活，使得在阶级觉悟、组织性、纪律性及劳动态度等方面还存在着问题。因此应当结合企业实际情况，进行社会主义和共产主义前途教育、敢想敢说敢干的共产主义风格的教育、集体主义教育、提高革命警惕与安全生产教育等等。教育的方式应当结合生产中心工作，采用多种多样的形式进行。

在公社企业中，除加强党的领导外，还应建立和健全管理组织。由于公社企业集体所有制的特点，为了在公社管理中贯彻群众路线，依靠社员群众办好企业，除由公社任命或选厂长（主任）外，一般成立了工厂管理委员会，它由企业中的党政团职工代表等组成。它的任务是在党的统一领导下，根据公社下达的计划，讨论安排全厂生产计划，公社工厂中的重大问题（如经费开支预算、决算、签订重要合同或协作任务、职工生活福利等）、检查总结生产完成情况、推广先进经验等。有的公社企业还在管委会下设立若干组，由兼职干部和工人参加，管理全厂事务，充分体现了当家作主民主管理的精神，大大地发扬

了社员群众的积极性。

由于公社企业一般生产规模较小,因此在管理组织上应当精简,除必要的专职干部外,一般均应推行"亦工亦干"的管理制度。根据许多公社企业的经验,即在车间或小组中选举若干员(如计划统计、质量检查、安全生产、生活福利、宣传鼓动等),既参加生产劳动又搞生产管理工作,以保证生产更好进行。专职干部亦应根据事多搞工作、空闲搞生产的精神,经常参加生产与工人同吃同住同劳动,在生产中领导生产。许多公社企业的厂长、书记、会计等专职人员,一般不脱产,或半脱产,这对于促进职工团结,鼓励生产积极性有着重大作用。

总之,加强党的领导,贯彻集体领导与大搞群众运动的方针,不断地依靠职工群众,就一定能提高管理水平,完成党和国家交给公社工业企业的光荣任务。在社会主义工业化的进程中,日益发挥它强大的威力!

从草堂人民公社看城市
人民公社工业的建立和发展

经济研究所城市人民公社调查组

（一九六〇年三月三十日）

一、建立城市人民公社，大搞城市
人民公社工业是我国社会政治
经济发展的必然趋势

一个轰轰烈烈的、以组织生产为中心的建立城市人民公社的运动，已经在全国城市中展开了。

我国社会主义建设以大跃进的高速度发展，是我国六亿五千万人民的迫切愿望，也是我国社会主义经济发展的客观规律。社会主义事业的高速度发展，要求充分发掘和利用我国一切生产的潜力，特别是要求充分利用我国极其丰富的劳动资源，彻底解放妇女，将一切能够从事劳动的劳动力组织起来，使他们从消费者变为生产者，成为社会生产迅速发展的积极因素。另一方面，随着我国社会主义政治经济形势的发展，随着 1957 年全民整风与 1958 年党的社会主义建设总路线的鼓舞，我国人民的社会主义觉悟进一步提高，特别是广大家庭妇女，更迫切地要求从繁琐的家务劳动中摆脱出来，走上彻底解放的道路。

1958 年我国农村的人民公社化的实现，为农村妇女广泛参加社会劳动创造了空前有利的条件，在我国农村广大妇女已走上生产劳动的岗位。在 1959 年，农村人民公社妇女出勤人数一般能经常达到妇女劳动力总人数百分之九十。我国农村能劳动的劳动力的进一步组织起来,在生产中大显身手,是我国1959年在严重的自然灾害下,仍然取得农业生产持续跃进的重要因素。

我国城市在解放后,经历了社会主义改造,特别是1958年社会主义大跃进,作为旧中国城市的遗产的失业现象已不存在。在1958年,在党的全民办工业的号召下,城市街道居民与家庭妇女兴高采烈地走出了家门,他们进一步组织起来,大搞街道工业参加了各种生产事业与集体福利事业。在成都市街道工业有如雨后春笋般地蓬勃发展,草堂公社范围内,1958年以来,街道上就办起了厂组43个,参加工作的居民达2536人。成都市1958年、1959年两年参加工作的居民约有十万人,其中77%是妇女。为了更好地组织生产、生活、学习,必须有一种好的相适应的组织形式,因而在1958年城市人民公社就应运而生,开始试办了。城市人民公社是工农商学兵与政社合一的社会组织,它首先有利于加强党对公社生产的领导,它有利于组织公社内外各方面的协作,发掘各种潜力,大力支援公社工业的发展,它能最好地组织居民经济生活,大办公共食堂、托儿所,从而能进一步解放妇女劳动力。事实证明,我国已建立的城市人民公社,在发展生产组织生活,进一步解放劳动力,使城市中能劳动的劳动力由消费者变为生产者,都有着无可比拟的优越性。如像成都市在1960年3月成立起来的椒子街人民公社,在公社化前已组织起来参加工作的占闲散劳动力约57%,而在公社成立后一月内,闲散劳动力绝大部分已参加生产与其它工作,在椒子街管区光明路与解放路参加工作人数已占闲散劳动力92%,在这个地方,已出现了"人人忙生产,户户无闲人"的崭新现象,这种情况,标志着旧中国遗留下来的消费性的城市的遗迹,已经走上彻底被消灭的阶段。

1959年,我国国民经济在1958年大跃进的基础上继续实现了大跃进,从此我国国民经济持续大跃进的局面已经奠定。我们社会主义建设事业的高速度发展,迫切地需要更多的人参加各项生产建设事业,需要进一步挖掘与利用城市蕴藏着的生产潜力,如像草堂公社范围内13个国营工厂在生产更大跃进的形势下,就感到劳动力的不足,就迫切需要进一步开展协作,将一部分配件、原材料在厂外进行加工;而另一方面,这个地区未参加劳动的有劳动能力的居民与职工家属,在党的总路线与社会主义持续大跃进的鼓舞下,特别是农村人民公社的巩固和城市人民公社的优越性越来越清楚地显现,因而他们的思想觉悟不断提高,他们摆脱繁琐的家务劳动走上生产建设的岗位的要求就更加强烈,成为迫不及待。如像青羊宫地区的 30 多个居民在 1960 年 2 月自动组织起一个"肥料组",和成都肥料厂加工肥料,并自动向街道办事处交"管理费"。类似这种的"自发组"在各处都有所出现。此外,自 1958 年以来,在街道委员会及其它形式下,街道居民与职工家属已进一步组织起来(在成都市除 7 岁以下的小孩外,85% 的人已组织起来)。以上的情况表明,在当前,我国城市的政治经济情况已经有根本的变化,建立城市人民公社的思想上、组织上与经济上的前提已经充分具备,普遍地建立城市人民公社已经成为我国社会发展的不可抗拒的趋势。

正是在这种形势下,将要建立草堂人民公社的喜讯一旦传出,就使这个地区的广大师生职工,家属与街道居民的无限欢欣鼓舞,职工家属与街道居民纷纷报名,热烈地要求参加生产,并以实际行动来协助建立公社。在党的正确领导下,一个以组织生产为中心全面组织居民生活的建立城市人民公社的群众运动,迅速地开展起来,各种厂组逐日增加,公共食堂、托儿所,遍地开花。自筹备建社起不过一个月,这一个工农商学兵相结合、政社合一的拥有无比优越性的草堂人民公社就诞生了。

二、大力发展城市人民公社工业,
组织居民参加生产的伟大意义

城市人民公社组织未参加社会劳动的有劳动能力的居民参加生产的途径是:办工厂、建筑、搞运输,以及在有条件地方经营果园、养畜场及其它农业生产等等,但是根本的途径是大力发展城市人民公社工业。城市人民公社工业的建立与发展,对于我国社会主义建设事业的发展,有着极其重大的意义。

第一,城市人民公社工业能最充分地与最合理地利用我国城市的丰富的劳动力资源与其他的生产潜力,迅速增加社会财富,成为促进我国社会主义工业生产的高速度发展的积极因素。

尽管经过 1958 年生产大跃进以来,我国城市已经有相当多的居民参加了生产(其中参加国营厂矿企业与事业单位的就有 340 万人),但是在目前,从全国城市来看,可供组织起来的闲散劳动力,在数量上还是相当大的。如在成都市这一部分劳动力初步估计约有 4 万 5 千人,在拥有人口 73794 人的草堂公社中,闲散劳动力约 5816 人,占总人口 7%。根据青羊宫管区初步摸底材料,在这一个管区内有 1734 人是可以进一步组织起来参加生产劳动的。这 1734 人中情况如下:

劳动力状况	人　数	比　重
全劳动力	442 人	25%
半劳动力	508 人	28%
轻劳动力	784 人	45%

在这当中,保姆有 177 人,小商贩有 179 人,临时工有 234 人。显然地,在成立城市人民公社后,这一批性质不同的劳动力,都将得到最合理的安排,从而在生产中发挥积极的作用。

城市是国营工厂集中的地方,在草堂公社国营工厂有 13 个。而城市人民公社工业利用这些工厂的边角废料,以及国营商业收购的废品,加以综合利用,便能化无用为有用,大大增加社会产品。如像草堂公社织布厂是将破棉絮制成各种包装布和手套用布,金属加工厂是用旧白铁,书报加工厂是利用废品收购站的破旧书报加工,肥料厂、麻药厂以及煤炭碎石等生产单位,都是充分利用当地的"无用的"废物,制造出多种多样的产品,成为国家与市场的需要的有力补充。

城市人民公社工业,以及其它各项生产,一般规模小,因陋就简,白手起家,不花钱或少花钱就能办起来,在短时期内遍地开花,满足国家大工业与市场的各种迫切需要。

正由于以上所述,大力发展城市人民公社工业,便能够充分调动城市所拥有的各种生产潜力,化无用为有用,化腐朽为神奇,多快好省地发展社会主义工业。如像成都市自 1958 年大搞城市人民公社工业与街道工业以来,一年来已经形成了一个包罗生产资料与消费品的新的工业体系。这一个体系在1959年的总产值已经基本上达到3500万元,超过了成都市1949年全部工业总产值。在草堂公社所辖草堂寺、乡农寺、浆洗街三个地区自1958年大办街道工业以来(迄1960年3月27日止),就已办起各种厂组43个,职工达2536人,1959年生产总产值达280万元,而1960年第一季度已完成产值180万元。而在乡农寺地区,1959年街道工业总产值比1958年总产值增加14倍。在三个地区生产出化工产品、化学肥料、五金、石棉、云母片、皮革杂件、马达及各种日用品等产品达数百种,有力地支援了国家大工业与农业生产,满足了一部分消费品的迫切需要。街道工业,在支援农业生产上也发挥了不容忽视的作用,如乡农寺化工厂1959年便生产硫酸钷、硫酸铵、过磷酸钙等高级化肥10多种,共3030吨,而1960年第一季度已生产1134吨。而在草堂公社成立后,公社工业,将更有空前的发展。根据初步估计,草堂公社工业产值在1960年较1959年增加20余倍是有可能的。从这里,可以看出城市人民公社工业拥有多么雄强的生命力。它一旦出现,便成为我国工业战线上的一支新生的力量,成为促进我国社会主义工业持续跃进的新的积极因素。

第二,城市人民公社工业的出现,形成了一个以国营工业为中心的协作体系,进一步支援了国营工业的发展。

在草堂公社范围内的街道工业,自成立以来便是为国营厂矿服务的。但是在城市公社成立以前,街道民办工厂除了一部分是与本地区的国营工厂(包括地方国营)进行协作而外,一部分是与外地加工(如云母厂与雅安云母厂加工),一些民办工厂与国营企业还缺乏经常的协作联系,因而有时生产发生困难,个别的工厂经营方向不明确,进行自产自销,生产不稳定。而另一方面,当地的一些国营工厂,为了生产进一步跃进,也存在着与其他工厂发展协作关系的要求。这种情况表明,公社建立以前,公社范围内的协作关系还没有进一步地更好地发展。而公社成立后,由于在公社统一领导下,国营厂矿加强了对社办厂的支援,一大批由国营工厂供应一部分设备、原材料,为国营工厂加工配件,进行辅助性生产的新的社办厂产生了。在当前,草堂公社的20个新办厂,其中多数是为公社范围内的国营工厂,或学校工厂加工配件的。这种情况表明,一个以本公社范围内的国营工厂(或学校工厂)为中心,而以社办厂为侧卫的生产协作网正在形成起来。在今后一些原来的街道工厂的协作关系的进一步调整,以及在公社领导下,公社范围内各个国营工厂间的协作关系的进一步发展,这一个生产协作网还将进一步地健全与发展。由于社办厂贯彻了为国营工厂服务的方针,为大厂进行辅助性的生产,充当了大厂的有力的助手,这就使国营工厂可以腾出一部分人手,投入最关键的生产项目,这就大大缓和了国营工厂劳动力不足的困难,促使国营工厂的生产进一步的上升。

第三,城市人民公社工业的发展,是社员收入增加的先决条件,是更好地组织人民经济生活的物质基础。

城市人民公社乃是广大人民生产与生活的组织者。城市人民公社组织居民参加生产的根本目的,也在于为了人民物质与文化生活水平的提高,在城市广大的有劳动力而未从事生产的居民(主要是妇女当中,在过去是依靠丈夫或其他家庭成员的工资收入的)而在他们参加生产后,便有了独立的收入来源。随着公社生产的发展,他们的收入必然会不断地提高,他们的生活也就会进一步地得到改善。这种趋势,从草堂公社辖区街道工业工资增长情况中也可以得到反映。在这个地区中的许多街道工厂,在初成立时,还无力发放工资,但随着生产的发展,工资水平都有所增长,在浆洗街 1959 年参加生产的 521 人,1959 年平均每月工资为 15.4 元。乡农寺 1959 年 922 个街道工厂职工,平均每月工资 15.2 元。皮革杂件厂 1959 年 1 月份平均 11 元,到 12 月份上升到 23 元,织布厂在开办时工资不足 8 元,而目前已达到 22 元多,油印组在 1958 年底平均工资 20 元,而目前已达 35 元。参加了街道工厂的居民所得工资,都大大超过了居民过去在家中各自进行生产的收入,如浆洗街鞋底组目前每月平均收入 20 元,在家中分散生产一般收入只 10 元左右。在草堂公社辖区内一些居民由于家庭人口多,生活有困难,不得不靠国家救济,而自从他们参加街道工业生产后,他们的生活便大大得到改善,不再依靠国家接济了。

在这个公社范围内,随着街道工业的发展,公共食堂、托儿所等公共福利事业也相应发展起来,广大家庭妇女从繁琐的家务劳动中得到解放的愿望已经逐步得到实现。

城市公社工业的发展,不仅成为居民工资收入增长的源泉,而且它是公社掌握的积累增长的物质基础。如在乡农寺地区的街道工业 1959 年的积累就达到90188元,浆洗街为31652元,在1960年这些工业的积累还将成倍地增长。公社在从各级所办工厂中提取一部分积累后,将有能力来举办与进一步发展各种集体福利事业,更好地组织人民经济生活,与进一步发展文教卫生事业,有力地提高居民的物质文化水平。

第四,在城市公社工业发展的基础上,将加速完成对旧城市的社会主义改造的任务。

旧中国遗留下来的旧城市的社会主义改造,在经济方面在于彻底消灭生产资料的资本主义私人所有制与小生产个体所有制,杜绝资本主义复辟的经济基础,使社会主义生产关系成为城市唯一的经济基础。我国自1958年经济战线上的社会主义革命取得胜利以来,在城市中资本主义私人所有制基本上已经消灭,个体手工业者也走上了合作化的道路,但是在当前生产资料私有制的残余还没有彻底消灭,这表现在资本家还在领取定息,城市中还有个体手工业者存在,还有分散的小商贩与合作小组中自负盈亏的小商贩,自行开业的医生,出租房屋的屋主等等。如像乡农寺管区个体生产者,小商贩就达400余人,生产资料私有制的残余成为城市经济中的资本主义自发势力与市场投机的基础。如像草堂公社一些小商贩任意提高商品的价格,有的人进行小菜投机,扰乱市场。这都表明私有制残余的继续存在,必然会对社会主义经济带来不利的影响,不利于社会主义事业的大跃进。在城市公社工业发展,组织资产阶级分子的家属参加生产的基础上,这就为在1962年取消定息提供了更有利的条件。而小商贩及其他的生产资料私有者,将通过组织参加生产而对他们进行进一步的改造,因而城市公社工业发展,创造了彻底消灭生产资料私有制残余的有利条件,从而加速城市的社会主义改造的任务的完成。

第五,组织居民参加生产,大办城市公社工业,大大有利于提高人民的社会主义与共产主义觉悟,培养共产主义的道德品质。

我国城市广大人民,在党的领导下,经历了解放后一系列社会运动,思想觉悟不断提高,特别是经过1957年全民整风与1958年大跃进,城市广大人民意气风发,干劲冲天,思想面貌进一步变化,城市中广大未就业的居民(大部分是家庭妇女)思想觉悟也进一步提高。但是家庭妇女,在未参加生产劳动以前,由于繁重家务劳动的拖累,限制了她们参加更多社会政治活动与文化学习的机会,因而不仅影响了她们政治思想觉悟的提高。而在广大妇女参加生产后,这就使她们在思想上发生了根本的变化,使她们思想感情上不再局限于家庭小圈子里,她们亲身体验到了社会主义制度使她们获得了彻底的解放,与社会主义事业和共产主义事业而劳动的光荣感,因而她们的对党和毛主席衷心地感激,社会主义觉悟不断提高。如像在草堂公社辖区一些街道,广大妇女在走上生产岗位后,过去街道上或家庭中曾经时或发生的一些纠葛不再存在,家庭成员之间与居民之间呈现一片和睦团结的气氛。而广大妇女在生产上与文化学习上更是热情高涨,干劲冲天,在青羊宫三八缝纫厂的妇女,大搞技术革新,4月份内将实现机械化,这个厂的 74 个工人(绝大部分是妇女),1959年坚持一年扫盲学习,现在都达到了初小水平。

特别是公社成立后,公社在组织生产基础上大办集体福利事业全面组织人民经济生活,人与人的关系进一步发生变化,这一切将更加促进人们社会主义思想觉悟的提高与共产主义道德品质的形成。许多妇女说:"党和毛主席使我们摆脱了家庭劳动的重担,现在一定要一心一意搞生产。"因而,在她们一参加工厂后,个个热情洋溢,干劲冲天,不怕苦,不怕累,你帮我赶,日以继夜地投入技术革新运动,使生产不断加番。在城市中的资产阶级分子家属与一些受资产阶级思想影响较重、一贯不愿意从事劳动的人,也将通过生产劳动的锻炼而进一步得到改造,这就意味着思想战线上的社会主义革命的进一步深入发展。

综上所述,建立城市人民公社,大搞城市公社工业,组织有劳动能力的居民参加生产,将有力地促进我国社会主义工业高速度地发展,将促进我国经济革命与思想革命迅速而彻底的胜利,归根到底,它必然会加速我国社会主义与共产主义建设事业的发展。

三、城市人民公社工业建立与发展的途径

城市人民公社工业在其创办之初,主要是依靠公社街道居民、职工家属自身的力量来建立,它在性质上基本上是集体所有制。这一特点决定了城市人

民公社工业在其最初的一个发展阶段,较多的不能不是规模小、设备较简、不需较多投资的中小型的街道工业,以上二点,也就决定了城市人民公社工业在国民经济中是为国营大工厂服务,为人民生活服务,它应当对国营工业起到有力的助手作用,在组织城市人民公社,建立与发展城市人民公社工业时,应当紧紧掌握着城市公社工业的这一特点与生产方向。

从草堂人民公社组织与发展城市公社工业的过程中,我们感到多快好省地建立与发展城市人民公社工业的途径如下:

(一)加强党的领导,坚持政治挂帅,放手发动群众,掀起一个声势浩大、轰轰烈烈的大搞城市公社工业的群众运动。

建立城市人民公社,大搞公社工业,组织居民参加生产,这是一次深入的革命运动,必须要加强党的领导,坚持政治挂帅,特别是城市中情况较为复杂,在大搞工业,组织生产过程中牵涉着尖锐的两条道路的斗争,因而更必须保证党对运动的绝对领导,以毛泽东思想为统帅,才能保证运动顺利地健康地发展。

建立城市人民公社,大力发展生产,是城市居民与家庭妇女的迫切愿望,在城市群众中有着极其巨大的搞工业建设的积极性,这种积极性一经调动出来,就会有如千军万马,声势喧天,形成一个全民办工业的热火朝天的局面。大搞城市人民公社工业,实质上是在党的领导下的,群众自己解放自己的革命运动,刘少奇同志指示,我们的社会主义建设是千千万万人民群众的自觉的事业,不发挥人民群众的创造力,就不可能有生气勃勃的社会主义建设。(马克思列宁主义在中国的胜利)因此,必须在建立与发展城市公社工业中组织群众运动,要深入动员群众,放手发动群众,号召群众,大家的事情大家办,"人人动手,个个献计",掀起一个大办工业的群众运动。在大搞公社工业的过程中,需要办什么工业,如何办等等问题,都要和群众充分讨论和研究,对于存在的困难,要发动群众力量来解决。事实证明,群众发动得深透,群众真正动起来了的地方,就会开辟发展公社工业的更多门路,就能发掘居民中的技术人才,就能解决机器、设备、原料、厂址等等问题,从而使公社工业的建立和发展做到多快好省。如像草堂公社乡农寺在 12 天内便建立了 15 个厂组,8 个居委会,由于充分发动了群众,在短短几天内便建立了制钉厂、砂具加工厂、缝纫组、毛线编织组等4个厂组。其中制钉厂,由于群众主动与国营成都童鞋厂挂钩,解决了一部分机器设备问题并立即派人去厂中学习技术,而厂房也马上得到解决,这个厂从筹备开始,只两天就办起,投入生产,共有制钉机10部(其中4部已安好)。在草堂公社建社中,由于不断地深入地发动了群众,因而筹备建社十多天,就有新建工厂20个投入生产,并扩建了19个厂,在目前公社工厂已达78个(其中原有厂43个),职工人数达3639人,工业如此迅速的发展,正是群众力量的充分显现。

(二)在建立与发展公社工业时,必须将建立新厂与扩大旧厂结合起来,使新旧厂齐头并进,特别是要重视大办新厂,充分挖掘城市潜力,做到公社工业遍地开花。

在建立与发展城市人民公社工业,组织闲散劳动力参加生产的一个有效途径,是扩大原来的街道工厂。这是由于1958年以来办起来的街道工业,在生产上还有一定的潜力,同时这些工厂经过一年多的发展,有的已经具有一定的物质基础、技术力量与办厂的经验,扩大这些工厂,可以多快好省地发展生产与解决闲散劳动力的就业问题。另一方面,这些原来的街道工厂,多半是小厂,设备简陋,劳动生产率不高,这些工厂的巩固与发展也是要求逐步扩大其规模的。特别是原来的一些街道工厂,一年来已迅速地向中型工厂发展,它们拥有很大的潜力(如乡农寺化工厂1959年职工人数已增加到92人,这个厂的产值占该管区产值$\frac{3}{2}$(应为$\frac{2}{3}$——编者注),青羊宫的木器厂,浆洗街的皮革杂件厂有222人,这些厂都是极有发展前途,并有一定物质基础。)而且,由于有些工厂的产品也是国家当前工农业生产迫切的需要,因而,这些工厂有着进一步发展的良好基础,在大搞公社工业时,根据需要与可能,适当扩大一批旧厂,使它成为城市公社工业的骨干,这对于城市公社工业的进一步发展是有重要意义的。

在草堂公社筹备建社10多天内,就扩充了旧厂19个,增加了劳动力200人左右,在许多工厂并没有增添厂房、设备,而只是实行双班制或三班制,不但解决了闲散劳动力的就业,而且充分利用了厂房与机器设备的能力,以最少的劳动消耗增添了更多的社会财富。

在建立与发展城市公社工业时,必须要特别重视大办新厂,这是由于城市公社工业的发展,决不仅仅是单纯地为了解决家庭妇女就业问题,而更重要的是为了充分发掘城市的各种资源与生产潜力,要最有效地创造多种多样的产品,满足国家大工业与人民生活上多方面的需要。因而城市人民公社的发展必须贯彻因地制宜,因时制宜,因人制宜。它具有多样性,要求进行多种经营,要求生产的产品多种多样,丰富多彩,要求生产类型多种多样,而不能局限于少数门路与少数产品,特别是城市人民公社发展工业,要照顾与适应城市闲散劳动力中许多是年老病残体弱的特点,此外考虑到草堂公社这一个以学校为中心的公社中,一部分闲散劳动力是高等学校与其他学校职工的家属,其中还有一些人是具有某些专门技术的,在组织他们参加生产时,还得注意适应他们的劳动力的特点与他们的思想觉悟。以上这一切表明城市人民公社工业发展的这一特点,决定了必须广开生产门路,根据条件的可能,大办新厂(组),使各种各样厂组,遍地开花,即使是在那些街道工业的发展已经有一定基础,扩大旧厂已经足以吸收闲散劳动力参加生产的地方,看来也有适当建立一些新厂的必要。

草堂公社在筹备10多天内建立的新厂组就达到20个,而在月底增加35个厂,职工人数达969人。这些新厂一部分是利用大工厂的边角废料的(如小五金厂等),一部分是给大工厂加工一部分原材料,或配件的(如日用金属加工厂、磨砂加工厂、压制厂等),一部分是利用当地的废品进行生产的(如书报加工厂、纸板厂、春秋衫厂等)。这些新建工厂一开始生产,便迅速显示出它的威力,如象在乡农寺地区筹建公社不到2周(4月12日)新建工厂的产值,就已经达到4千多元,为该地区街道工业总产值的20%,单从这里,也可以看见大力发展新厂,是极其必要的。

草堂公社办工业中,新厂与旧厂一齐抓特别是注意了发展新厂,这是完全正确的。在这两条腿走路的方针下,既调动了旧厂的积极性,又调动了群众的积极性,因而一个大办城市公社工业的群众运动正在深入发展,在组织群众办工厂中,曾经有一些人怕群众搞起来会有些"乱"因而手放不开,其实这些都是不必要的顾虑,事实证明群众一旦动起来,公社工业才能最健康地多快好省地发展。而如果只是从扩大旧有工厂出发,不注意抓新建厂,那么就不可能充分调动群众办工业的积极性,就不可能最充分发掘城市发展工业的潜力,归根到底,就会限制大办城市工业这一群众运动的规模。

(三)城市人民公社工业必须贯彻自力更生的原则,应因地制宜,就地取材,白手起家,土法上马。

由于城市公社工业在初创时,主要是依靠群众的力量,自力更生地发展起来,因而,公社工业就不可能要求规模完备,设备齐全,技术先进,而应该是白手起家,土法上马。

在草堂公社发展社办工业中,正是遵循了自力更生,白手起家这一原则。新办厂与旧厂扩建都是充分依靠群众,主要依靠自己解决工具、厂房、设备,一般工厂都是先行上马,有多少工具,用多少工具,有一个人,上一个人,贯彻了边生产,边解决问题的原则,而不是要按部就班,等待条件成熟。如像在乡农寺管区,迄至 4 月 15 日止十多天内所办起的 15 个厂组中,除了 5 个是国营企业帮助而外,其余 10 个都是由群众自己力量办起来的。如像制钉厂的目前厂房只能容纳 4 台机器,他们就先发动这 4 台机器进行生产,在小五金厂等工具设备不够,他们就自制设备,几个人合使一件工具。这样,就保证了工厂办得快,办得省,并且最迅速地制出了产品。

在建立城市公社工业中有的人对"小的""土的"工厂不够重视与不够热心,一开始就想要设备齐全,搞洋机器,因而对于"土法上马"表示怀疑,或者是办厂中,想先求设备齐全,再行上马,这种看法都是错误的。

我国 1958 年以来城市街道工业与城市人民公社的发展情况,以及草堂公社辖区内街道工业发展的情况,都充分体现了自力更生,白手起家是广大人民办工业的必然途径。如像乡农寺管区化工厂,在 1958 年 6 月开办时,只有 6 个人,他们发动群众建立起一些简单设备,最初只能生产 2—3 种产品,而 1959 年这个厂职工已达 92 人,全年产值达到 564000 元,产品增加到 50 多种,并试制了许多高级产品。

目前这个厂正在改手工操作为机械操作,实现轨道化、管道化、蒸汽化、轴承化,而这个厂的月产值已达到 3 万元以上。浆洗街皮革杂件厂 1958 年成立时,只有几个人,而目前已有职工 222 人。青羊宫医疗仪器厂成立时只 2 个人,设备非常简陋,现在已有工人 40 人,基本实现机械化,并能生产发电机。这些例证决不是个别的。从草堂公社范围内街道工业的发展中,我们可以清楚地看见城市民办工业是发展极其迅速，拥有极旺盛的生命力的，而从无到有，从小到大，从土到洋，是城市民办工业发展的客观规律。特别是城市人民公社这一无比优越的社会组织形式，保证了党和国家对公社工业的强有力的领导与大力扶持，保证了各个方面对公社工业的密切支援，这一切有利条件必然会促进城市公社工业的更快的巩固与健康的发展。

（四）国营企业与原有街道工厂加强对群众办厂的支援，是城市人民公社工业发展的重要因素。

城市公社工业的建立与发展，必须是充分依靠群众力量，以自力更生为主，而不能依赖与等待外援。但是必须看到城市居民、家庭妇女组织起来参加工业生产，对他们还是一件从来未有的大事，在这方面他们还缺乏经验，而且也会有许多必须克服的困难，如像首先必须突破原材料、设备、技术三关，因而，加强外力的支援，对于公社工业的顺利发展是十分必要的。特别是在城市人民公社建立后，由于国营工厂与社办厂同在一个公社内，它们的协作关系必然进一步密切起来，因而，国营工厂对于社办厂更有着积极支援的义务。"中央和地方管理的国家企业，应当在技术传授，技术人员的训练和设备供应等方面，积极支援城乡人民公社工业和街道工业的合理发展。"（李富春："关于1960年国民经济计划草案的报告"）。

在草堂公社发展工业中，通过公社召开了公社范围内的国营工厂与社办厂的协作会以及其他形式，加强了国营工厂对民办厂的支援与协作，出现了一个国营工厂、企业、学校支援公社工业的运动，在公社目前所办起的新厂中，好些都是由国营工厂、企业（商业部门）支援部分设备与原材料。许多工厂为支援社办工业将整个车间设备，下放公社，如长虹五金厂供给一个铆钉车间的全套技术设备、原料并传授技术，国营水泵厂支援一个水泵螺丝车间的全套工具设备、技术，水电学校也支援一个车间的全套技术设备，等等。正是由于公社范围内的国营工厂、企业的有力支援，加速了城市公社工业的上马。

在国营工厂大力支援下办起来的城市人民公社工业，一开始便是与国营工业处在合理的协作关系之下，这些社办厂，或者是与国营工厂加工配件，有的甚至是负担国营工厂整个的一个工序（如像磨砂厂是承担国营砂具厂的一个整个工序），因而它们与国营工厂在生产过程中密切联系起来，而成为一个协作体系的有机组成部分。这样，一方面减轻了大厂的负担，节约了劳动力，使大厂可以集中力量突击主要产品，促进国营工业的发展。而另一方面，国营工业的发展，又必然带动与它有密切联系的城市公社工业进一步的发展。

原有街道工厂支援新办厂，也是促进城市公社工业发展的有效力量。如在草堂公社许多新厂都在设备上、原材料上、技术上、资金上，得到原街道工厂的支援。一些街道工厂还采取"下蛋"的形式，办起一些小厂，如青羊宫麻绳厂就陆续办起金属日用加工厂、童鞋厂、服装厂等新厂。

综上所述，国营工厂、企业的大力支援，以及原有街道工厂的带动、促进，是促进城市公社工业发展的一项重要力量，充分运用这一力量，就能促进城市公社工业多快好省地发展。

（五）在发展城市人民公社工业时，必须在生产项目、生产形式、生产配置等等方面适应劳动力与城市的特点。

为了要适应城市闲散劳动力中许多是年老体弱的特点，为了最充分调动这一批劳动力的潜力，以及为了满足城市多方面的需要，前已述及在生产项目上要多样化，根据不同劳动力的情况，合理进行安排。

在生产形式上，城市公社工业还必须正确调整与安排集中生产与分散生产的关系。在城市中，除一些个体生产者外，在街道工业中，一些是统一经营分散生产（如像乡农寺牛毛加工厂），一些是一部分集中生产、大部分分散的家内生产（如麻筋厂）。在城市人民公社工业的建立与发展中，私有生产资料的个体生产者无疑应组织起来。而为了便利生产的发展，便于技术革新，培养集体观念，以及文化学习，过去一些分散在家内的工厂，也应该逐步集中起来，因而，城市公社生产形式应该以集中生产为主，但是另一方面，考虑到劳动力的特点，如牛毛加工厂97个职工中平均年龄50岁左右，最高达83岁，因而一部分活路采取分散在家中生产，也是有必要的（一些简单工作，如梳花、纺线、贴纸盒等，在技术上也是适应分散生产的）。因而，城市公社工业生产的形式应当有一定的机动灵活，不必强求一律，以集中生产为主，以分散家内生产为辅。

另外，城市公社所辖范围也是很广阔的，由于公社工业主要是吸收街道居民以及职工家属参加生产，因而在生产配置上，除了主要是应接近原料来源

（大工厂）外，也应该方便群众，适当考虑到居民的居住条件，在各个地区合理布局。

（六）在大搞城市公社工业中，必须将大力建厂与整顿巩固结合起来。

在建立城市人民公社中，首先要造成声势，掀起群众运动，使新建扩建厂遍地开花，因而主要是抓发展。但是，另一方面，在工厂一旦建立或扩建，便必须及时抓巩固，因而便必须将大力发展与及时整顿巩固结合起来。在草堂公社大力发展公社工业的同时，公社抓紧了对新旧厂的整顿巩固，如像加强领导骨干，安排了生产计划，健全经营管理，加强劳动纪律，展开评比竞赛，大搞技术革命，突击"四化"等等。特别是公社着重加强了党对职工思想教育，启发新旧职工的社会主义与共产主义觉悟，使他们进一步认识到参加社会劳动的意义，与人民公社无比幸福美好的前途，从而使广大职工进一步鼓足干劲，搞好生产。公社在大力建厂的同时，大力地以抓产值为中心，在全社范围内掀起一个高产运动，在生产发展的基础上来巩固公社工业，收到了显著的效果。在筹备建社半月来工业产值逐日上升，如在 4 月 1 日产值为 22304 元，而在 4 月 12 日达到 48000 元，在 3 月上旬日产 7890 元，而在 4 月上旬达到 32745 元，为前者的 403%。而由于广大职工发挥高度主观能动性的基础上，4 月 19 日日产值已达 83000 元，使公社工业生产面貌一新，在 4 月份公社产值已达到 160 万元，为 1960 年全年产值的 57%。这种情况表明，在大力发展新旧厂的基础上及时巩固，是公社工业健康发展的重要条件。但在整顿巩固中，对于并厂要审慎处理，在最初一般不要忙于并厂，以免顿挫群众的积极性。

归结起来，大力发展城市人民公社工业，将有劳动能力的居民组织到工业生产中的运动，是彻底实现旧中国消费性的城市向社会主义城市转变的一次革命运动。这是一次极其深入的社会变革。由于我国城市在当前还有阶级存在，两个阶级两条道路的斗争始终是我国过渡时期的主要矛盾。特别是在城市中少数人受资产阶级思想习染较深，好逸恶劳，不愿意或不积极参加生产，一些人对于参加生产也还持观望态度，有的人即使参加了生产，在思想上也还会有反复，还需要有一个对于有组织的社会劳动逐步习惯的过程。因而，在以组织城市公社工业生产为中心的建立城市公社的运动中，两种思想、两条道路的斗争是极其尖锐复杂的。因而，要办好城市公社工业，就决不仅是采取一些经济组织的措施,首要的是要以马列主义毛泽东思想为统帅,要在各项工作、各种场合,以社会主义与共产主义思想来教育群众,提高群众的革命觉悟,特别是要打击与粉碎一切反革命分子与反社会主义分子的造谣破坏活动,才能保证大办城市人民公社工业的运动蓬勃地向前发展。

四、草堂人民公社工业发展的方向问题

城市人民公社是以地区组织起来的,由于城市各个地区工厂、学校、国家机关的分布各有不同,因而城市各个地区的公社也必然会有其特点。大体说来,城市人民公社可分为三类:(一)以工厂为中心;(二)以街道为中心;(三)以机关学校为中心。在这些不同类型的公社中,由于它在闲散劳动力的社会成份,发展生产的所拥有的资源,发展生产的迫切需要等等方面有所不同,因而,以上因素,必然会制约着这些不同类型的公社的工业的发展,并使其带有不同的特色。在大办城市公社工业时,掌握这些特点是有必要的。

在以大工厂为中心的地区,由于它内部的主要矛盾,是大工厂的发展感到劳动力的不足,与街道居民和家庭妇女还没有完全组织起来参加生产的矛盾,而这样的地区大工厂又成为支援社办厂的雄厚的物质基础,因而,在这样的地区组织起城市人民公社,它的公社工业的发展主要是密切地为这个地区的几个或一个最大工厂服务,星罗棋布的社办厂性质上成为大工厂的厂外的辅助车间,因而在这里的突出特点是形成了一个以少数或一个大工厂为主要轴心的公社内部的协作网。如像成都量具刃具厂为中心的公社便体现了这一特色。

在以街道为中心的地区,由于国营大厂较少,因而它的社办厂在协作关系上便不是以一个或几个大工厂为主轴而展开那样的具有集中性,而是带有一定的分散性,它分别为所在地区的国营厂或地方国营厂,以及公社外部的国营厂矿、商业部门挂钩协作。如像成都椒子街人民公社的工厂,除了是与公社内红旗铁工厂、红旗玻璃厂等地方国营工厂协作外,更多是与公社外的机构,如邮电局、百货店、成都纺织厂、电线厂挂钩协作。

草堂公社是一个以学校、机关为中心的城市人民公社,在这个地区,学校与机关(其中主要是学校)与工厂中已经高度组织起来的教师、学生、职工占全体居民的 65%(49307 人),因而,草堂公社在发展社办工业上必然有其特点。

草堂公社工业的发展,无疑是要坚持公社工业为国家大工厂服务,为市场服务的方针的,但是适当地考虑到公社内部学校的某些迫切需要,为学校服务是这个公社的一个特点。草堂公社工业为学校服务,从目前已经初步显示其端倪,它表现在下面两个方面:

第一,公社工业为学校所办的工厂加工一些配件。如像成都机械学校、水电学校工厂都大力支援公社办新厂,水电学校支援公社一个车间,这些新工厂为学校工厂加工一部分配件、原材料是适宜的。

第二,公社工业注意发展学校教学、科学研究所需要的项目,为教学科研服务。公社考虑到学校某些迫切的需要,如像印刷的需要,因而准备以公社街道工业中已有油印组为基础将它扩大成为一个印刷厂,这可以逐步代替就近各个学校中的编写印刷的职工并满足了学校迫切需要,这无论对于发展生产与学校教育都是有利的。此外,公社还要建立一个墨水厂,公社还有一个毛笔厂,可以考虑到逐步扩大发展成为文化用品厂,满足学校文化用品方面的一些需要,公社还有一个装潢厂(做纸盒)拟今后扩大为造纸厂,看来以学校为中心的公社工业适当考虑学校的需要而发展,是有必要的。

以上两个方面,仅仅是一个处在初生状态的东西,但是,它却是体现了以学校为中心的城市人民公社中展示的一个新鲜的事物,它意味着在人民公社这一工农商学兵相结合的社会主义组织形式中,工业生产与学校教学这两者间已经逐渐联系起来。显然的,这是一个极其有远大前途的方向,在今后公社发展新厂与调整现有工厂中,注意这一方向,用新的生产项目来丰富公社工业为学校服务的内容是适合于草堂公社的特点的。

除此而外,对于草堂人民公社今后的发展,我们还有以下三点不成熟的看法,提出来供商榷。

第一,在发展社办工业,适当地考虑到当地已有的与即将新办的高等学校的性质与专业设置,根据条件,注意发展那些与学校专业相结合或相近的工厂。这样，一方面使这些工厂可以得到学校在技术及其他方面的支援，有利于这些工厂的发展，另一方面，这些社办工厂将成为公社内部学校师生就近参加生产劳动或学生参加实习的一个基地，从而更便利于教育与生产劳动相结合的方针的贯彻。

在公社工业成为学校生产劳动基地的前提下，一些学校所办的较小的而在发展上也有某些困难的工厂，可以考虑下放公社管理，这就可以充分利用公社的潜力使这些工厂生产更快地发展，而这些工厂的发展也为学生进行生产劳动创造更好的条件。

第二，草堂公社辖区除一部分属于街道而外，一部分与郊区农村公社接壤，我们认为可以考虑划一部分农业管区作为公社组成部分，这一方面，可以充分利用公社范围内的潜力（如肥料、劳力）支援农业生产，同时也使学校一些系科（如财经学院农经系）有进行实习的更好条件，也可以成为师生参加生产劳动与干部下放的场所。

第三，草堂公社又是一个远近闻名的名胜古迹区（包括王建墓、青羊宫、百花潭、草堂寺、南郊公园等），因而，从长远看来，公社工业的发展还必须适应这一特点。例如，发展一些手工艺品、美术品、土特产品，不仅可以更好满足远近旅客的需要，而且更可以发扬文化，使这一名胜古迹区更添风彩。在目前看来，这方面门路不多（有刺绣剧装厂一个）。但是大力发掘人才，有意识地培养，是可以逐步做到的。而且在公社范围内有工艺美术学校一所，及国营蜀绣厂等，从技术上支援工艺生产也是有一定条件的。

（执笔人　刘诗白于 1960 年 4 月 20 日脱稿）

按：这篇文章是在草堂公社未正式成立前建社初期间写的，可能有许多不妥之处，只供参考之用。

试论城市人民公社公共食堂

王永锡　李少玉　郑洪扬　廖永安

（一九六〇年三月三十日）

一

在总路线、大跃进、人民公社三面旗帜的光辉照耀下，我国广大的城市和乡村都经历了一九五八年、一九五九年的持续的全面的大跃进。由于两年来我国社会政治和经济的全面发展，一九六〇年以来，在我国的广大城市中，迅速出现了城市人民公社化的高潮。在建立城市人民公社的运动中，各大、中城市都广泛开展着一个以组织生产为中心的全面组织人民经济生活的群众运动。街道居民大量组织起来参加生产，民办街道工业如雨后春笋般地飞速发展起来。与此相伴随的是公共食堂、托儿所、幼儿园、生活服务站等集体生活福利和服务组织的普遍建立，在城市中早已萌芽的公共食堂，在这一运动中有了新的大发展，并逐步实现普遍化。如成都市在 4 月上旬的十天左右时间，新办公共食堂一百八十一个，新增搭伙人数五千五百人，为原有搭伙人数的 20%。到目前为止，搭伙人数占全市居民比重，由去年年底的 4.6%，到 5 月 8 日为 60.3%。

一向被人们认为复杂而难于组织的城市居民的生活集体化问题，如此迅速地得到解决，城市公共食堂在短期内的普遍化，这绝非偶然，而是有其深刻的根源的。公共食堂的建立和发展是总路线、大跃进、人民公社的产物。

公共食堂是一种集体的生活方式，是一种消费的组织，它的存在和发展不能不受生产的制约。在城市里，公共食堂有较久的历史渊源。解放以前就已

— 315 —

经存在,不过那是属于资本主义性质的,和我们今天所说的作为一种集体福利组织的社会主义性质的公共食堂有着本质的区别,它是掌握在少数人手里的营利机构,是在生活领域内把劳动者作为消费者进一步榨取和掠夺的手段。而我们这里所讨论的是社会主义性质的公共食堂。由于城市生产和劳动社会化、集体化程度高,这种食堂早就存在于城市的许多工厂、企业、机关、学校里,公共食堂是和这些单位的劳动者劳动的社会化、集体化相联系的。而街道居民民办的公共食堂,却只是最近几年内才发展起来的。

一九五七年,我国社会主义革命,在各个战线上取得决定性胜利的基础上,在党的总路线的光辉照耀下,形成了一九五八年生产大跃进,城市工业得到迅速发展,民办工业也有了很大的发展,街道居民的就业面更为普遍,成批地参加集体的社会的劳动。集体生产和分散的烧锅煮饭的矛盾,要求建立公共食堂,于是在一九五八年,第一批街道公共食堂就诞生了。

集体生产劳动和分散做饭的矛盾,是反映了作为生产关系的一个方面的消费方式和生产力进一步发展的矛盾,这一矛盾的实质就是生产力与生产关系的矛盾。一九五八年建立的一批公共食堂,在解决妇女劳动力和保证生产大跃进上起了一定的作用,使矛盾得到一定程度的缓和,但上述矛盾并未根本解决。经过一九五八年、一九五九年连续的大跃进,特别是今年为了继续保持大跃进的速度,要求城市工业生产有很大的增长。这在当前由于农村未实现机械化因而不可能大量抽调劳动力来城市的条件下,除了依靠大搞技术革命和技术革新运动外,还要充分动员一切可能利用的城市劳动资源。但另一方面城市却还大量地存在着闲散劳动人口,这些闲散劳动力,大都是为做饭带小孩等家务劳动所拖累的家庭妇女,这显然与生产进一步发展相矛盾。如草堂公社一九六〇年街道工业生产任务比一九五九年增加 5.12 倍,除依靠劳动生产率增长 2.08 倍外还须增加一倍左右的劳动力。但同时该辖区内尚有几千个闲散劳动力,占全部劳动力 10% 以上。还有一部分已参加生产和工作的居民,由于分散在家做饭不能按时上工也大大影响了生产。如成都乡农市街道民办牛毛厂,每天迟到的占全厂总人数的 15%,有的工人因家务杂事的拖累还不能到工厂里工作,拿牛毛回家去做,时做时歇,这部分人约占全厂总人数的 20%。这些都和当前持续大跃进的要求相矛盾。

今年以来,我市城市人民公社化高潮中,开展了以组织生产为中心的全面组织人民经济生活的运动。为了生产加番的需要,民办工业全面开花,发展很快,如全市在四月上旬十天左右时间内,新建街道工厂(生产组)199个,新参加生产的一万余人,占原有街道工业生产人数的40%。原有城市闲散居民,一方面由于参加某种生产,有集体做饭的需要,同时由于她们有收入了,她们也愿意参加食堂。这就必然要求公共食堂相应地有大量而普遍的发展。如草堂公社乡农市街道辖区内四月初曾在一天内办起五个厂,起初由于公共食堂、托儿所等集体生活组织未跟上,因而这几个厂原计划工人八十多人,后来实际只去了五十多人,曾一度出现了人数下降情况。事实证明,建立城市人民公社,必须全面组织(现包括生产又包括生活)人民经济生活。

由此可见,公共食堂的普遍发展,首先是由于生产继续大跃进的客观要求,是城市人民公社化运动的产物。

其次,广大城市居民群众觉悟的提高,特别是广大城市妇女迫切要求得到彻底解放的强烈愿望,为公共食堂的普遍建立,奠定了巩固的思想基础。经过了两年来大跃进的实践,特别是去年反右倾斗争,使总路线、大跃进、人民公社这三面红旗更深入人心,广大职工和家属比以往任何时候都更加斗志昂扬,立志为更大跃进贡献自己的力量,一心一意为了搞好生产。广大的妇女的觉悟提高了,要求从繁琐的家务劳动中解放出来,走上集体生产和独立生活的岗位,为大跃进出更多的力。如有的妇女说:"我们原来是嫁汉嫁汉,穿衣吃饭,现在党和毛主席领导,劳动才光荣,办了公共食堂,我们就和男人一样能参加生产。"此外,农村人民公社公共食堂和城市第一批公共食堂建立一年多以来,已经显示出它的无比优越性,这不能不在城市居民中产生广泛的深刻的影响。如果说城市的某些居民原来对公共食堂的优越性还有怀疑的话,那么两年来大家熟知的事实就会给以有力的说明和澄清。以上种种因素,都促进了广大城市居民迅速抛弃习惯了的旧的生活方式,积极要求生活集体化。因为群众有这种迫切要求,所以很多食堂都是靠群众自己的力量白手兴家很快就办起了。如卧龙桥五十七号居民杨通全腾出自己房子作食堂,自己主动申请担任炊事员,于是,只经过一个晚上就新办起来一个院坝食堂。三洞桥食堂也只花了四、五天,靠群众的物力和人力,再加上附近工厂、企业单位的支援,白手兴家办起来了。

综上所述,城市人民公社的公共食堂,是在生产大跃进的客观要求和居民群众的强烈愿望的基础上应运而产生,是伴随着城市人民公社化运动而普遍化的,它一诞生,就会反过来对生产和城市的整个政治、经济、文化生活起着深刻的影响。城市人民公社公共食堂虽诞生不久,但却已经显示出它强大的生命力和巨大的优越性。

首先,它解放了妇女,促进了生产。倍倍尔说:"每个家各有一间厨房的制度,损失了数百万妇女无限的劳力、时间与健康愉快。……个人厨房的废止可以使无数妇女解放"(倍倍尔:"妇女与社会主义")。公共食堂使城市妇女和男子一样参加集体劳动,一样学习政治和参加社会活动,一样学习文化,她们喜笑颜开地歌颂:"公共食堂像枝花,妇女解放全靠它,安心一意搞生产,男女老少笑哈哈"。正如党的八届八中全会所指出的,由于创办大量的食堂"这就特别使得几千年屈服于锅灶旁边的妇女得到了彻底的解放而笑逐颜开"。

第二,公共食堂促进了生产的发展。这表现在:(1)使大量闲散劳动力(主要是妇女劳动力)能参加生产。如草堂人民公社,1960年以来,由于组织人民经济生活就有2282个闲散劳动力抽出来参加了生产(其中妇女1742人)。食堂比各家各户开饭大大节约了劳动,目前一个炊事员平均做40—60个人的饭,如果分散做,以一户五人计算,每户一人,40—60人的饭则需要8—12人。(2)大家能安心一意搞生产,减少了一天三餐饭的牵挂,因而大大提高劳动效率。(3)再不一家一户地去买米买菜、割肉、打油,不仅改变了市场面貌也节约了时间,而过去因为做这些事排班列队,每天都要消耗很多的时间。(4)由于做饭这种劳动集体化、社会化了,就为炊事工具的机械化和半机械化提供了必要和可能,炊事员技术革新和技术革命又会反过来进一步节约劳动力,以投入生产战线。

第三,公共食堂节约了物力和财力。像大生产比小生产节约一样,大规模的做饭,比一家一户做饭对油、盐、柴、米更为节约。拿用煤来说,单独做饭每人每天平均用煤1斤左右,成立食堂后,只需4两,比原来减少了一半以上。这不仅节约了开支,也大大支援了工业建设。青羊宫西安北路小学教师,原来自行开小锅伙食,每人每月平均伙食费11—12元,还经常吃咸菜,参加居民公共食堂后,吃菜花样多,而且每月只用6—7元就够了。

第四,便于围绕食堂兴办各种集体福利和服务事业,从各方面方便群众。公共食堂饭菜花样多,同时又实行大集体小自由原则,使群众能吃到自己喜好的菜饭,并且还可以代做私菜,送饭上门,送饭进厂,对老、弱、病、幼、孕妇进行特殊照顾。此外,由于公共食堂的建立,在食堂周围还设立了小卖部、茶馆、理发店和服务站等集体福利组织,从多方面来满足群众要求,方便群众。食堂还能用来开会和进行宣传,学习政治和文化,它会逐步成为群众的政治和文化活动的中心。

第五,食堂还有助于培养人们集体主义思想和觉悟,改变过去那种互不相干的面貌。"我为人人,人人为我"的共产主义精神在萌芽成长,团结友爱、互相帮助的风格正在形成。炊事员送饭上门,相邻间互相带饭洗衣,送汤送茶,互相谦让已成风气。家庭内部也和睦了,过去因饭的早迟、软硬,菜的味道而使夫妻、婆媳吵架的事也没有了。

第六,有利于国家计划供应和分配商品。现在不再需要每家去站班排队,而由国营商业机构直接配给食堂,既节省了人力和减少了手续,又使国营企业容易进行计划。国营商业机构能抽出更多的力量去从事其他工作,充分发挥它促进生产和指导消费的作用。

二

城市人民公社公共食堂的产生和作用,表明了公共食堂这种集体的生活方式,和人民公社这种组织形式一样,具有极大的灵活性:它既适用于农村,也适用于城市;它不仅现在是重要的,在将来也会是生活福利组织的基本形式之一。城市人民公社公共食堂和农村人民公社公共食堂,都是社会主义性质的集体生活福利组织,都是和集体生产和人民公社制度相联系的,它们也都起着大致相同的作用。可见,和人民公社具有普遍意义一样,人民公社公共食堂在我国也是具有普遍意义的。

但是,城市人民公社的公共食堂和农村人民公社的公共食堂的具体形式也有不同的地方。城市公共食堂的特点是由城市的特点所决定的。城市是政治、经济、文化的中心,人多,居住集中,居民构成复杂,在城市中主要是工业生产,城市生产技术水平和公有化程度高。因而城市人民公社的公共食堂也就会有如下的一些特点:

第一,规模较大。由于城市居民居住集中,食堂规模一般都比较大,工厂和学校的食堂一般均在好几百人以上,有的是一千多二千人,街道民办食堂,目前多的也有达到六、七百的。全部看来,平均每个食堂搭伙人数接近300人,而农村食堂一般以小队为单位建立,平均一个食堂约有百把人。目前城市食堂由于初办,设备、房子等问题还一时不易解决,再加上还未实现机械化和半机械化,因而这一特点还不够突出。今后还可以利用城市居民集中这一特点,把食堂办得更大些,实行食堂工厂化,或举办主食加工站,这样会更加节省。如草堂公社乡农市街道辖区内的金鱼村食堂,准备把附近的几个企业办的食堂和街道食堂合并,办一个可容纳几千人的机械化食堂。

办大食堂人多,为了解决吃饭拥挤问题,并且目前条件下房子和设备不易一时得到解决,许多街道正准备发展以大食堂为中心的卫星食堂网。如在中心食堂周围建立许多小食堂,中心食堂像工厂一样进行主食品加工,如煮饭、蒸馒头或炒些菜,拿到卫星食堂去卖;或中心食堂只煮饭,卫星食堂炒菜卖。这样既合乎节约原则,又方便了群众。

第二,类型多样,构成复杂。由于城市有各行各业,城市居民有各种各样的职业和各种不同的职务,因而反映在食堂形式上也比较复杂多样。我们拿成都全市城区情况为例:

	食堂个数(个)	搭伙人数(人)	占搭伙总人数(%)
街道办	569	120225	22.8
企业事业办	839	218950	41.5
机关学校办	663	188542	35.7
合　计	2071	527717	100

在各种类型的食堂里(特别是街道办的食堂),又包括有着不同职业收入

水平、供应标准的各种类型的人。我们以乡农市辖区第三食堂(街道办食堂)为例:

构　　成	人数(人)	占搭伙总人数(%)
国营厂、机关、学校的职工	84	18.7
民办厂的职工	97	21.6
各行业服务人口	36	8.0
学生(中学生)	58	12.9
居民(小学生在内)	174	38.8
合　　计	449	100

　　城市居民构成的这种复杂性,决定了城市人民公社食堂的类型要多样化,并且最好做到尽量依据不同职业以单位来建立,因为不同的职业或工作,无论在成员收入水平、供应标准、作息时间、生活制度和习惯等方面都不一致。同时在每一类食堂里,又应该以某一、两类搭伙对象为主,不能包罗太宽,否则不易管理。如花牌场街道食堂,以街道居民为主,但有几百人是二十三中的学生,没有在学校搭伙而在这里搭,每天吃饭时间比较集中,拥挤,秩序不好,对培养他们的组织纪律性是有妨碍的,同时食堂管理人员也不易于管理。

　　第三,没有直接和供给制相联系,它实行的是"吃饭要钱"的制度,这是城市公共食堂和农村不同的一个显著的特点。城市人民公社食堂目前不实行伙食供给制是由下列特点决定的:(1)居民收入的来源和收入水平差别较大。城市劳动者的收入主要通过按劳分配的工资形式。而工资的来源,有的是全民所有制国营企业,有的是集体所有制企业,有的是生产单位,有的是非生产单位。在收入水平上,有一个月十几元的,也有的几十元,几百元,有相差多达十几倍的。(2)供应标准也极不一致。粮食标准有 21 斤,也有 28 斤、30 斤,有的工人是 40 斤,并且有的工人有补贴,有的又没有,在副食品供应上为了照顾特需和重点标准也不完全一致。(3)城市居民中虽然工人占很大比重,工人阶级优秀品质和共产主义风格有很深的影响,但由于城市居民构成复杂,而且过去受资产阶级影响又较深,因而有些人(特别是一些高工资的)对实行供给制不是那么乐意接受。根据以上情况，如果在目前条件下，实行供给制，不仅手续繁杂，不易管理和计算，而且容易造成平均主义现象，还会遇到更多的思想障碍。要实行供给制，只有待今后生产更高度发展和人民觉悟程度的更大提高。食堂这种消费方式和产品的分配方式是紧密相联系的。针对这一情况，城市人民公社公共食堂，目前都是实行自费的制度，并且一般的都是按照粮食定量自买饭票和菜票，凭票吃饭，自己掌握。

第四，一般的缺乏副食品生产基地，对商业的联系和依赖较大。由于城市主要是工业生产和其他机关事业，没有粮食和副食品的生产基地，食堂的一切几乎都全靠从商业部门买进来。这和农村食堂不同，农村食堂自己种菜和自己喂猪，要买进的东西很少。据成都市西城区和草堂、椒子街、八里庄、人民北路四个公社的不完全统计：

食堂个数 （个）	搭伙人数 （人）	养猪头数 （头）	平均多少人 养猪一头	种菜面积 （亩）	平均多少人 种菜一亩
907	207041	7738	27	893.9	230

因此，城市食堂对商业的依赖较大，如蔬菜供应多就多吃，暂时供应少一点就少吃，如果处理不当，就会在一定程度上影响食堂的巩固和发展。因此必须从下面几方面解决：（1）加强和商业供应部门的联系，挂好钩，避免脱节。(2)尽可能地种菜和喂猪。利用空地种菜，特别是接近郊区的食堂更应多种菜。养猪更是每个食堂都应该大搞的，既能改善生活，又能充分利用自己的废菜头、菜叶、潲水等。目前有的食堂把剩下的成堆的枯叶、剩菜拿来做肥，没有喂猪，这是大大的浪费。(3)菜供应较多时，搞些储备，如自制咸菜等，可以自行调剂。目前有些食堂连一点泡菜都没有，这是不好的。(4)城市人民公社，在可能的条件下，可以适当划入一定的农业区域，便于工农结合，也能使食堂的副食品得到更直接的保证，对食堂的巩固也有利。

城市人民公社公共食堂的这些特点，大体上有以上几个方面。如何针对城市人民公社公共食堂这些特点来正确安排工作和处理问题是值得我们重视和深入研究的一个问题。

三

前面已经论述了城市公共食堂的产生、作用以及它的特点问题。现在,我们进一步讨论公共食堂巩固和发展的几个问题:

1. 加强党的领导。

要把公共食堂办好,关键在于加强党的领导,坚持政治挂帅。党不仅是生产的组织者,而且也是群众生活的组织者。我们知道生产和生活是互为因果,相互促进的,组织好人民的经济生活,就能有力地推动生产的发展。事实证明:党越是关心群众生活,群众的干劲也就越大,就越能发挥人民群众的创造性和智慧。但是办好食堂还是一件细致而繁重的工作,所以,必须由党委亲自领导,经验证明"政治到食堂,书记下厨房"是办好公共食堂的根本保证。同时负责公共食堂工作的干部,必须深入群众,勤于调查研究,和群众同吃、同住,听取群众反映,发现问题,分析问题,解决问题。根据群众的具体反映和思想情况,进行具体的政治思想工作,充分利用食堂能集中人的特点,大力宣传食堂的优越性,加强群众对公共食堂的认识,从而,在政治思想上扫除巩固和发展公共食堂的阻碍。

其次,必须贯彻阶级路线,食堂管理人员和炊事人员的选择问题显得异常重要。公共食堂的管理人员必须是要政治可靠、热心办食堂,善于管理,能够保证群众吃好、吃饱、吃省的党、团员或劳动群众的先进分子担任。炊事人员,也必须是政治可靠,大公无私,身体健康,有一定技术水平的劳动群众担任。坚决将现有的食堂中的坏分子清洗出去,树立城市工人家属和贫民对食堂的领导核心,因为他们受工人阶级思想影响最深,容易接受新事物,对革命积极性很高,易和旧思想、习惯决裂,依靠他们,就能把城市公共食堂办得又多、又快、又好、又省。

2. 群众路线问题。

巩固发展公共食堂,必须贯彻群众路线。党和毛主席谆谆地教导我们,人民群众是人类历史的主人,是社会物质财富的创造者。任何事业如果离开了广大的人民群众的参加,那么只是空洞的幻想。因此,我们要充分发动群众。城市公共食堂,既然是人民群众迫切要求的结果,我们也就应当相信群众是能够办好自己的食堂的。首先,要发动群众参加食堂管理工作,建立有搭伙人员和食堂工作人员参加,在党的领导下的食堂管理委员会。目前,一般的食堂虽然是建立了管理委员会,但是个别食堂有干部包干的错误倾向,这实质上是和群众路线背离的,是错误的。其次,通过群众的充分讨论后,建立食堂公约和管理制度,炊事员服务公约等。建立食堂核算制,发动群众人人搞核算,个个节约用粮,做到合理分配商品、节约用粮的目的。定期公布账目,消除群众怀疑,促进在党的领导下,管理人和炊事人员的三结合。最后,对搭伙群众,必须是在集体领导下,充分地、尽可能地照顾其小自由。这不但不影响大集体,反而还促进大集体的巩固,因为它方便了群众,群众更加热爱大集体;同时,允许小自由,又能消除某些搭伙群众的顾虑,这样对食堂的巩固和发展都是有很大的好处的。

　　3.“四化”问题。

　　公共食堂炊具改革,实现炊具的半机械化和机械化是食堂进一步巩固和发展的前提。

　　目前,刚建立的食堂,一般都是手工操作,如草堂公社,炊事人员中,只有6%的人实现半机械化,手工操作占94%。手工操作工效低,出饭率低,劳动强度大,炊事员通常昼夜不眠。随着生产的发展,搭伙人数剧增,迫切要求食堂改变原有的方法和陈旧炊具。公共食堂的特点说明了它完全具备其可能性。如何将可能性变成现实性呢?目前在“四化”方面也有的食堂做得很好的,其他食堂能够模仿或新创造,根据实际情况来搞,没有原材料就发动大家找,想办法,还可以找工厂支援和机关单位搞协作。

　　总之,要大搞群众性的炊具改革的运动,支持群众革新倡议的实现,认真总结和推广经验。首先,实现做饭蒸汽化,把饭这个主要问题解决,并尽可能提前解决,以适应缺煤这种形势的需要。另外,用水自来化也相当重要。据浆洗街管辖区调查,9个食堂只有一个食堂才有自来水。没有自来水的就要用一个劳动力专门担水,并且有时还供应不上。担水的劳动强度也很大。所以,必须立即解决各食堂用水自来化问题。发动群众,能土就土,能洋就洋,半洋半土结合。如用楠竹竿来代水管等办法。

4. 制度问题。

食堂当前最普遍和最迫切的问题是建立一些必要的制度,如清洁卫生制度、财经保管制度和搭伙规定等。

清洁卫生是直接关系到群众的健康问题,各个食堂要特别注意。现在看来有些食堂,因人数增加太快,炊事人员对清洁卫生有些忽视现象。如以前洗菜洗两次,而有些减少了一次。炊具也没有经常保持清洁和工作人员的个人卫生也做得不够等。所以,我们认为,把清洁卫生制度化,经常保持清洁,并用"以讲卫生为光荣,以不讲卫生为耻辱"来教育群众,不仅食堂里要选出清洁卫生员,而且搭伙人员也要选出人负责清洁卫生工作,共同搞好食堂的清洁卫生工作。

要使搭伙者吃得满意,首先是食堂要保质保量给搭伙者吃。要做到这一点,就必须加强财经保管制度。从目前看来,刚建立的大多数食堂还没有或未健全财经保管制度。因而有的食堂造成三不对,卖出饭、菜票,做的菜和煮的米,与收进的饭、菜票不对头,因而造成食堂工作混乱,工作无计划性,造成很大损失,直接影响群众的伙食。为了改变这种状况,必须建立完整财经管理制度,首先建立管理机构,确定食堂负责人员、会计人员、采购人员、炊事负责人员,既要分工明确,又要发扬协作精神。加强成本核算,做到饭菜票顿顿清、日日清,清点时应民主化。这样来做到搭伙群众与食堂都能够两不亏。

为了便于食堂管理人员工作和保证广大群众能吃饱、吃好,使群众的利益不致因少数的人占便宜而受损害,建立搭伙规定是完全必要的。从目前我们了解情况来看,有的食堂由于没有建立和健全这个制度,造成食堂工作混乱,不知每天有多少人吃,需要准备多少饭、菜才能满足搭伙者需要,而有的搭伙者不缴油票或少缴油票而多吃菜或一人伙几人吃菜,由于这样影响菜的质量。为了扭转这种现象,必须建立搭伙规定。如搭伙必须四票缴齐(粮票、油票、肉票、调料票);必须按食堂规定时间买饭、菜票;实现凭进餐证券领取菜或者购买馒头和面。这些规定是完全必要的,它能保证食堂工作顺利进行和群众利益受到保障。

最后,为了满足广大人民的要求和愿望,在巩固原有食堂的基础上,必须充分发动群众,多快好省建立新食堂。以减轻现有食堂人数增加的压力,以便腾出手抓食堂的巩固工作。这当中必须贯彻"两条腿走路"的方针,不要只抓原有食堂的巩固和提高,而忽视建立新食堂,又不要只抓建立新食堂,而忽视旧食堂的巩固,这样不仅新食堂不能很好建立,反而影响群众参加食堂的积极性。因此,公社各级干部应深入食堂和群众中去,了解食堂的具体情况和群众的反映和要求。一手抓新食堂的建立,一手抓旧食堂的巩固,如果还没有建立必要的制度,应马上建立起来,从而使群众吃饱吃好,吃得省,吃得清洁卫生等。只有这样才能把现有食堂巩固起来,而为新食堂积累丰富经验,使它建立起来后,能够迅速地完善、巩固和发展下去。这样一方面满足了广大人民的要求,而更重要的是促进了生产的飞跃发展,大大地加速我国社会主义事业的发展。

关于城市人民公社所有制
问题的初步探讨

王永锡　赵国良　王方田　郭绍湘　李义成　肖德愚

（一九六〇年四月三十日）

在我国广大城市中蓬勃发展的城市人民公社化运动,是一次深刻的社会主义革命运动,它在我国社会生活的各个领域中都有着深远的影响。在经济方面,城市人民公社的建立和发展,彻底消灭了城市中生产资料私有制的残余,使小集体所有经济发展为大集体所有经济,并促进了集体所有制向全民所有制的过渡。这种生产资料所有制的巨大变革,充分显示了城市人民公社这种"一大二公"的社会组织形式的无比优越性,正如党的八届六中全会"关于人民公社若干问题的决议"所预示的,它已成为"改造旧城市和建设社会主义新城市的工具",它和农村人民公社一样,是实现由集体所有制过渡到全民所有制,和由社会主义过渡到共产主义的最好组织形式。因此研究城市人民公社所有制的问题,是研究城市人民公社优越性的非常重要的一个方面。同时,所有制问题是正确认识和处理城市人民公社的生产、交换、分配、生活等许多经济问题的基础和前提,研究它是有重大的实际意义的。由于城市人民公社一般都初办不久,各种类型所有制的发展还不够成熟和定型,本文仅就四川省成都、重庆、自贡三市已建立的公社的情况,对城市人民公社所有制问题作初步的理论探讨。

一、城市人民公社的产生在所有
制上引起的深刻变革

解放以来,由于逐步对旧城市进行社会主义改造,并展开了大规模的社会主义建设,社会主义公有制已构成社会主义新城市的基础,社会主义全民所有制已经是所有制的主要形式。但在公社化前,城市中的所有制仍是十分复杂的,这里有占绝对优势的全民所有制;为数颇多基本上是全民所有制的公私合营经济;大跃进以来纷纷出现的街道工业和其他服务事业的集体所有制经济;按照低级形式(生产资料仍属私有)组织起来的共负盈亏的合作小组;以及一定数量的小手工业者、小商贩和小业主的个体私有经济;此外,还有少数残存的私人资本主义经济。从城市人民公社产生的实践看来,它在所有制上引起的深刻变化,主要是大大扩展了集体所有制经济并提高了原有街道工业和其它服务事业的集体所有制水平,彻底改造了小业主、小商贩和小手工业者的个体私有经济。

随着三大改造的基本完成,农村人民公社的建立,社会主义建设总路线的更加深入人心,我国社会主义建设以"一天等于二十年"的大跃进速度向前发展着。社会生产力的大发展,日益要求城市中更多地挖掘劳动潜力,更合理地组织人力、物力和国民经济各部门、各方面的共产主义大协作,要求民办工业更好地为大工业服务,为城市建设和人民生活服务,要求通过"四化"把城市一切生产尽快地建立在现代化的基础上,要求加强城市中生产、消费、分配、流通的计划性和统一领导等。由于这样,就显出了原有街道工业的小集体经济,特别是小业主、小商贩、小手工业者的私有经济与日益增长的社会生产力间的矛盾。这个矛盾主要表现在下述两个方面:

第一,自发的资本主义倾向和社会主义计划经济的矛盾。

手工业者、小商贩、小业主,他们都是个体私有经济,他们一般既是劳动者,又是私有者。他们资金少,流动性大,分布面广,经营项目多,与人民生活联系密切,在满足广大城市人民纷繁复杂的生活需要上,过去起了一定的积极作用。但由于他们是私有者,一般是在三大改造后遗留下来或重新出现的,因而与城市中资本主义残余势力,与社会上的反社会主义势力,有较密切的联系,具有较重的自发资本主义倾向。特别是拥有少数雇工的小业主,有更大的破坏作用。仅就成都市草堂人民公社青羊宫辖区已组织起来的127户小业主、小商贩和小手工业中,过去违法户(还不包括基本守法户)即占64.6%,宁夏街公社宁夏街辖区这类人中90%以上都有不同程度的违法行为。其中的无证户(即未经合法手续私自偷着经营的黑户)更是普遍违法。这些人对社会主义经济建设的破坏作用表现在:(1)他们中不少是从国营工厂、公司合营组织和民办街道工业中退厂退社甚至私自溜走的。在他们流到社会中后,又利用原有联系和熟习情况的有利条件,用尽一切办法,勾引国营工厂中极少数的落后工人,开设"地下工厂",严重破坏了社会主义国营企业生产的正常进行,挖社会主义的墙角。(2)他们为了牟取暴利,就偷国营工厂的原料,生产工具;勾结农村中的资本主义自发势力,砍伐公社林木、甘蔗、蔬菜和其他经济作物;到处争购原材料,进行高价黑市交易,与国营企业对抗。这就严重地破坏了国家的市场政策,打乱了国家的统购统销计划,造成某一地区市场供应一时的人为紧张。例如,青羊宫辖区公社化前,木材小商贩、小业主,组织了400多元资金,到市外拦截木料,竟一度造成该辖区内去年二月市场上木料供应紧张,影响了国营工厂和民用基本建筑的要求。(3)他们抬高物价,非法牟取暴利,影响了城市人民的生活,从而直接影响了职工生产情绪,妨碍生产。这些小业主和小商贩牟取的暴利是十分惊人的,成都市有的小商到重庆套购麻袋,以很低的价格买进,转手以高价卖给国营公司。从成都市万福桥公社调查来看,这些人由于牟取暴利,他们每月平均收入在70元以上,最高每月盈利达150元,这些投机得来的资金全部被他们浪费了。(4)小私有者的生产主要不是按照国家计划进行,是按照市场价格的高低来决定,因此,必然造成与国家计划经济的矛盾,直接影响了国营企业计划的完成。例如,青羊宫辖区,公社化前,小业主开设的缝纫加工厂,与国营中南皮件厂订有加工合同,承担车篷、皮手套的加工任务,这个部分也纳入了皮件厂生产计划。可是,小业主在门市上又接受到一批白衬衣及毛质衣料加工,利多花时少,因而就把皮件厂任务放下,去突击门市生意,结果妨碍了国营厂生产计划的完成。

应当指出,自发的资本主义倾向和计划经济的矛盾,不仅存在于小私有经济中,而且同样存在于街道工业和其它小集体经济中。公社化前街道工业一般是共同使用生产资料,共同劳动,按劳分配,消灭了剥削,因此它是社会主义的集体经济组织。但是,在一部分街道工业中,公社化前生产资料很多未折价,仍属私人所有,生产资料私有制的残余还没有彻底消灭,在生产活动中,往往从几个合办者的利益出发,决定生产方向和数量,有的还与国营企业争夺原料、销售市场等。在这部分集体化程度较低的企业内部,生产力与生产关系的矛盾也是显著的,表现为共同使用生产资料、集体生产与生产资料私人所有制残余之间的矛盾。拥有生产资料的小私有者,往往不愿意把生产工具给别人使用,更不愿意传授自己的技术和经验。公社化前草堂公社青羊宫辖区三八缝纫厂有的女工下班后,甚至把自己缝纫机上的主要零件带走,使生产中止,生产效率降低。当接受国营工厂订货时,他们挑三选四,不愿做产值低的活,不愿做机器磨损大的活等。

以上这些情况表明:生产资料的私人所有制残余已经严重妨碍了生产力的发展,并且通过自发的资本主义倾向和国家计划经济之间的矛盾而表现出来。

第二,生产规模小,技术基础薄弱与社会日益增长的需要之间的矛盾。

无论是个体经济或者街道工业,由于它们的所有制性质是私人所有,或是小集体所有,这就限制了生产力的发展和生产规模的扩大,因而这类经济的一般特点是资金少、规模小、技术基础薄弱。这种情况,使得他们不能更快提高劳动生产率,发展生产。因而与国营工厂生产的要求,城乡建设和人民生活水平不断提高的需求有着尖锐的矛盾。这些矛盾表现在:(1)由于规模小,所有制发展程度低,从而不能在更大的范围统一调配人力、物力和财力,组织高效率的合理的生产。大经济优越于小经济这个原理在这里表现得特别明显。例如:青羊宫有个缝纫厂,只有二人,过去买线买针接活送货都是他们二人,机器经常因这些辅助性工作而停工待人,或停工待料;同时由于厂小人少资金少,因而无力发展多种经营,使这些厂在接受国营工厂加工任务时,抓了这就丢了那,顾前失后,不能更好地起到国营工厂的助手作用。(2)这类经济一般都是经济力量不强,技术基础薄弱,因而不能迅速实现"四化"和购置必要的机器等。有的缝纫厂为国营工厂加工,国营工厂急需加工车篷,可是由于这些小厂买不起高车子,因而货源有,人也有,就是不敢接货,不能完成车篷加工任务。(3)由于劳动生产率低,产值小,集体化程度不高,因而,这部分小集体经济很少积累,甚至没有积累,所得利润几乎全部分光,这就妨碍生产的扩大,妨碍了更好地满足社会日益增长的要求。(4)民办街道工业,在数量上少,不能适应国营企业加工订货和市场日益扩大的需要,不能适应发挥城市劳动潜力的要求。

以上情况表明:生产资料私有制残余和集体化程度很低的经济,必然与社会主义计划经济,与社会日益增长的要求之间发生深刻的矛盾。社会主义生产力的发展要求彻底消灭生产资料私有制的残余,进一步扩大和发展集体经济,这是城市经济发展的必然趋势,是生产关系一定要适合生产力的性质规律的客观要求。党正是依据这一客观规律的要求,领导人民大办城市人民公社,促进了社会主义建设和社会主义革命飞速地向前发展,使城市中的所有制关系发生了深刻的变革。

在改造小私有经济为社会主义经济的过程中,在提高原有小集体经济的所有制水平的过程中,我们党坚持了通过集体化道路,采取自愿联合,由小到大,逐步改造的办法。在改造的具体形式和人员安排上,则是争取统一领导,全面规划,分别性质,归口改造的办法。例如,对小商贩、小业主、小手工业者,如属于服务性行业的即纳入公社生活服务站,属于商业性的,就纳入公社综合商店,属于生产性的,就纳入归口的社办工厂,此外,如单干菜农则纳入公社副食品生产队,私人诊所则纳入公社医院等,对于巫婆、江湖医生等则坚决取缔,组织他们参加生产。与此同时,在国营企业机关帮助下,新建了大量街道工厂和集体福利服务组织,对于原有街道工业,则归类排队,合并调整,对私人生产资料一律折价入社分期还清,通过这些办法来改变旧有所有制形式,解决上述矛盾。

城市人民公社在所有制上引起的深刻变革,首先表现在它彻底地消灭了城市中生产资料私有制的残余。这种对私有制的社会主义改造,不是个别的、局部的,而是全面的、整体的、彻底的社会主义改造。小业主、小商贩、小手工业者和街道工业中私有的生产资料已经全部折价入社,或正在折价过程中。

这部分生产资料成了公社经济的重要组成部分,有的甚至是某些社有企业经济(如缝纫厂等)的主要部分。例如重庆七星岗公社劳保缝纫厂现在有固定资产二万四千六百二十六元,其中由私有生产资料折价入社的约一万七千八百二十六元,占 70.93%。生产资料所有制的这种社会主义革命,解决了过去自发的资本主义倾向同国家计划经济之间的矛盾。由于公社经济的建立,在供、产、销各个环节上,都在国营经济和市、区人委的帮助下,进行了统一的整顿和合理的安排,使他们纳入了国家计划控制的范围之内。在生产上由公社与国营工厂签订合同,按照国民经济的需要的轻重缓急程度,分别安排,使社办工业主要地服务于生产,为大厂服务,为城市建设服务,为人民生活服务,充分地发挥填空补缺的作用。例如,重庆七星岗公社社有工业主要产品 75% 以上都是为国营工厂加工或由国营商业包销,由国营企业统筹安排。成都草堂公社三八缝纫厂,在公社化前,由于生产资料私有,生产由自己决定,因此不愿打国营冰厂的冰糕袋,认为利小,而且机器磨损大。可是公社化后,由于坚持了"三为"方针,不仅积极承受这个任务,而且发挥了"一大二公"优点,从公社中抽出几部车子,专门去冰厂内部突击人民生活急需的冰糕袋生产。在供、销方面,大多是由国营经济,国营商业系统统一供给原材料,统一销售。重庆七星岗公社工业主要原材料中 60% 以上由国家计划调拨或由废品公司购回,产品也绝大部分由国营企业单位统一包售,这就使这些社办工厂不再用高价争购原材料和与国营工厂争夺市场。在企业内部,过去由于生产资料私有制产生的设备不能充分利用,人走工具带走等不合理现象已经不存在了,做到了人停机不停,掀起了上班主动交下班,下班超上班的一条龙竞赛运动。草堂公社三八缝纫厂仅由于这一原因,公社化后,劳动生产率提高了 30% 以上。最后,生产资料私有制的彻底消灭,就从根本上堵塞了资本主义复辟的可能性。过去凭借私有生产资料,私招工人,挖国营企业墙角,开设"地下工厂"等现象,已经不可能,城市已经建立在完全的社会主义公有制的基础上了。

城市人民公社所引起的所有制上的深刻变革,还表现在它扩大了集体所有制,并把小集体所有制提高到大集体所有制的水平,出现了新的规模更大、集体化程度更高,并含有较多的全民所有制因素的公社所有制。这就解决了生产规模小、技术基础薄弱和社会生产力日益高度发展之间的矛盾。公社的成立,组织了城市闲散劳动力,大办街道工业大大扩展了集体经济,如成都八里庄人民公社成立后,新建 33 个工厂,为原有七个工厂的 4.7 倍,生产人员630 人,较以前的 166 人增加了 3.79 倍,更好地满足了大厂和市场的日益增长的要求。在新办工厂的同时,对原有街道工业进行了整顿和提高。如七星岗公社建立后,把有一百四十八个工厂中的三十三个并入区属国营大厂,从而完成了由小集体经济向全民所有制的直接飞跃。其余一百一十五个工厂,则通过整顿合并为现有的五十三个社办企业,完成了由小集体经济向大集体经济的过渡。生产规模不是几倍而是几十倍地提高了。过去为几家几户或一街数街所有,而现在成立了几条街甚至几十条街所有了,而更重要的是带有全民所有制的因素。生产规模的扩大,有利于在更大范围内调剂人力物力和财力,合理组织生产,创造更高的劳动生产率。同时建社以后,基础雄厚了,企业技术改造推进到一个新的阶段。重庆七星岗公社的机电修配厂,在建社前,就只有九人,一盘红炉和破破烂烂的两把老虎钳,几把锉刀。现在拥有二十九台机床,成批生产日光灯、整流器、尖嘴钳等产品。它的成长和发展,生动地说明了公社化运动对于促进原有小工厂向更大规模、技术力量更强的方向发展中的积极作用。由于公社化扩大了原有的生产规模,加速了技术改造,因而劳动生产率不断提高。以重庆七星岗公社为例,以 1959 年 8 月份生产指数为 100 计算,10 月份为 118,11 月份为 189,12 月份更提高为 220,较同年一月提高425.7%。1959 年总产值比 1958 年增长 11.7 倍。由于劳动生产率提高,公社积累不断增长,过去小集体时,积累很少或几乎没有,而现在七星岗公社企业除从利润中留存 10%—20%,按公社规定范围开支外,其余 80%—90%上缴公社,由公社统一规划,统筹安排,这就有利于公社经济的巩固和发展。

城市人民公社化运动,是一次最后消灭生产资料私有制残余的深刻的社会主义革命,在这个革命过程中,阶级斗争是十分激烈的。这里有敌我斗争和人民内部矛盾斗争。公社化运动刚开始,社会上的一小撮坚决反社会主义分子、五类分子便造谣言污蔑,阻碍运动的发展,甚至张贴反动标语,在公社成立后,他们又伪装积极,混入公社,企图窃取领导权,从内部进行破坏。在公社生产中制造事故,破坏生产和人民生命安全。例如某公社汽车修配厂的五类分子,就将螺丝丢在变速箱中,企图烧毁工厂。混入一个托儿所的三个反革命分子更毒害儿童,使六个积极分子儿童死亡。所有制的变革,是生产关系变革的基础,它涉及各阶级和阶层的经济利益,因而,在人民内部,资产阶级和无产阶级两条道路的斗争也是存在的。但由于公社化主要地不是解决资本主义生产资料所有制问题(这个问题在"三大改造"中已经基本上解决了)。因而,两个阶级的斗争突出地是表现在政治思想战线上,并通过与小业主、富裕小手工业者、小商贩经济的斗争而表现出来。公社化运动在所有制变革过程中遇到的最普遍、最大量的两条道路的斗争,是表现在部分小私有者的不同程度的抵触和反抗上,特别是少数小业主的反抗。他们拥有少数生产资料和资金,但是社会联系广,牟取暴利较多,因而对走社会主义道路,断绝非法经营上,存在着较严重的不满和抵触。他们中的一部分在公社化中,开初是逃避改造,在外流荡,不入公社,直到通过教育和斗争,通过社会主义经济对他们的限制,走投无路,才转而入社。入社时,斗争集中体现在清产核资上,他们抽走资金,隐藏生产资料,或搞走机器零件,把一部分好机器,搞成破破烂烂的交给公社,还要索取高价,有的甚至白天拿进,晚上偷出,仍搞"地下工厂",赚取非法暴利。青羊宫有个做香蜡钱纸的小业主,资金有 700 多元,但却只报了 140 元,缝纫厂有的小业主,甚至要把自己缝纫机搬回家去,退社退厂。所有这些表明,彻底消灭生产资料私有制残余,是一场严肃的深刻的阶级斗争。虽然它一般的属于人民内部的矛盾,但这个斗争也是激烈的、尖锐的、复杂的。既要坚定不移地对他们进行彻底的社会主义改造,但又必须采取说服教育的办法。因此,只有不断加强党的领导,依靠工人阶级,劳动人民和城市广大职工家属,进行两条道路的斗争,才能最终完成这个伟大的历史任务。

二、现阶段城市人民公社
所有制的性质和特点

刘少奇同志曾经指出,人民公社这种组织形式"具有极大的灵活性",它"可以容纳社会主义社会和共产主义社会中不同程度的生产力和与之相适应的不同水平的生产关系"。由于城市的特殊经济条件,在城市人民公社的所有制形式上,就必须根据当前城市经济发展水平,而采取"适合城市特点的形式"。

城市人民公社的所有制问题,远较农村复杂。它的复杂性,是由城市的特点决定的。城市是一个地区政治、经济、文化的中心,一方面是情况复杂,它既包括不同性质的各种政治、经济、文化的组织和机构,又有不同性质和发展水平的所有制形式,还存在着各种各样的阶级和阶层;另一方面,城市十年来经过一系列的社会主义改造和社会主义建设工作,社会主义的全民所有制已经成为城市中所有制的主要形式了(如成都市整个国民经济中全民所有制成分占90%以上)。城市的这些特点,决定了城市人民公社里的所有制不能不是以全民所有制为主体的社会主义公有制的复杂体系。

成立公社后,全民所有制的企业事业单位,一般都加入所在地区的城市人民公社,作为公社内的一个单位。但由于全民所有制是社会主义公有制的最高形式,它的职能和作用大大超出了一个公社的范围。因此,为了整个社会的需要,在它们加入公社后,其全民所有制的性质和计划、人事、管理体制不变更,除一些地域性的工作必须由公社统一领导外,其余均归原属上级直接领导。这样,国营企业事业单位并不成为公社经济的组成部分,这些单位的全民所有制并不包括在公社所有制中。因此,我们在这里应区别"公社范围内的所有制"和"公社所有制"二种不同的范畴。前者包括公社管辖地区内参加公社的全民所有制企业,而后者在现阶段一般的不包括上述全民所有制企业(目前有少数城市,如自贡市一区一社的公社有全民所有制企业,但这种情况目前还不普遍)。与此相应的,我们应当区别"公社范围内的经济"和"公社经济",公社经济在当前一般是指公社集体所有制经济。全民所有制经济并不构成公社经济,它参加人民公社不是降低了它的所有制水平,其目的仍在于从内部渗透到公社经济中去,领导与帮助整个公社由集体所有制向全民所有制的过渡,保证工人阶级对公社集体经济的绝对领导,保证公社的巩固和发展。

城市人民公社一般是按照地区原则组织起来的,虽然各公社范围内参加公社的全民所有制单位的比重不完全一样,但共同的特点是都在全民所有制的领导和扶持下建立起来的,全民所有制是领导核心和占绝对优势的领导力量。这是城市人民公社的显著特点。无论在以国营大厂为中心的公社中，还是在以机关、学校、国营商业为中心的公社中，全民所有制是这些公社的主体，如以大厂为中心的成都八里庄人民公社，全民所有制单位的职工占入社劳动力（在校学生除外）的91%，以学校机关为中心的成都草堂人民公社中则占60%以上。以街道为中心的城市人民公社，其经济、政治、思想各方面，也都是在社内外的全民所有制单位的带动和帮助下而建立起来的。总之，在所有的城市人民公社里，全民所有制都是核心和领导力量。

在各种不同类型的公社里，除了存在着全民所有制经济外，还有不同的集体所有制形式存在，也有全民和集体相结合的所有制形式。几种所有制的并存，是城市发展的历史的、经济的原因所决定的。对旧城市的改造是一个逐步的过程，旧城市遗留下来的个体小私有制和相当数量的个体劳动者，对他们的改造，除了少数直接纳入国营经济外，一般的道路是通过合作化组织起来，经由集体所有制再过渡到全民所有制。另外，在大跃进公社化期间，由于组织城市闲散居民而建立起来的工厂和服务组织，在建立初期也只能是集体所有制的，只有这样能利于充分发挥他们的积极性，自力更生白手起家。目前公社集体经济的劳动生产率水平和全民所有制相差还较大，如在工业企业中每人平均产值，集体所有制企业为全民所有制企业的百分比，八里庄公社是12.9%，椒子街公社是19.1%。要全部过渡到全民所有制，还有待于生产力的进一步发展。因此，在一定时期内，全民所有制、集体所有制并存于一个公社内，是不可避免的，是城市经济发展的客观必然性。

几种所有制并存于公社范围内，并不是彼此孤立互不联系的，它们互相结合、渗透，共同构成一个社会主义公有制的体系。公社的成立，使政治、经济、文化各种组织之间、全民所有制和集体所有制之间的协作联系加强了。由原来单个的不稳定的联系，发展到全面的、固定的协作；由原来分散的互相挂钩，直到公社范围内有组织有计划的大协作（如召开协作会议等形式）。根据"全民带集体，集体保全民"的原则，所有制企业大力支援和扶持社办工厂企业，而社办工厂企业又积极为国营企业服务，保证国营企业的需要。以成都量具刃具厂为中心的八里庄人民公社的10个社办工厂中就有27个是为大厂服务的，而这些厂的建立又是在国营大厂的帮助下，采取"六包"的办法（包设备、包技术、包原材料供应、包思想动员、包生活安排、包辅导政治学习）。为了不仅把技术和物资带进社办厂，而且把工人阶级的思想和风格也带进去，最近有些公社还采取了用2个社办工厂的普工换一个国营大厂的技工的办法，给社办厂增添一定的骨干。社办厂建立起来后，在生产上也要依赖于大厂，很多社办厂实际上已成为大厂的一个附属车间或小组了。

全民所有制企业在帮助公社建立和扩大社办工厂的过程中，下放了一些技术设备和技术工人到公社所有的企业，这绝不意味着全民所有制的削弱和倒退。相反，这正好表明全民所有制进一步的向前发展。因为，首先，保卫了公社集体所有制的巩固和发展，有利于增加公社经济中的全民所有制因素，从而有利于公社集体所有制向全民所有制的过渡；其次，社办工厂主要是为国营企业服务，支援社办厂也有利于全民所有制大厂本身的发展；再次，支援社办厂的这些物资、人力，对大厂来说并不占多大比重，抽出后对大厂的生产影响很小。由此可见，这种支援是加强而不是削弱了全民所有制，它有利于使整个城市集体所有制经济向全民所有制过渡。

公社范围内全民所有制经济和集体所有制经济的紧密结合，就使全民所有制从多方面渗透到公社集体经济中去，使公社集体所有制中存在着全民所有制因素。由于城市的特点，城市人民公社集体所有制经济中的全民所有制因素，比农村高得多。城市公社集体所有制中的全民所有制因素主要表现在以下几方面：

第一，城市人民公社是在市、区的统一领导下的社会基层组织，它本身就是全民所有制的构成部分；而且公社比原有街道政权组织能更直接地对集体所有制经济进行领导，统一安排生产、消费、交换和分配。

第二，从社办工业的生产资料来看，它的全民所有制因素表现在：（1）绝大部分社办厂的主要设备和工具是国营大厂支援的。这些设备和工具虽然也要由公社折价付还大厂，但并不需要一次或马上还清，而是在一个较长的时间里，通过使用全民所有制单位支援的生产资料扩大自己的经济力量，积累了资金以后偿还，因此，这种支援不能不是全民所有制因素的表现。而且还有这样一种可能：由于城市会较快地过渡到全民所有制，某些较大的设备的价款还未付完时，就已经过渡到全民所有制了。（2）很多社办工厂的原材料是由国营大厂提供的,社办厂只收加工费,这部分生产资料实际上是全民所有制的,只不过由社办厂使用来生产的。(3)有些社办工厂直接设在大厂内,厂房、机器以至水电都是用大厂的,虽然在大厂付给社办工厂加工费时,要扣除这些消耗,但这种直接租用(和一般租用不同)全民所有制大厂的生产资料,当然是社办工业中明显的重要的全民所有制成份。(4)部分公社中有国家和公社合资举办的一些工厂,不管国家投资多少,它无疑是这些企业中的全民所有制成份。

第三,社办工厂在生产和流通上都不是完全独立的,产、供、销几个环节都在不同程度上被全民所有制所控制。许多工厂为国营大厂加工,或由大厂、国营企业供给原料,以及由商业部门包销产品。因而,生产什么,生产多少,在很大程度上取决于全民所有制企业。特别是一些为大厂服务的卫星厂,公社只下达产值指标,至于产品的品种、数量、规格全由大厂安排。为国营企业加工的形式,即使社办厂在生产上被全民所有制控制,同时也使其失去独立的流通活动。至于国营商业包销和提供原材料的形式,则使社办工厂在二个流通阶段上被国营企业掌握,从而在生产上也对全民所有制有着不同程度的依存关系。总之,全民所有制已经在公社经济活动的各个主要环节上深深地渗入到集体所有制经济中去了。

第四,公社集体经济的分配,实际上是在市、区总的领导和筹划下进行的。如积累的提留分配,工资水平和标准,在全市或一区范围内都大体相同,不是完全受本公社范围内经济状况的制约。公社劳动者也领固定工资,本厂生产多并不是多分,同样,生产收入较少的单位,甚至一时还要赔本的企业,也仍然保证了职工固定的工资收入。

在以上几个方面,全民所有制较全面地渗透到公社集体经济中来了,和农村人民公社的全民所有制因素比较起来,无疑是显著得多。但即使如此,城市人民公社仍然是独立计算盈亏的经济单位,生产资料为集体所有,它的基本性质仍然是集体所有制,只不过它是和全民所有制有更为密切的结合和联系的一种集体所有制而已。

综上所述,城市人民公社范围内的所有制,是以全民所有制为中心、全民和集体二种所有制并存和互相结合与渗透的社会主义公有制体系。而其中公社所有制在目前一般的是属于有较多全民所有制因素的集体所有制。

城市人民公社实行统一领导分级管理。一般分为公社、分社、地段三级，与此相联系，公社集体所有制也分为三级。在这三级所有制中，公社一级的集体所有制是基本的，分社一级的集体所有制是部分的，地段一级的集体所有制是小部分的。据成都、重庆、自贡三市人民公社的调查，公社一级的集体经济生产总值在全公社中所占的比重一般在60%左右，自贡有的一区一社的城市人民公社已达80%，分社一级约占30%左右，或多一些，而地段则不到10%。这是生产发展水平不同的客观条件所决定的。在社办工厂之间劳动生产率水平、生产资料的来源及与之相适应的收入水平都有着明显的区别，公社、分社和地段这三级所有制的性质和特点就不可能一样。

公社一级所有制，现时工厂数目虽然不多，但在全公社中占有突出重要的经济地位。以成都草堂人民公社为例，现有的五个公社一级所有制的社办工厂的总产值就有全公社工业总产值的58.7%，这些工厂一般都具有集体化程度较高、与国营企业关系紧密、生产定型、机械化程度较高、生产规模和产值均较大、积累较多的特点，是全社性的骨干工业，对于公社的生产发展具有决定性的影响。在提供公社积累、武装社办工业、扩大再生产以及由集体所有制向全民所有制过渡等方面都有着十分重要的作用，公社一级所有的这些经济力量，是巩固公社和发展生产的基本条件。

公社一级所有的工厂，一种是在国营大厂的援助下，在建社过程中由公社投资新办的（或国家、公社合资新办的）；另一种是由原来的街道工厂，在建社中迅速扩展起来的。除此而外，在有的公社中还有下放的国营工厂，但这在大城市一区几社的现阶段还只是个别情况。

从国营大厂援助下公社新办的工厂来看，如草堂公社机械厂是一个由公社新建的机械厂为主体与原来两个街道所办的机械厂合并组成的，基本生产过程已完全机械化，生产设备全部是从全民所有制各单位抽调来的，技术力量是国营大厂代训或从国营大厂调来的，建厂的资金除国家投资外都是来源于公社的积累。像这样的公社一级所有制的厂，其所有制是和全民所有制紧密结合的集体所有制，它和全民所有制已是十分接近了。

再从原来的街道工厂在公社化中发展为公社一级所有制的厂来看，由于生产的迅速发展是依赖于国营大厂的支援,很多主要生产资料、技术力量都是国营大厂提供的,这就不可避免地带来了很多全民所有制的因素,而且由于生产水平的提高,积累增多,扩大再生产的加速,其集体化程度也就大大提高了。

由以上两种公社一级所有制工厂的主要来源可见,公社一级的所有制具有更大更多的全民所有制成份。

公社一级所有制的出现,这是城市人民公社化优越性的重要体现,公社一级所有制的经济,是整个公社经济的领导力量。所以发展公社一级所有制对彻底地改造旧城市,建设社会主义的新城市,并迅速发展公社生产和尽快地在全社范围内实现单一的全民所有制都有着决定性的意义。因此,在城市人民公社所有制的问题上,巩固和发展公社一级所有制,把目前公社一级所有的单位由少数的变为多数的,把目前作为基本的公社一级所有制转变为全部的,这是具有决定意义的步骤。

分社一级所有制,包括了很多经济地位不十分突出,设备较简单,职工人数不很多,产值不大的社办工厂。这些厂的大部分资金来源于本厂积累,生产资料是集体所有,但在生产活动中的产、供、销三个环节上都与全民所有制单位有不同程度的联系,有的分社工厂通过合同等形式已全部或部分地成为国营工厂的卫星厂,故也具有若干全民所有制的因素。但其集体化程度总的说来较公社一级所有制为低,是较小范围(分社)内的集体所有制,其全民所有制的成份也没有公社一级所有制那样多,由于分社一级中包括社办工厂的数目很多,各厂全民所有制成份所占比重和集体化的发展程度有较大的区别,这表明了分社一级所有制的这些工厂,在向公社集体所有制和全民所有制过渡中有着成熟程度的不同。

有些分社所有的工厂,已具有很多的全民所有制成份,在劳动生产率、产值、积累和职工觉悟程度等方面,已基本上具备了转为公社一级所有制的条件,但由于在整个公社中其经济地位并不很突出,而在现时分社一级经济力量还较薄弱的情况下,没有即刻转归公社所有制,这也是必要的。如草堂公社的皮革轧件,木器、油漆等厂,原根据工厂现有生产水平已决定转为公社所有,后考虑到公社的领导力量和分社的经济力量均薄弱,当前太多的厂转归公社一级所有不利于领导整个公社生产的全面发展,仍将这些厂放归分社一级所有,可见,在整个公社生产力的迅速发展中,公社的积累不断增加,群众的觉悟不断提高了的情况下,这类工厂可能很快地完成向公社一级所有制的过渡,或条件具备后直接过渡到全民所有制。

分社一级所有制的建立,将原有大部分街道工厂纳入公社经济体系中,统一管理,统一核算,共负盈亏,这对于巩固公社和发展生产是十分必要的,而分社一级所有制本身又包括了各种不同的生产力水平,不同公有化程度的各类型工厂,是不断提高各厂公有化程度,积极创造条件向公社一级所有制和全民所有制过渡的不可缺少的所有制形式。

地段一级所有制的生产单位,主要是一些由于街道居民或职工家属在建设中组织起来的手工生产组织,绝大部分是较弱的劳动力。有的集体生产集体经营,有的分散生产集体经营,以生产的特点为转移,大多为服务性的生产,生产设备简单,劳动生产率水平较低,生产所得除发放工资外基本上无甚积累,目前一般工资收入在这类厂的全部净产值中占到90%以上,其余10%才是管理费、公积金和上缴公社的积累。所以说,现阶段地段一级的所有制形式,基本上是小集体所有制,这种所有制是与地段所属工厂(组)目前生产力水平相适应的。这种小集体手工生产对解决一些老年体弱的人的工作和生活问题是十分必要的。同时这种小集体所有制又是与整个公社"一大二公"的经济密切联系的。在公社强大经济力量的扶持下,地段一级的小集体所有制,正积极向着大集体所有制和全民所有制的方向迈进。

综上所述,现阶段城市人民公社采取公社、分社、地段三级所有制形式是与目前公社各类工厂、生产单位生产力性质相适应的,是从生产关系一定要适合生产力性质这一客观规律的要求出发,根据了解目前公社经济的实际情况而决定的。

由于公社各厂生产力水平的不同,生产资料来源的不同,以及与之相适应的积累,分配水平的不同,公社采取三级所有制,对于巩固城市人民公社和发展生产,对于由小集体向大集体、集体向全民的过渡都是十分有利的,如果一律实行公社一级所有制,无视社有经济的这些差别,由公社统一负盈亏,这不但在领导方面会带来许多困难,不能充分发挥分社、地段自力更生、巧干、苦干的革命干劲,而且会助长他们的依赖思想,妨碍他们因陋就简、白手起家的积极性,这就势必带来一些不良的后果,对生产的发展,群众觉悟的提高都没有好处。

而现阶段城市人民公社的三级所有制,公社一级所有制是基本的(这与农村人民公社现阶段生产队一级所有制为本的不同),分社和地段的所有制形式仅是部分或小部分的。这是从城市的客观经济条件和社员的感觉出发的,对城市人民公社的巩固和生产的发展,对提高社员的社会主义、共产主义觉悟,对更好地服从国家计划和堵塞资本主义的倾向都十分有利,而这样也就是为整个公社由集体所有制向全民所有制的过渡创造了很好的条件。因为在公社中,主要的工厂都已经掌握在公社手中,而80%以上的社办工厂都具有不同程度的全民所有制因素,群众对公社化的要求迫切,小集体观念不是那样浓厚。公社掌握了基本的经济力量,这正是巩固公社和发展生产的基本条件,它可以扶持分社和地段所属工厂,使他们随着生产的发展,逐步过渡到公社一级所有和全民所有。同时,公社所有制是集体所有制的高级形式,是向全民所有制过渡的最好形式,公社一级所有制为基本的所有制,就可以加速由集体所有制向全民所有制的过渡。

所以,在当前的情况下,城市人民公社实行三级所有制,同时又以公社一级所有制为基本的,这正是不断革命论和革命发展阶段论在城市人民公社所有制问题上的具体运用。

在城市人民公社的各种不同类型中,由于其具体情况不同,反映在所有制问题上也有一些特点。如以国营大厂为中心的城市人民公社,全民所有制经济在整个公社范围内的经济中占90%以上的压倒优势,就在公社集体经济中全民所有制因素也比其它类型的城市人民公社为大,社办工厂与国营大厂的关系也更为直接,更加紧密。因此这种以工厂为中心的城市人民公社向单一全民所有制过渡有着突出的有利条件。在公社经济所有制的级数上,各类型公社也有一些特点:以工厂为中心的城市人民公社,有更好的条件实行两级(公社、分社)或一级(公社)所有制。但这些区别是在个别条件特别好或特别差的公社中表现出来的,与前述城市人民公社所有制一般的性质和特点并无矛盾。

三、城市人民公社所有制的发展趋势

以公社一级所有制为基本的三级所有制一般说来是城市人民公社所有制发展的必经阶段,它是适合于当前生产力性质的,因而这种所有制形式大大地促进了生产的迅速发展,而生产力的不断发展,又必然推动人民公社的不断前进。目前以公社一级所有制为基本的三级所有制形式,必然向更高的所有制形式发展,即转变为完全的公社一级所有制和由公社一级所有制转变为社会主义全民所有制。这是城市人民公社生产关系发展的必然趋势。

公社以下所有制的存在,在当前是必要的。但随着生产的发展,在一定时期后必然会阻碍生产力的进一步发展。因为它只能在很小范围内(分社或地段)组织人力物力和财力,不可能举办更大规模、更多数量、更高设备的生产事业,促进公社经济的全面发展。如草堂公社的分社一级所有制的工厂其积累只提25%给公社,其余部分由分社、工厂各自掌握,自行支配,因此有的分社或工厂积累较多,但公社无权调拨,这对更合理地利用公共积累来促进公社经济的全面发展,会带来一定程度的影响。因此随着生产力的不断发展,公社一级所有制的比重将不断提高,分社以下所有制的比重将不断缩小以至最后完成小集体向完全的公社一级大集体所有制的过渡。

公社一级的集体所有制比分社以下集体所有制更能促进生产力的发展,有更大的优越性。但集体所有制与社会主义全民所有制比起来,对促进生产力的发展又有它的局限性。首先,集体经济在财力、物力、人力和技术力量各方面都比全民所有制薄弱,生产设备较差,规模较小。其次,集体所有制使社员更多关心集体利益,当集体利益与全民利益有矛盾时,有时就会影响更全面地照顾全民利益。因此当生产力发展到一定水平,人们的共产主义觉悟提高后,应该使公社集体所有制向社会主义全民所有制过渡,以促进整个社会生产力更快的发展。

现阶段的公社三级所有制到完全的公社所有制的转变和由公社集体所有制转变为社会主义的全民所有制,是不以人们的意志为转移的客观过程。实现两个过渡应当具备一系列的物质条件和精神条件,而首先必须以一定程度的生产力发展为基础,并进一步提高社员的思想觉悟,打破局限于狭小范围利益的习惯和观念,同时,也须培养一定数量的忠于社会主义事业、熟悉和精通业务的管理干部。

这些条件的成熟是逐步的,一当条件具备,就应当不停顿地以不断革命的精神促进它的过渡;同时又必须认识到事物的发展是有阶段性的,在条件没有成熟时过早地进行过渡对生产的发展是不利的。城市人民公社公社所有制的发展也应当根据不断革命论和革命发展阶段论的原理,既逐步地前进,而又积极地创造条件不断地变革。我国城市人民公社的所有制变革的步骤,根据逐步前进的原则,一般的应该是从小集体到大集体,然后再过渡到社会主义的全民所有制。即首先将公社以下的集体所有制过渡到完全的公社所有制,在公社所有制的基础上建立市或区的联社。再进一步经由公社和联社的集体所有制,逐步增加全民所有制的成分,以至过渡到完全的全民所有制。但由于城市人民公社的特点,全民所有制占绝对优势,公社中全民所有制通过各种形式渗透到集体所有制中去,公社的集体所有制中有着更多的全民所有制因素(特别是以大厂为中心的人民公社)。因此,也不一定必须依次经过以上顺序,而很可能随着公社集体所有制中的全民所有制因素的不断增加,当集体所有制向全民所有制过渡成为社会趋势时,某些公社所有或公社以下的集体所有制不一定通过联社(或公社一级所有制)而就可以直接过渡到全民所有制。这是城市人民公社和农村人民公社不同的地方。如八里庄城市人民公社(以成都量具刃具厂为中心)的许多社办工厂为大厂加工产品,实际上是大厂的一个附属车间或小组,用的是大厂的厂房和机器设备,大厂还专门配备了一定的管理干部和技术力量,从生产安排到职工的思想生活和政治学习,都由大厂在管。而公社只下达一个总产值计划(这个计划要落实也要依靠大厂),平时很多方面都没有管。有的公社干部反映:公社"实际上只管人"(组织劳动力进厂)。这些厂既属公社所有,但从生产联系上看,又和大厂最密切,公社要管得过多也有困难。这种厂社间的矛盾,反映出这些社办工厂的全民所有制因素较多,也在一定程度上显露出它们今后会更快地直接地并入大厂过渡到全民所有制。

在我们认识了城市人民公社的所有制必须由小集体过渡到大集体,由集体过渡到全民的规律后,我们必须充分利用城市人民公社"一大二公"这一特点所产生的一切有利条件加强党的领导,大力发展公社生产和促进社员共产主义觉悟的提高,以促进两个过渡的实现。目前在促进这两个过渡应采取怎样的具体方法来加速提高它的公有化水平呢?我们认为有:

第一,通过合同和其它有效形式来加强全民所有制企业对公社集体所有制的领导和帮助,促使二者的关系更加密切,从而不断增加公社集体所有制中的全民所有制因素,这有利于促进公社生产关系的变革。

第二,成立联社。联社的成立使各个公社的人力、物力和财力普遍地超过一个公社的集体的范围,进行更大规模更大范围内统一调度,对生产力的发展提供更加有利的条件,为向全民过渡具备物质条件。同时联社的建立使公社的生产在更大的程度上纳入国家的直接计划内,更好地按照国家的需要安排生产,这就将使公社的集体所有制进一步提高,并和全民所有制进一步融合。

第三,举办联合企业。联合企业可以以公社的骨干厂为中心来举办,也可以国营大厂为中心来举办。这两种形式的联合企业都对社有经济的发展和公社生产关系的逐步变革提供有利条件。以公社骨干厂为中心举办的联合企业就能更好地组织多种经营,充分利用原材料,边角废料和技术力量,能为社有经济发展提供更为有利的条件。同时这种联合企业能充分发挥公社骨干厂带小厂的作用,因而也是促进公社小集体所有制向大集体所有制过渡的良好形式。以国营大厂为中心所举办的联合企业,不仅更有利于"全民带集体,集体保全民"促进社有经济的发展,同时这种联合企业形式还能加速公社集体所有制中全民所有制因素的增长。因为,以国营大厂为中心的联合企业不仅使社办工厂从流通中供销环节上与大厂挂钩,而更重要的是使社办工厂的生产过程就直接成为大厂生产过程的一个组成部分。这必然使公社集体所有制和全民所有制进一步融合,从而促进集体所有制向全民所有制更快地过渡。

第四,公社实行定额工资加奖励的分配制度。为了更大规模地扩大再生产,必须使公社积累比重随生产力的发展而适当地提高,实行定额加奖励的分配制度就能在保证不降低和逐步提高社员个人消费水平的条件下逐步增加积累的比重。同时实行定额加奖励的分配制度后,社员收入较稳定,不再受公社收入多少的影响,从而逐渐使社员的个人收入部分从公社的集体收入中游离开来,就将使社员更易于接受向全民所有制的转变。

第五,在大力发展公社生产的同时,不断对社员进行共产主义的教育,提高社员的觉悟水平。通过共产主义教育使社员的思想逐渐从较多地关心集体利益的小圈子中提高到对全民利益的关心,为集体所有制向全民所有制过渡创造精神条件。

第六,办好集体福利事业。公社劳动力中百分之八十以上是家庭妇女,因而办好公共食堂、托儿所、敬老院等福利事业不仅有利于解放妇女劳动力,有利于公社生产的发展,同时也有利于全民所有制因素和共产主义因素的增长。

城市人民公社由于"一大二公"的优越性,它通过以上许多形式,为实现这种过渡创造有利条件。城市人民公社也将和农村人民公社一样,是我国城市实现由集体所有制过渡到全民所有制,以至将来由社会主义过渡到共产主义的最好形式。由于城市人民公社的特点和更有利的条件,这种过渡会以更快的速度实现。

从成都重庆自贡市城市人民公社化看城市人民公社的主要类型及其特点

经济研究所城市人民公社调查组

（一九六○年七月二日）

一、城市人民公社的出现是我国社会发展的必然趋势

一个声势浩大、轰轰烈烈的以组织生产为中心的建立城市人民公社的运动，正在全国范围内展开。从这个运动的健康发展来看，在不久，全国城市都将基本实现人民公社化。1960 年将以我国完成城市人民公社化这一伟大社会变革而载入史册。

城市人民公社的出现绝不是偶然的，它是我国经济和政治发展的产物，是党的社会主义总路线与社会主义建设大跃进的产物，是战无不胜的毛泽东思想掌握了千百万群众的结果。

我国社会主义建设以大跃进的高速度发展，体现为我国 6 亿 5 千万人民的迫切愿望，也是我国经济发展的客观规律。而自经过 1956 年经济战线上社会主义革命的基本胜利，1957 年全民整风与政治思想战线上社会主义革命的伟大胜利和 1958 年在党的社会主义建设总路线调动下，6 亿 5 千万人民主观能动性的充分发挥，我国社会主义建设大跃进的局面就出现与奠定了。

毛泽东同志指示我们，在社会主义社会中，基本矛盾仍然是生产关系和生产力之间的矛盾，上层建筑和经济基础之间的矛盾"（关于正确处理人民内部

矛盾问题）。我国生产力的高速度发展，更是需要在生产关系上与上层建筑上进行不断的调整，及时地解决上述各种矛盾。社会主义制度正是在这些矛盾的不断产生和解决的川流不息的过程中发展，并一天天接近共产主义，那种将社会主义制度当作是一成不变的僵化事物的看法是根本错误的。

党的英明领导，保证了我国社会主义事业生气勃勃地向前发展，在毛泽东思想的指引下，我国劳动人民发挥了空前的主动性与首创精神，冲破了各种过时的陈规，找到了各种适当的形式，从各个方面将我国社会主义事业推向前进。在 1959 年我国社会生产力飞跃发展的迫切需要下，我国人民找到了人民公社这一个加速我国社会主义建设和向共产主义过渡的最好的组织形式，并迅速地在全国农村实现了人民公社化。两年来我国农村生产持续跃进，农民生活水平不断提高的铁的事实，无可辩驳地证明了人民公社这一社会组织形式的无限威力与无比的优越性。

人民公社化乃是我国社会发展的必然趋势，不仅我国农村要实现人民公社化，而且我国城市也必然要走上人民公社化的道路。我国城市在社会主义建设大跃进的形势下，工业生产连番增长，而劳动力越来越感到不足，要求彻底解放妇女，充分利用城市的劳动力资源，城市工业生产的高速度发展，要求充分发掘与利用城市的各种物质资源，更好地组织各方面的大协作；城市社会主义建设大发展，要求迅速根绝各种资本主义私有制的残余。以上情况表明我国社会生产力飞速发展要求有一种适宜的形式来最大限度地调动城市的积极因素，变旧中国遗留下来的消费城市为社会主义的新城市，而这种组织形式便是城市人民公社。

人民公社化是我国人民的迫切要求，是我国城乡亿万人民在党领导下的自觉的社会主义运动。从其发源来看，城市人民公社与农村人民公社一样，是早在 1958 年前就已经萌芽了。如四川省某些城市及场镇在 1957 年就已经在组织居民参加生产的同时，组织居民的集体生活福利事业，从而开始出现了城市公社的雏形。在 1958 年党提出"全民办工业"的号召，城市街道工业大发展以来，更多城市中形成了这种公社的雏形，成都、重庆等地出现的许多生产服务社便属于此。由于我国城市在政治经济的发展上较农村具有不同的特点，因而，普遍成立人民公社的条件在农村更先成熟。在 1958 年我国农村首先实现了人民公社化,在当时,城市公社只是个别地试办,在成都、自贡、重庆三市1958年初只正式办有2个城市人民公社,只是1960年国民经济持续大跃进提出更为迫切的要求,而城市居民政治思想觉悟越发高涨,城市街道组织居民集体生产与生活有进一步发展,再加之以农村人民公社的优越性的越加显示与对城市以强烈影响,这一切意味着普遍建立城市人民公社的经济上、思想上、组织上的前提已经成熟,普遍成立人民公社已经成为我国社会发展的不可抗拒的趋势。四川省各城市正是在这一形势下,于今年3月开始大办城市公社的,到目前为止根据四川省17个城市统计已办起城市公社64个。

城市人民公社化乃是我国人民公社化运动的一个新的发展阶段,继农村人民公社化而后实现的城市人民公社化,使我国城乡都有了共同的无比优越的社会组织形式,这乃是我国社会主义生产关系的进一步完善与发展,它有着不可估量的意义。

城市人民公社与农村人民公社一样,是"一大二公"的、工农商学兵相结合的社会组织,是生产、交换、分配和人民生活福利的统一组织者。但是城市在具体条件上与农村不同,"因而城市的公社化不能不提出一些同农村不同的要求"(党的八届六次会议"关于人民公社若干问题的决议"),这也决定了城市人民公社在建立的步骤上与组织形式与内容上的特色。

城市人民公社的特点是:

城市集中了分工不同的工业、商业等经济部门以及国家机关、学校、文化事业等极其复杂的单位,另一方面又有着闲置的街道居民与职工家属,这种复杂情况,决定了城市人民公社在组织形式上有着多种的类型;城市中社会主义全民所有制已经是所有制的主要形式,公社集体所有制经济是在全民所有制大力扶持下出现与发展,并必然会与居主导地位的全民所有制经济处在同一公社中,这就决定了公社集体所有制带有更多的全民所有制因素;城市社会分工的复杂性决定了公社内劳动者在劳动性质上的更大的差别,不仅在体力劳动与脑力劳动上有更大的差别,而且同种性质的劳动,在熟练程度上也有着更大差别,这种情况决定了城市公社在分配上按劳分配要占有更主要地位,而且工资差距也较大;城市与农村不同,在阶级与阶层结构上带有复杂性。因而决定了在城市公社建立与发展过程中,两条道路的斗争分外尖锐与复杂。

城市人民公社是适应于我国社会发展成熟了的需要而出现的,它在组织形式上是充分适应于城市的要求,因而这一社会组织形式一旦产生便显示了它的莫大的优越性与无比威力。

第一,城市人民公社在促进我国生产持续跃进中起了极其重大的作用。

城市人民公社是生产的组织者,城市人民公社中心任务便是组织居民参加生产。由于有了城市人民公社这一组织形式,因而就能解放妇女,使她们走上生产建设的岗位,从而最充分与最合理地利用我国城市丰富的劳动资源;能最充分地利用城市大工厂的边角余料与城市各种废弃物资,进行综合利用,化无用为有用,变一用为多用,城市人民公社工业,具有投资小、收效快的特点,它在创造社会财富,满足生产与生活的需要上起到了极其重大的作用。

特别是公社工业的主导部分是为国营大厂服务的,它生产国营大厂迫切需要的各种原材料或加工大厂的某一配件,从而成为国营大厂的有力助手。它减轻了大厂的一些负担,使大厂能将主要力量集中于主要生产项目,促进了产值的上升,与向"高、尖、大"方面发展。公社这一组织形式密切了全民所有制企业之间的关系,加强了它们之间的相互协作与互通有无,互相支援,从而促进了生产的发展。

归结起来,在公社这一社会组织形式下,能最妥善地处理全民所有制与集体所有制之间,全民所有制企业之间,工业、商业之间,洋法与土法之间,中央管理与地方管理企业之间,等等的关系。从而能最大限度地发挥这些经济因素之间的互相促进与互助支援的作用,最大限度地调动一切积极因素,促进生产力高速度发展。

第二,城市人民公社能最全面最完善地组织居民生活,实现家务劳动社会化、生活集体化,改善社员物质生活状况,提高社员收入水平。

社会主义生产的目的,是不断改善人们的物质文化生活状况,最充分地满足人们的需要。而人们生活过得越好,生活方式越是改善,越适合于生产的要求,也就越能加促进生产的发展。

在我国大跃进以来,广大家庭妇女陆续参加生产后,出现了集体生产与千百年来私有制下遗留下来的一家一户的生活与消费方式的矛盾,实现家务劳动社会化与生活集体化成为了迫切的要求。1958 年以来,街道上一些公共食堂、托儿所等集体福利事业的出现便是适应这种要求的产物。

城市人民公社乃是生产与生活的统一的组织者。公社能根据生产的要求,举办各种各样的生活福利事业,同时公社生产的发展,保证了生活福利事业的日益完善,因而城市公社能最迅速地实现儿童教养集体化、吃饭公共食堂化,从而使家务劳动社会化,使生活方式适应于生产的要求,彻底解放了妇女,改善了人们的物质生活。

人民公社这一组织形式,便利于全面了解居民的各种不同的需要,从而成为国营商业部门组织商品流通与合理分配的助手。人民公社的参与组织流通与商品分配使商品流通与分配体系更适合于生产与人们的需要。

公社在组织生活上的职能,意味着社会主义上层建筑的职能的进一步发展。它大大有利于妥善处理生产与生活的关系,生产与流通的关系,生产与分配的关系,从而大大促进了生产的发展与人民生活的不断改善。

第三,城市人民公社大大促进了人们共产主义思想意识的增长与文化教育水平的提高。

城市人民公社的出现,促进了资本主义私有制残余的消灭,削弱了资产阶级法权的残余,发展了社会主义生产关系与社会关系,生活方式各个方面的共产主义因素即全民所有制与集体所有制企业间、全民所有制企业彼此间的共产主义协作,在分配上的供给制因素,有劳动能力的人"各尽所能"地参加社会生产,知识分子劳动化和劳动人民知识化与体力劳动、脑力劳动差别的缩小,共产主义家庭关系与集体主义的生活方式等等。无疑的,城市人民公社化所引起的这种生产关系、社会关系、生活方式等等的深刻变化,必然会引起人们思想意识的深刻变化,它必然会大兴共产主义思想,大灭资本主义思想,从而促进人们共产主义思想觉悟的迅速增长。

加之以人民公社乃是教育的组织者,它是对全体居民进行共产主义教育的最好学校。在公社的统一组织下,为文化教育与科学技术的大普及大提高提供了最有利条件,这一切也必然促进人们的思想面貌的变化,与知识水平的提高。

归结起来,城市人民公社能最妥善处理经济基础与上层建筑的关系,发挥社会主义、共产主义思想意识推动基础,促进生产发展的积极作用。

综上所述,城市人民公社无论是在促进社会生产力的飞跃发展,人民生活的不断改善,与人们思想意识与文化知识水平的提高上,都拥有无可比拟的优越性。有了城市公社这一个最好的组织形式,我国城市中的旧中国的一切遗迹将迅速被革命改造,而共产主义新城市的面貌将一天天地更为鲜明地呈现出来。

二、城市人民公社的各种主要类型及其特点

(1)城市人民公社不同类型出现的必然性。作为我国社会主义社会结构在城市中的基层单位的城市人民公社,主要是按照地区原则组织起来的,即将处在同一自然地区内的居民纳入一个公社之内。从四川省的情况来看,公社的范围有一市一社、一区一社、一区数社的,而我们所调查的以上三个城市,在开始建社时较多的是一区数社,在一个城市中有较多的公社同时存在(重庆市迄至目前已建立 38 个公社,成都市有 21 个,自贡市将建立 7 个公社),这是城市人民公社化初期的必然现象,是适应于事物发展由小到大的必然规律的。

由于城市情况比农村复杂,无论是各个不同的城市之间,或是同一城市的不同地区之间,它们的经济条件(如工业的类型与发展程度,国营企业、事业单位、机关、学校的状况,居民的阶级结构与就业状况等等)都是不同的。因而城市人民公社适应于各地区的具体条件,必然会在组织形式上带有各自的特点,并呈现出各种不同的类型,从四川省以上三大中城市来看,城市人民公社主要有以工厂为中心,以街道为中心,以机关、学校为中心,以商业为中心等主要类型,此外,在重庆市还试办有机关公社。

以上这些不同类型的城市公社的出现,绝不是偶然的,它体现了城市各个地区经济发展的客观要求。

社会主义城市乃是经济的中心,而工业生产乃是城市经济活动的主体,在我国解放后社会主义工业化飞速发展中,我省的大中城市中形成了许多工业集中的地区,在这些地区,工厂职工成为居民的主体,如自贡市大安公社职工

及其家属占总人口 86.4%，成都以量具刃具厂为中心的八里庄人民公社职工占公社总人口 71.6%，而自 1958 年国民经济大跃进以来，国营大厂生产任务一番再番。因而要求进一步将所在地区闲置的街道居民与职工家属组织起来，直接为当地大厂服务，要求将所在地区生活、文教统一组织起来以促进生产的发展，要求将所在地区的国营工厂间，工业、商业与信贷机构间的协作加强起来，换言之，生产大跃进提出了将当地区的一切经济、文教活动统一领导起来，扭成一根绳，以促进当地国营大厂生产的发展的要求。另一方面，这个地区由街道居民与职工家属组织起来的集体所有制经济，也必须与全民所有制的大厂密切联系，充分利用全民所有制经济所提供的一切有利条件，紧紧依靠全民所有制的支援、扶持与带动，才能最迅速地发展与壮大起来，并顺利地向全民所有制过渡。

由此可见，建立以工厂为中心，包括所在地区的事业单位及机关职工，街道居民的人民公社，乃是城市工业区经济发展的客观要求，是最适合于城市工业区生产力跃进发展的组织形式。

旧中国城市乃是消费性的商业街道集中之地，在这些街道上生产单位不多，仅有一些零星分散的小手工业生产，而非生产的居民成为街道居民的主体，解放以来，随着城市社会主义改造的进行与城市各项生产建设的发展，街道的这种消费性的面貌有很大改变，但是在当前我国城市中一些街道地区，国家机关、国营工厂、商店、学校职工在居民中比重不大，而街道居民乃是该地区居民的主体，如像重庆七星岗街道居民占人口 76.8%，成都椒子街街道地区居民占人口 70%，这种情况，决定了这里建立起的人民公社不能不是以街道为中心的公社，这种公社建立的目的，是利用城市原有的街道组织基础，在国营企业的支援带动下，就近将街道居民中的闲散劳动力及职工家属组织起来参加生产，将所在地区的生活福利与文教事业进一步发展起来，以加速旧城市遗留下来的街道区域的彻底改造，为国民经济大跃进服务。

在我国的大中城市，又是政治、文化的中心，在城市的一些区域集中了国家机关与学校，如像在成都草堂公社地区便是以高等学校、文化机关集中的地方，教师学生职工占全体居民的 65%，随着大城市各项行政管理事业与文教事业的发展与这些机构的合理布局，新的文化（或机关）区还将不断出现。既然在这个地区学校(或机关)人口成为居民的主体,而这个地区的机构主要地是承担着发展科学文教事业或国家管理工作的任务,因而建立以机关学校为中心,联合所在地区的其它单位,并将街道居民组织进来的城市人民公社,对于促进城市这一地区文化教育事业的繁荣与国家管理机关工作的发展,对于依靠全民所有制机构带动公社内集体所有制经济的向全民所有制过渡都是有必要的。正由于此,因而,在成都、重庆两大城市,城市人民公社初建阶段,都筹建了一批以机关、学校为中心的人民公社。

城市还是商业的中心,是商品流通集中的地方。因而城市人民公社必须适应于城市经济的这一特点。特别是在大城市中一些地区,如像重庆市的解放碑,历史上已形成了商业中心,而适应着我国社会主义经济大跃进的要求,解放碑地区的商业工作必须进一步地更好地发展。这就要求商业部门进一步与街道生产联系起来,使城市街道工业按照商业部门的需要而生产,以加强供、产、销,批发与零售之间的协作配合,进一步健全商品的流通与分配。特别是解放碑地区自大跃进以来,商品运卸与劳动力不足的矛盾较为突出,需要更机动灵活地调动所在地区街道的运输力量与闲置劳动力为商业服务。因而成立以商业为中心的人民公社便成为重庆市这一个商业中心地区经济发展的客观要求。重庆市解放碑人民公社便正是根据这一客观需要而进行筹建的。

从四川省大中城市人民公社的几个主要类型的产生中,我们可以看见这些不同类型的公社乃是城市各个地区的不同的具体条件下的产物,是各个地区在大跃进形势下出现的特殊矛盾的必然结果,这些在组织形式与生产关系上会有某些区别的公社,乃是体现了各个地区具体条件下,生产关系一定要适合生产力性质,上层建筑一定要适合经济基础的客观规律的要求。而并不是什么人们主观意志所能任意存废的。

毛泽东同志在《矛盾论》中教导我们:要善于对具体事物作具体分析,认识其矛盾的特殊性,并在工作中运用不同的方法去解决不同的矛盾,而不可以千篇一律地使用一个公式到处硬套。毛泽东思想,乃是正确规划城市人民公社的各种不同类型的指南针。从四川省情况来看,大城市中,由于已经形成工业中心、学校中心、商业中心等地区,因而公社化初期城市公社的较多类型的并存是必然的。如在重庆市在目前出现的城市公社有 5 种之多,在成都市有

4种。无疑的,这些不同类型的公社,将最妥善地解决各不同地区的主要矛盾,从而最迅速地推动工业、商业、文教、机关工作的发展,从而最迅速地推动社会主义新城市的发展。但在有一些城市,由于经济条件的不同与城市中心任务的不同,在成立城市人民公社时却不必一定会有多种类型出现的必要。如像自贡市乃是一个以化学工业为中心的城市,根据该城市发展的规划将建立七个工业区,因此,在自贡市的人民公社化,便是要建立七个以工厂为中心的人民公社,这个市的人民公社在类型上便具有单一性。归根结底,各个城市在建立城市人民公社时,应根据各城市的具体条件与主要任务,使公社的建立服从于城市建设发展的方向,使公社的具体组成形式服从于各个地区的主要矛盾与特殊要求,以充分发挥人民公社组织形式的灵活性与生产关系的积极作用。

党在"关于人民公社若干问题的决议"中指出,城市中的人民公社,将来也会以适合于城市特点的形式,成为改造旧城市和建设社会主义新城市的工具。无疑的,四川省以上的城市人民公社的几个主要类型,便是这样的适合于城市各地区的具体的特点的最适宜的形式。党从城市具体条件出发,根据客观经济规律的要求,找到了这些形式,并在各个城市的城市公社化运动中结合各城市的具体条件,运用这些组织形式,这就保证了我国城市人民公社化运动的最顺利最健康的发展,充分发挥了城市人民公社这一组织形式在改造旧城市,在推动城市工业、商业、文化教育、生活福利事业的繁荣发展中的积极作用。

(2)城市人民公社不同类型在生产上的特点。如前所述,城市人民公社乃是工农商学兵相结合的社会基层组织,是城市人民生产、生活、教育的统一的组织者,是改造旧城市和建设社会主义的新城市的有力工具。但是城市人民公社的各个不同类型,却因其种种条件的不同而必然会在组织形式上,在生产、生活、教育事业的发展诸方面,以及在所有制的发展变化上,带有各自的特色。

城市人民公社是本着以发展生产为中心,生产、生活、教育三位一体的原则组织起来的。谁都知道,工业生产是公社的经济基础,只有发展了工业生产,公社的集体生活福利与文教事业才有发展的基础,才能带动公社各项事业全面跃进,因此,不论哪一类城市公社都必须以发展生产为中心。

城市公社工业的出现,乃是社会主义大跃进,特别是国营大工业大跃进的迫切需要的产物,公社工业乃是我国工业战线上的一支新生的力量。在建立与发展城市人民公社工业时,首先必须妥善处理公社工业与国营工业(及商业)的关系,保证公社工业的正确方向,使其有利于促进作为我国工业战线上的主力军的国营大工业的发展,避免与国营厂矿争劳动力,争原料和争夺销售市场的现象。而正确处理公社工业与国营工业的关系的正确方针便是党的社办工业为国营大厂服务,为农业生产服务与为人民生活服务的方针,这一方针使社办工业成为国营工业有力的助手,起到为国营生产事业填空补缺的作用。显然地,无论哪一类的城市人民公社,在发展社办工业时,都必须贯彻这一方针。

由于城市公社办工业是为了进一步挖掘城市的各种潜力,充分调动城市中蕴藏着的各种积极因素,因而公社办工业不能好高骛远,而必须坚持就地取材,就地服务的原则,即应该根据当地的迫切需要与公社的条件与可能,来最好地贯彻上述社办工业的方针,以便最有效地运用公社工业的力量来为社会主义经济建设服务。因此,在各种不同类型的公社,社办工业的发展便不能不带有某些特点,认真研究这些特点,并正确地规划社办工业的发展,是关系着人民公社生产的健康与迅速发展的重大课题。

从四川省情况来看,以工厂为中心的人民公社在生产上的特点在于公社工业直接为国营大厂生产服务占有更大比重,并且是较为集中地为本公社范围内的国营大厂服务。

在我们调查的几个以工厂为中心的公社,如成都八里庄人民公社(以量具刃具厂为中心),重庆相国寺人民公社(以三钢为中心),友谊人民公社(以610纺织厂及重庆塑料厂为中心),自贡大安人民公社(以大文堡盐厂为中心)作为社办工业的前身的街道工业虽然也有为国营大厂服务的,但是一般说来,为人民生活服务的项目占了更大比重,而在公社化后,为国营大厂服务,特别是为本公社范围内大厂服务的生产,不断增长,并逐渐占居主导地位。如像八里庄人民公社,40个社办厂中,有27个是为公社范围内大厂服务的(1960年5月份),重庆相国寺人民公社5月份工业产值中为国营大厂服务的为2%,年底将达到93%,而其中90%是为公社范围内15个大厂服务的。在这些公社,一方面由于当地大厂迫切的需要,一方面由于以工厂为中心的公社劳动力相对地更为缺乏,因而为市场生活需要服务的工业生产一般说来比重不大,为市场服务一般说来,不是这类型公社的中心任务。

以工厂为中心的公社在生产上的这一特点,是由于这一个地区经济上迫切的需要所决定的。在这一地区,国营大厂乃是生产的主体,是工业战线上决定性的力量,因而,在这个地区工业生产力的发展中,国营大厂占有举足轻重的地位,成为矛盾的主导的方面。而国营大厂生产以跃进速度发展以及向"高、精、尖"的方向发展,需要进一步展开协作,由其他单位承担一部分零件、配件的加工任务,以便大厂能腾出更多人手,减轻大厂的负担。以工厂为中心的公社,在这种客观的迫切需要下,自然便必要将为国营大厂服务作为社办工业的首要任务。公社工业唯有贯彻为当地大厂服务,才能直接地促进该地区决定性的工业生产力——国营大厂——的发展。如像重庆石门公社国营搪瓷厂所需磁粉过去要到云南去购买,每吨需70多元,在缺货时工厂还停工待料,公社石粉厂建立后,日产6吨多,完全满足了搪瓷厂的需要,而每吨只30元。相国寺公社国营大厂所需电焊条过去到上海、天津去买,而公社化后,完全由社办工业供应。在自贡市大安公社自1959年元月建立以来,七个社直属厂与40个民办厂都集中地为大文堡盐厂的需要服务。社办厂1959年为大文堡盐厂提供了汲卤皮线11334个,架车胶带37根,铁器五金1055吨,盐锅盖2397副,水泥38吨,天车腰索67100根,青砖129000匹,青瓦210500匹等大量物资。

在公社的统一领导下,社办工业真正做到了大厂需要什么,就生产什么,公社工业实质上成为大厂的一个辅助车间,与国营大厂处在密切的生产的结合中。大安公社社办工业的这种发展,在大文堡盐厂1959年各方面满堂红的获得中,起了重要作用。另一方面,以工厂为中心的公社,社办工业也只有密切地为当地大厂服务,才能更有效地得到大厂各方面的支援,社办工业也才能得到更快的发展。在大安公社或是成都八里庄公社,正由于坚决贯彻为当地大厂服务,因而社办工业更快地上马与顺利解决了原料、技术、销路等问题,促进了产值的不断加番。

归根到底，更多地为公社内国营大厂服务，乃是这一地区生产力发展的必然要求。是这种公社社办工业的正确方向，离开了这一方向，就会给生产的发展带来不利的后果。

以街道为中心的人民公社，在社办工业的发展上一般说来除了为国营大厂服务而外，为市场需要服务部分也占有一定地位。

以街道为中心的人民公社，在发展公社工业时，无疑地要大力贯彻为国营大厂服务的方针，在公社的统一领导下，以及要借街道与各方面联系较广的有利条件，在生产上密切地为国营大厂服务是完全可能的。那种不愿意为国营大厂服务，"利大则搞，利小则了"的资本主义倾向，应该坚决地批判与制止。如像重庆七星岗人民公社建立一年多来，为国营大厂服务的工业有很大发展，公社 13 个直属厂中有 9 个便是为大厂服务的，公社管的 40 个工厂中有 28 个是为大厂服务的。但是大中城市的许多主要街道，自来是各种居民的需要的日用品流通的渠道，它更多地承担着满足城市（及附近各地）居民社会需要的任务。随着社会主义经济建设的发展与城乡人民生活水平的不断提高，对生活日用品的需要不断增长，城市街道有必要承担一部分生产日用品的任务，以为国营工厂填空补缺，更好地发展商业，满足社会需要。另一方面，在街道上对日用小商品的生产有一定的基础，而且以街道为中心的公社相对说来，有更多的闲散人口，因而它在生产日用小商品上有着有利的条件，以街道为中心的公社在大力发展为国营大厂服务的工业的前提下，充分利用街道上生产日用品的有利条件与潜力，使为市场服务的工业有一定的发展，对于城市经济的发展是有重要意义的。

如像重庆七星岗人民公社，由于处在商业较发达地区，加以公社范围内及周围没有国营大厂，因而公社本着就地生产就地服务的原则，充分发掘潜力，为国营商业部门生产日用品，如像为市百货站生产裤扣、发夹、鞋眼、土剃刀、菜刀、毛巾、便鞋、袜子等品种纷繁的日用百货，以及口哨、文具盒、指南针、运动器械等文化用品，以及为土产商店生产汤瓢、锅铲、门扣等。在这一个社会生产为人民生活需要的日用品方面较之以工厂为中心的公社，不仅品种多，而且在产值上所占比重也往往较大些，如该社兴隆分社，为人民生活服务的工厂产值估计约占 30%，在安乐洞分社约占 50%。在 1959 年夏天流行性感冒发生,市场缺乏口罩,公社组织劳动力突击一昼夜,就满足了全社社员及附近工厂学校需要,在市场缺少肥皂、蜂窝煤,包装用具时,公社组织突击生产,保证了人民生活需要。此外,公社还建立一条修补街,从事整锁配钥匙、补锅盆碗盏、起刀磨剪等各种修配业务,满足远近居民需要。从七星岗人民公社的情况,可以看出以街道为中心的公社,在保证为大厂服务的生产的主导地位的条件下,根据自身条件,适当发展为人民服务的生产,是有利于国民经济与公社经济的发展的。在发展社办工业时,不注意这一特点,也会带来不利的结果。

以机关、学校为中心的公社,社办工业除了为国营大厂,为农业生产,为人民生活服务而外,它还要尽可能地寻找门路,为机关学校的特殊需要服务。

以机关或学校为中心的人民公社,毫无例外地应该以发展生产为中心,并贯彻公社工业为国营大厂,为农业生产,为人民生活需要服务的方针,如像重庆磁器口人民公社(以政法公安学院为中心),1960年5月份社办工业产值中为国营大厂服务的占77%,为人民生活服务的占19%,为农业生产服务的占4%。在草堂公社,为国营大厂服务也成为公社生产的主导部分。无疑的,只有坚决贯彻这一方针,才能使以机关或学校为中心的公社所拥有的生产力量,有利于国营大厂,从而有利于国民经济的高涨,另一方面,也使这一个地区内的社办工业能得到国营大厂的有力扶持。

但是也必须看到这一类的公社,由于机关或学校职工,学生等乃是公社居民的主体,而从整个地区来看,它的主要的社会职能是进行国家行政管理或发展科学文教事业,因而,人民公社在发展社办工业时也必须适应于这一特点,使社办工业在可能条件下,为机关或学校需要服务,从成都重庆两地的以学校为中心的公社来看,公社生产为学校教学工作服务的途径,在于:第一,公社工业为学校所办工厂加工产品,如在草堂公社,公社工业为成都机械学校、水电学校等加工一部分产品。第二,公社工业根据可能发展学校教学科学研究所需要的项目,为满足学校独特的需要服务,如在草堂公社所建立的印刷厂、墨水厂等,都是服务于学校需要的。第三,公社工厂,为学校师生提供了劳动锻炼、科学研究、生产实习等的就近的固定的基地。在草堂公社与磁器口公社筹建以来,学校师生大批地深入公社街道、工厂协助公社工作与进行调查研究,这种情况意味着公社生产与学校教育的进一步结合。由上所述,可见,以机关或学校为中心的公社,由于它所存在的特殊的要求,因而必然会给公社生产的发展带来某些影响,并制约着后者的发展,不过,由于这一类型的公社,又有许多不同的情况,如像在草堂公社与磁器口公社范围内,是以文科学校为主体,学校的工业生产上的需要少,而且有着较多的街道居民,因而,在这两个公社社办工业在发展上受学校教学科研工作的需要的影响是不突出的,但在以某些工科学校为主体的公社,这种影响必将更为鲜明。由此可见,以机关或学校为中心的人民公社,由于机关学校活动在性质上不同于工业生产,因而这一类公社工业发展不可能要求它像以工厂为中心的公社中那样,直接围绕着该地区主体的要求而发展,但是它却不能不受这主体的某些要求的制约,在建立社办工业时,多方面考虑到当地的客观要求,是有必要的。

以商业为中心的公社,社办工业要更多地与商业部门相联系,直接为商业部门的需要服务,并尽可能地在日用小商品生产上,充当商业部门的后备。

以商业为中心的城市人民公社,是在大城市商业中心区的特殊需要下的产物,因而这种公社在发展生产上便有必要密切为商业部门的需要服务,如像正在筹建的重庆解放碑人民公社是重庆市商业集中的地点,这个地区在大跃进以来,一些日用品——如扣子、剪刀、梳子、窗扣、手巾等,供不应求,而一些日用品如草帽、席子、草包等不能及时适应季节性的社会需要。此外,商业部门收购的废品不能及时地加以加工,商业部门运卸物资所需要的劳动力往往难于解决。这些表明了商业部门在“供销”工作上还存在许多矛盾,而另一方面,解放碑地区的原有的一些街道工业,却因为与国营大厂与商业部门缺乏稳定的挂钩关系,在生产上极不稳定,解放碑人民公社的成立,即是为了更好处理这一些矛盾,进一步发展生产与健全商品流通和分配。从该社工作发展情况来看,公社范围内的 80 个社办工厂(1800 个职工)将逐步地转移到为商业部门的需要服务的方向上来,由于解放碑公社正在筹建期中,因而使社办工业与商业部门密切挂钩协作,为商业部门的需要服务,还需要经过一个生产关系的调整过程。为此,必须坚持政治挂帅,克服各种各样的思想障碍。在公社统一领导下,商业机构将逐步走向直接掌握工业生产,因而改变原来商业部门只管供销为现在管“供产销”一条龙,这种情况,意味着生产与流通,生产与消费关系的进一步密切。

从上面对城市人民公社各不同类型,在生产发展上的某些特点的分析中,我们看见为国营大厂,为农业生产,为人民生活服务的方针,是公社工业共同的方向,但是在各个不同类型的公社,基于自身的不同的经济条件与客观需要,因而在贯彻这一方针的形式、方法、途径上与为三方面服务的生产的地位与比重上都有所不同,而不能一律,认真地研究各个公社的具体情况,正确处理社办工业与国营工业、商业及公社内的机关、学校的关系,是公社工业生产健康发展与更大地发挥其在推动我国社会主义建设发展中的积极作用的重要关键。

(3)城市人民公社不同类型在协作关系上的特点。城市人民公社的建立,进一步加强了各部门之间的协作,公社组织生产与组织生活的过程,也就是公社范围内各个方面协作关系发展的过程,在公社的统一领导下,公社范围内全民所有制与集体所有制之间,全民所有制之间,各个单位之间的关系进一步密切与合理化了。

作为以工厂为中心的城市人民公社在建社初期的鲜明的特色,在于一个以公社范围内的国营工厂为中心的带有集中性的协作体系正在形成起来。

如上所述,以工厂为中心的城市人民公社,公社工业生产的发展的重要方面,是从属于公社范围内的国营大厂服务,因而这就决定了围绕着公社范围内的国营大厂而形成生产协作网的必要性。这一个协作网,首先表现在以国营大厂为主轴而展开的国营工厂与公社工业间的生产协作体系的形成,如像八里庄人民公社围绕着量具刃具厂建立有三八"环规厂"、电焊条厂、砂带厂、刃具备料厂等小厂,相国寺人民公社围绕着"三钢"厂而建立有黄沙厂、五金厂、电焊条厂、砖瓦厂、草绳厂、劳保服厂等一系列小厂,在这个体系中,国营大厂与社办工业间的关系是小厂为大厂服务,大厂支援小厂,"全民带集体,集体保全民",最充分地互相支援与在生产上最密切地结合,作为以工厂为中心的公社的鲜明特征在于:社办工厂事实上乃是大工厂的一个辅助车间,它利用大工厂的边角废料,大搞综合利用与多种经营,加工制造大工厂所需要的材料,或完成大工厂某一个工序,而且在建社初期往往许多社办厂的厂址就设在大工厂中,在生产场址上都不曾与大工厂分开来。这样的协作关系,保证了社办工业能最好地服从大厂生产发展的需要,做到大厂需要什么,公社就生产什么,有力促进大厂生产的发展,同时也使公社工业顺利地解决了原料、设备与技术等难关而最快地上马与发展。

国营大厂之间的协作,是公社范围内的协作体系的重要组成部分。以工厂为中心的公社,在公社统一领导下,公社范围内的国营大厂间的协作关系由过去的外部的不经常的协作关系,变成了内部的经常的协作关系,从而开辟了国营企业间的协作关系的一个新时期,这一协作关系的形成保证某一个工厂的需要,其他工厂尽力设法解决,这样,大大发挥了国营工厂间蕴藏的潜力,有利于生产的共同高涨。

以工厂为中心的公社,无疑要发展与其他公社间的协作关系,但是,从"相国寺""大安"等公社来看,在一定时期内,内部协作占居主要地位。

以工厂为中心的公社这一以大厂为主轴而形成起来的协作体系,它意味着公社范围内各种生产因素的潜力的最充分的发挥,从而成为该地国营大厂与社办工业共同跃进的重要因素。

在以街道为中心的公社,由于公社的具体条件不能不制约着协作关系的发展。

以街道为中心的公社生产的发展,必须要为国营大厂服务,因而在生产上必须与国营大厂协作挂钩,但是由于公社范围内的国营工厂不多或规模不大,这在发展与大厂的协作上无疑是一个不利的因素,而事实上在公社化以前,街道上一些工厂,由于没有与大厂建立经常的挂钩协作关系,因而使街道工厂生产不稳定,发展较缓慢,但是城市街道一般拥有与各方面联系广的特点,这乃是一个有利的因素,特别是有了人民公社这一个生产统一的组织者,因而保证了街道公社与各个方面的协作关系的顺利建立与发展。

从我们所调查的一些公社来看,以街道为中心的人民公社与社外的协作关系往往占了主要部分,而且协作关系是多方面展开,带有分散性。

在那些公社范围内或附近没有国营大厂的公社,在发展协作关系上,自然便不能不以公社外的国营大厂为对象,如像在重庆七星岗人民公社,在上级与公社统一领导下,通过与有关厂矿协商,通过产销对口,统一安排,采取"定项目、定合同、定关系"的办法,与公社外的大厂建立了协作关系,在1月份以前,初步统计,公社53个工厂中,其中30个都分别与公社外40多个国营大厂订了包销、收购等合同,其产值约占公社总产值70%左右,包括260种主要产品。七星岗公社,在与国营工厂的协作关系上,公社外部协作关系占有主导地位,这样,就保证了社办工业为国营大厂服务,仅管公社工业与其服务对象,更多地不是处在同一公社范围内,目前还更多是一种外部协作关系——并由此区别以工厂为中心的公社,但是由于工作关系通过合同固定下来(有许多合同为期三年),因而事实上仍然保证了街道公社的工业密切为大厂生产上的需要服务,成为大厂的一个厂外的车间。

以街道为中心的公社在协作关系上还带有分散性,如像成都椒子街人民公社在生产上便是与百货站、邮电局、棉麻烟茶站、量具刃具厂、制革二厂、前进针织厂等等单位挂钩,重庆七星岗人民公社与百货公司、土产公司、五交站、废品公司等数十个单位建立有挂钩协作关系,以街道为中心的公社协作关系上的分散性,是由公社的具体情况所决定的,它意味着公社工业运用街道的资源与潜力,满足商业部门与其他各个事业单位,机关多方面的需要。另一方面,社办工业,又尽可能地利用了城市各个方面的资源(原料、设备、技术上),因而,这种多方面的协作关系有利于城市经济的发展与公社工业的发展。

以商业为中心的人民公社,在协作关系的发展上必然会带有它一定的特色,从解放碑公社情况来看,这个公社成立以前的五个生产服务社所属工厂的协作关系是:一部分是为国营大厂加工、修理的,一部分是为商业部门加工或生产日用品,一部分是未建立协作关系,为市场而生产。而总的情况是协作关系的不稳定性与无计划性,不经常性。根据解放碑公社今后发展来看,公社范围内的八十个社办工厂大部分将逐步地转移到为商业部门密切协作的方向上来,使大部分工厂围绕着商业部门的需要而生产,从而建立一个完善的"供产销"的体系,使生产、流通、分配诸环节进一步协调与完善。社办工业为商业部门的需要加工、生产,并不排斥社办工业直接为国营大厂加工、生产,因而,解放碑公社在发展与商业部门的协作关系时,与公社范围外的国营大厂的协作关系还将会保存并得到发展,以有利促进国营大厂生产的发展。

以机关学校为中心的公社,在组织协作时,除了要使公社工厂与公社范围内外的大厂挂钩而外,还要利用机关学校的力量,与后者挂钩协作。

以机关或学校为中心的公社,在发展生产与组织协作关系上,首先是从属于为大厂服务,为农业生产,为人民生活服务的方针的贯彻,因而一般说来,与国营工厂或商业等经济机构的协作关系应该是公社协作关系主体。如像草堂公社社办工厂绝大部分都是为公社范围内外的国营工厂进行协作的,公社内的学校并不能充当协作网的中心。但是以机关或学校为中心的公社,社办工业与学校工厂之间的挂钩协作关系也必然会得到发展,如重庆政法公安学院(附属的无线电零件厂与红砖窑与公社工厂间都建立了协作关系)这种协作关系的建立,加速了学校所办工厂的发展也带动了公社工业的发展。

综上所述,在各个不同类型的公社,由于条件不同,因而在协作的发展上也不能一律,而必然带有各自的特色。只有根据各公社不同的需要与各种可能,最有效地发展公社工业与国营工厂,企业间的协作,与各个国营单位间的协作,才能最充分发挥城市人民公社组织形式的优越性。协作关系的大发展,乃是社会主义生产关系的进一步发展与完善。它使公社工业与国营工业,以及国营工业与商业间在再生产过程中有机地结合起来,使全民所有制与集体所有制密切联系,并加强了全民所有制对集体所有制的带动与渗透,这一切意味着国民经济中的诸不同部分与因素,在城市人民公社这一组织形式下,进一步拧成了一根绳,从而有力地促进了国民经济全面大跃进。

(4)城市人民公社不同类型在所有制上的特点。一些城市的城市人民公社在初建时,只是以街道居民与职工家属为组织对象,尚未将公社范围内的机关、学校、工厂及其职工,纳入社内。这种公社,在所有制上,基本上只是包容了公社集体所有制(尽管它较之农村人民公社带有更多的全民所有制的因素)。但是城市人民公社化的进一步发展,必然要求将所在地区的工厂、机关、学校吸收入社,以便保证以工人阶级为领导,以全民所有制为主体,影响和带动集体所有制,使之逐步过渡到全民所有制,因而,在城市人民公社范围内,全民所有制与集体所有制的同时并存是不可避免的,而且是适宜的。以上所述的城市公社的几种不同类型,都是全民所有制与集体所有制并存,保证全民带动集体的不同形式。由于城市是国营经济集中的地区,因而,在各种不同类型的公社,一般说来,全民所有制经济,都占有重要地位,但是在不同的公社,全民所有制经济的地位与作用,则还有程度上的不同。

在以国营工厂为中心的人民公社,由于国营大厂是这个地区生产的主体,国营大厂无论在所占有的生产资料上,工厂总产值上与职工人数上,都占有绝对压倒的优势,如八里庄人民公社,在建社前集体所有制经济(街道工业)的职工人数,仅为公社范围内大厂职工人数0.6%,而在产值上更是微不足道。在公社化后,社办工业迅速发展,仍然是不能改变全民所有制经济特点所占的绝对压倒优势的地位。因此,公社集体所有制经济,乃是处在强大的全民所有制经济的影响下。

在以工厂为中心的公社,社办工业本身在性质上也带有更多的全民所有制因素,如像在公社化前的一些街道集体所有制工业,由于其中或是有国家的一些资金,或有着大厂支援的设备,或是为大厂加工生产,因而是有着不同程度的全民所有制因素的,而在公社化后建立起来的新的社办工业,由于在初办时,无论在设备上、原料上、技术上,都是得到大厂的有力支援,而且它本身是大厂生产过程的一个部分,好些工厂在厂址上都还与大厂连在一起。如像八里庄人民公社在筹建公社时期新办起来的27个工厂,都是公社内国营大厂大力支援下办起来的,单是量具刃具厂就帮助公社建立十个厂,包干了设备、技术、原材料,甚至管理干部。相国寺人民公社与纺织友谊人民公社,都同样具有这种情况,这也表明在以工厂为中心的公社,一般说来,社办工厂能得到国营大厂许多的支援,而且社办工业与国营工厂处在生产的密切的结合中,这也就决定了社办工业中有着更多的全民所有制因素。

以工厂为中心的公社全民所有制经济的绝对优势,以及公社集体所有制中全民所有制因素的较多,这种情况,从经济上决定了公社集体经济向全民所有制过渡具有特别有利的条件。

在大城市中,以街道为中心以及以商业为中心的公社,即使公社范围内国营工厂不多,或规模不大,但是由于大城市街道多是国营商业与其他事业单位集中的地方,因而一般说来,全民所有制经济的力量仍然是占居主导地位,而且公社实质上是政社合一,这体现了一种全民所有制的因素。

此外,公社各级集体所有制工厂,为大厂与国营商业加工订货,以及国营单位对公社工厂物质设备上、资金上的支援,也都体现了全民所有制的因素。

以街道为中心的公社,公社内部全民所有制对集体所有制经济的领导、扶持与带动,除表现在公社对各级集体所有制经济的领导与管理而外,主要表现在商业及其他事业机构对公社工业加工订货,统购包销,这样,便解决了社办工业的原料与产品销路问题,使社办工业在生产上纳入了国家计划。这按其实质乃是全民所有制集体所有制在流通领域的结合,因而,全民所有制对集体所有制经济的渗透程度,较之以工厂为中心的公社社办工厂与国营大厂的生产上的结合情况下要低一些。

由于商业部门与街道上其他事业单位主要不掌握生产,它在从生产设备支援社办工业力量是较国营工厂为小,因而,以商业为中心或以街道为中心的公社内部的全民所有制经济在促进集体所有制经济物质技术基础的完备与发展上是有着一定的局限性的。为了进一步发挥全民带集体的作用,促进社办工业技术的改造与生产规模的扩大,这些公社必须大力发展公社工业与公社范围内国营大厂的协作,使这些公社的社办工业,借全民所有制的国营大厂的力量而迅速地发展。由此可见,以街道为中心与以商业为中心的公社,在充分发挥全民带动集体经济的发展中,除了运用公社内全民所有制经济的力量而外,还要充分运用公社外全民所有制的国营大厂的力量,才有利于社办工业更顺利的发展。

在以机关学校为中心的公社,作为公社的主体的国家机关与学校,主要不体现为经济力量,因而这一类公社中,全民所有制在经济上的力量与比重,相对说来是要小些。在这种类型的公社中,公社集体所有制经济除了仅可能利用机关学校中的经济潜力,以及其在科学技术上,行政与企业管理上的各种力量的支援而外,还必须依靠公社内外的国营工厂与商业企业的带动才能更顺利地壮大和发展。

综上所述,我们看见,城市人民公社集体所有制经济,是在全民所有制的大力扶持与支援下出现与发展的。在公社中,全民所有制与集体所有制是矛盾的统一的关系,而全民所有制属于矛盾的主导方面。全民所有制对集体所有制越加有力的影响与更深的渗透,并推动集体所有制向全民所有制过渡,是各类公社所有制发展的必然趋势。尽管,城市人民公社,由于其具体条件不同,全民所有制的力量与作用将也会有差别,但是充分利用公社内外全民所有制的力量,和创造条件,保证全民所有制经济对公社集体所有制经济发生更大的影响与带动,是公社生产力最迅速发展的重要条件。

(5)城市人民公社各不同类型其它方面的特点。城市人民公社各种不同类型的特点，不仅集中地表现在生产、协作关系、所有制等方面，而且在组织群众生活，在政治思想以及文化教育的发展上，也都有一些不同的体现。

城市人民公社不仅是人民生产的最好组织者，而且还是人民生活的最好组织者。组织生活的根本原则，是便利群众促进生产。因此，适应城市人民公社的各种不同的类型，在组织生活上，除基本的共同方面外，也显示出一些不同的特色。

以上各城市的街道公社，有的位于市内通衢大街，有的散布于城市各方，城市是商业与服务事业的中心，城市居民、外地人民以及过往旅客的许多生活需要，历来都是由散居于街道的各种服务行业提供服务的。因此，街道公社所组织的生活服务事业除为本公社群众服务外，还负有为社会服务的任务，并占有很大的比重。所以，这类公社在组织生活服务事业的规模、形式、项目和布局上，就不仅要考虑本公社群众，便利本公社群众，而且必须适应、便利社会的需要。如以街道为中心的七星岗公社，把原来分散的各种服务行业，集中组成为修补市场，接待来自四面八方的修补任务，每月在二万人次以上，为社会需要服务，占有很大的比重。因之，这类公社，随着城市经济的发展与人民生活水平的进一步提高，应进一步组织形式多样，满足社会各种需要的生活服务事业。某些公社(如成都草堂公社)在其辖区内又集中了许多名胜古迹，游览场所。无疑的，这类公社也应该适应名胜古迹、游览场所的特点，来组织社会服务事业。而在以工厂为中心的公社，由于工厂一般位于市郊，所在地区又是新型的居民点，居民绝大部分是工厂职工。所以，各种生活服务事业主要是为本公社群众服务，为社会服务所占比重甚为微小。如以大厂为中心的重庆市相国寺人民公社，成都市八里庄人民公社，自贡市邓关人民公社，均是如此。

城市人民公社是教育的单位，公社是对全体居民进行共产主义教育的学校，迅速提高全体居民的共产主义觉悟与文化教育水平是城市人民公社的一项重要任务。但是由于各个公社的条件不同，因而它们在发展文教事业方面也将有其特色，特别是以学校为中心的城市公社，它有着发展文化教育事业的更为有利的条件，因而文教科学事业的迅速大普及、大提高，文化生活的分外丰富多彩，将是这一类型公社的特色与优越性，如像磁器口公社筹建以来，即运用学校文化科学技术力量,大抓文教工作,现在公社已着手建立起从幼儿教育到业余大学的文化教育体系(其中包括从训练班到业余工业中学的技术教育体系,从政治学习小组到红专大学的政治理论学习体系,从图书馆文化站到业余文工团等文化活动的体系),目前业余大学已经开课,并组织了445个毛主席著作学习小组。注音识字扫盲工作也正积极开展,提高科学技术水平,显示出文化区的优越性,并由此带动各类公社文化教育事业的发展,是极为必要的。

在工人阶级与劳动人民集中的以工厂为中心的公社,广大劳动人民最坚决地走公社化的道路,在这里,组织闲散劳动力参加生产与实现生活集体化,和在将来实现集体所有制向全民所有制过渡都有更有利的思想基础。

在一些街道或机关学校为中心的公社,小业主小商贩与非劳动人民的居民则占有较大一些的比重,如成都市椒子街人民公社小业主小商贩占居民的23.7%,资本家及其家属、资产阶级知识分子、伪军警宪人员、五类分子等占公社应入社人口8.3%。成都市黄瓦街人民公社,即在过去少城所在地区,更是旧军政人员、民主人士集中之地,在阶级与阶层构成中,这些非劳动者比重更大一些,而在这些人当中,许多人对于公社存在着各种各样的疑虑动摇,一些人还有思想抵触,存在着极大的反感,极少数反动分子还进行造谣破坏。由此可见,由于各个公社,在阶级与阶层的结构与政治思想基础上的某些差别,必然会在城市人民公社化这一场深刻的社会变革中有所体现。在那些非劳动人民较多及资产阶级思想影响较深的地方,在整个人民公社化过程中,两条道路的尖锐与复杂程度是分外地突出的。在推动公社各项事业发展中考虑到这一点是极其必要的。

综上所述,从四川省几个大中城市人民公社的情况的一些初步分析中,我们看见适应着城市状况的复杂性,城市人民公社有着多样的类型,这些公社由其具有的条件,而在生产上、协作关系上、所有制构成上,生活、文教及政治思想状况等等方面均有其特点。毛泽东同志指示我们,在对待客观事物上,"不要带上任何的主观随意性,而必须从客观的实际运动中所包含的具体条件,去看出这些现象中的具体的矛盾,矛盾各个方面的具体的地位,以及矛盾的具体的相互关系"(矛盾论)。在建立城市人民公社中,认真地研究各个不同类型公社在各个方面的矛盾的特殊性,并寻求组织生产、生活与教育的最妥善最有效的方法与形式。那末就能使我们在城市人民公社化这一无比深刻的社会变革中不走或少走弯路,就能保证城市人民公社化运动的最健康的发展。

三、城市人民公社的发展趋势

如上所述,城市人民公社由于条件不同,在形式与内容上会有某一些特色,但是城市公社的发展,还是会存在着一些共同的趋势,这主要的是:

(一) 城市人民公社必然会由低级形式向高级的、更成熟的形式发展

目前我国正处在全国城市范围内实现城市人民公社化上的革命变革时期,四川省个别城市虽然自 1958 年来已办起城市公社,但大多数城市公社的出现也只不过几个月的历史,因而当前城市公社无论在组织形式上与内容上都必然会带有公社化初期的特征。这表现在一些城市公社的组织形式还带有更大的过渡性,如像四川省一些城市在建设公社时,首先是将街道居民组织起来建立以街道居民为主体的人民公社,在重庆市首先建立的是三十多个街道公社,所在地区的国营企业、机关学校职工暂未发展入社。这种以街道居民为组织对象的城市公社,乃是走向将所在地区全民所有制企业机关单位包括进来的过渡阶段。因此,为了进一步发挥工人阶级的领导与全民所有制对集体所有制的带动,与保证公社生产更好,为全民所有制服务,以及更好组织公社范围内全体居民的生活与发展文教事业,将所在地区的机关、学校、企业及其职工发展入社是必要的。因此,在一些一时尚未将国营企业、机关、学校纳入社的街道公社,在条件成熟时也必然会向这一方向发展。

此外,在重庆市市中区的区一级机关(约 1500 人)还试办有以机关工作人员及其家属为对象的机关公社。这种公社的成立,主要是为了进一步将机关工作人员家属组织起来,发展生产与生活福利事业,为机关工作服务。机关公社,由于闲置劳动力人数较少,在组织生产上有着局限性,但是,由于机关公

社便于组织本公社的职工为机关工作的需要服务,便于根据机关工作的特点,组织生产与生活,因而这种公社是有其意义的。但是今后随着条件成熟,这种公社有向更高级形式过渡的必要。

当前人民公社作为初期的低级形式,还在公社规模上以及组织形式与生产关系各个方面有所表现。

由于城市人民公社对于我们来说,完全是一个新鲜的事物,我们积累的经验毕竟还不多,尽管城市人民公社作为生产、生活、教育组织者的作用与无比优越性已经清楚地显示出来。但是,目前初建起的城市公社必然不可避免地在组织形式上还有不够完善的地方,毕竟有一些旧的过时的组织形式与生产关系,尚未来得及加以根本改造,而必然出现的新的关系与形式尚未得到成熟的发展与完满的实现。因此,我们必须以不断革命的精神来对待城市人民公社,必须不断地总结经验,对人民公社的组织形式经常地及时地调整,促使它不断趋于完善,特别是要从生产力发展的要求出发,以有利于生产、生活与文教事业的发展为准绳,来推动人民公社组织形式在各个方面向更成熟的方向发展。

（二）城市人民公社随着公社的组织的巩固,以及生产力的发展,必然会在规模上扩大,以进一步发挥"一大二公"的优越性

从成都、重庆两市目前公社的规模来看,一般是一区数社,规模由一万多人至几万人不等,公社规模的确定,是适应于当地区经济与组织条件,一般是将几个街道办事处合并成立,这样能利用原有一套行政组织机构,便于领导。一开始建立规模过大的公社,在组织领导上往往不方便。但是,另一方面公社规模小,过多的公社同时并存,不便于统一领导与组织所在地区各种单位间的大协作,不便于统一使用该地区的各种资源与统一调配使用劳动力。如像重庆江北地区划分为七个公社,以工厂为中心的相国寺人民公社有着国营大厂较强大的物资潜力,但是闲散劳动力却不多,而其他一些公社内闲散劳动力较多,但国营大厂却又不多,这些问题将随公社规模的适当扩大而得到解决,而且,公社过小,各个社在经济条件上将有更大的不平衡性,在公社实行集体所有制的基础上,这种不平衡性还将在公社的收入、积累与扩大再生产速度上得

到表现,这种情况将不利于各个公社经济共同迅速发展与人民生活水平的共同提高。因此,为了妥善处理这些矛盾,以促进生产力的发展,将数万人的公社适当扩大是有必要的。如重庆江北区有在将来把八个公社(包括一个农村公社)合为一个公社的拟议。公社规模大到什么程度,目前尚难得出一般的结论,还需要在不断摸索中加以总结。当然,公社的并大,必须以组织管理的进一步健全为前提,还必须经历一段期间。但是城市人民公社由小到大的发展却是发展的必然趋势。

(三) 随着城市人民公社在规模上的适当扩大,城市公社在组织形式上必然是趋向于工农商学兵相结合的方向发展

城市人民公社生产的主要方向是发展工业,特别是大城市是大工业集中的地区,城市人民公社必须调动一切积极因素,促进国营大工业的发展,因而发展农业生产不是城市公社的主要任务。此外,在当前,城市公社的规模还较小,一些公社的自然条件,决定了它在农业生产上有较多的困难,因而目前成都、重庆,许多城市公社都没有包括农业。

但是,城市对农产品,特别是对蔬菜、肉类等有巨大的需要,城市在支援郊区农业的发展上也拥有许多潜力,因而城市人民公社适当划进一部分农业土地,以"肉、菜"为纲,发展农业生产,满足城市对农副产品的迫切需要,将工业与农业结合起来,对于大城市的最迅速的发展,是有着巨大意义的。

如像自贡市大安公社,共有农业土地 1865 亩,1190 个农业人口,七个农业生产队,在 1959 年由于公社加强了对农业的支援,使农业生产战胜了天旱,获得了大丰收,全年蔬菜总产量达到 300 万斤,较 1958 年增长 130%,生猪生产 2222 头,比 1958 年增长 54.5%,达到平均每户 4 头,比全市农户每户 1.5 头,多两倍以上。此外,渔业、林业、运输业等也有成倍增长。公社农业生产的发展,大大支援了公社对蔬菜、肉类的需要,改善了工厂职工与居民的生活,从而促进了生产的发展。特别是公社利用公社内部的物资与劳动力,加强了对农村的支援,大大密切了城乡关系,在其他包括有农业生产的公社,如重庆上新街人民公社,也都显示了工农业相结合的巨大作用。特别是将工业与农业结合起来,将促进"亦工亦农"的关系的出现,从而有利于工农差别的消灭,将

郊区农村的一部分纳入公社内,加强城市对乡村在生产、居住条件、文化教育事业的支援,将有利于促进城乡差别的消灭,这一切都将加速我国社会向共产主义前进的步伐,是有着深远的影响的。

由此可见,城市人民公社以工业生产为主体,包括有一定的农业,将是城市人民公社今后更成熟发展的形式。当然,由于城市情况不同,在大城市某些地区的公社,不一定都必须包括农业生产,但是从总的发展趋势来看,城市公社必将是工农商学兵相结合的公社。

(四) 城市人民公社将逐步发展成为全公社人民经济生活的统一组织者和管理者

城市人民公社是人民生活的组织者。然而,当前就城市公社组织生活的内容、规模、形式、对象、组织程度等等方面而论,还有许多不同的情况。即在全民所有制单位(工厂、机关、学校等)和集体所有制单位(社办工业等),以及街道居民,都还是按各自的系统,独立地分别组织自己的集体福利和生活服务事业,在这些方面,全民所有制与集体所有制之间的差距是较大的。公社还没有统一来组织和管理全公社范围内全体居民的集体福利和生活服务事业。

但随着城市人民公社的日益巩固与发展,城市人民公社将逐步发展成公社范围内人民经济生活的统一组织者和管理者,即由公社统一来组织全体居民集体福利和生活服务事业。由公社统管这些事业,能进一步地在更大范围内使生活方式和生产方式,有利于群众积极性的发挥,从而促进生产的发展;由公社统办这些事业,就必然使工厂、学校、机关等单位,从各自独立的日常生活中腾出力量来,有利于生产、教学、机关工作的发展;由公社统办这些事业更有利于贯彻勤俭办社,勤俭办一切事业的方针,从而才便于充分发挥社会人力、物力、财力的潜力;由公社统一办理这些事业,也将有利于促进三大差别的逐渐消失,从而有利于进一步提高人民群众的共产主义觉悟。目前。这种发展趋势,在一些公社中已呈现出来,如前述重庆市相国寺公社和自贡市自流井公社里,工厂与居民有合办的集体福利事业形式的出现,此外,自流井公社还由公社辖区内厂矿、企业、机关单位的职工福利费中筹集 35000 元,以用于公社集体福利事业的基建修缮。这些措施与形式有利于解决工厂与居民各自办集体福利事业上的困难,而且体现了组织生活上全民对集体的支援,从更主要的意义来看,却是反映着今后必然走向公社统一办理集体福利事业的发展方向。

由公社统办这些事业还是一个较为复杂、涉及面广的问题。各公社辖区内各厂在集体福利事业的基金上,不仅有国营厂与社属厂之间的差别,而且有重工业厂与轻工业厂之间的差别,市属厂与区属厂之间的差别。在不同的福利基金基础上,如何适应各厂不同的特点,照顾到特需,来兴办这些事业,特别是由公社统办后,又涉及到各厂内部组织机构及其职能上的一些问题,如各厂产业会与社会集体福利事业的关系处理等等,这些都是需要今后加以慎重研究的。

（五）较快地由小集体到大集体的过渡,与集体所有制向全民所有制的过渡

城市人民公社,为我国彻底消灭资本主义私有制残余,促进社会主义生产关系发展与完善,开拓了最广阔的道路。在以上几个城市中,资本家还在领取定息,还存在着小业主与小商贩,自行开业的医生,房屋出租者,这些生产资料私有制的残余,将在建立城市人民公社过程中,通过组织生产,采取适当的办法而加以消灭,特别是在公社领导下进一步加强对资本家及其家属的改造,这就为在较短时期取消定息创造了条件。因此,城市人民公社将大大加速我国经济战线上的社会主义革命取得彻底的胜利。

城市人民公社也为我国社会主义生产关系的发展与完善开拓了最广阔的道路,在我国城市中还存在着集体所有制经济（街道工业）,在公社化后,在全民所有制的吸引与带动下,原来的街道工厂小集体所有制,过渡为公社以及公社以下的集体所有制,这就意味着集体所有制规模的进一步扩大,原来归小集体所支配的财产与积累,现在都归公社以及公社以下的管区（分社）或地段掌握,这样,就大大有利于统一运用公社的积累,加速生产的发展,并且更有利于公社统一规划全社的生产,服从国家计划,克服了原来分散的小集体所有制经济与全民所有制经济的某些矛盾。

在公社化初期,适应着街道居民由劳动者走向社会主义的特点,也为了充

分调动街道居民与职工家属的积极性,保持公社经济的集体所有制性质是必要的。但是,城市人民公社的集体所有制经济,乃是在全民所有制领导、带动与渗透下的集体所有制经济,它是和全民所有制经济巧妙地结合在一起并为后者服务的集体所有制,无论是公社或是公社以下的集体所有制中,都带有不同程度的全民所有制因素,而且公社集体所有制乃是基本的,公社以下集体所有制只是部分的,集体经济的决定性的力量是掌握在公社手中,这是不同于农村人民公社集体所有制的地方。

城市人民公社所有制形式与构成的优越性,在于它能最充分地调动集体所有制的积极因素来促进生产力的发展,因而,公社成立后,各级集体所有制还将会发展与壮大,不仅公社一级的经济要扩大,管区(分社)与地段也要更多地发展生产,它们的经济要进一步扩大,各级大办厂组,齐头并进,乃是公社生产力最迅速发展的动因,公社集体所有制经济的壮大,可以从成都、重庆各个城市公社成立后,公社产值连续加番上表现出来,如像重庆七星岗人民公社,自1958年9月成立以来,集体所有制工业产值由每月5万元左右扩大到1960年5月份的800万元左右,固定资产达到55万元,工厂职工达到2880人。这种情况表明公社集体所有制经济已经是我国工业战线上一支生力军。

城市人民公社集体所有制的形式不是固定不变的。随着生产力的发展,公社集体所有制的比重将不断提高,公社以下集体所有制的比重将不断缩小,并在时机成熟时,完成由小集体向公社大集体所有制的过渡。城市人民公社的优越性在于,它在全民所有制经济日益加强的影响与渗透下,在工人阶级思想的影响下,将创造更早由公社以下小集体向公社大集体所有制过渡的条件,如像重庆七星岗人民公社,在建社以来不到一年,便实现了小集体向公社大集体的过渡。由小集体向公社大集体过渡的过程,在各个公社将会有早有迟。但是,事实证明,它必然会较农村人民公社更为迅速。

城市人民公社所有制的进一步发展是实现由集体所有制向全民所有制的过渡,结束集体所有制与全民所有制并存的局面,完成向单一的社会主义全民所有制的过渡。由于公社集体所有制生产的发展,全民所有制力量在集体所有制促进下的不断增长,以及全民所有制对集体所有制经济更加紧密的联系与渗透,以及公社社员觉悟的不断增长,由集体所有制向全民所有制的过渡的条件也会逐步成熟,并较之农村人民公社更早地实现向全民所有制的过渡。

综上所述,城市人民公社这一组织形式,必然加速我国社会主义生产关系的完善与成熟发展,加速集体所有制向全民所有制的过渡,城市公社必然将较农村更早实现向全民所有制公社的转变,并由此加速我国社会向共产主义发展。

从城市人民公社制度的发展的几个方面的探讨中,我们能清晰地看见城市人民公社,正如刘少奇主席指出:"这种社会组织是有很大的灵活性,可以容纳社会主义社会和共产主义社会不同程度的生产力和与之适应的不同水平的生产关系"。城市人民公社制度的灵活性,表现在它将在生产力水平发展的各个时期,在各个方面适应于城市的特点,而在生产关系上与上层建筑上不断调整与创新,并以其丰富多彩的形式,有力地推动我国城市生产、生活与文教事业的发展。

执笔人:刘诗白　刘秋篁　武商礼

一九六〇年七月二日

（九）《中国经济问题》

关于"人民公社统计"的研究范围、对象和任务

吴玑端

（一九五九年九月二十日）

一、人民公社统计的研究范围

任何一门科学的产生,都是基于时代的要求,它随着生产的发展而不断地发展和充实,经济科学更是如此。

农村人民公社是我国经济和政治发展的必然产物,也是党的社会主义建设总路线的伟大胜利,它的发展为农村社会主义工业化开辟了一条康庄大道,同时又是我国由集体所有制过渡到全民所有制,由社会主义社会过渡到共产主义社会的最好形式。党对人民公社的性质及其特点已有明确的指示,提出了关于人民公社的生产、交换、消费和积累的一系列的方针政策,并且要求把所有这些方面的经济活动纳入国家计划的轨道,服从国家的管理。这就要求对人民公社的一切经济活动情况有个全面的掌握,并且不断反映其发展过程中的一切已经发生或正在发生的现象,反映党对人民公社的各项方针、政策的具体贯彻情况以及由集体所有制向全民所有制,由社会主义社会向共产主义社会过渡的过程。人民公社统计适应着这种新形势的要求而产生了,它将随着人民公社的发展而不断地发展和充实起来。

人民公社统计所以能够成为一门独立的科学,它必须有其独立的研究范围、对象和任务。关于人民公社统计的研究范围,我打算分为两个问题来讨论:第一,人民公社统计的研究范围是集体所有制的人民公社,还是包括当前

的集体所有制的人民公社和将来的全民所有制的人民公社;第二,人民公社统计的研究范围是农村人民公社,还是包括农村的人民公社和今后城市的人民公社。

我系计划统计教研组曾克同同志等集体写成的"人民公社统计"一书初稿(未出版)在论述人民公社统计的性质时写道:"农村人民公社统计是结合着集体所有制这个特点,把集体所有制的人民公社的客体作为一个独立的经济范畴来进行研究……"接着在讲到人民公社统计区别于经济统计时更明确地指出:"它(系指人民公社统计)只以集体所有制的农村人民公社为其研究对象"。这里姑且把作者对人民公社统计的研究范围与研究对象混为一谈撇开不谈,可以看出作者对于上述的两个问题同时作出了答复。就是人民公社统计的研究范围:第一,是集体所有制的人民公社;其次,是农村人民公社。

我个人的看法与此恰恰相反。对于第一个问题,我认为把人民公社统计的研究范围局限于当前农村的集体所有制的人民公社是不妥当的。首先,人民公社是农、林、牧、副、渔全面综合发展的经济单位,又是工、农、商、学、兵五位一体的社会基层组织。这个基层组织不单是像作者所讲的:"是我国社会主义结构的基层组织单位",同时,当它由社会主义过渡到共产主义社会时,它仍然是共产主义社会的基层组织单位,而且这个过渡是历史发展的必然趋势。因此我们没有理由对于客观存在的、作为社会基层组织单位的人民公社这个客体的统计研究,割断其历史阶段,而局限于集体所有制的人民公社。这正如作为一门独立的社会科学的政治经济学,当它研究社会经济发展的规律性时,不可能割断某个历史发展阶段来研究一样。如果真的像作者所确定的那样,仅以集体所有制的农村人民公社为研究范围,那么我们不禁要问:是否在人民公社过渡到全民所有制后,它必须由另一门以全民所有制的人民公社为研究范围的"人民公社统计"来代替它吗?然而全民所有制的人民公社是由集体所有制的人民公社发展来的,是同一客体的不同发展阶段而已,对于同一存在客体不可能由两门独立的人民公社统计学来研究它。其次,从人民公社统计的产生来看,它是基于社会的实践,要求通过统计数字,反映人民公社的产生、现状及其发展的规律性。它不但应该从数量方面综合研究人民公社内部各经济及文化生活部门的相互关联,而且应该研究其生产发展由量变到质变的过程;不但应该研究其目前已经大量存在的依存于集体所有制的各种现象的数量表现,而且应该反映其正在萌芽的共产主义的因素及将来发展的趋势。如果把人民公社统计的研究范围局限于当前阶段的集体所有制的人民公社,则无法反映人民公社内部由量变到质变、从集体所有制到全民所有制、从社会主义向共产主义过渡的规律性,因而必将否定这门科学存在的前提。

至于第二个问题,我认为人民公社是社会的基层组织,不但在农村有人民公社,城市也有人民公社,而且也将人民公社化。不论农村或城市的人民公社,都将是农、林、牧、副、渔和工、农、商、学、兵相结合的基层单位。不过根据社会分工的结果,由于农村的一切自然条件及历史条件有利于农业的发展,因而即使是到了共产主义社会,也必将以农业生产为主。当然,个别农村人民公社也有以牧以林或以渔为主的,但这只是少数;城市则以工业为主,在个别地区也会有例外。所以,农村和城市人民公社虽然在某些方面有其特殊面,但那只是次要的,它们都是统一的社会基层单位,都是社会主义向共产主义过渡的最好形式。因此,作为研究人民公社的产生、现状及其发展规律性的数量表现的人民公社统计学的研究范围,不能只限于农村人民公社,因而必须把城市人民公社作为其统一研究客体的组成部分是理所当然的。但是,由于当前城市还未人民公社化,而农村的人民公社是以集体所有制为基础,所以当前人民公社统计必然是以研究集体所有制的农村人民公社为主。但这不等于说人民公社统计的研究范围就是集体所有制的农村人民公社。随着人民公社经济的发展,人民公社统计的调查组织形式、指标体系、统计分析等也随着它的变化而不断地变动与充实。例如党根据我国现阶段农村人民公社生产发展的水平,认为在今后相当长的历史时期内商品生产和交换必须有一个很大的发展,因此,提出人民公社发展生产的方针是自给性生产和商品性生产同时并举。为着反映上述方针的具体贯彻过程,人民公社统计必须设计商品性产值及商品率等指标,但到了生产力发展到一定的历史阶段,由于商品生产与交换的改变,这个指标就逐渐改变其内容甚至不一定要有这一指标了,同时,必然又会有一些新的指标适应当时的需要而出现。这正如工业统计学中为着反映工业企业工人的不必要流转的程度及规模(这种流动性的存在对工业生产是极不利的),设计有劳动力流动性的绝对指标——不必要离职的人数和相对指标——劳动力流动性系数,但是,随着国家对劳动力的全面合理安排,随着工人觉悟的不断提高,这种由于不必要原因引起的劳动力流动性逐渐地消灭,因而劳动力的流动性指标也就完成它的历史任务,而失去存在的价值了。目前来说,对于劳动力的平衡及培训指标却提高到应有的地位。这种指标的不断调整,本是历史发展的必然趋势,整个社会是在不断地发展变化中,反映社会经济现象的指标体系与内容也必然是不断地变化、发展与充实。所以,我们不应该把当前人民公社统计研究的重点与本门科学应该研究的范围混为一谈。

二、人民公社统计研究对象及其与其他各门社会统计学的区别

上面我们肯定了人民公社统计的研究范围是作为社会基层组织的人民公社,它包括当前农村集体所有制的人民公社,也包括将来全民所有制的人民公社;包括农村的人民公社,也包括城市的人民公社。人民公社统计的研究对象是:"在质的密切联系中,通过大量观察,综合研究作为社会基层组织单位的人民公社内部的各个经济、文化、生活部门间相互关联性及其发展规律,在具体时间、地点、条件下的数量表现"。所以,人民公社统计的研究对象既区别于统计学原理之研究反映社会大量经济现象与过程数量表现的最一般的统计核算的原理原则,也区别于经济统计学。后者是从国民经济的角度,在质的密切联系中,通过大量观察,综合研究国民经济及文化生活各部门相互联系及其发展规律的数量表现。经济统计学的研究范围也包括人民公社,但它是从整个国民经济的观点把人民公社内各部门作为国民经济有关部门的整体的组成部分加以综合。而人民公社统计则是从人民公社这个社会基层组织单位出发,综合研究人民公社在农业方面的农、林、牧、副、渔多种经济综合经营的情况,研究人民公社内部工农业并举、工农商学兵五位一体的社会基层组织的现状及其发展规律的数量表现,以及适应它的性质与特点而设计的一套统计指标体系,如人民公社农业中的农、林、牧、副、渔,就包括了属于工业这一物质生产部门的采掘工业的伐木与捕鱼。这种划分从表面看很容易引起大家的错

觉,似乎人民公社内部的物质生产部门的划分与国民经济范围的物质生产部门划分有矛盾,其实不然。这两种的划分是解决不同的问题:人民公社农业中包括农林牧副渔,这是符合中国农村传统的习惯,用以反映人民公社内部的综合经营情况,如果要研究各物质生产部门的相互关系时,对工农的划分则仍然必须按照物质生产部门划分的标识处理,即把对自然林的采伐和对江海渔族的捕捞列入采掘工业中。再如,商品性产值这一指标,作为研究人民公社特征的数量表现的人民公社统计来说是一个很重要的指标,它反映在人民公社内部对党的商品性生产和自给性生产这一方针的具体贯彻情况,但经济统计则不一定要讨论到它,即使讲到,也不是安排在主要的地位。所以,人民公社统计与经济统计的区别并不像作者所理解的那样,仅仅是"它(系指人民公社统计)所研究的范围比经济统计学小,它只以集体所有制的农村人民公社为其研究对象"。至于各个专业统计学,则是研究各该物质生产领域内的大量经济现象与过程的数量表现,它也包括人民公社内有关各该部门的大量经济现象与过程,但是把它作为该部门整体的组成部门来研究,而与从人民公社角度进行综合的研究分析该部门的特征者显然有所不同。由此可见,人民公社统计不仅仅是像作者所指出的"需要利用适合于各不同经济部门的统计核算的理论与方法",而且必须设计能够符合于人民公社特点的一些统计指标,这些统计指标在各部门统计中并没有包括或不必要包括它。如综合反映人民公社内部的农、林、牧、副、渔综合经营的指标,反映公社内部生产、消费、分配、积累平衡关系的指标等。

三、人民公社统计的任务

人民公社统计是在人民公社产生和发展过程中形成的,它和其他统计学一样是一种认识社会的工具。具体地说,它能够说明人民公社这一社会基层单位的经济、文化、生活的现状及其发展规律的数量表现,可以为党政领导管理人民公社提供必要的资料。列宁在创建苏联国家统计的初期就已经明确地指出:"统计必须是我们的助手"。所以,人民公社统计总的任务应该是为无产阶级的政治、为领导、为社会主义计划化的生产、为劳动人民群众服务的。它必须反映人民公社由集体所有制向全民所有制，由社会主义社会向共产主义社会的过渡过程。至于人民公社统计的各个时期的具体任务，则必须随着人民公社生产的发展阶段及各该时期党对人民公社的各项方针政策而制定的。而作者却把这个总任务降低为人民公社统计具体的任务之一而提出，认为"为政治、为生产服务，能动地促进政治、生产的向前发展，是人民公社统计的另一个重要任务"，这是不妥当的。而对于反映人民公社由集体所有制过渡到全民所有制，由社会主义社会过渡到共产主义社会这样一个最基本的任务则没有加以任何反映，这可能是作者受到人民公社统计研究范围仅仅是集体所有制的农村人民公社这一观点所限制。然而，这显然是不正确的。根据人民公社发展的现阶段来说，我个人认为人民公社统计当前的主要任务，应该有下列几方面：

1. 及时、准确地向党政领导反映人民公社内部各项经济和文化建设事业及社员物质和文化生活水平及其变化情况，积累和提供领导决定有关人民公社的方针政策及公社编制计划需要的各种统计资料。由于人民公社是现阶段历史发展的新产物，因而摸清公社内部情况、提供领导决定方针政策及编制公社计划的统计资料是当前人民公社统计的基本的、也是首要的任务。毛主席说过："倘若根据'想当然'或不合实际的报告来决定政策，那是危险的"。而作者却认为"人民公社统计，首先的也是最主要的任务，就是及时向公社党政和国家统计机构提供可靠的、有科学根据的统计资料，以表明公社计划执行情况"。作者把检查计划提到当前首要的任务，这显然是脱离实际的。因为目前我国农村人民公社还没有一套完整的计划制度，而且这正是我们积极努力的方向，因而如何积极提供资料作为编制公社计划的依据，这才是人民公社统计当前的迫切任务。

2. 积极开展党的中心工作进度统计，开展统计评比，是人民公社统计工作为生产、为政治、为群众服务的中心环节，也是人民公社统计经常的任务之一，因此必须首先做好这方面的统计工作。人民公社统计工作不但应该积极提供资料做为决定党的方针政策的依据，而且应该在贯彻过程中及时反映情况，发现问题，结合党的中心工作，广泛组织评比，促进群众的生产积极性。并且通过经常性的宣传评比工作,发动群众办统计。人民公社统计工作在根据掌握重点、照顾一般的原则下,在现阶段应以农业生产统计为中心,故应该特别抓紧农业生产进度统计这一环节,其他各环节则可作适当的安排。

3. 以各种形式定期地向广大群众宣传公社各项经济建设进展的情况,驳斥国内外反动分子对人民公社的造谣和污蔑,也是人民公社统计的经常的任务之一。人民公社是我国农村中社会主义革命的又一个重大的胜利,正如人民日报社论《人民公社万岁》中所指出的:"这个社会主义性质的制度,包含着某些共产主义的萌芽,人民公社在我国条件下,不但是由集体所有制向全民所有制过渡的最好的社会组织形式,而且是将来由社会主义向共产主义过渡的最好的社会组织形式"。因此,人民公社统计必须保卫人民公社的发展,把人民公社的各方面的伟大成就用统计数字和图表等加以反映,揭露一切国内外反动分子对我们人民公社恶毒的攻击和无耻的阴谋。

厦门市中华人民公社大力组织
生产与生活

——城市人民公社经济调查报告之一

厦门大学经济研究所调查队

（一九六〇年四月二十日）

一、城市公社的出现是大跃进的产物

中华人民公社于 1958 年 10 月 1 日正式成立。它是厦门市区第一个人民公社。公社以原来的街道办事处管辖地区为范围,下分中华、古城、霞溪、下井、石壁五个分社,有 95 个居民小组,4156 户,居民 21950 人,其中公共户口 3490 人,街道居民 18460 人。

中华人民公社的出现,是我国经济和政治发展的必然产物,是 1958 年国民经济大跃进的必然产物。这一年,厦门市由于生产大跃进,劳动力非常紧张,工厂招不到工人;另一方面有大量家庭妇女整天忙于家务劳动,不能参加生产建设。这些妇女在大跃进形势鼓舞下,纷纷要求摆脱家务劳动,参加生产,参加学习。经常依靠救济补助的贫苦户和孤老残废者,也积极要求为社会主义建设贡献一份力量,但他们又不适合于工厂的需要,一时得不到安置;而且,随着生产的大跃进,必须提高广大居民群众政治时事、文化技术的学习,以适应国家需要,自然,在分散没有组织的居民中要进行这样的经常性教育是有困难的。在这种情况下,只有全面组织生产,组织生活,解放劳动力,特别是大批家庭妇女劳动力,才能解决在大跃进形势下所产生的新矛盾。因此,中华街道党支部在上级党委领导与指示下,早于 1958 年公社成立前,就确定街道工作必须以生产为中心,从组织生产入手,大办集体福利事业。于是,中华街在1958年第三季度就掀起了一个组织生产、组织生活的高潮。在当时,仅经8月一个月的苦战,就创办了27个工厂,组织了家庭妇女和残老半劳动力1035人参加生产,并输送470人上山下乡采矿和下厂参加基建工作;同时,相应办了一些公共食堂、幼儿园、托儿所等集体福利事业。

街道政权过去只管民政、救济、卫生、扫盲等工作。现在由于大跃进需要,街道工作转入以生产为中心组织生产与生活以后,原来的机构已不能适应客观发展的需要了。这就是说,生产关系和上层建筑的某些环节不能完全适应生产力和经济基础发展的需要了,必须进行必要的调整与改革。正在这个时候,农村人民公社运动推向了高潮。人民公社这一初升太阳,照亮了中华街居民的心。因此,在1958年国庆节那一天,在厦门市区中心出现了一颗红星,厦门市的第一个城市人民公社诞生了。它照耀与鼓舞着中华街居民向前继续跃进。

中华公社成立一年半以来,同农村人民公社一样,发挥了它的无比优越性,显示了它的强大生命力,使中华街居民不仅在生产上组织了起来,而且在生活上也组织了起来,推动了文教卫生事业的进一步发展,使人们进一步摆脱旧社会遗留下来的习惯势力的影响,人们的精神面貌大大地改变了,共产主义风格与协作精神发扬起来了,人与人之间同志式的新关系更进一步建立起来了。一年多来,中华公社由于贯彻了总路线,曾先后被评为厦门市1958年社会主义建设的红旗单位,思明区1959年社会主义建设生产先进单位,省市卫生先进单位与福利事业先进单位等。最近全国开展了大办城市人民公社,大力组织人民经济生活的高潮,中华公社全体干部和社员更是干劲冲天,人人意气风发,正在原有成绩的基础上,把组织生产与组织生活推向新的高潮。

二、白手起家,大办街道工业

中华公社的街道工业是白手起家搞起来的。在1958年7月以前,中华街只有油印、制花、童鞋、纸类、印金、纸盒、染布七个副业生产小组,包括临时工在内只有77人。如上所述,8月全民办厂时,办了27个厂,公社化后增至32个厂。1959年春季,中华公社根据厦门市委指示进行了整社工作,把32个工厂加以整顿、提高,合并为10个工厂,即白铁、文教、棉麻丝线、弹棉、砖瓦、壳灰、缝纫、自行车修配、染布、营造等工厂。其中砖瓦、壳灰、缝纫、自行车修配、染布、营造等五个工厂,于1959年五、六月份上调为市区属厂,尚剩下五个厂。今(1960)年2月以后,又掀起办厂新高潮,新办了32个厂。目前共有白铁、车辆修配、文教、棉麻丝线、弹棉、童鞋帽、小五金、草席、化工等40个厂,工人1384人。中华公社还举办了交通运输服务站一个,30人,建筑工程队一队,27人,养猪场一个。所有工厂与副业小组计包括棉纺、小五金、纸类、机电、化工、缝纫、日用品、交通运输与建筑工程等九个行业,产品达一百多种。公社成立后仅仅是一年半时间,可是原来街道的面貌已是根本改变了。现在,当你走过中华公社大街小巷时,到处可看到密布的工厂,到处可听到轰轰隆隆的机器声,可以说,基本上实现了街道工厂化。

中华公社街道工业由于在建厂、产品上飞跃地发展着,所以,产值自然也不断上升。公社初成立的三个月就比公社前增长了五点六二倍。1959年,该社坚决贯彻了党的八届八中全会的精神,反透右倾,鼓足干劲,出现月月红,季季红的可喜现象。单第四季产值就比前三个季度产值总和超过百分之二十四多。全年提前五天半完成了1744459元。这个数额超过了思明区委下达任务的一倍,比1958年全年产值增长九六倍点三三。今年第一季度产值更是飞跃上升,已完成产值1207971元,等于1959年全年产值的70%,其中单三月份就占617898元,等于1959年全年产值的35.3%,等于今年第一季度一、二两个月产值之和。

中华公社街道工业所以能如此迅速增长,这是坚决贯彻了党的街道办工业为"四大服务"方向的结果。

中华公社街道工业主要为大工厂服务。这个公社的有关工厂千方百计地当好大厂的"民兵"。如白铁厂(最近这个厂已上升为地方国营)办厂一年多来,生产和加工的产品如各种瓶盖,有95%是供应厦门市各大工厂的。仅各种瓶盖在1959年一年中就生产了八百多万个,在解决各大工厂包装用品方面起了颇大作用。同时,还做到"大工厂要什么,就干什么","随时要,随时加工"。今年1月至3月,该厂又生产了一百多万个鱼肝油瓶盖,供应厦门鱼肝油厂需要。又如棉麻丝线厂,一年来,为厦门织布厂、针织厂、龙舌兰厂与橡胶厂共加工各种纱线达三百多件。

中华公社街道工业为人民生活服务也是一个重要的方向。如各工厂生产了各种布类、纸类、棉被、小五金、草席等各色各样的为人民生活需要的小商品。如童鞋帽厂一年来制造了各种布类的童鞋、童装、童帽、三角尿布、卫生带一万二千六百多打。弹棉厂一年多来生产棉被3948条,加工棉被7000条,供应全市人民及邻近地区的需要。草席厂建厂一个月来就生产各种草席1200多条,供应市场需要。

该社街道工业还为农业生产服务。如车辆修配厂自建厂以来制造了各种车辆、板车、手推车,并装配了三千四百七十二个手推车圈,支援农业需要。弹棉厂曾组织加工小组下乡为农民服务。

该社街道工业为出口服务,如为出口公司做包装用品和加工商品方面,也做了一些工作。此外,交通运输队一年来运输了五千三百八十吨物资,行走二万四千五百一十七公里;街道建筑工程队修建了民房一百五十座,面积达二千九百平方米,为街道居民修缮房屋,改建家园。

可见,上述街道工业产品和运输、建筑方面的劳动在生产领域中起了"拾遗补缺"作用,促进了工业生产的大跃进,日用小商品生产补助了大工业的不足,满足了居民生活需要。

根据我们调查分析,中华公社的街道工业具有如下特点:

1. 白手起家,因陋就简,从无到有,从小到大。从上述由公社前只有七个副业小组、工人77人,到目前40个厂、工人达1384人的事实,充分说明了这一特点。这里还没有包括上调五个工厂在内。五个工厂的上调也是从无到有,从小到大的一个有力例证。特别要指出,工业产值的成倍、数倍地增长是街道工业大有可为的具体表现。

2. 正确贯彻了"四大服务"的方向。从上所述,中华公社街道工业主要为大工厂与人民生活服务并为农业、出口服务的做法是正确的。现在,这个公社正破除迷信,解放思想,搞一些高精尖产品。

3. 街道工业的生产者绝大部分为家庭妇女。在公社街道工业各厂工人中,妇女占85.8%。家庭妇女从家务劳动解放出来已成为该社街道工业一支重要力量。

4.街道工业各厂充分地利用一切可以利用的物力和财力。除弹棉厂和麻线厂得到厦门市计划供应一部分原料外,其他工厂都是自力更生利用一切废品、废料、边角、下脚料来当原材料的。白铁厂生产的几十种产品都是利用罐头厂的下脚料、边料和废品公司收回的空罐。白铁厂的仓库就好像一个"废品公司"。光1959年,罐头厂就有五十多吨的废铁片被这个厂利用起来了。又如弹棉厂最近利用橡胶厂的下脚料碎皮做再生棉花纺成棉毯。

5.街道工业各工厂与小组中加工性工厂,占42.5%,制造性工厂,占57.5%。该社目前正准备继续发展制造性工厂。

6.生产经营方式有集中的,也有分散的。凡是建厂的都集中生产,而各分社办的生产小组则分散在各家庭生产,充分利用辅助劳力。该社亦正设法尽可能集中生产。

街道工业的发展,不仅为国家直接创造了财富,支援了工农业大跃进,而且也大大增加了居民的收入,改善了他们的生活。1959年中华公社各厂固定工人322人,全年工资80161元,每人每月平均工资28元,厂外临时工人每人每月可得十三元。据下井分社第十八、十九两个小组八十三户调查材料,平均每人收入达十四元六角。过去,靠救济为生的救济户,也参加了生产,有了收入。除了个别孤老残废外,已基本上不需要救济。

三、组织起来,大搞集体福利

由于街道工业的大发展,中华公社大批家庭妇女走出了家门,兴高采烈地参加了生产劳动。这样,原来的家务劳动如烧饭、洗衣、带孩子等等,现在变成社会性问题了。广大家庭妇女迫切要求家务劳动社会化,热烈期望党和公社把她们组织起来,使她们摆脱家务劳动束缚,要求能全面组织和安排人民经济生活。公社党支部根据生产发展需要与居民群众的要求,在公社成立一年多来的已有集体福利事业基础上,以发展生产为中心,广泛依靠广大群众,全面组织与安排人民经济生活。公社先从大办公共食堂入手。全公社已办了十三个食堂，其中有一个中华中心食堂，两个儿童食堂。寄膳居民群众，达六千二百多人，要求参加食堂的居民越来越多了。中华中心食堂已有一千七百多人吃饭，这个食堂正准备扩充为五千人到一万人的大食堂。全公社已建立了三个幼儿园，六个托儿所、站、组，入托儿童六百多人，基本实现托儿化。建立敬老院一所，百货小卖部四个，家务服务站五个，服务组25个。服务范围包括：补衣、洗衣、照顾病人、老人、产妇，代煮药、代购副食品、代送饭到工厂工地、安装电灯、自来水管、代办储蓄、代写信寄信、代订书刊等等。在辟巷设立的四个百货小卖部，在商业部门支持下，合理分配商品，工作细致，服务周到。公共食堂还为居民代办酒席，附设小食部，晚上为工厂煮夜餐，白天送开水到工厂、工地。托儿所也扩大服务范围，做到自制玩具，理发不出门，替小孩缝纫和加工衣服。

公社全面组织和安排人民经济生活后，使广大家庭妇女解除了家务负担，能积极安心地参加生产，保证了生产的大跃进。一年来，中华公社共解放了二千八百多个妇女劳动力，占社有生产能力妇女的90%左右。目前，这个公社已基本实现了"家家忙生产，户户无闲人"。家庭妇女洪意兴过去在家照顾八个子女，公社组织她参加人造棉副业生产后，幼小的孩子送到托儿所，家务有了服务站替她照顾，一个月又有三十多元收入。所以，她非常感激地对人说："总路线的光芒照耀到我们家了，今天我能从家务中解放出来为社会主义建设贡献力量啦。"古城分社办了食堂后，使十二个妇女从家务中解放出来，参加到罐头厂、饼干厂做工，三个妇女当了幼儿园老师，八个妇女参加副业生产，三个妇女参加手工业合作社。古城家务服务站，成立五个多月来，为分社一千四百多个社员办了二千四百多件事情，大大地方便了居民。

正因为全面组织居民生活是广大居民群众的迫切要求，反映了他们的衷心愿望，所以在这次组织人民经济生活的群众运动中获得了居民群众的热情拥护和积极参加。同时，组织居民由个体生活走向集体化道路，也培养了居民之间友爱互助合作的精神，因而，居民的思想面貌又有了提高，到处出现令人振奋的气象。如中华中心食堂初办时，一无所有，附近居民便拿出大锅大灶借给食堂；古城分社食堂开办时，有一个妇女主动把自己厨房让出来，还借给食堂碗橱、桌、水缸、水桶等用具。办家务服务站时,群众提出"有力出力,有物出物",纷纷拿出家里用具,如把门板、熨斗和缝纫机都搬到服务站。服务站发扬了共产主义精神,不管事情大小,路途多远,刮风下雨,都忘我地为群众服务。酱油厂女工陈秋月有五个孩子,她每天要背最小的孩子去上班,家务由一个稍大孩子料理,衣服没有时间洗。服务站的服务员知道了她的这些情况后,就趁她上班时,上门替她洗好晒好,还把家中打扫干净,使她不再为家事操心。六十三岁的服务员陈新来,不论刮风下雨,送饭菜点心到医院给病人或产妇时,用自己的衣服把饭菜包起来,免得饭菜冷掉,而宁愿自己淋雨。她常对感激她的病人或产妇说:"只要你们养好身体,早日出院为社会主义建设贡献力量,我老人家辛苦一点不要紧"。这些事实生动地说明了,集体福利事业的兴办,不仅促进了生产发展,便利了居民生活,而且还培养了共产主义思想风格。

四、加强领导,发动群众,办好公社

一年多来,从中华公社全面组织生产、组织生活所取得大跃进的事实表明,城市人民公社同农村人民公社一样具有强大生命力,它不仅是全面组织人民经济生活,彻底解放妇女劳动力,促进生产发展与生活提高的最好组织形式,而且又是改造旧城市,改变居民思想面貌,建立人与人之间新关系,建设新城市和促进城乡关系越益密切的一种最好组织形式。一年多来,中华公社大跃进事实表明了,这是党的总路线及其一系列"两条腿走路"方针的胜利,是街道办工业方针的胜利,是毛泽东思想的胜利。

我们认为中华公社在取得胜利的同时,还获得了如下几条经验。

第一,加强党的领导和充分发动群众是一切工作取得胜利的根本保证与力量源泉。

中华公社坚决贯彻上级党委指示和党的方针政策,坚持政治挂帅,思想先行,并充分发动群众,依靠群众。拿街道办工业来说,书记和社长亲自掌握生产情况,坚决执行党的街道办工业方针方向,紧紧依靠群众,因陋就简,白手起家,由无到有,由小到大。在初办时,遇到各种思想障碍。如有些基层干部,对街道办工业,缺乏信心,认为一底子薄,二无设备,三无人才、资金,四无原料,五无厂房,样样没有,样样困难;认为街道工业是小把戏,"小老鼠撒不了大把屎",满足于街道工作只办民政、救济、卫生、扫盲而已,等等。公社党支部针对这些思想情况,组织鸣放辩论,进行了思想教育,使基层干部破除迷信,打破"条件论",解放思想,使他们明确街道办工业的必要性与可能性,街道办工业大有可为,"小厂可以办大事"。基层干部思想武装起来了,群众发动起来了,一切事情都好办。没有资金,就发动群众,筹备到一万多元,没有设备就向群众借用,向有关单位借用,没有厂房,向群众说明困难,让出房屋作厂房。有的工厂则利用废墟搭盖简陋的草棚进行生产。缺乏人才,采取以老带新,以老为师和边生产边培养学习的办法解决技术力量不足的困难。没有原料,就利用大工厂的下脚料,边角或废品。这些事实说明了什么呢?只要政治挂帅,发动群众,苦干加巧干,街道工业是无往不胜的。

大搞集体福利事业也是一样。中华公社大办公共食堂,亦是书记挂帅,社长、干部直到食堂工作人员都实行政治挂帅,关心群众生活,充分发动群众,自己又以身作则,参加食堂工作或部分工作,及时了解思想情况,发现问题,解决问题。这个公社经常加强对食堂炊事员管理员的教育,提高他们的政治觉悟,树立共产主义服务态度。因而,许多食堂的炊事员与管理员都把食堂当作自己的家,她(他)们认为在家煮饭只是为家里人服务,现在煮饭是为大家,为几千人服务了,感到非常光荣。有一些妇女还到食堂做义务炊事员,很忙,从不叫苦。妇女郭美与双目失明妇女柯亚美自愿到食堂做义务工作,表现积极,得到群众赞扬。大办食堂一定要走群众路线。要不要办食堂?如何办好食堂?都交由群众讨论。这样,群众积极性高,人人关心食堂,食堂缺什么,他们拿什么来支援,千方百计地解决食堂困难,因而使食堂日益巩固起来,逐渐成为居民政治经济生活与文化娱乐的中心。

第二,以生产为中心,带动公社各项工作。

城市街道工作由单纯搞民政、救济、卫生、扫盲工作转变为以生产为中心,这是城市街道工作内容的巨大变化。现在,街道工作的面很广泛,包括工业生产、商业、民政、公安、文教卫生、居民生活等方面,这几方面都需要全面跃进。为什么要以生产为中心?因为发展生产是组织人民经济生活和文化生活及一切工作的根本关键。只有生产发展了,才能使街道中的人力、物力和财力得到统筹安排,合理利用,直接地参加或配合社会主义经济建设。街道生产事业发展了,就能为国家创造新的财富,为国家输送新的劳动力,培训技术力量。生产事业发展了,必然会带动其他各项事业的发展,同时,又为增加居民群众收入与大办集体福利事业提供了物质基础。街道工业的发展,带来了公共食堂、幼儿园、托儿所、家务服务站等集体福利事业的发展,提高居民收入水平,反过来,街道集体福利事业的发展与居民生活的提高,又促进了街道工业的巩固与发展。因此,中华公社党支部确定以生产为纲,从生产入手,组织居民生活,从而推动了街道工作的全面跃进。由于街道工业发展,就业人数日益增加,生活不断改善,街道面貌自然日新月异;家庭妇女成为工人,新人新事不断涌现。如家庭妇女张荫治,是一个有五个孩子的母亲,原来在家从事家务劳动,自从参加街道工作后,在 1958 年全民办厂,全民大炼钢铁中,得到了锻炼,走出了家门,参加社会活动与生产实践,成为组织生产与管理生产的能手,成为中华白铁厂的厂长,并于去年九月光荣地被接收为共产党员。现在,中华公社出现了学习文化的人多,生产劳动的人多,团结和睦的人多,勤俭节约储蓄的人多。因而,文化教育卫生事业全部跃进了。1959 年 10 月,中华街基本实现无文盲街。卫生红旗始终保持。救济款发放大大减少了。实践证明,街道工作尽管多,发展生产是第一招。抓住生产这个纲,组织生活及其他工作就有了中心,就能够统一全面地安排。居民就能直接地把自己同国家的社会主义建设密切地联系起来,因而有利于调动他们积极性,建立事业感与光荣感,促进公社工作全面跃进。

第三,注意领导方法,建立制度,开展评比竞赛,把工作推向高潮。

为了使街道工作全面跃进,中华公社党支部经常研究领导方法,做到一马当先,万马奔腾,分工负责,分线作战,以点带面,抓两头带中间;树立标兵,开展评比,推广全面;制定各项制度,抓早、抓紧、抓死,执行"两条腿走路"等等,把运动从一个高潮推向另一个高潮。当上级党委下达任务或布置工作后,这个公社立即进行研究,马上行动,书记挂帅,由书记社长和各部门负责干部分为生产、生活、卫生或其他各线,分工把口,负责执行。在工作过程中,他们始终走在运动前面,如办厂、产值完成,福利事业开展,卫生等工作总是提前超额完成。这个公社在街道工业方面就以白铁厂为标兵厂，用这个厂由小到大，充分利用废品和为大厂与人民生活服务的事例来说明街道工业的发展前途，从而带动其他工厂的发展，扩建与新建。对于各分社的领导，中华公社则抓住下井分社这个典型，这个分社在发展生产、大办食堂、养猪、储蓄纳税等方面作出了显著的成绩，因此，公社常在这里开现场会议，带动全面。

中华公社在加强政治挂帅前提下，也注意建立各项制度。首先是建立经常性的宣传教育制度和评比竞赛制度，这些制度保证了政治挂帅的具体贯彻。如定期不定期地公开报告会、现场会、跃进会、比武会、评比奖励会以及通过扩音广播、快报向工人或居民进行政治思想教育与评比竞赛。经常掀起"学比赶帮"的社会主义竞赛运动。最近，这个公社正热火朝天地掀起了以技术革新与技术革命为中心的增产节约运动。其次，公社还建立了各种检查、汇报制度，保证生产生活与卫生等工作任务的顺利完成。

现在，中华公社正在大办城市人民公社的新形势鼓舞下，进一步加强领导，发动群众，掀起一个更大更全面的组织生产与组织生活新高潮，为巩固与发展公社而奋斗。

重庆市七星岗人民公社生产资料
所有制和分配制度的调查报告

四川财经学院城市人民公社经济调查组

（一九六〇年七月二十日）

一

七星岗人民公社，是 1958 年 9 月 18 日正式成立的。它是我国第一批出现的，以及四川省第一个出现的城市人民公社。公社位于重庆市商业集中地区，包括原有七星岗、华一村、中一路等三个街道办事处辖区，和原有中兴路、新民街两个街道办事处部分辖区。

公社现有 19840 户，76170 人，除国家机关、国营工厂、商店等公共户口 18310 人（占 21.03%）外，其余 57830 人（占 75.97%）均为街道居民。街道居民中职工家属和劳动者共占 90% 以上。此外，小业主和小生产者、小商贩共 277 人，资本家及其家属 324 人，五类分子 642 人。

这个公社乃是以街道为中心的城市公社，它是以街道职工家属和劳动者为基础，以全体街道居民为对象组织起来的工农商学兵互相结合、政社合一的社会组织形式。公社设社务委员会，并按地区划为 6 个分社，作为公社基层组织形式。

七星岗人民公社的出现，完全不是偶然的，它是我国经济和政治发展的产物，是社会主义建设总路线和生产大跃进的产物，是我国人民在党的领导与教育下，共产主义思想觉悟高涨的必然结果。

1958 年重庆市在全民整风运动取得胜利的基础上，在党的社会主义建设总路线的启发鼓舞下,在各项建设上出现了一个大跃进的局面。在这个城市中国营工厂的广大职工鼓足了冲天干劲,决心要实现生产的最高速度发展,生产任务一翻再翻,因而出现了规模空前浩大的经济建设的需要与劳动力不足的矛盾。同时由于城市经过社会主义改造后,原有的手工业分批转入国营大工厂生产,因而出现了某些日用品的加工与修补同这个商业中心地区的集中的社会需要不适应的矛盾。而另一方面,这一个地区有着广大的未组织起来的城市居民(约18977人),其中85%是家庭妇女。广大居民,特别是家庭妇女,她们过去多半是贫苦劳动者,具有迅速摆脱我国一穷二白的面貌的愿望。经过全民整风的社会主义思想教育运动和社会主义建设总路线的学习,她们的思想觉悟大大提高,祖国一日千里的发展,更激发着她们为社会主义建设而贡献自己的迫切愿望。从繁琐的家务劳动中解放出来参加社会生产,乃成为了她们迫不及待的要求。这表现在自1958年以来,这个地区就已经有许多家庭妇女陆续走出家门,参加到经济建设的光荣行列中去。特别是在党的全党全民办工业的伟大号召后,这个地区的街道工业就如雨后春笋一样地发展起来。为了适应家庭妇女参加生产的要求,1958年以来这个地区陆续办起公共食堂、托儿所、幼儿园和其它服务组织。这一切表明,这个地区在1958年9月以前在思想上、生产上、生活上的变化,已经为成立人民公社作了重要的准备。1958年8月,毛泽东同志在河南发出"还是办人民公社好"的重要指示,给这个地区的干部和广大居民指出了明确的方向,而紧接着农村掀起了人民公社化运动的高潮,这更给广大居民群众以莫大的鼓舞,他们纷纷要求在城市办人民公社。由于七星岗公社属于重庆市中区,处在市区委的直接领导下,拥有办好公社的一切条件,因而在1958年9月,上级党委根据群众的迫切要求以及当地的有利条件,积极领导群众,办起了四川省第一个城市人民公社——七星岗人民公社。

二

七星岗人民公社建立以后,消灭了生产资料私有制残余,实现了由民办工厂的集体所有制到公社集体所有制的过渡。目前，社办企业的积累全部上缴公社，由公社统一计划、统筹安排、统一分配、社负盈亏。全社除向国家缴税外，一切财产属于公社集体所有，在公社党委统一领导下，实行公社、分社、地段三级管理，多级记账。

七星岗人民公社仅仅经过较短时间就过渡到公社集体所有制。这是因为它是一个城市中区的街道公社，具有政治、经济、文化比较集中，全民所有制经济已经成为主体，国家统一管理交换市场等等特点，从而派生出如下一些有利于过渡到公社集体所有制的条件和因素：

首先，构成公社物质基础的民办工厂具有并厂扩大和提高的客观需要，以及私有制成分少，在各方面协作支援下，工厂生产和积累增加迅速，这些有利条件促进着民办工厂的及时合并、扩大。与此同时，所有制的集体化程度也有必要相应地提高。

其次，公社的"一穷二白"状况，迫切要求迅速发展生产，以改变落后面貌，但因社办企业规模狭小，资金短少，积累不多，不利于迅速发展生产，所以必须统一集中各厂资金，进行合理安排与使用。同时，绝大多数的民办工厂分散经营，为了加强领导保证生产的迅速发展，有必要更早地把民办工厂转为公社集体所有。

第三，生产发展以后，社员的工资、福利也相应提高，使广大职工家属和城市居民得到固定的职业和工资收入，生活有所保证，这一条连小业主也一致感到满意；还因为工资制的实施，社员收入按德、劳、技三个标准，由群众评议，因而各工厂的积累多少和贫富差别，在社员收入中已失去决定性作用，这些，都为小集体所有制过渡到大集体所有制创造了重要条件，从而大大地减少了过渡的阻力。

第四，在三权统一到公社的同时，贯彻了分级管理原则。绝大多数工厂仍由分社管理，并随着生产的发展，逐步扩大分社流动资金，实行利润分成（分社留20%，上缴公社80%），促进了生产发展，也促进了所有制的变革。

最后，群众觉悟高。七星岗人民公社的社员群众90%以上是职工家属和劳动者，他们居住在政治、经济、文化比较集中，社会主义全民所有制已经成为主要形式的城市中心，而且还受到工人阶级的道德品质和组织纪律性的影响，几年来,在党的领导下,经过历次政治、社会改革运动,社会主义觉悟大大提高,认识到人民公社光辉前途,广大劳动群众坚决拥护实行公社集体所有制,这是迅速实现向公社集体所有制过渡的决定性条件。

由于七星岗人民公社具备了如上的有利条件,因而公社在上级党委领导下,在公社建立后,便积极向公社集体所有制过渡。

公社根据党的方针政策,对社员的集资如所带来的资金、工具、设备采取折价入社,由公社分期归还并付给一定利息,以及民办工厂的积累转入公社集体所有等项办法,为小集体所有制改变到大集体所有制创造了准备条件。

为使财务管理与发展生产相互适应起见,公社根据"统一领导,分级管理,资金集中,利润缴社,统筹安排,合理使用"原则,并在整厂整社的基础上加强了党的领导,建立和健全了各项管理制度,以促成小集体所有制到大集体所有制的过渡,并使公社集体所有制在思想上、组织上、制度上得到了进一步的巩固。

随着生产的迅速发展,收入不断增加,公社家当越来越大,为加强公社财务管理,七星岗公社根据"收支下放,比例留解,超收分成,结余留用,预算内外,统一管理,国家集体,界限划清"原则,建立了公社一级财政,扩大了全民所有制成分,势将促使公社由集体所有制向全民所有制过渡。

从七星岗人民公社的迅速实现向公社集体所有制过渡中,给我们展示了城市人民公社所有制的发展前途,因而有着重大的意义。

三

七星岗人民公社,由于实行公社集体所有制,公社内各工厂企业的积累统由公社支配,因而根本克服了过去一些民办工厂不适当提高工资、少留或不留积累的资本主义倾向。公社在处理积累和消费时,正确贯彻了国家、集体、个人三者利益兼顾的政策,贯彻了勤俭办社、勤俭办一切事业的方针,适当扩大了积累。1959 年公社纯收入 252.3 万元,上缴国家部分共 45.8 万元,占18.15%,公社积累部分共 59.6 万元,占 23.63%,分配社员消费部分(工资和福利)共 146.9 万元,占 58.22%。除去上缴国家部分外,积累和消费比例是积累占 29%,消费占 71%。公社积累数量大,乃是公社高速度扩大再生产的物质基础,1959 年公社的基本建设投资为 11.5 万元,各工厂增添了设备,今年 4 月公社的固定资产已经达到 55 万元。此外,公社还在公共积累中,拿出一部分来修建民房、兴办学校、修建和扩大公共食堂和托儿所等集体福利的基本建设事业。这对于更好地组织社员经济生活,巩固城市人民公社,调动社员的生产积极性有重大作用。

七星岗公社在扩大积累的同时,保证了社员消费部分的不断增长。消费部分用于医药卫生、困难补助、奖金等集体福利事业,共 6514 元,占 4.1%,其余 95.9% 作为个人消费。在个人消费部分坚持政治挂帅与物质利益相结合,而以政治挂帅为主,贯彻了按劳分配的原则,实行低工资制。社办工业职工的工资标准低于国营工厂同工种的工资水平。在建立公社前,一些民办工厂的工资水平有较大的悬殊,如兴隆童鞋厂最高工资达 130 元,而有的工厂每月只拿几元钱工资。这种工资水平的不合理的差距,与公社所有制是不相适应的,它不利于公社积累的迅速增长,不利于公社社员生活水平的共同提高,不利于社员之间的团结以及思想觉悟的提高,因而公社建立后,大力整顿工资制度,1959 年公社各工厂职工平均工资为 21 元,全社工资较调整前略有提高。详如下表:

社属七个工厂的工资水平

厂　名	人　数	最高工资	最低工资	平均工资
金属加工厂	122	75	15	18.47
化工厂	29	60	15	22.72
机电修配厂	239	75	13	22.00
汽车修配厂	104	78	13	30.93
蓄电池厂	17	60	18	20.05
印花整制厂	86	42	8	19.58
印刷厂	22	46	13	23.00

注:1960 年 4 月底统计材料。

公社在调整工资时,贯彻了计时工资为主、计件工资为辅的方针。许多工厂的计件工资,改为计时工资。工资调整后,大大调动了职工的生产积极性,生产不断上升。如兴隆童鞋厂,在改计件制为计时制后,由于坚持政治挂帅,工人觉悟提高,以及内部团结加强,因而生产大为改观,由过去不能完成任务改变为超额完成任务。又如中一路运输队由于改计件制为计时等级工资制,职工劳动生产率从原来每日每人平均 0.7 吨公里提高到了 1.5 吨公里,比原来增长一倍以上。

七星岗人民公社建立以来,由于对分配制度逐步进行了调整,使分配关系适应于公社的性质,适应于生产水平和社员思想水平,从而积极促进了生产的发展、生活的改善与公社的巩固。

从社办工业的供产销情况看来，
社办企业是属全民所有制性质的

百货批发站经理　初宏道

（一九六〇年八月二十日）

　　城市人民公社工业按国家下达的总产值计划和品种计划进行生产，所需的主要原材料，如部管和统配物资，是由国家计划分配供应，虽然数量不大，但这些都是属于基本原材料，如果没有它，基本上就不能生产。社办工业的产品，原则上按国家计划全部由国营商业收购，价格也是统一核定，个别照顾原有的自销习惯，但也不能扩大自销范围。社办工业的工资制度，小部分是计件和分成形式，大部分是计时工资。目前虽然还没有统一的工资标准，但已经有了统一的工资原则，即社办工业的工资，不能高于国营的工资标准。社办工业的利润上缴公社，这里有差别的是公社利润虽不上缴国家财政，而是充作公社扩大再生产的资金，没有分红或像农村工分制那样，将部分利润收入分归社员所有。我认为这些都体现着城市人民公社的全民所有制性质。

重庆市七星岗人民公社
社办工业的调查报告

四川财经学院城市人民公社经济调查组

（一九六〇年八月二十日）

在城市人民公社的建立和发展中，必须紧紧抓住发展生产这一中心环节。只有发展了生产，公社的集体生活福利事业才有发展的基础，才能带动公社各项事业的全面跃进，才能保证公社的进一步巩固。

七星岗人民公社建社一年多来，在组织生产上取得了辉煌的成就。1958年公社成立前后，这个地区在党的领导下，掀起了一个大办工业的群众运动，办起了148个工厂，随后合并为53个工厂，计有：机电汽车修配、金属加工、耐火材料、日用化工、木器、文教用品、皮革、便鞋缝纫、废品整制等十多种加工修配工业，参加劳动的共2880人。此外，公社还办了6个生活服务站，一个修补市场，和一个建筑修缮组。

公社建立以来，社办工业经过整顿巩固，已经走上了健全发展的道路。这主要表现为产值不断上升，比如1958年建社初期每月产值仅为4万—5万元，而今年5月份月产值就已达700万元以上。1959年公社总产值为1288万元，1960年预计产值将达到1亿元，生产产品2千余种。一年多来，公社工业在为国家创造物质财富、支援国家社会主义建设上，已经作出了重大的贡献。

一、社办工业密切为国营大工厂、
郊区农业和人民生活服务

城市乃是国营工业集中的地方，在城市建立与发展人民公社工业，首先必须妥善解决与处理公社工业与国营工业（及商业）的关系问题，保证公社工业的正确发展方向，使其有利于促进国营生产事业的发展。为此，就必须贯彻社办工业为大工业生产服务、为农业生产服务、为人民生活服务的方针，避免与国营厂矿争劳动力、争原料和争销售市场的现象，使社办工业成为国营工业的有力助手，发挥为国营生产事业填空补缺的作用。

七星岗人民公社的生产，目前包括有三项主要内容：1. 以修配和制造小型生产工具和生活用品为主的社办工厂；2. 承担市区短途运输的运输队；3. 生活服务性的生产。此外，还有一支既为本社服务，又为社会服务的建筑修缮队。其中公社的工业，按其性质又可分为：（1）为国营大工业服务的；（2）为农业生产服务的；（3）为人民生活服务的。

由于重庆市是一个拥有较发达的国营工业（特别是重工业）的大城市，1958 年大跃进以来，国营大工厂高速度发展生产，并向"高、大、精、尖"方向发展，需要进一步开展协作，由其它单位承制部分零件、配件、材料的加工生产的任务。根据客观存在的这种需要，七星岗人民公社便以为国营大工业服务，作为发展社办工业的首要方向。公社所办的工厂中，绝大部分都是为国营工业服务的。

厂　　别	数目	主要为国营工业服务的	为国营工业服务的工厂所占%
直属工厂	13	9	69
分社管理工厂	40	28	70

这些为国营大工厂服务的工厂，包括金属加工、化工、机电修配、汽车修配、劳保缝纫、木材加工、造纸、石棉加工等行业，加工制造了各种模型、建筑工具、螺丝、洋钉、榔头、斧头、尖嘴钳、整流器、矿山电瓶等达 1 百余种。如机电修配厂，每月所生产的日光灯整流器达 11 个，这就给大厂节约了劳动力，降低了成本，使它们能腾出手来集中力量进行主要的生产，由此促进了国营工业生产的发展。

公社工业也发挥了支援农业生产的作用。1959 年公社在化肥方面制造了青矾八十吨,并为农业修理拖拉机 5 部,装配引擎十部,并制造了大批农具。1960 年公社将完成插秧机 140 部,以补充国营生产的不足。

随着社会主义经济建设的发展与城乡人民生活水平的不断提高,城市公社还必须承担生产生活日用品为人民生活服务的任务。特别是七星岗人民公社乃是以街道为中心而建立的公社,处于重庆市商业集中地带,周围没有国营大厂,本着就地生产、就地服务的原则,有必要充分挖掘潜力,生产日用品,满足市场需要。因此,在公社工业中,一部分便是专门为国营商业部门加工订货,生产各种日用品。如为市百货站生产裤扣、领扣、发夹、鞋眼、菜刀、土剃刀、毛巾、便鞋、袜子等日用品,和口哨、文具盒、指南针、运动器械等文化用品,以及为土产品商店生产汤瓢、锅铲、门扣等。这些为人民生活服务的工业占有一定的比重,比如该社兴隆分社,为人民生活服务的工厂,估计约占分社工业总产值的 30%—40%,安乐洞分社约占 50%。

由于社办工业具有以下特点:第一,灵活性大,易于变换生产项目,适应季节性的需要;第二,群众基础大,可以在短时期内完成大量任务,因而它在充分满足品种浩繁、变化性大的日用小百货生产中有着有利条件。如在 1959 年夏天流行性感冒发生,市场缺乏口罩,全社生活服务站突击一夜,即满足了全社社员及附近工厂、学校需要;在市场缺少肥皂时,公社及时利用了土原料和代用品,制造了洗衣粉;市场缺少包装用具,社办工厂即利用废木板、纸板大量制造,供应市场;在蜂窝煤供应不足时,公社也组织了突击生产,保证了人民需要。

公社的各个生活服务站,也有为国营商业部门加工的生产小组,包括毛巾、便鞋、袜子、鸡肠带等。此外,公社的修补市场,为居民整修各种废旧物资,化无用为有用,弥补了国营商业网的不足。

七星岗人民公社由于在组织生产上有力地贯彻了发展社办工业的方针,因而妥善地处理了社办工业与国营工业的关系。社办工业实际上已成为国营工业企业的一个辅助车间,这样就保证了社办工业与国营工业在再生产过程中的密切结合。公社工业充分发挥了为国营工业填空补缺的作用,大大减轻了国营工业的负担,满足了市场需要,便利了群众。

二、白手起家，自力更生，
从小到大，从土到洋

城市人民公社工业的建立与发展，必须充分发动群众，掀起一个群众办厂的运动。为此，在建立社办工业时，必须坚持勤俭办社、自力更生的原则，要坚持因地制宜，因陋就简，土法上马，从土到洋，从无到有，而不能一味依赖国家与大厂援助，当"伸手派"，或是脱离实际贪大求新。

七星岗人民公社在发展社办工业上坚持了勤俭办社、自力更生、因地制宜、因陋就简的方针，批判了在社办工业上依赖国家贷款，看不起小厂、土设备，追求"正规"等等错误思想，在统一认识基础上充分发动群众，依靠群众的力量来兴办工业。由于广大群众在摆脱国家"一穷二白"的面貌的迫切愿望下，有着高涨的办工业的积极性，因而他们积极地响应党的号召，有的凑资金，有的出设备，有的腾厂房，群策群力，克服办工业中遇到的种种困难，在几天之内就办起 148 个工厂。这个公社所有的工厂都是依靠群众，白手起家，从无到有，从小到大，经过艰苦奋斗发展起来的。如像具有一定规模的便鞋厂，就是当时由三位妇女、两把剪刀、七尺布开办起来的；社属机电厂，建厂时只有一座烂木座土车床，经过一年多努力，现在已有车床、钻床、刨床等金工机械设备和各种机床 29 台，成批生产日光灯整流器、尖嘴钳等产品，并拥有劳动力 200 多人，成为最主要工厂之一；大量生产螺丝、洋钉的金属厂，办厂时只有三把老虎钳、五把锉刀，而现在已发展成为有弹簧锤三台、夹板锤一台以及电动螺丝机等设备的略具规模的工厂了。在初建厂时，一个工厂往往只有几个劳动力，产值很低，而一年多来，这些工厂经过合并整顿，生产规模不断扩大。比如初建厂时全部工厂每月总产值只 4 万—5 万元，而在 1960 年 5 月，仅仅 13 个公社直属工厂每月总产值计划即达到 513.3 万元。这些充分证明了由无到有、由小到大，乃是公社工业发展的必然趋势。

从生产技术上看，建社初期生产设备是破旧不堪的。原有的一百多个工厂中除一台破旧车床算是较大型设备外，其余只有一些零星破旧的手工工具。

但公社依靠广大群众的高涨的革命干劲,大搞技术革新与技术革命的群众运动,自制与改造了各种车床、铣床、马达、拉丝机、弹簧锤等较大的与中小型的设备一千多台,并购置了一些较大的机器设备。目前全公社工业中的土简设备已由建社初期的 320 多台发展到 1300 余台,增长 3 倍以上;较洋的大型设备,如各种车床、刨床、铣床、钻床、电动拖拉机、电动包纱机等就有 21 台。特别是 1960 年以来,技术革新和技术革命有更迅速的发展,在第一季度内就实现了革新建议 20800 多项。

公社劳动机械化与半机械化程度已达到 44%,而直属工厂劳动机械化程度更高,目前公社实现了单机自动化和半自动化 12 台,两条生产自动线和一条流水作业线,劳动生产率 1959 年较 1958 年提高 28.7%。这一切情况表明了,由土到洋是公社技术发展的必然趋势。

	生产工人数	其 中				劳动机械化程度
		自动化及半自动化操作人数 自动化操作人数	机械化操作人数	半机械化操作人数	手工操作人数作人数	
直属工厂	1389	41	235	581	532	82.6%
全社总计…1	4624	41	341	1718	2524	44.0%

三、因地制宜,就地取材,利用废旧物资,大搞综合利用

利用城市国营工厂的边角废料与废弃物资进行生产,增加社会财富,乃是公社工业的一个显著特点。像重庆这样的以工业为中心的大城市,由于工厂聚集,人口集中,物资消耗量大,因而拥有大量的边角废料、废旧物资,这就为公社工业发展提供了极为有利的条件,开辟了极为广阔的生产门路。七星岗人民公社在发展社办工业中,凭借这一有利条件,充分利用当地大厂边角废料

和城市废品废料进行生产,大搞物资综合利用。1959 年公社发动社员大家搜集原料,并与废品收购站挂钩,收集到的边角废料和城市废旧物资,有硅钢片、钢材、马口铁、铅、烧碱等 256 吨,皮革 1 万 5 千多米,废棉纱 90 多万斤。公社利用这些物资制造出 1 百多种产品,如印花整制加工厂就是主要利用废料废品进行综合利用的。该厂现分 9 个车间,生产再生油、清凡、土红、氧化铁、纺织品等 26 种产品,这些产品,畅销城乡,供不应求。

七星岗公社在建立与发展社办工业中,由于贯彻了就地取材、就地服务的方针,利用废弃物资,大搞综合利用,不仅克服了原料不足的困难,而且变无用为有用,既为社会节约了物资,也增添了社会财富。

四、生产形式多样灵活,适合于劳动力特点, 充分挖掘与利用城市劳动力潜力

城市人民公社组织生产的一个重要意义,在于最充分地利用城市劳动力资源,使人尽其才,各得其所,以保证最大限度地创造社会财富,促进生产的高速度发展。七星岗人民公社的组织对象,主要是街道居民与职工家属,其中妇女占 85% 以上,而在劳动力上又有所不同,既有老弱,又有家务拖累重的妇女;既有全劳动力,也有半劳动力。因而,公社在组织生产时,便考虑到劳动力的特点,本着"集中生产与分散生产相结合"的原则,组织了 4275 个青壮年妇女劳动力,分别到工厂、运输队、修补市场、建筑修缮组参加全日生产。对于四千多名老弱,以及家庭拖累重一时不容易外出参加工作的家庭妇女,则采取集中领导、分散生产、将活路送上门、能劳动多少就劳动多少、能做什么就做什么的办法,由生活服务站分别组织她们参加洗衣、拆补、扎鞋、挂线子等力所能及的轻微劳动。由于公社在组织生产上采用了多样灵活的形式,充分适合于劳动力的特点,因而使 97% 的街道居民都参加了公社举办的各种劳动生产,充分挖掘利用了劳动力的潜力,并使公社各处都呈现出"人人忙生产,户户无闲人"的崭新的局面。

五、协作关系大发展

城市人民公社在生产的发展中，一方面要密切为国营工业服务，另一方面它在原料、设备、技术等等方面，也要有国营工业的有力支援，因而，无论是从国营工业生产发展的需要来说，或是从人民公社生产发展中供产销的平衡的需要来说，都要求大力组织与发展公社与国营工业（及国营商业）之间的协作。

城市人民公社生产的发展过程，也是公社范围内外各个方面协作关系的发展过程。在上级机关与公社的统一领导下，公社范围内的各个生产单位与国营工业、国营商业部门间，在生产、流通等等方面的关系进一步密切与合理了。

七星岗人民公社在组织大协作上，是从以下几个方面来进行的：

1. 与国营工业挂钩协作

公社在上级的领导下，会同各个有关部门（商业局、五金公司、市化工站、各国营厂矿等），根据国营工业的需要与原料供应，以及公社工厂劳动力、技术设备等状况，共同协商，通过产销对口，统一安排，采取了"定项目，定合同，定关系"的办法，建立了协作关系。如公社 1960 年 4 月份以前初步统计，在公社 53 个工厂中的 30 个厂，有 260 种主要产品（产值约占公社产值 70% 左右）都分别与 40 个左右国营工厂订了包销收购等等合同，一方面规定了公社为国营工厂生产的项目，另一方面也确定了国营工厂对公社在原料上、设备上的供应与技术上的支援。为了巩固协作关系，有许多合同时期订为三年。

由于七星岗公社是以街道为中心而建立的，在公社范围内及周围没有国营大厂，因而公社与公社范围外的国营工厂（如像重钢、二钢、空气压缩机厂等等）的协作关系，占了主要的部分。随着国民经济的飞跃发展，要求生产协作关系进一步发展，因而公社将辖区内的全民所有制的工厂企业发展入社，一方面使公社生产能更好地为当地国营工厂企业服务，另一方面便于统一组织全面的生产大协作，充实协作内容，扩大协作项目。目前公社与公社范围内国营工厂 1 个、国营公司 9 个有协作关系,订有合同 41 份。

2. 与国营商业部门挂钩协作

七星岗公社处在城市商业集中的地区,为要满足市场需要,为商业部门加工生产的消费品占有一定的数量,公社与国营商业部门(如百货公司、土产公司等)数十个单位,建立有挂钩协作关系。由商业部门供应原料,收购产品,并支援一部分设备、燃料,而公社则为各协作单位承制和加工小商品和日用百货,试制各种新产品为市场服务。

由于协作关系的大发展,因而使公社生产的主要部分,通过合同纳入了国家计划,这就克服了生产的盲目性与不稳定性,克服了过去街道工厂供产销不平衡的矛盾,保证了社办工业为国营工业服务以及为市场需要服务,这就有利于国民经济有计划按比例的发展;其次,协作关系的建立,使公社工业的服务对象与生产性质明确并相对地固定下来,这就使公社工业发展与配置有了明确的方向;再次,协作关系的建立与发展,使公社能得到国营工厂与国营商业部门的支援,得到国家全民所有制企业的扶持,这就大大有利于社办工业的发展与巩固,促使公社的许多工厂产品成倍增长。特别是通过国营工厂以大带小、以老带新,使公社能在很短时期内建立起更多的新厂。如天原化工厂根据协作合同,将支援七星岗公社在第三季度内建立 100 个有土筒设备的小型综合利用的化工厂(包括硫酸厂 2 个、烧碱厂 20 个),由天原化工厂提供物资设备,折价分期归还,天原化工厂并负责为公社培养技术人员与在原料上尽量帮助。

归根结底,协作关系的大发展,使城市公社的工业与国营工业,在再生产过程中有机地结合起来,使公社生产与市场需要密切结合起来,使国民经济中全民所有制向公社集体所有制进一步渗透与二者密切结合起来,保证集体所有制经济更好地服务于全民所有制经济,这样就有力地促进了国民经济大跃进,并为集体所有制向全民所有制过渡提供了有利的条件。

综上所述,七星岗人民公社建立以来,由于紧紧抓住了组织生产这一中心环节,坚决贯彻了社办工业为国营大厂、为郊区农业、为人民生活服务的方针,依靠群众力量,自力更生,白手起家,从而带来了该社工业大发展的局面。目前一些社办工厂,已经初具规模,并制造出了许多高质量的产品。由于公社集体所有制（其中包括有很大全民所有制因素）的无比优越性，更由于所有社办工厂，在群众性的技术革新与技术革命的运动中，物质技术基础不断完备，劳动生产率不断提高，因而公社工业正处在日新月异的发展过程中，它的威力正在不断增长。公社生产的迅速发展，标志着公社经济基础的日益雄厚，这正是公社进一步巩固与健全发展的物质前提。

我对城市人民公社所有制性质的看法

中共鼓浪屿区委秘书　李成宗

（一九六○年八月二十日）

城市人民公社大体上分为：以街道居民为中心建立的、以国营厂矿企业为中心建立的、以机关学校为中心建立的三种类型。因此，城市人民公社所属的性质也较复杂，在研究判断各个人民公社所有制性质时，必须根据各个公社所属类型及它们的具体情况加以分析。从现在已建立的三种类型人民公社看来，以国营厂矿企业为中心建立的人民公社，集体所有制的成分最小，可以说基本上属于全民所有制性质的；以机关学校为中心建立的人民公社，也和厂矿企业的类型一样，集体所有制的成分很小，也可以说基本上属于全民所有制性质。目前争论较多的是以街道居民为中心建立的人民公社的所有制性质，究竟集体所有制是基本的，还是全民所有制是基本的。关于这个问题，我认为也必须加以具体分析。在这一类型的公社中，由于组织规模大小的不同、管理体制的不同、全民所有制因素比重的不同，同是这一类型的公社，所有制的性质也不完全一样。在目前看来，多数的公社由于积累未纳入国家的积累计划，经营上是公社统一自负盈亏，因而集体所有制的性质是基本的。但是，就鼓浪屿人民公社的具体情况来说，公社的基本所有制应该是全民所有制的性质。

鼓浪屿人民公社是以街道居民为主体建立起来的，包括原鼓浪屿区人委所辖的全部范围，是一区一社。公社下设二个管理区，实行二级管理。国营企业和地方国营企业经济在整个公社经济的结构中，占绝对优势的地位。从1960年4月份的统计材料可以看出：国营和地方国营工业产值占全公社工业总产值的96.4%（其中属于"入而不归""体制不变"的市属工业产值占86.6%），公社直接经营的工业产值占3.2%，而管理区经营的工业产值占 0.4%。

目前市属的国营企业参加公社,实行"入而不归""体制不变"的办法,这在公社创办时期,是符合积极而又稳妥的原则的。如果扣去这部分不算,仅就公社各级所有制而论,公社一级所有制是基本的,公社以下的各级所有制是部分的,在公社各级所有制中,全民所有制的经济成分仍占主要的地位。以1960年第三季度工业生产状况为例:地方国营工业(即原来区人委经营的,经国家批准为地方国营的,积累也纳入国家计划的企业)产值占总产值的62.1%,公社直接经营的工业产值占34.0%,而管理区经营的工业产值只占 3.9%。

值得进一步研究讨论的问题是:公社直接经营的这部分企业是集体所有制性质还是全民所有制性质。我认为像鼓浪屿人民公社,以区范围建立的公社,社办的企业,就其基本性质说应该是全民所有制的,但还带有集体所有制因素,也就是说还有些不够完善。为什么说社办企业已经属全民所有制的性质呢? 可从以下几方面加以说明。

首先,社办企业的资产实际上已经是全民所有,在这些企业中反映集体所有制性质的股金形式根本不存在。鼓浪屿公社 11 个社办企业的资金总额为70677 元,其中固定资金 14520 元、流动资金 56157 元。这些资金的来源是:国家投资 18000 元(包括由救济款中拨作补助生产的 8000 元在内),占25.47%;银行贷款 18000 元,占 25.47%;企业积累基金 9677 元,占 13.69%;群众集资办工厂 25000 元,占 35.37%,可是,这笔款已于 1959 年由国家财政拨款及从各企业的积累拨款全部清还,所以,实际上已为国家投资所代替。

其次,社办企业的生产已基本上纳入国家计划,国家每月向公社下达计划,不仅有产值计划,而且还有产品产量计划。这些社办工厂的生产基本上有两种:一种是小商品生产,一种是为大工厂加工生产。小商品生产的工厂的主要产品,按月由国家供给原料(部分原料自力更生解决)并由国家下达生产计划,一部分产品是通过国营商业部门供应原料和下达生产计划的,产品都和国营企业一样,由国营商业部门统一调拨,工厂无权自己销售。至于为大工厂加工生产的原料来源、商品分配、生产计划等,已完全受大工厂的支配,成为大工厂生产的一个部分,直接和间接纳入了国家计划,实质上成为大工厂的一个附属企业。

第三，目前社办企业的利润分配，实行"三七开"，即30%留厂作为积累基金，用以扩大再生产、技术革新费用、新产品试制、安全保护及福利等费用；70%上缴公社（由于目前社办企业的底子薄，生产工具简陋，因此留厂的比例高一点）。公社是一区一社，实行政社合一，区成立一级财政，进行经济核算。因此，这些社办工厂，上缴的利润实际上已成为国家地方财政收入的一部分，纳入国家积累计划，与国家财政发生密切关系，企业的盈亏由区财政拨补。职工的劳动报酬普遍采用工资制，受国家工资政策的约束，与工厂的盈亏没有直接关系，虽然这些工厂的工资有着固定、计件、计时等形式，但都属于工资报酬的范围，没有集体所有制那种分成和年终分红的制度。目前这些社办工厂职工的工资是略低于同工种的国营企业职工的工资，这是由于这些工厂的生产水平较低，职工多数是新工人，技术熟练程度较低，为国家创造财富比国营企业的职工要低得多的缘故，这并不影响企业的经济性质。

第四，社办企业的管理制度，执行全民所有制的在党委领导下的厂长负责制，厂长不是民主选举的，而是由区人委任命，这和集体所有制的合作社不同，合作社的社长是由社员民主选举产生，合作社的最高权力机关是社员代表大会或社员大会，日常事务由社员选举的理监事会负责，社办工厂虽有职工大会或职工代表大会的组织形式，但这与社员代表大会的性质不同，是为了贯彻"两参、一改、三结合"的制度，动员职工参加企业管理。此外，公社的管理干部属于国家编制人员，由国家支付工资。

判断所有制是属于什么性质，主要看它的生产资料和产品归谁所有，是怎样进行分配的。上述的具体事实说明了这些社办工业的生产资料是全民所有，产品是由国家或国家通过国营商业部门直接调拨，直接处理，企业职工直接为国家创造财富，职工按照工资标准领取一定数量的工资，企业的积累由代表国家的区人民委员会统一调拨，基本上纳入地方财政收入计划。据此，我认为这些企业就其性质说已基本上是全民所有制的。当然，还必须说清楚的是，这些企业与国营企业比较还有一些不够完善的地方。比如，国营企业的生产计划是由国家直接下达，原料直接由国家分配，产品直接由国家调拨，而社办工厂虽已基本纳入国家计划，但有一部分企业还不是国家直接管理，而是间接通过大工厂、国营商业部门来实现国家对这些企业的管理。社办工业的管理水平较低，不少制度还不够健全，职工的生活福利事业与国营职工还有些距离，尚未享受劳保福利和公费医疗等。这些不免还反映集体所有制一些特征，也就说明这些社办企业，必须经过进一步发展和提高，才能过渡到地方国营企业的水平。

关于城市人民公社所有制
性质问题的商榷

第二商业局局长　苏树澄

（一九六〇年八月二十日）

　　在城市人民公社整个经济结构中,全民所有制经济居于主要地位,还有一部分集体所有制成分。目前参加公社的不论是国营或地方国营经济单位都是全民所有制的,公私合营企业实质上也是社会主义全民所有制性质的,国家机关和各种事业单位也都组织和参加了人民公社,这些经济成分,成为城市人民公社经济统一体的主要组成部分。因此,现阶段的城市人民公社性质,总的来看,基本上是全民所有制性质,而带有部分集体所有制。当然,由于城市公社情况较复杂,还必须根据具体情况加以具体分析,以确定其为全民所有制,还是集体所有制的性质。比如,在目前城市人民公社的三种具体组织形式中,以大型国营厂矿企业为中心建立的人民公社和以机关、学校为中心建立的人民公社,是全民所有制或基本全民所有制性质,这是比较没有疑问的。而对以街道居民为主体建立的人民公社,国营企事业单位参加其中,但有的是下放公社管理,有的是"入而不归",关于这一类组织形式的公社一级所有制的基本性质,则有不同的看法,有的认为基本上是集体所有制性质,有的认为基本上是全民所有制性质。我认为根据一般城市的经济构成,全民所有制占绝大多数的这一实际情况,城市人民公社所有制的性质,基本上应是社会主义全民所有制而带有部分集体所有制的性质。

　　首先,从生产资料来看,社员从事生产所使用的生产资料,绝大部分属于全民所有制的,而只有比重很小的部分是集体所有制的。如厦门市区各公社的生产资料,据粗略统计,98.73%是属于全民所有制的,集体所有制只占

1.27%;以参加生产的社员来看,69.53%的社员是参加全民所有制企业的生产活动,在集体所有制企业中参加生产活动的,只占30.47%。

这些全民所有制企业,目前虽然只有少部分是下放给公社统一管理,而大部分企业单位参加公社后,仍属于"入而不归",没有下放公社统一管理。"入而不归"只是管理体制的问题,并不因为"归"与"不归"而改变其存在城市公社经济中的全民所有制性质,亦不因为目前经营管理上的"不归",而否认其为公社的单位成员。社员和生产单位是不能割裂开来的,否则,把在城市经济生活中起主导作用的国营经济,另置于城市人民公社组织之外,这是脱离现实情况,于理不合,也与公社是具有很大灵活性的社会组织形式不相符合。如果这样,那么,便很难想象城市人民公社是生产、交换、分配和人民生活福利的统一组织者。我们不能把参加城市人民公社的单位和人员,仅限于为数较少的街道企业和街道居民。

目前这些国营企业处在公社之中,需要与公社紧密结合,以便于自己的生产与事业的发展;又因为这些企业要面向全国、全省、全市、县,而不仅是面向全公社,所以保持上级行政上垂直领导,对事业工作有利,因而存在这种入公社而不交管理体制、相互协作而独立核算的特殊形式。这是当前的社会生产水平以及其他条件所决定的。所以,客观上还必然存在着管理体制上有中央、省、市县营和分配上因劳效不同而工资参差等差别。这种放和不放等等差别问题,正反映着社会主义阶段,城市人民公社的特点,随着社会主义的发展将会按照现实需要继续下放一些国营企业归公社管理,但在社会主义全民所有制阶段,无论如何总是有部分"入而不归"的,即使到了共产主义全民所有制的时候,绝大部分的生产企业,都放到基层公社组织去管理了,但仍然需要保存某些尖端企业和生产技术试验上未完全过关的企业,由中央管理机构来管理,亦不是全部放给基层组织去管理。

现在已经下放给公社管理的企业除个别外,一般是采取利润分成上交国家财政的办法。厦门市鼓浪屿人民公社原来有六个小型地方国营企业,目前成立一区一社,放归公社管理,但仍向国家上交利润,公社分成20%,今年1—6月六个单位的利润总额162030元,上交市财政129624元,其余利润分成留给公社。其他思明、开元两区目前还不是一区一社,但下放给公社的地方国营企业,也是采取部分利润上交给市或区财政公社留下分成收入的做法。以上说明"入而归"或"入而不归"是管理体制问题,并不改变其在公社整个经济中的全民所有制的性质,这些经济成分对公社各级的部分集体所有制产生重大的影响,并促进公社中全民所有制成分的迅速增长。

其次,公社中不仅国营企业是全民所有制,而且社办工业企业基本上也是全民所有制性质的。为什么说社办工业基本上是全民所有制呢?这些社办工业的资金中社员投资比重很小而且目前已基本还清。比如,思明区中华人民公社 1958 年全民办厂,群众投资 12000 元,1959 年便由国家拨款基本还清。社办工业现有资金实际是国家拨款、国家救灾款和社会福利金投入生产的。另外便是社办工业的利润积累,原来合作社的生产资料折价股金为数极微,拿中华人民公社为例,只有几千元。从分配关系来看,社办工厂工人基本上都是固定工资形式,社员收入和企业的盈亏基本不发生直接联系,而且不因整个公社经济收入的多少而发生变动。工厂的积累除 20%—30% 留厂作为福利奖励、小型设备等四项费用外,大部分利润是上缴公社,统一安排调用。而公社是政社合一,国家的基层社会组织,目前不少地方已建立了公社一级财政。厦门市鼓浪屿公社现在是一区一社,一级财政。其他区虽还是一区数社,但部分利润仍交区财政统一安排调用。有人说工厂利润虽大部分上缴公社,扩大了公社经济,但公社这些资金是不"通达"全国的,不能看作全民性的。其实这些资金实质上与市县地方上的国家预算外资金还是一样的。各级地方预算外资金是属地方所有,在目前情况下,亦是不"通达"全国的,但它仍然是全民所有制性质的资金,用它所发展的预算外地方国营企、事业,亦属全民所有性质的。本市 1958 年以来许多民办厂挂上地方国营牌子,现在利润上缴市财政,便算是预算外地方国营。而一些迟办或因产品品种质量的关系,还没有挂地方国营的民办厂,其利润归区或公社,则列为社办企业,其实质是没有区别的,这些资金不论是由区或公社统一安排调用,对社员分配都没有直接发生关系。从公社生产计划程度来看,社办工业已经是由区根据市计委下达的计划和区的情况,对公社统一安排产值计划和主要产品的产量、品种计划。原料由国营工业和商业部门供应,产品绝大部分已纳入国营大厂和商业部门的加工调拨、包销计划中。

　　第三,公社以下各级所有制是集体所有制,这部分所有制在整个公社经济中所占比重很小。公社以下的各级所有制,如大队(分社)所有制与公社所办企业比较起来,集体化程度较低,是小集体经济,属于分社或大队所有。目前多半是加工性质的副业生产,生产计划性还较差,其中有部分生产还不正常,职工工资除部分固定工资外,多半是计件工资或分成奖励工资,大队(分社)除抽少量管理费、积累和福利费外所得加工费都作工资分配给职工,工厂或生产小组一般不实行单独核算,而是采用大队(分社)综合核算方式。大队(分社)所得管理费和积累一般是留队作扩大再生产和集体福利之用,不上交公社。因此,公社以下各级所有制,是部分的集体所有制。

城市人民公社所有制基本上是全民性质的

中共开元区委副书记　雷尧玲

（一九六〇年八月二十日）

城市人民公社基本上是属于全民所有制的，当然，还有集体所有制的成分存在，但它在整个经济结构中，只占较小的比重。我认为社办企业是属于全民所有制性质的。因为：

一、社办企业资金中的群众集资，只能看作工业储蓄，这部分资金是由于贯彻"两条腿走路"、"中小为主"和"勤俭建国、勤俭办一切事业"的方针而形成的。因而，实际上属于全民所有制性质的。社办企业资金中国家投资起着决定作用。从本区来说，社办企业的固定资产有 20.2 万元，其中国家投资 113000 元，占固定资产的 50％强，这就决定了社办企业的全民所有制性质。

二、社办企业的原材料供应与产品销售尽管没有直接纳入国家计划，但是，社办企业所需要的原材料主要是国家调拨或来料加工，企业生产必须根据国家原材料可能供应与产品市场需要来决定，企业产品不能自行销售，而由国营商业收购或由加工单位支配，社办企业基本上没有自产自销的情况存在。因此，实际上已纳入国营企业单位加工的计划之内，构成该单位计划的一个重要组成部分。

三、社办企业利润的大部分必须上缴国家财政，如本区社办企业，一年多来积累了扩大再生产资金 17 万多元，其中上缴国家财政的达到 15 万元，占88.2％。工人劳动报酬除了工资和国家法定生活福利外，不拿年终分红，他们和国营企业工人没有什么差别。在工资标准方面，同样是按照国家的工资政策办事。

　　根据上述情况,我认为城市人民公社所有制,是属于全民所有制性质的。但是,当我们研究城市人民公社所有制的性质时,还必须注意到城市人民公社发展生产,在资金、劳力、技术设备等方面,必须自力更生。因此,公社企业资金来源就不可能全部由国家投资,它的生产也不可能全部直接纳入国家计划。不过,这些特点并不能改变它的全民所有制的性质。当然,在公社整个经济结构中,还有集体所有制的成分存在。比如,分社办的加工小组和服务行业,就应该属于集体所有制性质。但是,这部分集体所有制经济,在公社经济结构中,仅占很小的比重,不影响公社的全民所有制的基本性质。

福州市南街人民公社人民经济生活的调查报告

郑祚春　林星北　陈文彬

（一九六〇年八月二十日）

一

福建省福州市南街人民公社是在 1958 年国民经济大跃进中组织起来的，是全国和本省第一批建立的城市人民公社之一。今年初，在城市人民公社普遍化高潮中，又得到了进一步的发展和提高，日益显示出强大的生命力。

南街人民公社是一个以居民为主体组织起来的城市人民公社，下设十二个生产大队和一个分社。入社人口 26286 人，除去老幼、学生外，已经基本实现了"家无闲人"。随着社办企业、事业的大发展，广大妇女劳动力获得了彻底的解放，目前全社有劳动力的 2826 个妇女中，除去 30 人因某些特殊原因外，都已经离开了经年累月的家务劳动，奔向新的岗位，开始了新的生活。

两年来，南街人民公社的工业生产有了很大的发展。目前共有社办工厂13 个，每个生产大队也都有以一、二个骨干车间为主体的综合工厂。这些工厂都是白手起家的，它们从无到有、从小到大。今年 5 月间产值已达 1615996元，比四月份增加 169%。在今年特大洪水灾害的威胁中，6 月 11 日高产日的日产值达 415723 元，占五月份月产值的 25%，而且还增加了新产品 78 种，技术革新 12 项，并涌现了不少先进事迹和先进人物。这些都充分显示出人民公社的无比优越性。

在发展生产的同时,人民经济生活也相应地有了很大的改善和提高。公社已组织了一个为全社服务的中型商业服务网,这个商业服务网以国营商店为骨干,包括有百货、食杂、日用杂品商店、鱼肉菜、粮油、薪炭中心店,以及国药、废品等11个行业和18个门市部,还有公社经营的饮食、理发、缝纫、修车、修鞋、洗衣、补伞、洋洗、照相等18个专业性的服务门市部和综合性服务站,实际上形成了一个公社的中心市场。与此同时,还组织了一个以大队为服务范围的小型服务网。在每个食堂周围都设立了杂货供给部、综合服务站及鱼肉菜供应摊,按大队(食堂)范围分片包干供应。目前全社12个大队已设立了11个杂货供给部、8个食堂代销点、12个综合服务站和92个一点多业或单项服务站。这样就形成了以食堂为中心,把粮食供应、商品分配、生活服务配套成龙、遍布成网,适应了公社化后社员群众的需要。

办好"三化"是巩固公社、发展生产的关键,也是组织经济生活的一个主要内容。目前全社共有食堂18个,工作人员105人,参加用膳人数占应参加人数的60%,其中名闻全省的文儒食堂已经基本实现了"七化"——管理民主化、财务制度化、服务多样化、卫生经常化、用水自来化、煮饭蒸汽化和炊具半机械化,并且实行了"店堂合一",现在正向用膳固定化发展中。全社现有幼儿园、托儿所24个,收托儿童1636人。目前根据"服务生产,方便家长"的方针,正向多样化的寄托方式发展。还有一个设备比较完善的敬老院,入院人数18人,这个敬老院深得人心,具有很大的政治影响,参观群众络绎不绝。此外,文教、卫生事业也有相应的发展,现有社办小学2所、医院3所、妇产院1所。上述这些情况都充分说明了南街人民公社已经出现了一个万紫千红、全面跃进的大好气象。

二

人民公社社办企业事业的大量发展,为进一步解放妇女劳动力和全面就业开辟了广阔的道路。去年底,全社还有束缚于家务劳动的妇女1893人,独立劳动者246人,如今除前述的30个妇女外,都已经就业或组织起来参加集体生产。现在全社范围内的职工总数达 9367 人，比去年底增加 3214 人。这也就引起了居民货币收入的相应增加。根据调查材料分析，我们认为城市公社化后，居民货币收入出现了下面几个特点：

第一，居民的货币收入全面增加。

南街人民公社辖内的全民所有制的机关团体和企业单位的职工总数为 5860 人，比去年底增加 500 人，总收入为 237120 元，比去年底增加 5.33%。全社范围内所有职工工资总收入为 282931 元，比去年底增加 19.8%。再根据塔巷大队 166 户典型调查，该大队职工总收入比去年底增加 20.47%。从这两种推算看来，居民货币总收入增长 20%左右是符合实际情况的。

第二，社属单位职工的货币收入增长速度最快。

今年公社整顿并兴办了大量工厂、企业和"三化"单位，因而社属职工总人数由去年底的 793 人增至 3507 人，社办单位的职工占所有职工的比重也由 13%提高为 38%，这也就带来了职工总收入的相应变化。去年社属职工总收入 11058 元，仅占所有职工总收入的 5%，今年总收入增至 45811 元，比去年底增加 314%，所占比重也提高为 16%，这说明了公社职工总收入的增长速度最快，也是社属企业、事业大量发展的现实反映。

第三，在各种类型职工中，店员工人家庭收入的增长幅度较大。

据塔巷大队 166 个典型户的调查，今年五月底总收入为 9746 元，比去年底增长 20.47%，其中店员家庭 30 户，总收入 1846 元，比去年增加 30%，平均工资为 34.20 元；工人 64 户，家庭总收入 3749 元，比去年底增长 23%，平均工资为 32.60 元；机关职员 39 户，家庭总收入 3281 元，比去年底增长 11%，平均工资为 46.21 元。这主要是由于店员、工人原来收入基数比机关职员为低，因而收入的增长幅度较大。

第四，工资收入成为货币收入的主要内容或唯一内容，少数依靠借贷或救济的情况日趋减少乃至消灭。

过去有少数居民由于本身劳动力差、年龄较大或其他原因，处于失业或半失业状态，在这种情况下依靠政府救济、亲友补助或典当借贷，就成为货币收入的一个组成部分。如今，这种情况也起了根本的变化。如塔巷大队有一个盲人，过去依靠政府救济款生活，公社化后被安排到食堂制煤球兼管自来水，每月工资 20 元,因而就主动地要求取消救济补助;又如该大队的一个妇女,年纪较大,过去依靠女儿抚养,生活困难,精神上也较痛苦,公社化后被安排到清洁管理所当工人,每月工资十余元,当然就能够自食其力了,因而她衷心感激地说:"我的亲人不能解决我的生活问题,只有党和政府才能帮助我解决困难,毛主席真是比亲人还亲!"

三

在居民全部就业和货币收入大量增加后,生活水平也就相应提高。每个居民平均生活水平为 14.75 元,比去年提高将近 2 元,每个职工负担人口也由去年的 2 人降为 1.05 人,这就导致了货币支出和商品供求上的一系列的变化。据典型调查估算,今年 5 月末全公社商品支出总额,占总收入的 69.6%;非商品支出总额,占总收入的 14.5%;储蓄及持存现金总额,占总收入的 15.9%。分析起来有如下一些基本特点:

第一,居民的各项货币支出显著上升。

据塔巷大队 18 个典型户的调查,商品支出总额为 885.9 元,比去年底增加 17.24%,非商品支出 219 元,增加 12.89%;此外,持存现金和储蓄存款总额为 238.8 元,增加 276%。从塔巷大队另 18 户调查看来,在商品支出中,虽然食品、衣着、日用品各项支出都有增长,但增长幅度不尽一致。其中食品支出为 865.5 元,比去年底增长 16.5%;衣着支出 109.5 元,增长 29%;其他日用品支出 73.6 元,增长 27%。为什么食品的增长幅度较小、衣着日用品的增长幅度较大呢? 这一方面由于某些食品、副食品的生产增长一时还赶不上广大人民生活水平日益增长的需要,另一方面是由于广大居民全面就业后,需要适当添置衣着和日用品,因而这些支出的增长幅度就比较大。在各项非商品支出中,居民文化和托儿支出增加较多。据调查,增长幅度较大的是文娱费,增长 86%;其次是学习费,增长 35.5%,再次为托儿费,增长 27.3%;此外,洗衣及家庭服务费也增长 6%,但医疗保健费反而减少 18%。这种消长变化情况说明了什么呢? 文娱费和学习费之所以增加,反映了广大人民文化生活的改善和提高,这说明了城市居民掀起了大搞文化革命的高潮,学习文化、学习政治的积极性空前高涨,生活也更丰富多彩。托儿费、洗衣及家庭服务费的增长,是公社化后所引起生活方式和生活习惯改变的一种新形势。同时,随着爱国卫生运动的开展,患病率下降了,再加上公社化后大多数居民都享受公费或半公费的医疗待遇,从而促使个人支出的医药费逐渐缩小。

第二,各种类型职工的经济基础,决定了货币支出的用途和商品需要的内容。

从塔巷大队 166 户居民中分析,基本上可以分为三种类型:一种是公社化前的高级知识分子、技术人员和老双职工。比如,一位邮电局职员,在公社化前就是双职工,经济条件较好,家庭的平均生活水平达 25.5 元;又如公社医院一位医师家庭的平均生活水平达 28 元,这一类人员对于高档消费品需要量较多,这位医师曾反映说:"现在牛奶和鱼肝油等补品不容易买到是一个问题"。另一种是由原来的单职工变为双职工,比如一位银行职员,原来家庭的生活水平只有 15.8 元,公社化后爱人参加了工作,生活水平升为18.3 元,这一类型人员收入虽也有提高,有较多的购买力添置生活日用品,但他们对高档品的需要并不那么迫切。再一种是原来收入较低的劳动者,比如一位理发工人,过去工资只有 40 元,一家七口生活负担较重,公社化后妻、女参加了生产,平均生活水平也由 6 元提高到 11 元,这类人员除去添置小量的必要日用品外,吃的支出还占较大比重,其他支出则居于次要地位了。这说明了由于各种类型居民的经济条件不同,因而货币支出的内容也显然不同。

第三,勤俭持家、节约风气已大大发扬,储蓄存款不断上升。

全社居民储蓄存款,去年第四季度每月存储为 1.6 万元,今年则增至 3.2万元,上升一倍,已基本上做到了"户户有节余,家家有存款"。又据安民街口储蓄所统计,今年 5 月底储蓄存款余额比去年底增加 16.3 万元,增长 18.3%,其中定期户增加 2385 户,这和货币总收入增长 20%以及社办企业、事业职工的增加的趋势基本上是适应的。

四

根据上述货币收支的变化情况,我们认为在全面组织人民经济生活的同时,必须对下列若干问题加以研究:

第一,从南街人民公社的情况来看,社办企业、事业大量兴办起来,现有的13个工厂正在逐步巩固发展,这对巩固公社、组织人民经济生活、满足市场需要等都起了很大作用。当前的问题是队办综合工厂生产还不稳定,目前平均工资水平只有10元,而这些工厂的职工多达1686人,占社办企业、事业职工的47.5%,比重很大。因此,巩固和发展队办综合工厂,对增加货币收入、进一步改善居民生活有很大影响。这样一来,改变队办综合工厂设备差、原料少、技术水平低、生产不稳定等问题,就必须迅速解决。

第二,在居民货币收入增加、货币购买力提高之后,不免冲击市场,给市场供应增加压力。所以,如何扩大生产、组织货源、有计划地合理地安排商品分配,更好适应人民生活日益提高的需要,是现实生活中的一个重要问题。

第三,南街人民公社居民手持现金约计占总收入的3%—4%,加上过去累积下来的现金,数字就更大。根据塔巷大队18户典型调查,居民手中还有大量现金持存,比如,在去年底每户平均持现3.53元,现在上升为13.07元。这说明了储蓄潜力还相当大。因此,如何加强社会主义思想教育,进一步提倡勤劳俭朴、反对铺张浪费、贯彻勤俭持家的方针,就成为一个迫切的任务。

(本文选自《中国经济问题》一九六〇年八月二十日)

关于"人民公社统计"的科学性质及其
建设原则问题的讨论

厦门大学经济系计划统计教研组

（一九五九年十月二十日）

我校第三次科学讨论会中,经济学组统计分组提出《人民公社统计》一书的初稿进行讨论。讨论会中,大家一致肯定初稿所取得的成绩。由于,建设人民公社统计学科是一个新的任务,许多带有根本性的理论前提和建设原则问题,亟待讨论明确,因此除将人民公社统计中有关农业劳动生产率的争论意见用书面印发外,讨论会以所写成的初稿为基础,围绕人民公社统计的科学性质及其建设原则为中心,针对一系列的带有根本性的有机联系的命题,层层深入,展开学习讨论。

兹将五个有关问题的主要意见综合发表如下,以供大家进一步讨论的参考。

一、为什么要进行人民公社的统计研究

与会者一致认为应该积极地进行人民公社的统计研究。

1.党及时总结了我国五亿农民的创造,并明确指出人民公社是"实现下述两个过渡的最好形式,即第一,成为我国农村由集体所有制过渡到全民所有制的最好形式;第二,成为我国由社会主义过渡到共产主义的最好形式。"人民公社是多种经济综合发展的经济单位,是我国社会主义社会结构的工农商学兵相结合的基层单位,同时又是社会主义政权组织的基层单位。由于人民

公社的发生、发展和巩固,目前走出了一个健全发展的道路,也带来了一系列新的问题和研究任务,作为认识社会有力工具之一的统计,应该积极开展人民公社的统计研究,这是我国统计界,包括理论工作者与实际工作者的光荣职责与任务。

2.有人认为,虽然关于人民公社经济规律的研究尚在初步探讨之中,但是统计的作用还不止于研究规律借以具体表现的数量方面,在马列主义哲学与经济理论的指导之下,通过人民公社的统计研究,完全可以与人民公社经济的研究齐头并进,相互补充,探求人民公社总体的规律性,实现统计"占有材料、加以分析、找出规律、提出办法"的积极作用。

3.目前,为了适应国家和公社加强计划管理工作上的需要,如何建立农村人民公社准确的统计制度,如何加强人民公社问题的调查研究,这些都已提到议事日程上来。

二、怎样看待"人民公社统计"的分科问题

1.有的人认为加强人民公社的统计研究,不等于说一定要建立一个独立学科。理由是:(1)强调建立一门学科的目的是为了把这门学科与其他的学科区分开,目前这种区别还看不出,或者说条件还不具备;(2)现有学科如经济统计、部门统计完全可以包括人民公社统计的内容,负担人民公社的统计研究。

2.有人认为应该强调对人民公社统计的专门研究,但目前还不能作为一个独立学科来看待,应该走专题研究的路,从逐步科学研究的总结提升中建设起来。认为:(1)人民公社本身的特点所决定,不同于其他现有的统计学科,有必要就若干问题进行专门研究;(2)目前还没有一个统一的章程草案,建立学科有困难,但进行对人民公社统计的专门研究却是肯定的。

3.比较多的同志认为应该把人民公社统计作为统一统计学的一个分科看待,搭起架子建设起来。理由是:(1)统计是一个为政治、为生产服务的工具,人民公社生产和生活中的许多问题的研究任务提到我们面前来,客观上有系

统研究的必要;(2)人民公社的成立虽然还不过一年,但已经得到了巩固,走上了健全发展的道路,人民公社统计研究的条件已经存在或者已在形成的过程中,系统地研究也有了可能;(3)人民公社统计分科的问题是一个方向性的问题,它必然有一个由不成熟到成熟、由不完备到完备的过程,但这正说明了我们应该把它当作统计学的一个分科来看待,予以建设。

三、"人民公社统计"的研究对象是什么

1. 有人从人民公社是个社会的"基层组织单位"出发,认为人民公社统计研究的客体既包括农村人民公社,也应该包括城市人民公社。认为:(1)目前城市还没有人民公社化,所以当前的人民公社统计必然以研究农村人民公社为主,但我们不能把当前人民公社统计研究的重点与本门学科应该研究的范围混为一谈;(2)农村人民公社与城市人民公社虽然在某些方面有其特殊面,但那是次要的,它们都是统一的社会基层组织单位。

2. 比较多的同志认为目前人民公社统计的研究客体应该是农村人民公社。认为:(1)将酝酿和试点中的城市人民公社纳入人民公社统计研究的范围,在理论上虽然可以进一步探讨,但目前现实意义不大;(2)目前这样确定既包括农村又包括城市人民公社的研究客体,将给建设工作带来更大的困难,合并城乡人民公社作为研究客体,只能研究最一般的东西,也将影响对农村人民公社统计的深入研究;(3)目前,社会主义的全民所有制在城市中已经是所有制的主要形式,与基本上是集体所有制的农村人民公社存在着很大的差别,不能单从"社会结构的基层组织单位"来看待这个问题;(4)有人认为今后城乡差别的消灭主要指生产力而言,在自然和有关条件上的差异仍然存在的,特别目前,不能认为城乡在某些方面的特殊面是不关紧要的;(5)也有的人建议目前索性定名为"农村人民公社统计"。

3. 关于农村人民公社统计研究:(1)有人主张应该以"集体所有制的农村人民公社"为研究的客体,理由是从现阶段人民公社的特点看,它基本上是集体所有制;(2)比较多的同志认为统计研究必须从现实出发,从实际入手,这

是对的,但目前它已包含着全民所有制的因素,已经在迅速地过渡之中,为了反映和研究人民公社内部由量变到质变的过渡的规律性,研究客体应该是不加按语的农村人民公社。

四、"人民公社统计"和其他统计学科的关系

1. 有人认为作为一个综合的社会基层组织单位的人民公社统计,与经济统计只是小国民经济的缩影关系。理由是:(1)基层组织是社会细胞,是国民经济总体中的细胞,结合公社特点在有关制度、指标上可以灵活运用,而基本方面看与国民经济整体的要求是一致的;(2)经济统计可以包括人民公社统计的许多研究内容。

2. 有人认为其他部门统计,特别是农业统计,按部门深入到人民公社,可以相当地解决人民公社统计研究的问题。认为:(1)有些地区和主管部门就是按条条向公社抓;(2)有了部门统计和经济统计的知识,就可以做人民公社的统计工作。

3. 有人从理论上论证人民公社统计与其他统计学科的关系。认为:(1)从人民公社是整个国民经济的统一的有机组成部分看,在统一的统计学中任何学科,包括人民公社统计,当然都不能割裂孤立看待;(2)但从人民公社的特点看,由于它是"社会基层",因此它不同于从整体国民经济出发来研究的经济统计;由于它是工农商学兵相结合,农、林、牧、副、渔综合发展的经济单位,又是政社合一的社会基层组织,因此它不同于研究某一部门领域内现象与过程的部门统计。

4. 有人从具体方面论证这一问题。认为:(1)公社内部的部门与专门研究某一部门的部门统计不同,公社内部各部门之间的相互关系不等于国民经济中的部门关系;(2)以农业统计为例,加入收入分配统计的研究已突出了农业部门的界限;若以物资技术供应统计为例,公社内部生产资料的提供也超出了工业生产物供的范围;也认为:(3)将人民公社统计笼统地包括到研究统一社会现象客体的统计学中去,不能突出而深入地研究人民公社问题;(4)例如

工农并举方针,目前公社就更多地从服务于农业着眼,与整个国民经济观点的分析研究的统一面中有差别性;例如国民收入综合经济指标,全国着重研究它的增长规律及其使用,与公社要求的角度也存在着差别,例如公社在"全国一盘棋"思想指导下,也存在着许多小平衡的问题。

五、如何进一步加强"人民公社统计"的建设

与会者利用口头和书面、大会和小会的方式,提出了许多宝贵的意见,包括章节安排、内容论点、文字组织各方面积极建议。以下摘要两个主要问题的主要方面的意见。

1.需要补充建设的部分:(1)商品流转方面;(2)基建、交通运输方面;(3)文化福利设施方面。当然,这些问题建设的广度和深度,还必须从现有财贸体制以及公社统计的实际出发,从指标设计服从分析研究任务的着眼点来进行。

2.需要根据人民公社特点,予以加强建设的方面:(1)人民公社统计组织,以及贯彻群众路线问题;(2)反映分析人民公社的过渡,特别是目前三级所有制的过渡转化问题;(3)加强人民公社关于中心工作进度与统计工作的内容;(4)除定期报表之外,关于人民公社典型调查、估计推算,特别关于综合经济调查问题,应该提到十分重要的地位来讨论;(5)加强公社内部生产、交换、分配、消费、积累各个环节,以及各个环节之间的综合统计分析研究,这无宁是建设人民公社统计学科极其重要的方面。只有加强人民公社内部的综合研究,才能满足对于人民公社统计研究所提出的日益增长的任务和要求。

（十）《教学与研究》

在城市街道建立人民公社的若干问题

汪海波　陈俊欧　刘培黎　王瑞荪　盛皿　杨枫

（一九五八年十一月二十七日）

在这篇文章里,我们试图根据所掌握的材料来论述城市街道建立人民公社(只限于街道,不包括城市机关、学校建立人民公社的问题)的一般性问题,并对这些问题提出初步的探讨性的意见。由于时间很仓促,掌握的材料有限,而且街道人民公社正在开始建立,情况还不十分清楚,特别是由于理论水平的限制,因此,对许多问题的论述是极不全面、极不深刻的,有些意见甚至可能是错误的。本着征求大家的意见,帮助我们学习和提高的精神,我们把它拿出来,请大家批评指正。

一

目前在城市街道建立的人民公社存在着一个具有普遍意义的重要特点,这就是全民所有制和集体所有制的同时并存,这是我国经济的社会主义性质在公社内部的反映。谁都知道,在我国城市中,不论从比重或从对国民经济的重要性来说,全民所有制经济都占着绝对的领导和统治地位。但同时,在城市中还存在着集体经济,其中包括手工业合作社、合作商店和在大跃进中组织起来的生产服务合作社。这些集体经济的组织一般的是规模小、数量多,分布在城市的各个角落,是和全民所有制企业互相交叉地并存着的,而且许多合作社组织与国家企业有着经济上的紧密联系,尤其是许多生产服务合作社是在国家工厂、企业的大力支持下建立起来的。有的生产服务合作社不只是为国工厂加工或修理服务,而且所使用的生产工具和设备都是由工厂供给的,实际上是工厂的一个车间或一个具有相对独立性的工序。还有的社员直接参加了工厂的生产,作工厂的辅助工或临时工。生产服务合作社的商业服务站更是国家商业的代销机构。所以,这种集体经济与国家企业不只是有经济上的联系,而且是在生产和流通过程中直接地结合着的。同时,这些集体经济,暂时还不具备向全民所有制过渡的条件,而且,在一定时期内,暂时保存集体所有制形式,对于克服困难、多快好省地发展生产还有一定的积极作用。因此,在两种所有制同时存在和互相交叉紧密结合的条件下,按街道办事处管辖范围建立起来的人民公社,必然是以二种所有制作为自己的基础。尤其是在国家管理体制改变之后,街道直接领导和管理着一部分国营、公私合营企业和学校、医疗卫生等机构,建立了街道财政,所以在政社合一的人民公社内包括这二种所有制更是必然的了。如天津市鸿顺里人民公社是由十八个公私合营工厂、九十六个国营或公私合营的商业门市部、十个手工业合作社和一个手工工厂、十九个生产服务合作社(其中十八个建立了筹委会,未正式成立)、十个手工业联合组、十六个手工业小组、二十一个合作商店、七个商业合作小组以及一部分个体居民等 212 个单位组成的。由于各个地区原有的工业基础不同,由于国家企业、公私合营企业和合作社企业在各个地区的分布不同,因此,在各街道人民公社内二种所有制的比重是不同的。不过,一般地说,全民所有制在街道人民公社内的比重比在农村人民公社大得多。

街道人民公社的建立,使两种所有制更直接地结合在一起,它们之间已不只是存在着根本利益上的一致,而且产生了直接的利益一致,使它们之间的共产主义协作更具有共同的物质基础,加强了互相支持和协作的关系。由于原料的供应、生产任务的分配、产品的销售由公社统一安排,克服了两种所有制之间供产销方面的矛盾。全部任务的完成直接关系到公社的巩固,关系到二者的共同利益。对全民所有制部分来说,它的生产任务是与集体所有制部分共同完成的,这样在一方面使它满足了对于劳动力的需要,使技术力量和设备的作用得到更充分的发挥;另一方面在技术、设备和厂房等方面给集体所有制部分的支持更成为共同的需求。如天津市鸿顺里恒大电线厂和泰山电器胶木厂,自动地给集体所有制部分预支加工费,购置工具,进行具体的技术指导,并供给木材和动员工人盖起作为临时厂房的席棚。对集体所有制部分来说,它的收入的一部分就是国家企业的加工费和手续费。因此,根据生产任务调配劳动力也成为它自己的要求。商业和储蓄服务站等的设立,同样地既增加公社的收入又有利于国家财政和商业工作。随着公社的发展和巩固,在食堂、托儿所、俱乐部等生活福利方面和文化教育方面的统一合理安排也成为它们的共同要求。显然,这种结合的直接结果就是促进生产的更大跃进,而生产的发展又促进它们的更紧密结合。

建立人民公社并不是两种所有制平行关系的结合和发展,而是大大加强了全民所有制的领导作用,使这种领导在组织上更加集中和一致,改善了过去分散多边的现象,而且成为生产上的具体领导。同时公社的计划已成为国家计划的一部分,国家可以通过公社分配任务,统一地安排劳动力和设备,并可通过加工费和公社积累的调整,适当调节积累与消费的比例关系,使国家的计划领导大为加强。

既然这种结合是全民所有制的领导作用的加强,是二者矛盾的缩小和一致性的增强,那么,随着生产的发展和公社的巩固,这种结合必然逐渐地导致区别的消灭,而成为单一的全民所有制。人民公社的建立,使原来狭小范围的集体所有转变成为较大范围的公社所有,这种变化,实际上意味着公有化程度的提高,而且集体所有的生产资料是在完成公社的共同任务中被统一地使用的,加之它在生产中的作用与全民的生产资料比较已显得不十分重要。所以,这些生产资料的所有权的意义被实际使用权的扩大,以及它在生产中的作用的相对缩小和共同利益的发展而日益被淹没起来,随着生产的更加发展,国家给公社的支持和公社本身的日益巩固,这种趋势必将越来越明显,更不用说,原来的某些生产服务社本来就没有什么生产资料,或根本没有生产资料。此外,在建立人民公社的同时,也彻底消灭了残存的私有制。原来的手工业小组和商业合作小组,虽已初步组织起来,但仍然保持自负盈亏的经济关系,他们的收入完全由自己支配。所以,实际上这种组织仍然存在着一定的个体经营的性质或有较多的资本主义因素,而且这些生产常常是销路好,原料不成问题,他们又有一定的技术,因此收入较多,造成分配上的不合理现象。有的组个人收入很高,但劳动条件很坏,技术设备很落后。有的组虽然积累很大,但苦于无处使用。所以建立公社是把他们进一步组织起来和进一步改造的过程。同时，以往的事实证明，由于没有全民性组织，个体小私有的生产仍有出现的可能。因此，建立人民公社更具有彻底根绝生产资料私有制的作用，特别是那些子女多、家庭牵累大、劳动力少生活比较贫苦的个体劳动者，过去由于家务和生产不能兼顾而尚未合作化，通过建立公社既组织了他们的生产又组织了生活，所以这是彻底改造这部分生产资料私有制的最好组织形式。

从上述情况已可看出，在公社内部两种所有制的差别主要的已不是在生产上了，而是集中在分配上了。这种差别的主要表现就是，在集体所有制的内部，集体与社员之间、集体与国家之间、社员与社员之间在分配方面存在着自己的经济关系。集体所有部分的全部收入取决于其全体社员的劳动，一部分是由国家根据加工费和手续费等标准统一支付的，全部收入之分为积累和消费及社员间的分配都由这个集体决定。根据天津市鸿顺里人民公社的材料，集体部分的收入，除了某些尚未确定的项目以外，主要的包括：因社员参加生产所得的收入和加工费；为国家商业执行代销业务所得的营业额提成；代办国家银行业务的余额提成；国家为清扫街道支付的报酬；托儿所和食堂的收入（这是由社员支付的）以及其他等项收入。在所有这些收入中，在补偿管理费之后，提取5%—40%的公积金和公益金，公积金用于生产建设，公益金用于幸福院、文化教育、卫生、福利和奖励等的支出，其余的部分统一由公社基本上根据按劳取酬的原则在集体所有制部分的成员间进行分配。由此可见，在集体所有制内部不仅有它自己的积累和消费的比例关系，而且实际上还存在着分配与再分配的关系。如生产人员与生活服务人员之间就是如此。集体所有部分成员间的分配采取了"劳动日"的形式，这种形式反映了集体所有制的性质和收入不十分稳定的状况。

在全民所有制部分依然保持着职工领取工资、企业上交利润的分配关系。这二种不同的分配关系，造成同一公社内社员收入水平的差别，使两种所有制之间在分配上残留着一定的矛盾。这种矛盾集中地反映在加工费和手续费的问题上，因此某些干部的本位主义思想也就在这点上突出地表现了出来。如有的工厂片面地为降低成本、增加上交利润而过分地降低加工费标准。两种所有制之间的这种既有统一又有差别的关系，必然会在财务会计和核算制度上得到反映。由于它们的统一,尤其是由于共同举办文教、卫生和福利事业,使它们在收入和支出上互相结合,无法加以区分。又由于它们分配上的差别,必然要求有单独的核算。虽然,二者间的差别引起相互间的矛盾,但是必须强调指出,这种矛盾与它们的一致性比较完全居于次要的地位,由于生产上的一致性和共同利益,这种矛盾就被局限在一定的限度内,并且是可以随时加以调节解决的。随着生产的发展,随着集体所有部分改变为上交利润和工资制度,这种矛盾就会得到根本解决。那时,两种所有制的差别就归于彻底地消灭,而过渡到单一的全民所有制。

目前,街道人民公社一般的还不包括农业生产,这可说是它的一个暂时性的特点。由于当前二种所有制的并存和不包括农业(除全国规定实行供给制外),使街道人民公社在主要生活资料方面实行实物供给制暂时还受到一定的限制,因此在生活资料分配方面,商品交换的比重要大于农村。但这并不等于不能实行供给制。如目前首先在幸福院实行供给制,逐步实行半公费医疗和公费医疗、托儿所和食堂工作人员报酬由公社负担、生活困难补助等等,所有这些措施就是供给制的出现或其因素的成长,也就是共产主义的“各取所需”原则逐步在实际生活中实现的萌芽。

人民公社的建立,使具有一定劳动能力的人都参加了劳动,开始出现了“人人有事做,事事有人做”的新气象。这个事实所具有的极其深远的意义是不能低估的。它对缓和目前劳动力的紧张状况起了重要的作用,但它对生产的促进作用是远不能用劳动力的数字可以说明的。事实上,它表示着一切积极因素被更充分地动员起来,表示着消极因素之转化为积极因素。而人的积极性的充分调动是生产力猛烈发展的决定性条件。同时,这种新气象也是人们关系和精神面貌发生深刻变化的主要基础。因此,人人参加劳动是准备逐步过渡到共产主义的最重要条件之一。

集体的劳动和集体的生活,使集体利益关系大大增长,从而增强了街道居民之间的团结,这种变化集中地反映在对分配的态度上。广大妇女社员不仅拥护“统一分配”,而且真诚地拥护直接影响本人收入的规定,如照顾贫苦社员的实际收入,保育员与炊事员的报酬由社负担的规定。

在与工厂的协作生产中,居民们对工厂与工厂的态度发生了很大的变化。

过去居民对其附近的工厂常因堆放材料、运送货物及嘈杂的声响等而产生不满,因为当时对他们来说,工厂究竟为谁生产、工厂与他们有什么关系和共同利益,是不了解的或不明确的。现在,他们把搞好生产作为自己的事情,工厂的荣誉也就是他们的荣誉,也由于他们亲身参加了生产,产生了热爱劳动、关心生产、爱护国家财产的新风尚,不但过去的那种意见没有了,而且他们主动地腾出自己的房屋和家具,献物资,出主意,克服生产中的困难。这些事实充分说明人们思想感情的深刻变化,说明他们的共产主义觉悟已大大提高,私有观念正在削弱,树立和加强了主人翁的观念,从而端正了个人与国家的关系。对工人来说,由于妇女们不怕脏、不怕累、干劲大、学习技术进步快等具体事实,改变了轻视妇女的看法,因而造成了工人与居民互相尊重、亲如家人的关系。这种关系的改变意味着工人阶级的领导作用得到了具体的加强,同时表示着居民们在生产劳动、政治觉悟和思想感情等方面正在逐渐向工人转化,工人与居民的差别正在趋于消灭,工人阶级的队伍正在扩大。

政社合一和全民武装是街道人民公社不同于生产服务合作社的重要特点之一。街道人民公社是按街道办事处的管辖范围建立的,由社员代表大会选举产生的公社委员会是经济、政治、文化、军事统一的日常领导机构,公社委员会根据工作需要设立若干部或专门委员会。为便于领导实行分级管理,建立若干分社,分社在公社委员会领导下进行工作。由于原来的街道办事处和派出所失去了单独存在的意义,与公社合而为一,其原有的工作成为公社委员会工作的一部分。但政社合一并不意味着无产阶级专政的削弱,而是更为加强。政社合一使政权工作和经济工作相结合,使群众参加经济管理和参加政权工作相结合,这在一方面使无产阶级民主更加扩大,而另一方面使政权工作更具有广泛的群众基础。同时,由于群众的组织程度大大提高,亦工亦兵制度的实行,人民警察参加生产等,使维持社会治安和保卫工作更成为群众自己的工作。无产阶级专政的加强又加速了社会主义革命的彻底完成和阶级的消灭。因此,无产阶级专政的加强为国家的消亡创造条件。政社合一使政权的经济职能扩大,这在一方面使国家的经济领导加强,另一方面又使政权机构逐渐向经济管理机构的过渡推进,使政权作为阶级斗争的工具的职能(无产阶级专政的对内职能)逐渐趋于消亡。

政社合一的经济、政治、文化、军事的全面结合,使党的领导更加集中统一,有利于对群众的政治思想教育,也便于党的各项政策的贯彻。所以,人民公社的建立为加强党的领导创造了有利的条件。

从以上可以看出,街道人民公社具有极大的优越性,它使人力物力得到更充分的合理的利用,生产效率大大提高,从而促进生产的更大跃进;它使生产资料私有制残余彻底消灭,进一步提高生产资料公有化程度,扩大和巩固社会主义生产关系;人民公社可以培养和提高人们的共产主义思想,逐渐消除资产阶级法权观念;可以发展全面教育,逐渐消灭体力劳动和脑力劳动的差别;便于对儿童进行共产主义教育、彻底解放妇女、改善家庭关系、实现男女平等,便于集体所有制向全民所有制过渡,便于逐步实行各尽所能、各取所需的共产主义原则,加强了无产阶级专政,扩大了民主,扩大了政权的经济职能,同时为国家的消亡创造了条件,便于加强党的领导。总之,人民公社是加速社会主义建设、贯彻社会主义建设总路线的最好组织形式,是逐渐过渡到共产主义的最好组织形式。

二

在城市街道建立人民公社,不论在实践上和理论上都是个新问题。如各方面关系的处理、生产和各项事业的安排、组织的原则和机构的设置等许多问题,都有待于进一步研究和在实践中创造。在城市建立人民公社存在着许多有利条件,但由于城市原有情况比较复杂,有许多不同于农村的特点,所以在整个建社工作过程中,必将出现各种不同的意见和做法。这里仅就我们目前体会到的几个问题提出一些初步的意见。

(一)人民公社是加速社会主义建设和向共产主义过渡的最好组织形式,是未来共产主义社会的基层单位,因此,不论农村或城市的人民公社都应该是工农商学兵,经济、政治、文化、军事全面结合的统一体,以便逐步消灭工农差别、城乡差别、体力劳动和脑力劳动的差别,为过渡到共产主义创造条件。但是,在现有中等城市和大城市中,除了郊区和接近郊区的地方以外,城市居民直接从事农业劳动,实现亦工、亦农、亦兵的制度还有一定的困难,因而对在城市没有农业,能否建立人民公社的问题存在着不同的看法。有的认为,没有农业不能建立人民公社。因为这是不符合人民公社的原则的,而且不能通过这种公社的形式消灭工农差别和城乡差别。另一种意见认为,在城市可以没有农业而建立公社,工农之间和城乡之间的差别可以通过农村城市化、农业劳动机械化等途径来消灭。我们认为,一般说来工农商学兵全面结合是应该肯定的方向,但是,将来的东西不等于当前现实的东西,事物的发展总是由量变到质变的运动。共产主义社会的建成是要经过社会主义社会的过渡阶段的,在这个阶段中,共产主义因素不断地产生和成长起来,非共产主义因素不断地被削弱和消灭,而且,由于各地方原有基础和条件不同,这种过渡的速度、形式和个别因素的消长是会有所不同和多种多样的,这正是辩证唯物主义者应该采取的从实际出发解决实际问题的态度。同时,任何一种生产关系的革命变革,都必须适应生产力发展的水平,并为更高速度地发展社会生产力开辟道路。同样,建立人民公社不仅不应该妨碍生产的发展,而且,应该促进生产力的发展。在城市工业迅速发展、劳动力普遍感到不足的情况下,为适应生产发展的需要,当前的主要问题是把一切有劳动能力的人都动员和组织起来,投入生产,并对现有劳动力、设备和资金进行统一的合理的安排,更大地发挥它们的效能。这就要求打破原来各系统各企业、工厂、合作社的狭小圈子和它们之间的限制,改变它们之间的关系,把它们进一步地组织起来,加强统一领导。在目前城市中出现的人民公社正是适应这种要求建立起来的。事实上,在这种公社内,已经包含着共产主义因素,人们的关系和精神面貌正在发生着具有深远意义的变化,因而,它正在为逐步过渡到共产主义准备条件。根据以上的理由,我们认为,这种人民公社是可以作为加速社会主义建设和向共产主义过渡的组织形式的。它目前暂时不包括农业,正说明它的过渡性的特点。相反,如果为了包括农业而过早地采取分散城市或其它措施,倒是不利于生产的。如果单纯地根据工农商学兵结合才能建立公社,那就势必延缓城市人们在生产与生活上进一步地组织起来,从而不利于生产,而且会造成城市远远地落后于农村的不相称的局面。或许有人要说:可以组织起来,但不叫人民公社,而叫生产服务合作社是否可以呢? 我们认为,本来名称并不是重要的,重要的是它的内容、它的真实关系。根据我们的理解,生产服务合作社是反映集体经济关系的,如果它在事实上已经成为经济、政治、文化、军事全面结合的统一体,已经不只是包括集体经济,而且包含了全民所有制经济的成分,那么,这种名称就不能适应了,而且在基本上已经具备了人民公社的内容(即使现在还不完全),而且正在逐渐充实起来的条件下,先叫它为人民公社又有什么不好呢?这是我们意见的一个方面。

另一方面,我们认为,过渡的起点不同,因而过渡中的形式和速度等可以有所不同,但过渡的结果应该是一致的。具体地说来,现在的城市和农村的人民公社可以有所不同,而将来都应该达到一致。只有这样,才意味着工农差别和城乡差别的消灭。因此,那种认为城市人民公社可以保持工农商学兵的状况不变的意见是不够恰当的。当然,城乡差别和工农差别的消灭可以通过农村城市化的途径,但是这只是一个方面,在实际生活中还会出现更多的途径,我们党在消灭三个差别上所采取的措施是两方面的,这两方面是同时并进、互相接近的。如知识分子劳动化,劳动人民知识化,正是消灭体力劳动和脑力劳动的差别的两个方面同时并进的办法。这种办法不仅可以加速消灭的进程,而且事实上不这样是不可能消灭这个差别的。在消灭工农差别和城乡差别上也同样如此。如工业建设中的大中小相结合,农村大办工业,今后工业的分布由点的配置改为线的配置,农村人民公社围绕着现有城镇的布局,居民点的适当集中,今后新建城市不使之过于集中和庞大,等等,这些措施对于向共产主义过渡来说,都是具有战略意义的措施。

那么,现有城市是否也可采取相应的措施来加速这个过程呢?我们认为,不仅应当而且是可能的。按照我们的设想,至少可以采取以下的措施:首先是进一步扩大现有城市的郊区,并使城市几分之几的地区园林化,把更大片的农村和小城镇划给城市,这样,可以密切城乡的关系,加速这些农村的社会主义建设,加速它们的城市化,同时也使现有城市扩大农业的成分,也有利于城市的建设,更重要的还在于,在这样的城乡互相促进生产发展的过程中,事实上,必然会使现有城市的工业和其它相应的文化教育等设施,逐渐地分散到这些农村和小城镇,城市的人口和工业就不再是十分集中了,使在一个较大的地区范围内,形成一个以大小城镇为骨干的有机地紧密结合的经济体系。其次,在城市行政区域的划分上改变过去的方式,使市区的各个角落尽可能地都与郊区发生联系,不是像过去那样把市中心作为单独的区域,而是使它分属于包括有郊区的行政区域。这样,便于工、农、商、学、兵各方面劳动力的统一调配和分布上的合理安排,改变过去那种畸形集中的现象,这也有利于城乡差别的消灭。在城市过大、暂时还不便于分散的条件下,可以把某些农村或土地划给这些市区,作为他们固定联系点和劳动的场所,使他们在生产上互相支援和协作。必要时也可以采取劳动力调换的办法,使工农业劳动得以调节。目前城市中已经出现的大批人力支援农业生产的事实,可以看作是这种更有计划有组织地进行调节的萌芽。以上这些措施当然不可能立即实现,但也不需要很长的时间就能实现,工农业生产的更大发展,人们的觉悟程度和组织程度更大提高,是实现这些措施的必要条件,现在城市人民公社的建立,尽管还是不完备的,但它是有利于这些措施的实现的。

总之,我们认为,消灭城乡差别和工农差别必须两个方面同时并进,也要用两条腿走路的办法,而在目前建立的城市人民公社是加速这个过程的组织形式。

(二)城市人民公社,当然不是消费公社,这是尽人皆知的了。它是以生产为中心,是有计划地组织生产和消费的单位,因此公社必须根据以生产为中心的原则来建立。但同时公社又是政社合一,政治、经济、文化、军事全面结合的统一体,因此又必须实行按照地区来建立的原则,而且其规模应适当照顾到政权建制的范围,以便于加强国家领导。

根据目前城市条件,除某些领导机关单独建立公社的情形以外,可能出现两种类型。一种是以大型工厂或大专学校为中心,包括职工家属、附近居民及周围的中小型生产单位联合而成为公社。这种公社的生产中心比较明确,而且也执行了按地区来建立人民公社的原则,其经济基础较强,组织领导和管理也因为有原来的基础而比较坚强有力。在这种条件下,其所包括的集体所有制部分,可以更快地过渡到全民所有制,至于居民和家属更有可能直接成为全民所有制经济单位的成员,并且许多大型工厂接近郊区,容易和农业结合,组成为工农商学兵互相结合的公社。这样的公社不仅有利于促进老厂的生产,而且有利于挖掘更多的生产门路,组织力量大办"卫星"工厂。因此这种类型有它很大的有利条件和优越性。

　　另一种就是街道人民公社。街道并不是一个经济组织，而只是一个行政区划的概念。在这样一个区域内包括着工厂、企业、学校、机关等组织，街道的居民绝大多数是工厂企业机关的职工及其家属。正是根据这样的事实，就有人认为按生产原则由各工厂、企业、机关分别建立公社，其结果必然是街道被分割了，因而也就没有成立街道人民公社的必要了。我们认为，人民公社应该尽可能按生产原则来建立，这是十分必要的。但也必须结合地区的原则，生产与地区的原则应该互相结合不能偏废，同时也不能机械地硬套，应根据具体情况，权衡利弊，灵活掌握。前面这种意见是有一定根据的，但是只根据了街道实际情况的一个方面。有必要进一步来分析一下，分布于街道的是些什么样的工厂、企业呢？据我们所知，在许多街道所属范围内存在的是为数相当多的中小型生产企业，它们不仅在经济性质上是各异的，而且一般的在生产技术上也没有互相协作的关系，其车间的分布互相交叉，生产的品种极为复杂。这些事实说明，这些工厂、企业很难单纯根据生产技术上的同一性或联系性联合起来，否则，势必造成公社的规模小而数量多，基本上与原来的生产单位并无多大区别，因此也就不能充分发挥公社应有的优越性。这样小的规模当然也难与政权建制一致，而且还会出现各公社之间的地区上的错综交叉。如果以这种小而多又互相交叉的组织作为社会基层单位，显然是不利于行政管理和领导的。

　　我们认为根据街道的情况，可以按区域建立公社，把各生产单位首先按地区联合起来，加强统一领导，便于调整各生产组织间的关系，但其内部的分级管理应以工厂企业为中心，并应随着生产的发展和内部关系的调整，有计划地形成全公社的生产中心，使公社逐步成为一个多种生产互相有机结合的经济体系。

　　不论按地区的原则或生产的原则来建立公社都会产生两种所有制企业的关系问题。关于集体所有制企业进一步组织起来成立公社是没有什么疑问的了，问题是全民所有制企业是否应该组织在公社之内，也就是国家企业是否下放的问题。关于这个问题，有人认为国家企业不能下放成为公社的组成部分，因为下放就要改变所有制，对国家不利。按照这种意见，那么在公社内只有集体所有制的部分了。在目前街道上有哪些集体所有制的生产组织呢？基本上可分为两个部分：一是手工业合作社，这些合作社正在向全民所有制过渡，有不少已转为国家工厂；其次是大跃进以来，街道居民组织起来的生产服务合作社。这种生产服务合作社又有不同的类型，甚至在一个社内包括不同类型的生产，如为国家工厂加工服务的，实际上是国家工厂的厂外车间；居民自办的自产自销的；为工厂作临时工或辅助工的。这各种类型的生产是街道居民在全民办工业的号召下，根据具体条件组织起来的。其中很多都是在工厂的大力支援下白手起家的，在技术、资金、工具和人力等方面都很薄弱，而且生产上对工厂的依赖性很大，不能成为生产上独立的组织。如果只是把这些生产服务合作社联合起来，显然是缺乏经济独立性和一定的物质基础的，而且对于国家企业来说，也会因为分别组织而增加关系上的矛盾，劳动力的调配、设备的使用等等方面不能统一安排，因而直接地影响生产的发展。所以我们认为应该把它们与国家企业联合成为一体，而且以国家工厂为中心形成一种生产上的体系。

国家企业与合作社联合组成公社，并不意味着国家企业所有制性质的改变，而只是把一定限度的管理权力交给公社。目前的公社是社会主义性质的，是向共产主义过渡的组织形式。国家企业与合作社企业都是社会主义企业，它们在社会上的并存改变成为公社内的并存，并没有使全民所有制企业的性质发生变化，而且大大加强了全民所有制的领导作用，加强了它们之间的协作，也有利于集体所有制向全民所有制过渡。因此我们认为国家企业的下放并不意味着所有制的改变，这种做法有利于生产的发展，有利于向共产主义过渡。当然在没有经验的时候，是可以有条件有选择地下放，但下放是应当肯定的。至于把集体所有制改变为全民所有制，使人民公社建立在统一的所有制基础上，这当然是好的。问题是在什么时候、什么条件下改变更好的问题。在目前许多集体所有制企业的生产还不十分发展、收入还不十分稳定的条件下，在一定时期内，暂时保留集体所有制形式，有利于发挥它们的积极性，而且过早地改变为全民所有制，势必增加国家的支出。

但有人提出另外一种意见，认为既然公社要以生产为中心，那就应该把下放的国家企业转变为公社集体所有的企业，据说这样有利于公社的巩固和发展,以便在相当时期以后,把整个公社转变为全民所有制。他们把这种办法称之为"退一步进两步"的办法。

我们认为,除少数小型的直接为居民服务的企业(如豆腐坊等)可转为公社集体所有以外,一般地说,这种办法是不符合国家利益和向共产主义过渡的要求的。只要提出以下几点就可说明:(1)为了改变所有制,公社就要买下国家的工厂,这样既为公社的能力所不及,而且又有什么必要呢?(2)如果国家把工厂无偿地送给公社,那么,必然会减少国家的财政收入,而且不能直接领导。这显然不利于整个国家建设事业的发展,从而也不利于公社的巩固。(3)单纯依靠国家来巩固公社,不符合自力更生的精神,不利于公社生产积极性的充分发挥,并且国家企业下放而改变所有制,完全可以在组织生产、设备和劳动力的使用方面给公社带来许多好处。所以"退一步"既无必要,又无"退一步"的好处,这种办法是不应采用的。

我们认为,两种所有制的关系应根据既有利于国家,又有利于公社发展和发挥公社积极性的原则来处理。下放的国家企业可以采取"上包国家下包公社"的办法,在保证完成国家生产计划、成本计划和利润计划,保证国家投资项目的原则下,把管理权交给公社,在由于改善经营管理和增产节约而取得的超计划利润中,可以考虑按一定比例,提取一部分归公社支配。此外,由于公社统一举办生活福利事业,也可在企业的福利基金中提取一定的部分交公社统一使用。如果集体所有制部分,有国家投资其利润应按一定比例分成。

城市街道人民公社的建立,给各项工作提出了一系列新的问题,各项工作的职能和性质,正在逐渐发生变化。随着全国人民公社化运动的发展和公社的巩固,这种趋势必将日益明显。这许多新问题有待于进一步深入的研究,这样做对于解决实际工作问题和创造性发展理论都有重大意义。

城郊人民公社的工业化

中共党史系特别班

（一九五九年三月二日）

一

在党的社会主义建设总路线的光辉照耀下，我国人民以冲天的革命干劲，掀起了一个规模宏伟波澜壮阔的全面大跃进的高潮。全国各项事业的飞速发展，一方面为发展工业提供了有利条件，另一方面也显示了对工业的多种要求，迫使全国城乡必须大搞工业，加速实现人民公社的工业化。

公社工业化是客观实际发展的要求，也是客观实际发展的必然趋势。

首先，农业生产大跃进要求公社工业化。1958 年全国农业生产，已经取得了史无前例的成就。农产品的丰收，不仅增加了公社的收入，而且也提高了社员的生活水平。不难预料，人民公社在今后农业生产方面，必将出现更大的跃进。为保证农业产品的不断增长，就要求工业供给农业以各种农业机械、化学肥料、农药和各种现代的运输工具等。这不仅是解决当前劳动力紧张和改变公社大部分人从事繁重体力劳动的根本措施，而且也是进一步发展生产所必需。所有这些，如果单靠城市和国家的大工业来提供工业产品，无论如何也不能完全满足全国广大农村的要求，出路是人民公社根据自己的条件，因地制宜，就地取材，迅速兴办各种工业，促使人民公社工业化。

其次，实现公社工业化，是满足城乡人民物质文化生活日益增长需要的重要一环。随着工农业的大跃进，生产力的不断提高，城乡人民的收入亦不断增加，进而要求工业供应更多更好的生活资料。城市需要郊区供应经过加工的各种农产品,而农村也需要轻工业充分供应各种生活必需品和文化用品,特别是人民公社的建立,实现了生活集体化和家务劳动社会化,这种新的生活方式的变化,也对工业提出了多方面的要求。城郊人民公社如果不迅速举办适合本地情况的各种工业,不尽可能快地实现工业化,就难以充分满足新的要求。

再次,城市的建设和国家大工业的发展也要求城郊公社迅速实现工业化。城郊人民公社由于它靠近城市,是城市的一个组成部分,因而对于城市建设和国家大工业的发展,有着十分密切的直接关系。自从全面大跃进以后,在以钢为纲的方针下,我国大工业也正在突飞猛进地发展,急需公社提供大量的工业原料和建筑材料。因此,城郊人民公社的工业除为本身需要服务外,还必须举办各种矿藏的采掘、冶炼、建筑材料的制造等工厂,为大工业加工半成品,为城市建设和国家大工业的发展服务。

最后,人民公社为了逐步实现全民所有制,缩小城市和乡村的差别,也需要发展自己的工业。目前人民公社基本上是集体所有制(已包含有若干全民所有制的成分),但客观形势的发展必然使现阶段人民公社的集体所有制,逐步过渡到社会主义的全民所有制。实现这种所有制的变革,除不断提高人民的思想觉悟外,还需要生产力的高速度发展。只有公社大办工业化,才能促进国家工业化、农业机械化电气化,才能使产品丰富到可以完全打破公社的界线,由国家直接掌握和支配公社的公共积累,并根据需要进行调拨分配。只有这样,才能真正彻底改变社会主义的集体所有制为社会主义的全民所有制。

由此可见,人民公社大办工业,实现公社工业化,是客观实际发展要求和必然趋势。加速实现公社工业化,是全党全民的重要任务之一。

二

那么,怎样多快好省地发展城郊公社的工业呢?要解决这一问题,首先必须认识:城郊人民公社,界于城市和乡村之间,它既有乡村的特点,又有城市的特点。因此,为迅速发展城郊公社的工业,研究和掌握这些特点,充分利用它的有利条件,是十分必要的。

第一，城郊公社工业有着双重任务。即一方面要为公社本身的生产和生活服务，同时也要为城市的生产、生活以及国家的大工业服务。在发展郊区工业时，无论在建厂的性质、经营的项目和产品的种类、数量上，既要考虑到本社的生产和生活需要，又要考虑到城市和大工业的需要，二者必须兼顾，不可偏废。如果仅注意前者，必然要影响城市人民的生产和生活，甚至影响城市的建设。相反，如果只注意后者，就必然会在生产和经营方针上犯错误，以致影响公社的农业生产和社员生活。如果，这种双重任务也表现在一般的农村，即所有农村的工业也要为城市和国家大工业服务，那么，城郊公社的工业在这方面的任务，就显得更加突出，更加直接和现实。

第二，郊区是城市的一个组成部分，郊区工业必然要在城市的统一规划之下来发展。郊区先发展哪些工业，缓办些什么工业，虽然一般地也应根据本社的需要和本地区的物质条件来考虑，但许多工业的兴办必不可免地是由城市的生产和生活决定的。郊区工业与城市经济的发展，不但在业务上有着十分密切的联系，而且在今后一个相当时期里，还必然会受国家价格政策的鼓励而获得发展。

第三，城市对郊区工业产品的需求，不论是生产资料，或是生活资料，都是极其广泛的。产品需求的广泛性就为城郊公社工业的发展，提供了广阔的经营项目和范围，并为产品的销售开辟了广大的市场。加之交通运输比较方便，产销容易结合，并可使成本和流通费用减少，这些条件均有利于公社工业的发展。

以上是一般城郊人民公社工业发展的特点，也是城郊人民公社大办工业的有利条件。

事实上，城郊人民公社由于实行了全党全民办工业的方针，并且注意了掌握发展工业的特点，因此就在极为广泛的规模上调动了大办工业的积极性。有的公社在短短的时间里，虽然原来基础薄弱，经验缺乏，但其成绩依然极为可观。以北京市大兴区为例，一九五七年底，全区仅有五个小工厂，二十个手工业合作社，全年产值为406万元，仅占工农业总产值的14.5%，工厂工人和手工业合作社的社员，仅占全区人口的0.83%。党的社会主义建设总路线公布后，全区人民经过苦干巧干，艰苦奋战，截至一九五八年十一月底，共办起区乡大小工厂 2766 个,比 1957 年增加一百一十倍,而产值比 1957 年全年增加六倍半,职工比去年增加三倍。目前许多公社、管理站和生产队,不仅有为本社服务的工业,而且有为城市服务的加工工业。

城郊公社工业战线上的这些胜利,是党的社会主义建设的总路线的胜利,是广大干部、群众重视发展公社工业的必然结果。郊区工业的迅速发展,不仅有力地支援了农业生产和城市的建设,增加了公社的收入,尤其重要的是打破了人们办工业的迷信思想,培养了技术人才,初步摸清了资源情况,并摸索出一些办工业的经验,为今后公社工业化打下了初步的基础。这是基本的方面,必须加以肯定。但是,这决不是说已经没有问题了,更不等于公社工业化没有障碍。就目前情况看,不仅存在一些实际困难,而且在一部分干部和群众中,对城郊公社要不要大办工业,特别是重工业,和怎样大办工业是存在着不同认识的。

首先,有的同志对公社工业化的重大意义、对工农业同时并举的方针、对加速实现公社工业化与农业机械化电气化的巨大作用还缺乏足够的认识。他们认为:"公社主要是搞农业的,何必大搞工业呢?""农业任务重,劳动力又缺乏,搞工业耽误农业生产。"这些同志只看到问题的表面,对工农业发展之间的联系,工业对农业的促进作用,缺乏全面的辩证的了解,因而在工作中,往往还只习惯于抓农业,而不习惯于一手抓农业一手抓工业的全面的工作方法。

研究工农业之间的关系,首先了解工农业之间出现了什么新的情况是需要的。1958 年的情况是,农业获得了史无前例的大丰收。在整个国民经济的行列中,农业一马当先,最先树起了红旗。全国粮食产量达到七千五百亿斤,比 1957 年增加一倍以上;棉花达到了六千七百万担,比 1957 年增加一倍以上。这种迅速增长起来的巨大的物质力量,冲击着国民经济的各个部门,而首先承受这种压力的就是工业,因而就要求工业必须快马加鞭迅速赶上去。过去人们总是习惯地认为工业的发展比农业的发展速度快,但客观事物的发展,强迫人们必须改变这种观点,把农业赶不上工业的观点颠倒过来,而要求迅速发展工业去赶上农业。有些人在这种新的不平衡面前表现异常惊讶,其实这正是我国社会主义建设中的一件大好事。但是也有些人在这种新的形势的变化面前,毫无所动,仍然按着老办法办事。因此,善于用马克思主义的观点和方法,认真研究这一新的情况,就成为关系整个国计民生的一件大事。

正确认识当前国内经济建设的总形势,就会了解城郊人民公社为什么要实行工农业同时并举的方针。那种只习惯抓农业,不习惯抓工业,把工业和农业对立起来,甚至不惜牺牲工业去满足农业上暂时利益的做法,显然是与党的工农业同时并举方针背道而驰。有些人还不能正确地认识这种新情况的变化,在工业战线上犯了"近视眼"的毛病,他们不懂得只有实现公社工业化才是解决工农业矛盾的根本办法,只有实现公社工业化,才有可能把农业武装起来,实现农业机械化电气化。他们看到当前在工业和农业之间表现了一些暂时的矛盾,如劳动力调配紧张、资金的分配困难等,便叫喊什么"办工业没人没钱"。其实,正因为劳动力紧张,才更需要大办工业,改革工具,提高劳动生产率,腾出人力;正因为资金困难,才需要因陋就简、土洋结合地大办工业,发展商品性生产,以增加积累,扩大再生产。还有人以"缺乏经验""工业上外行"、"领导不了"等为借口,不敢大胆尝试。当然,在工业基础薄弱的郊区办起工厂,用机器生产,这确实是件新事,也的确存在一些困难。只要我们能够亲自干、亲自抓,注意研究公社工业的发展规律,就一定能够做到"既是农业上的内行,也是工业上的内行"。

其次,城郊公社工业化采取什么样的道路,在好些同志中间尚存在着不同的认识。郊区公社工业的发展是走依靠群众自力更生的道路呢? 还是依赖大工业的支援呢? 这是两种思想和两种方法的斗争。我们认为在目前阶段,必须坚决走自力更生的道路。这是因为城郊人民公社的工业基础一般比较薄弱,有的郊区甚至是一穷二白。由于工业少,就影响着农业高速度的发展和人民生活的提高。有的地方甚至连过去农业上用的镰刀、锄头,也要从外地进货;农具坏了,也得拿到城里去修理。如北京市大兴区安定乡在大办工业以前,一个水泵坏了,拉到北京等了三个月,也没有修理好;又如北京郊区的延庆县虽有较丰富的矿藏资源,但过去除了仅有几户手工业作坊和铁匠、木匠、荆编外,再没有任何工业。这种工业落后的现象,当然是旧中国半殖民地半封建社会城乡对立、城市剥削农村所遗留下来的结果。像这样的地区,如果想一个早晨就实现工业化和农业机械化、电气化,是根本不能想象的事。但如果认为靠近大城市,可以依赖城市的工业,而不去自力更生就地取材,积极兴办自己的工业,那同样很难达到工业化。当然,城郊公社工业化,也是城市工业化的一个组成部分,城市大工业可以而且应该对郊区工业进行一些支援,但是这种支援在一定时间内仍然是有限度的。不可能设想,城市工业一方面把城区人口的消费需要全部包下来,又可以把郊区公社全部的消费需要也包下来;更不可能设想,城市的工业生产可以把城郊公社农、林、牧、副、渔,一下子都用现代化工业武装起来,相反城市人民一部分消费资料,和大工业需要的部分原料或加工品以及农业本身需要的某些生产资料,都要求城郊人民公社供应(当然一般农村的人民公社也要供应)。这种城市和郊区之间生产和消费的关系,必然迫使郊区公社本身迅速采取因地制宜、就地取材和自力更生的方针,兴办自己的工业。

要因地制宜,就地取材,自力更生就必须依靠群众,相信群众。郊区公社能不能办起自己的工业,最根本的问题还在于是否认真贯彻了群众路线。党在革命斗争时期离不了群众路线,在社会主义建设事业上,同样离不了群众路线。大跃进以来,依靠群众的高度热情和智慧创造出来的成千上万的奇迹,证明在工业战线不但可以采取,而且必须采取群众运动的方式。只要能够站在群众运动的最前线,用最大的热情动员和组织群众,把群众的迫切愿望和要求,变成行动的力量,就必然能够攻克任何堡垒,战胜任何困难。

有人在群众大办工业的运动中,畏难不前,叫喊困难,说什么"资金缺乏,设备简单,技术困难,在农村办不起工厂来"。可惜的是这些怀疑派和条件论者,早为群众创造出来的奇迹彻底驳倒了。资金不足,群众就自己筹资,储蓄捐献,自力更生建设工厂。北京顺义区张镇人民公社开展了一户一斤鸡蛋运动,就买了几十台缝纫机,办起了缝纫厂;没有厂房,群众主动搬家腾出房屋,利用破房旧房,甚至把破庙里的泥菩萨"请"出去,因陋就简盖起厂房;技术困难,但群众敢想、敢干,大闹技术革命,用土办法、土技术代替洋机器洋技术。木林人民公社仇家店发电厂的兴建,既无工程师,又无图纸,但现在电灯已经亮了。接着他们又办起一个农业机械修配厂和一个机制纸厂。另外群众还搞起了土自来水。大兴区的一个金属结构厂,过去是一个焊铁壶的手工业社,经过大闹技术革命,现在能够制造机床、锅炉、水车、喷雾器、排风机、锄草机等。无数生动的事实,证明了群众发动起来之后,就可以打破迷信,自力更生,就地取材，办好工业。若是说怀疑派和条件论者一点没看到事实，倒也有些冤屈，但他们就是没有看到一个最重要最活跃的因素，那就是群众的智慧和力量。

三

既然，城郊人民公社工业化是客观实际发展的要求，也是郊区人民迫切的愿望，那么，究竟怎样发展城郊公社的工业呢？怎样加速实现城郊人民公社的工业化呢？我们认为，除了必须继续贯彻"小土群"的方针，并使"小土群"向更高的阶段发展，必须因地制宜、就地取材、大搞综合利用，必须积极开展群众性的技术革命运动外，还必须重视工业的合理布局。在实现城郊人民公社工业化的过程中，必须恰当地配置各种工业。从目前城郊公社工业的发展情况来看，工业布局方面有两点是值得注意的。其一，重点工业与一般工业相结合的问题；其二，区营、社营、站营、队营工业的分布问题。

由于城市郊区幅员较大，为了合理地安排工业生产，使用资源，必须在城市统一规划下，各区应有自己发展工业的重点。但是，在抓重点的同时，也不能忽视其它工业的发展。

有些人感到，既强调重点工业，又强调一般工业的发展，是不是矛盾呢？我们认为这是矛盾的，也是统一的。重点工业可以带动并支援其它一般工业的发展，而一般工业必然会配合重点工业的跃进，二者是密切相关，有机联系的。

当前，好些城郊已经出现了中厂、小厂、土厂、洋厂同时并存的情况，这就提出了中、小、土、洋如何布局，由哪一级经营管理为好的问题。衡量的标准应该是以哪级经营更便于管理，更有利于发挥群众的积极性和促进生产的大跃进。根据这个标准，现有郊区工业的状况，可分为：（一）从"小土群"发展起来的规模较小、人数较少、技术设备较简单的工厂，为了便于劳力的调配和就地取材，由管理站经营较为适宜；（二）由"小土群"发展起来的规模稍大，有一些技术设备和技术力量，属于半土半洋性质的厂子，由公社（乡）级经营管理为宜；（三）由"小土群"发展起来的大厂和城区下放的中型厂，技术性较高，生产量较大，由区经营为适宜。

但是，工业分布的状况也不是固定不变的。随着工业生产的发展，技术的改进，机械化半机械化的逐步实现，以及人们管理经验的增长，根据新的情况不断改变和调整工业的分布情况，也是非常重要的。

为了实现城郊人民公社的工业化，必须重视与加强党的领导作用。只有加强党的领导，实行政治挂帅，才能在干部和社员中深入地进行社会主义和共产主义的思想教育，并有力地和各种错误倾向作斗争，保证正确地执行党所规定的人民公社大办工业的方针，才能使公社干部切实做到团结群众，集中全力为实现公社工业化和农业机械化电气化而奋斗。

在实现公社工业化的过程中既应有冲天的干劲，又要有科学分拆的精神，只有这样，才能始终保持冷静的头脑，认真地实干、苦干、巧干，并在确实可靠的基础上制定和实现公社的工业发展计划。只要我们本着上述方针与精神行事，在我们前进道路上的任何障碍与困难，都会像旭日下的薄雾一样迅速消失，城郊以及全国的人民公社工业化和农业机械化电气化，一定会奇迹般地迅速实现。

从香坊人民公社看城市人民公社的
必然性和优越性

黑龙江大学经济系　　王绍顺

（一九六〇年七月二十九日）

今年以来，我国各地出现了伟大的城市人民公社运动的高潮。城市人民公社的出现和农村人民公社一样，是我国社会发展的必然趋势，是党领导下的广大群众依据不断革命论和革命发展阶段论相结合的原理，不断地改变生产关系和上层建筑以适应生产力迅速发展的需要的伟大创造。

在党的社会主义建设总路线的光辉照耀下，从1958年起我国开创了大跃进的新局面。城市中工业生产的迅速发展，愈来愈强烈地要求建立一种新的组织形式，来解决大跃进中出现的一系列新的问题。当时的情况是：一方面大企业要求区街的其它单位和企业在原材料、配件和劳动力等方面给予支援和协作；另一方面，区街的中小企业也需要充分利用大厂的多余设备、废旧机器、边材废料来发展生产，同时，不仅工业生产内部要求协作，而且工农之间、工商之间、农商之间、经济和文化等方面也都要求紧密协作；生产发展和劳动就业面的扩大要求集体福利事业相应地发展，城市建设也需要与生产的发展相适应；生产的发展要求城市的基层政权既要执行一般行政的职能，又要组织生产和生活，而不能仍旧局限于过去的职能。所有这些，都反映了原来生产关系和上层建筑的某些环节，已经不能适应生产力进一步发展的需要。为了进一步贯彻总路线和实现持续的大跃进，要求建立一种新的组织形式，来解决生产关系和上层建筑的某些环节同生产力迅速发展不相适应的矛盾，这种新的社会组织形式，就是城市人民公社。

一

1958 年,在全民整风运动和反右派斗争取得胜利之后,哈尔滨市香坊地区的人民群众也和全国人民一样,大大提高了共产主义觉悟。党中央和毛主席提出了社会主义建设总路线,更加鼓舞了群众的积极性和创造性。国营工业企业的生产一跃再跃,区街工业也像雨后春笋般地大批出现。哈尔滨轴承厂 1958 年的生产任务连续增加六次,由年初的 640 万套增加到 1500 万套。但是到 8 月底,还有 52% 的任务没有完成。时间短,任务重,除了辅助性生产远远不能满足生产的需要之外,最大的矛盾是劳动力不足。解决劳动力不足的最好办法,是动员家庭妇女和城市闲散劳动力参加工业生产,特别是妇女劳动力,是一支不可忽视的力量。毛泽东同志指出:"中国的妇女是一种伟大的人力资源。必须发掘这种资源。为了建设一个伟大的社会主义国家而奋斗。"①为了充分利用人力,需要发动妇女投入生产,解决劳动力不足的困难,而且广大家庭妇女在整风和反右派斗争之后提高了觉悟,也迫切要求摆脱繁琐的家务劳动,参加社会主义建设。

哈尔滨轴承厂在 1958 年大跃进了解决劳动力问题,曾经组织了"家属生产服务社",组织职工家属参加办福利事业,进而参加辅助性生产,"以女顶男",把强壮的劳动力换到劳动强度较高的工作岗位上去;也成立了"技工学校",动员一部分闲散居民,参加半工半读,但是仍不能完全解决问题。于是轴承厂和香坊区委酝酿成立一条"轴承大街",把轴承厂周围几条街的居民都组织起来为这个厂服务。那时还没有城市人民公社这个名称,但实质上这就是城市人民公社的雏形。1958 年 8 月毛主席指出"还是人民公社好"②之后,立刻使香坊区的干部和群众有了明确的方向。在省、市委的领导下,9 月 27 日就正式成立了香坊人民公社,这是以国营大企业哈尔滨轴承厂为中心组织

---

① 《中国农村的社会主义高潮》,人民出版社 1956 年版,选本,第 241 页。
② 《人民日报》1958 年 8 月 13 日。

起来的黑龙江省第一个城市人民公社。全社共有 19 个国营工厂,44 个社办工厂,145 个商业、服务网点,44 个学校,24 个医疗单位,12 处文化娱乐场所。全社居民 162537 人,其中城市人口 128146 人,农村人口 34391 人。城市人口的 95% 都是职工及其家属。香坊人民公社就是根据这个地区工厂多和职工及其家属占人口绝大多数的特点,按照"以工人阶级为领导,以全民所有制为主体,以发展生产为中心"的原则组成的工农商学兵相结合、政社合一的城市人民公社。

香坊人民公社成立之后,在党委的集中领导、全面安排下,把全社的整、半劳动力组织起来,支援了轴承厂徒工 1680 多人,妇女普通工 1380 多人,男壮工 200 人,共 3260 人。这就在一定程度上解决了轴承厂人力不足的矛盾,促进了生产的发展。按这个厂 1959 年劳动生产率计算,这部分新工人共为国家创造新价值 3707 万多元。由于这些工人都是从工厂附近街道上来的,没有对地区不习惯和不安心工作的情况,而且也无需增加宿舍。仅宿舍投资一项就可为国家节约 110 多万元。

随着工农业生产的大跃进,香坊人民公社先后共解放劳动力 14000 多人,其中妇女占 90% 以上,输送给国营和地方国营工厂 8700 多人。现在已经基本上做到了社内无闲人。事实证明,城市人民公社是使家庭妇女和闲散劳动力参加生产的最好组织形式。

二

在大跃进的形势下,香坊区的主要大厂除了急需补充大量劳动力之外,都迫切需要解决辅助性生产的协作问题。在香坊人民公社未成立之前,香坊区的国营和地方国营工厂之间原来就有一般的协作关系,但是那时的协作是分散的、不经常的。随着生产大跃进,各工厂企业所需要的协作产品越来越多,品种和规格越来越复杂,原来的一般协作关系已经不能满足形势发展的需要。另一方面,在党的社会主义建设总路线和"两条腿走路"办工业的方针指导下,1958 年香坊区又办起了一批街道工业。这些中小企业主要是利用大厂的多余设备、废旧机器、边材废料来发展生产,为大工厂服务、为农业服务和为人民生活服务。这些企业急需获得大厂在原料、设备和技术指导方面的帮助。所有这些,都说明了生产力的发展,要求建立某种新的组织形式来有计划有领导地组织大中小企业之间的互相支援和协作。

在社会主义社会,协作有着比以往任何社会都更加重要的意义。社会主义经济本来就是一个巨大的互相协作的整体,各个地区、各个部门、各个企业乃至各个车间、工段之间,都有着分工和互相协作的密切不可分离的联系,我国各地区、各部门、各企业之间主要的协作关系,都由各级计划机关加以统一安排,但是各级计划只能规定主要产品和主要物资的协作,不可能规定所有产品和所有物资的协作。同时,即使在各级计划平衡范围之内,也常常由于发动群众挖出新的潜力或发现新的薄弱环节,而不断地打破原有的平衡,要求有及时的协作、支援。在解决这种经常的、大量的协作关系的时候,如果一律依靠上级或外地,不仅不胜其繁,而且往往"远水不解近渴"。因此必须有计划地组织地区内各企业之间的协作来弥补国家计划所组织的协作的不足。特别是大跃进以来,各单位互相间要求协作的规模和范围越来越大,更加要求建立一种新的组织形式来有计划有领导地组织地区内各企业之间的协作。

毛泽东同志教导我们,人们在劳动中的相互关系是生产关系的重要方面。在所有制改变以后,人们之间的共产主义关系不会自然地出现。因此,在组织协作的过程中,往往会碰到在某些同志或某些部门中存在着一些不愿协作的想法和做法,有的是资本主义思想在作怪,有的是小生产者的分散、孤立等思想在工作作风上的反映。这些本位主义的想法和做法,都是和工人阶级的集体主义精神背道而驰的。此外,还有不少企业受着旧的规章制度的约束,这些旧的规章制度的特点就是只算本企业的小账,不算整个国民经济的大账,只讲互相制约,不讲互相帮助,没有政治挂帅,缺乏共产主义精神。这些都妨碍着协作关系的发展。几年来,我们通过整风和群众运动的方式,在企业中不断地调整了人与人之间的关系,这对于发展生产和组织企业之间的协作,创造了极为有利的条件。各种错误思想在整风运动中都受到了批判,许多单位的工作人员提高了共产主义觉悟,大大发扬了"服从整体、照顾大局、先人后己、与人方便"的共产主义风格,主动地和别的单位进行协作,以促进自己的工作和别人的工作共同发展。在大跃进的形势面前,一种广泛的共产主义协作活动,在各地区、各部门、各企业之间开展起来了,但是,这些协作关系还不能适应生产力发展的需要。城市人民公社,正是适应生产力发展的需要而不断调整生产关系和上层建筑的某些环节、调整"条条"与"块块"之间的关系、调整企业之间的相互关系、进一步组织共产主义大协作的最好组织形式。

香坊人民公社成立之后,在公社党委的统一领导之下,有效地贯彻了"大中小并举"和"土洋并举"办工业的方针,本着"保证重点,带动一般"的原则,有计划地组织了大中小企业之间的互相支援与协作,建立了每月一次的协作会议和各种专业协作会议的制度,使过去小量的、分散的外部协作,逐步形成为经常的、有组织的内部大协作,不断地充实了协作的内容,收到了良好的效果。例如,哈尔滨轴承厂在 1958 年根据国家计划必须生产 1500 万套轴承,可是辅助性的生产跟不上去,外地的协作关系也有一部分中断了,任务显得十分紧张。公社党委不仅为这个厂补充了 3260 名劳动力,并且发动了中小厂的工人全力支援。结果保证轴承厂提前三天超额完成了国家的生产任务。公社内部的协作不但可以及时互相支援,而且手续简便,降低了运输和加工费用,可以在质量和进度上得到保证。例如,1958 年下半年,轴承厂有八台机床因为缺"刀杆"将要停工,按过去的协作关系,最快也需要半个月才能解决问题,而在公社新建机械厂的协作下,几个钟头就交了货,满足了轴承厂在生产上的急需。

香坊人民公社的成立,改变了过去某些国营企业之间那种"厂房相连、烟囱相望、机声相闻,而几乎老死不相往来"的现象,加强了国营企业之间的共产主义协作。例如香坊人民公社的轴承厂、轧钢厂和啤酒厂,虽然只有一墙之隔,但是由于他们分别属于第一机械工业部、市第一工业局和市第二工业局领导,党的关系也不属当地党委领导,因而过去一直很少来往,人民公社这个新的组织形式的出现,使他们的关系发生了变化。还在公社刚刚成立的时候,轧钢厂发现轴承厂生产任务紧张,就主动挖掘潜力,帮助他们锻造半成品;轧钢厂因为电源不足影响生产的时候,啤酒厂主动用自己的发电设备给他们送电;啤酒厂的糖化锅牙轮坏了,当时自己修理需要一个月的时间,到外部去加工又找不到门路，轧钢厂帮助啤酒厂没用一昼夜就修好了，使啤酒厂及时投入了生产。现在这些工厂之间的协作关系已经搞得非常密切，使他们成了"老邻新友"。

在地方大办工业的过程中，哈尔滨轴承厂等国营大企业在公社党委的统一领导下，大大帮助了社办中小工厂，其中单是轴承厂就以各种设备130多台、边材余料400多吨，并从技术方面支援了社办工业的发展。在哈尔滨轴承厂的帮助下，原来一个只有几十人的草麻绳厂，改建为卫星轴承厂，这个厂只用一年多的时间，就发展成为一个拥有60多台机床、670多工人的轴承厂，1959年生产轴承10万多套，相当于我国解放当时的全国轴承总产量。社办工业发展起来之后，又对大厂起着积极的支援作用。香坊人民公社组织了近百个中小厂专为大厂服务，其中有33个中小厂专门为公社的重点企业轴承厂服务。1959年社办工厂为哈尔滨轴承厂制造各种工具50多万件，翻砂350多吨，糊纸盒24万多个，这不仅使轴承厂能够摆脱在大跃进中人力不足和部件加工供不应求的局面，可以集中力量向"高、大、精、尖、新"方面发展，而且还比在外地加工节约64万多元。

在1959年1月至8月，香坊人民公社通过协作会议解决了2300多个协作项目，比1958年未成立公社前的同一时期增加了13.3倍。由于人民公社组织生产大协作，就把社内的大中小企业、重工业和轻工业、国营、地方国营和公社经营的企业密切地结合起来，互相支援，综合利用，充分挖掘了潜力，既保证了国家重点生产任务的完成，也促进了整个工业生产和建设事业的全面大跃进。1959年香坊人民公社提前62天超额完成了国家计划，社办工业的总产值比1958年增长了1.2倍。1960年以来，公社的共产主义大协作进入了一个新的阶段。由工业之间和工农之间的协作发展成为工农商交银财文的全面协作；由过去的常年固定协作和每月一次例会的临时协作，发展成为签订合同常年固定的协作，有公社的工农商交银财文每月协作例会、管理区的每月协作例会、专题、专业协作、电话协作和采购协作等六种协作形式，协作的项目也由原材料的供应和加工部件的配套，发展到技术设备、电力和劳动力的调配。香坊人民公社不仅实现了全区的环形供电网、环形电话网和环形邮电服务网，哈尔滨轴承厂附近地区还实现了环形供水。事实已经充分证明，组织起来力量大,协作能够产生新的生产力,一个单位、一个部门单独办不到的事情,几个单位、几个部门组织起来,互相协作,就可以办到,一个单位、一个部门能够办得了的事,几个单位、几个部门组织起来,就可以办得更快更好。香坊人民公社和其他人民公社一样,是组织协作和发动群众运动的最好的组织形式,因而也就是贯彻总路线、实现大跃进的最好组织形式。

三

　　城市人民公社的成立,还适应了工业生产同农业生产密切结合的需要,使城乡之间、工农之间能够更加密切协作,互相促进,互相支援。马克思、恩格斯在《共产党宣言》中已经提出了无产阶级专政实现后可以采取措施“将农业同工业结合起来,促使城乡对立状态逐渐消灭。”[①]我国的人民公社是实现这一措施的最好组织形式,正像农村人民公社为我国人民指出了农村逐步工业化的道路,农业中的集体所有制过渡到全民所有制的道路,逐步缩小以至消灭城乡差别、工农差别的道路以及由社会主义过渡到共产主义的道路一样,城市人民公社是加快郊区农业的机械化、加快郊区农业由集体所有制向全民所有制过渡、加强工农联盟、逐步缩小以至消灭城乡差别、工农差别以及将来实现由社会主义向共产主义过渡的最好组织形式。

　　为了贯彻党的工农业同时并举的方针,香坊人民公社党委采取“厂队挂钩,以厂带队”的办法,分别把全社的工厂同各个农业生产大队结合起来,开展了经常性的工农大协作。从 1958 年秋到 1959 年冬,城市支援了农村劳动力 3 万多人次,深翻地 5 万 3 千多亩,积肥 11 万 8 千吨,并和农民一起修水库两个、灌溉站 9 个、打机井 24 眼,架设安装高低压电线路 42 华里、电话线路 39 华里、广播线路 28 华里,并已建起和正在建立各种中小型工厂 23 个,从而使 6 万亩农田得到水力灌溉,使 3 千 8 百户农民家庭安上了电灯,使“区区有电话、队队有广播、户户有喇叭”,并在农业机具方面做到了小修不出队、大修不

---

① 《共产党宣言》,《马克思恩格斯文选》第 1 卷,1954 年莫斯科版,第 29 页。

出分社。目前香坊人民公社的一部分农业生产大队已经基本上实现了电气化、水利化、机耕和非田间作业的机械化。1959 年工业帮助农业建立了五万平方米的温室,等于哈尔滨市过去 60 年所建温室总面积的 1.3 倍。1959 年香坊人民公社的蔬菜在战胜了严重的自然灾害之后获得了空前大丰收,不仅满足了自己的需要,而且还以 300 万斤支援了首都。1959 年农业总产值比 1958 年增长 85.6%。在发展生产的同时,农民生活有了很大提高,1959 年平均每个劳动力的收入比 1958 年增长了 28%。

在城市人民公社中,也大大便利了农村、农业对城市、工业的支援,这除了农业不断地为城市居民提供副食品以外,还从土地、种畜、运输力等方面帮助了工厂、机关以及机关工厂所办的农场、牧场。1959 年 1 月香坊人民公社和平糖厂运来了大批甜菜,不能及时入库,公社立即组织了农业生产大队 300 多个劳动力和 120 辆大车,突击了四、五天,使甜菜全部入了库。以后,在糖厂开机生产需要劳动力时,生产大队又抽调出几百农民劳动力及时进厂参加生产。"亦工亦农"在这里也得到了迅速的发展。

香坊人民公社的成立,不仅加强了工农之间和城乡之间的协作,促进了生产的发展和农民生活的提高,并且大大加快了郊区农业由生产大队基本所有制向公社所有制的过渡进程。原来属于香坊人民公社的郊区农业生产大队已经实现了由生产大队基本所有制向公社所有制的过渡,新划归香坊人民公社的农业生产大队也将比较快地实现生产大队所有制向公社所有制的过渡。事实证明,城市人民公社不仅能够合理地解决城市工业同郊区农业的协作关系、同生产进一步发展不完全适应之间的矛盾,而且为加强工农联盟,密切城乡关系,加速实现农业的技术改造,实现农业由集体所有制向全民所有制过渡以至将来消灭工农之间和城乡之间的差别,为实现由社会主义向共产主义过渡开辟了广阔的道路。

四

城市街道组织生产并吸收广大家庭妇女参加社会劳动以后,社会劳动和家务劳动之间的矛盾就突出了。组织人民的经济生活,解决集体生产同分散的生活之间的矛盾不仅是生产发展的需要,而且成了广大群众的迫切要求。香坊人民公社和其他人民公社一样,是组织生产和组织生活的最好的组织形式,能够合理地解决迅速发展的集体生产同分散的生活之间的矛盾。

人们的生活方式是由生产方式决定的。分散的个体生活方式,是适应生产资料私有制而形成的,它反过来又影响着人们的社会联系,限制着人们的眼界,加深着人们的私有观念。在生产资料公有制建起来之后,人们参加了集体生产,如果不适时地改变分散的个体生活方式,就会妨碍生产力的进一步发展,也不利于人们私有观念的进一步消除,更不能达到妇女的彻底解放。恩格斯曾经指出:"随着生产资料转归公有,个体抚养家庭就不再是社会的经济单位了。私人的家务将变为社会的事业。孩子的抚养和教育成为公共的事情;社会同等地关怀一切儿童……"①列宁也指出:"只有在开始把琐碎的家务普遍改造成为社会主义大经济的地方,才有真正的妇女解放,才有真正的共产主义。"②伟大革命导师们关于彻底解放妇女的伟大理想,在香坊人民公社也像在全国各地人民公社一样,正一步步地变为现实。

香坊人民公社根据群众的要求,先后办起了公共食堂 365 处,到食堂吃饭的人数有 83000 多人。办起了托儿所、幼儿园近 500 处,入托的儿童有 11547 名。成立了从吃到穿、从用到住等各种类型的综合服务网点 381 处,有 3100 多名服务员代替了一万多名家庭妇女的家务劳动。在全社范围内形成了一个纵横交错的组织人民经济生活网,这个人民经济生活网以国营商业和服务行业为骨干,把公社的公共食堂、托儿所、服务站都组织了起来,成了贯彻商业、服务业方面"两条腿走路"方针的最好组织形式。这不仅使刚刚迈进生产行列的妇女劳动大军在生产岗位上巩固下来,而且对城市商品的分配和交换也有很大的辅助作用。

随着生产大跃进和集体福利事业的大发展,香坊人民公社内的职工家属、

① 《马克思恩格斯选集》第 4 卷,人民出版社 2012 年版,第 87 页。
② 《列宁全集》第 29 卷,人民出版社 1956 年版,第 390 页。

街道居民已经从生产和生活方面进一步组织了起来,促进了生产,改善了生活。1959 年公社街道每户居民的平均收入比 1958 年提高了 25%。根据对安埠街 8330 户、19201 人的调查,建社以前每人每月平均收入 11.66 元,现在达到 14.94 元;过去依靠政府救济的有 77 户,现在只有 5 户了。在集体生产和集体生活中,人们受到了教育和锻炼,同时也参加了各种学习,提高了政治觉悟和文化技术水平。群众的精神面貌正在发生着巨大而深刻的变化,人与人之间互助合作的关系正在发展,集体主义观念和共产主义道德品质正在增长。这一切将为社会主义事业的蓬勃发展和向共产主义过渡准备精神条件。

五

由于社会主义革命的继续深入和社会主义建设全面大跃进,加速了城市的改造和建设。

以哈尔滨轴承厂为中心组织起来的香坊人民公社,已经把全区的大厂和中小厂、工厂和街道、职工和居民、工业和农业等各方面,从生产到生活全部组织起来,初步形成了生产协作网、人民经济生活网、文化教育网和科学技术网。香坊人民公社在原街道办事处的基础上,围绕着一个或几个国营工厂建立了城市中的管理区,作为公社一级的派出机构,领导管理区办的工厂和区内的小学及商业、服务网点。管理区下设的居民委员会,是组织居民群众生产、生活、教育和管理街道工作的基层组织。每个居民委员会都是由较大的社办工业为核心组织起来的。居民委员会管界内的国营商店、粮食供应部、综合服务部是组织社员生活的骨干。居民委员会的主任、副主任和委员中,除了专职干部以外,还有一部分工厂厂长、服务站站长和商店主任等兼任,这就使街道行政工作同组织居民的生产和生活结合起来,形成政社合一。这不仅有利于城市生产建设的发展,而且有利于城市社会生活的彻底改造。

香坊人民公社一年多的发展情况已经表明:城市人民公社在组织协作、发展生产和组织生活、进一步解放妇女劳动力、彻底改造旧城市和建设社会主义新城市等方面具有强大的生命力和无比的优越性,今后它将在促进生产力发展和提高人民觉悟水平,逐步消灭城乡之间、工农之间、脑力劳动和体力劳动之间的差别,加速社会主义建设并为向共产主义过渡准备条件方面发挥日益巨大的作用。